Micha Brumlik

Bildung und Glück

Versuch einer Theorie der Tugenden

Der Autor
1947 in der Schweiz geboren, lebt Micha Brumlik seit 1952 in Deutschland. Er ist Professor für Erziehungswissenschaften an der Johann Wolfgang Goethe – Universität, sowie Direktor des Fritz Bauer Instituts in Frankfurt am Main. Zahlreiche Publikationen in den Bereichen Philosophie, Erziehungswissenschaft, sowie zur europäischen und jüdischen Geistesgeschichte.

Micha Brumlik

Bildung und Glück

Versuch einer Theorie der Tugenden

PHILO

Bibliografische Information der Deutschen Bibliothek:
Die Deutsche Bibliothek verzeichnet diese Publikation in der Deutschen Nationalbibliografie; detaillierte bibliografische Daten sind im Internet über *http://dnb.ddb.de* abrufbar.

Umschlaggestaltung: Gwendolin Butter nach Entwürfen von Gunter Rambow, Berlin
Umschlagabbildung: Allegorie der Tugend, aus: Cesare Ripa, *Iconologia*
Satz: Gwendolin Butter, Berlin
Druck und Bindung: Fuldaer Verlagsagentur
Printed in Germany

ISBN 3-8257-241-3

Inhalt

Vorbemerkung

Die vorgelegte Arbeit verknüpft und entfaltet Motive aus mehr als fünfundzwanzig Jahren erziehungswissenschaftlicher Reflexion. Das 1973 in meiner Arbeit *Der Symbolische Interaktionismus und seine pädagogische Bedeutung* erstmals postulierte, aber nie ausgeführte „biographische Interesse“[1] findet hier in Überlegungen zum Verhältnis von Glück und Lebenslauf seine Entfaltung und verbindet sich mit den in den letzten Sätzen meiner (nicht publizierten) Dissertation angeführten Sätzen Kants zum Verhältnis von Gefühl und Tugend.[2] Im Vorwort zur 1992 publizierten *Advokatorischen Ethik*, die wesentlich von einer Rezeption Kohlbergs inspiriert war, wird das Programm einer „Theorie moralischer Gefühle im menschlichen Entwicklungsprozeß“ angekündigt.[3] Die 1995 erschienene Studie *Gerechtigkeit zwischen den Generationen* präludiert schließlich das Thema der Tugend, verblieb aber noch im Programmatischen.[4] Den Leserinnen und Lesern wird auffallen, daß bei alledem zwei theoretische Konstanten die Argumentation bestimmen. Die Theorie des symbolischen Interaktionismus, wie sie G. H. Mead entworfen hat, und der genetische Strukturalismus, vor allem Lawrence Kohlbergs, enthalten, das möchte ich zeigen, auch nach mehr als dreißig Jahren erziehungswissenschaftlicher Rezeption ein noch immer unausgeschöpftes Potential – freilich nur dann, wenn man sich nicht auf eine kognitivistische Lektüre beschränkt.

Dieses Buch ist während meines Wechsels von der Universität Heidelberg, an der ich zwanzig Jahre lehrte, an die Frankfurter Universität entstanden. Den Kollegen des Erziehungswissenschaftlichen Seminars der Universität Heidelberg verdankt dies Buch wesentliche Anregungen. Während Jochen Kaltschmid auf die existenzphilosophischen Elemente einer Theorie der Erwachsenenbildung aufmerksam machte, überzeugte mich Felix von Cube bei aller sonstigen Kontroverse von der Unabdingbarkeit einer evolutionsbiologischen Betrachtung von Erziehungsphänomenen. Volker Lenhart hingegen schärfte meinen Blick für die gesellschaftliche Evolution des Erziehungssystems und für die Notwendigkeit einer Pädagogik der Menschenrechte, die er mit aller Konsequenz vorantreibt. Fritz-Ulrich Kolbes Arbeiten zur professionellen Kompetenz von Lehrern schuldet die hier vorgetragene Tugendkonzeption einiges. Meike Baader und Sabine Andresen, Mitarbeiterinnen in Heidelberg, danke ich dafür, mir Werk und Bedeutung Ellen Keys, die dieses Buch wesentlich prägen, vermittelt zu haben.

Besonderer Dank gebührt den langjährigen Mitarbeitern in unserem Heidelberger Forschungsprojekt zur moralischen Entwicklung jugendlicher Strafgefangener, Hansjörg Sutter und Stefan Weyers, sowie Thilo Reinke. Sie haben den pädagogischen Reichtum wie die Problematik des Kohlbergschen Paradigmas theoretisch ausgelotet und empirisch untersucht. Ohne ihre Mitarbeit am Forschungsprojekt hätte ich dies Buch so nicht schreiben können. Marcus Dietenberger danke ich dafür, den Tugenddiskurs aufgenommen und in eine fruchtbare schulpädagogische Fragestellung transformiert zu haben.

Ich widme dieses Buch meiner Frau Renate Nyssen-Brumlik in Theorie und Praxis.

lierte präkonventionelle Phase moralischer Urteilsbildung einer nur am Eigennutz orientierten Haltung bei Kindern nicht nachweisen ließ und mithin die unterstellte Präkonventionalität jugendlicher Straftäter nicht als Fixierung, sondern als innertheoretisch schwer erklärbare und eigentlich nicht vorgesehene Regression anzusehen war. Sie fand heraus, daß Kinder und Jugendliche im Prozeß des Heranwachsens über ein deutlich ausgeprägtes moralisches Wissen, aber über ungenügende motivationale Kräfte verfügen, sie mithin eher ein Integrations- denn ein kognitives Defizit aufweisen. Zudem konnten sie zeigen, daß sogar die entwickelte Fähigkeit zu affektiver Wahrnehmung, d. h. ein geschärftes Verständnis für den Schaden, den bestimmte Handlungsweisen anderen Kindern zufügen, gegeben war.[6] Wäre es denkbar, daß jugendliche Strafgefangene im Vergleich zu ansonsten identischen, aber nicht inhaftierten Kontrollgruppen sich vor allem durch die mangelnde Integration von vorhandenem Regelwissen und moralischen Gefühlen auszeichneten? Oder war anzunehmen, daß die Ausbildung von Empathie unterentwickelt war?

Das Bild gewinnt an Tiefenschärfe, wenn die Entwicklung moralischer Urteilsfähigkeit mit Robert S. Selman als semantisch eigenständige Ausformung sozio-moralischer Perspektivenübernahme verstanden wird. Moralisches Wissen und moralische Motivation erscheinen jetzt als regelbezogene Verdichtungen mehr oder minder wechselseitiger, mehr oder minder einfühlsamer Beziehungen vor dem Hintergrund bedeutsamer affektiver, intimer Beziehungen zwischen Gleichaltrigen, die ihnen sowohl zu einem reichen Konzept der Person als auch der damit einhergehenden Fähigkeit zur Einfühlung in andere Nächste verhalfen.[7] Damit rückte ein in der Nachkriegspädagogik weitgehend vernachlässigtes Thema ins Scheinwerferlicht: die sozialisatorische Funktion von Freundschaften, die von Monika Keller und Wolfgang Edelstein erforscht wurde.[8] So ergaben neuere deutsche Forschungen[9] im Unterschied zu US-amerikanischen Untersuchungen, daß männliche jugendliche Strafgefangene in aller Regel nicht auf der präkonventionellen Ebene der Urteilsbildung stehen und daß ihre Fähigkeit, Freundschaften zu schließen, ein wichtiger Indikator auch für ein Lernen von einem sehr schwachen zu einem gefestigteren Konventionalismus darstellt. Darüber hinaus zeigte sich, daß die Fähigkeit zur sachlichen Auseinandersetzung über Regeln im gelockerten Vollzug, verbunden mit der Bereitschaft zur realen Übernahme sozialer Verantwortung, die moralische Urteilsfähigkeit wie das tatsächliche ausgeübte Verhalten fördert. Mit diesen Ergebnissen zeichnet sich ein anderer Ausgang der klassisch gewordenen Kohlberg-Gilligan-Debatte ab.[10] Während in der ersten Runde Kohlbergs Verteidiger gegen eine mißverständlich rezipierte Carol Gilligan darin recht behielten, daß es keine wesensmäßigen Unterschiede in der Moralentwicklung zwischen Männern und Frauen gibt, die „andere Stimme" also nicht differentialpsychologisch zu lesen war, konnten sie mit ihrer weitergehenden Behauptung, daß Gilligans an realen Lebensproblemen von Frauen deutlich werdende beziehungsorientierte Moral nicht lediglich eine Anwendungsform von Prinzipien war. Gilligan behielt – so unhaltbar ihre Ergebnisse und Methoden im einzelnen auch waren[11] – im grundsätzlichen sowohl mit ihrer Skepsis gegenüber dem Erkenntniswert rein theoretischer Dilemmata als auch mit ihrer Betonung affektiver sozialer Bindungen recht. Mit den durch Forschung und der theoretischen Weiterentwicklung des sozialkognitivistischen Paradigmas hervortretenden Elementen emotionaler Motivation, affektiv getönter Beziehungen wie Freundschaften und einer auf Loyalität und Bindung beruhenden Beziehungsmoral ist die Frage nach der Rolle „moralischer Gefühle" auch in dem ansonsten als ausgesprochen kognitvistisch geltenden genetischen Strukturalismus in den Mittelpunkt gerückt.

Die Theorie der Bildung und Erziehung im Kontext der Einwanderungsgesellschaft Bundesrepublik hat in den letzten fünfundzwanzig Jahren einen tiefgreifenden Wandel von einer defizitorientierten „Ausländerpädagogik" über eine im wesentlichen an Bildungsinhalten ausgerichteten „multikulturellen Pädagogik" zu einer vor allem die Konstruktion des Selbstverständnisses von Kindern und Jugendlichen im Immigrationsprozeß thematisierende „interkulturelle" Pädagogik durchlaufen. Dabei schwankt die interkulturelle Pädagogik der späten achtziger Jahre[12] zwischen einer Pädagogik besserer Lebenschancen für alle Kinder im Horizont einer gerechten Republik sowie einer postmodern instrumentierten Ermutigung zur Differenz, die zugleich mit der kritisch-befreienden Dekonstruktion bestehender Selbstverständnisse einhergehen soll. Ein näherer Blick auf vielfältige pädagogisch-politische Konfliktfelder wie den muttersprachlichen Unterricht, die Auflösung eigenständiger Ausländerfachbereiche an kommunalen Volkshochschulen, den Streit um die eventuelle fundamentalistische Orientierung in ihren Lebenschancen eingeschränkter muslimischer Jugendlicher und die nach wie vor überdurchschnittlich hohe Sonderschulüberweisungrate von Kindern italienischer und türkischer Herkunft zeigt auch ein anderes Bild: Wenn nicht alles täuscht, klagen unterschiedliche Minderheitengruppen mit ihren zum Teil strittigen politischen Vorschlägen wie Quotierungen, Maßnahmen zur Subventionierung ethnischer Zusammenhänge sowie staatsrechtlicher Anerkennung als Minderheiten etwas ein, das sich der einfachen Alternative von Ethnisierung bzw. Selbstethnisierung hier und staatsbürgerlich-demokratischer Assimilation dort entzieht. Dabei geht es um mehr als lediglich darum, in unterschiedlichen Bildungseinrichtungen zu einer wechselseitigen Erweiterung der Kenntnis von Lebensformen für Kinder mit und Kinder ohne deutschen Paß zu gelangen. Im Kern aller vermeintlichen oder wirklichen Wünsche nach ethnischer Segregation oder einer am Vorbild der USA gewonnenen Quotierungsdiskussion geht es um das Einklagen nicht nur besserer sozialer Chancen, sondern auch und vor allem um eine Politik der Achtung,[13] mit anderen Worten: um den Kampf für ein Bildungssystem, in dem sich niemand für seine Herkunft schämen muß bzw. in der alle – trotz unterschiedlicher Herkunft – auf mindestens einige Gehalte der ihnen zugeschriebenen Tradition stolz sein können. Wie das Verhältnis von Repräsentation und Artikulation von Migrantenkulturen im Bildungswesen im einzelnen umgesetzt wird, wird auch in Zukunft Gegenstand politischen Streits sein. Worauf es ankommt, ist die Behauptung, daß die Theorie der interkulturellen Bildung neben ihrem Beharren auf Chancengleichheit, auf Toleranz und Erweiterung von sozialer Wahrnehmungsfähigkeit den Fragen von Selbstachtung, Selbstrespekt und Selbstwert – also wiederum Begriffen, die einer Semantik moralischer Gefühle entspringen – bisher noch nicht genügend Aufmerksamkeit widmet hat.[14]

Trauer, Schande, Scham, Schuld und Verantwortung, Gedenken und Erinnerung waren die zentralen Begriffe der Gedenkstättenpädagogik; Probleme der moralischen Motivation, bedeutsamer affektiver Beziehungen und einer loyalitätsgebundenen Moral die Hauptthemen der Weiterentwicklung des sozialkognitivistischen Paradigmas; Selbstachtung und Selbstrespekt die wichtigsten Bezugspunkte einer interkulturellen Bildung, die die Herstellung materieller Chancengleichheit, eines universalistischen Verfassungspatriotismus[15] und einer kulinarischen Erweiterung von Lebenschancen nicht für das Ende der Debatte hält. In allen drei Feldern rückte die Frage nach den „moralischen Gefühlen“ ins Zentrum: bei der Gedenkstättenpädagogik in ihrer begrifflichen und sachlichen Begründung; bei der sozialpädagogischen Moralerziehung als Ausweg aus der Erklärungsschwäche eines reinen Kognitivismus; bei der interkulturellen Bildung als politisch-moralische Hypothese über eine bisher weitgehend übersehene wesentliche Dimension.

Eine auf einer Theorie moralischer Gefühle aufbauende grundbegriffliche und forschungsbezogene Neuorientierung wird die normative Grundlegung der Pädagogik nicht unberührt lassen. In einer Zeit, in der eine blinde und oftmals staatstreue Wertediskussion sowie der anschwellende Ruf nach einer Erneuerung der Erziehung zu politischer Loyalität nach wie vor die öffentliche Debatte bestimmt, kommt es darauf an, jene Charaktereigenschaften intellektueller und eben affektiver Art zu identifizieren, die es Kindern und Heranwachsenden ermöglichen, zu Wertzumutungen aller Art reflektiert Stellung zu beziehen und ein gutes, weil selbstbestimmtes und auf andere bezogenes, ja glückliches Leben zu führen. Ich bezeichne diese Charaktereigenschaften mit einem bewußten Rückgriff auf die antike Bildungstheorie als „Tugenden". Tugenden lassen sich – unabhängig davon, ob man das klassische Gespann von Gerechtigkeit, Mut, Klugheit, Besonnenheit sowie Glaube, Liebe und Hoffnung oder einen anderen Kanon in Betracht zieht – als das *Ensemble jener individuellen Verhaltensdispositionen analysieren, deren Zusammenspiel ein befriedigendes menschliches Leben* verheißt.

In der antiken Philosophie bezeichnete der Begriff Tugend (griechisch „Arete", lateinisch „virtus") ganz allgemein die spezifische Leistungsfähigkeit oder Tauglichkeit – heute sprechen wir von Funktionalität – von Dingen, Organen, Menschen oder auch Handlungen, von der Tauglichkeit des Leibes, eines Nutztieres, der Dienlichkeit argumentativer Praxis, ja sogar von Diebstählen. Bei Aristoteles erst wird Tugend zum Begriff für eine spezifisch menschliche Eigenschaft, zu einer anthropologischen Kategorie. Vor allem aber stehen die so ausgewiesenen menschlichen Fähigkeiten für ihn immer im Horizont der Frage nach dem Glück.[16]

Gleichwohl: Wer von Tugenden hört, fühlt sich schnell an „Werte" erinnert, an moralisierende Zumutungen der Gesellschaft, sich so oder so zu verhalten. Eben darum geht es nicht. Es geht vielmehr um die Frage, über welche Fähigkeiten, heute spricht man von Handlungskompetenzen oder auch von „Schlüsselqualifikationen", Individuen verfügen müssen, um sich gesellschaftlichen Zumutungen gegenüber behaupten und ein glückliches Leben im Verein mit anderen anstreben zu können. Damit ähnelt die Tugendlehre auf den ersten Blick der in den späten sechziger Jahren entwickelten Konfliktpädagogik sowie der emanzipatorischen Erziehung, die ja vor allem auf die Stärkung individueller Kritikfähigkeit setzten. Auf den zweiten Blick unterscheidet sie sich von beiden erheblich. Sie unter- und überbietet nämlich beide Positionen. Anders als die klassenkampftheoretisch ansetzende Konfliktpädagogik verfügt sie über keine politischen Vorgaben mehr, anders als die emanzipatorische Erziehung aber traut sie sich gleichwohl zu, die Frage nach dem „Wozu" der Emanzipation zu stellen, ohne sie indes abschließend beantworten zu wollen. Anders auch als die stark von moralischen, christlichen Fragestellungen bestimmten Pädagogiken der achtziger und neunziger Jahre mit ihrem Akzent auf Frieden, Verschonung der Umwelt sowie Gerechtigkeit zwischen den Geschlechtern und Generationen nimmt die Theorie der Tugenden den unvertretbaren Glücksanspruch der Individuen ernst. Sie verhält sich damit zu Forderungen einer universalistischen Moral positiv, aber nicht mehr naiv. Sie weiß, daß auch das allgemeine Wohl nur zu erzielen ist, wenn jenseits aller wertenden Vorgaben Lebensglück und Lebenssinn der einzelnen nicht nur berücksichtigt werden, sondern im Zentrum politischer und pädagogischer Bemühungen stehen. Genauer: Sie weiß, daß umfassende Gerechtigkeit in einer Gesellschaft nur zu erreichen ist, wenn dieses Ziel mit den Wünschen und Ansprüchen der Individuen auf ein erfülltes Leben wenigstens nicht kollidiert und dazu in einem fruchtbaren Spannungsverhältnis steht. Daß keine Politik Glück – sei es individuell oder kollektiv – herstellen kann, ist die leidvolle Lehre aus der Geschichte des Kommunismus im zwanzigsten Jahrhundert. Daß das Streben nach dem Glück jedoch, wenn es der materiellen und gesetzlichen Absicherung ermangelt, schnell in massives Unglück umschlagen kann, das lehren nicht nur bald fünfzehn Jahre Neoliberalismus. Daß eine Gesellschaft, die die Frage nach dem Glück nicht öffentlich stellt und sie ganz und gar im Umkreis des Privaten hält, stagniert, war und ist die Herausforderung, die der Feminismus einer patriarchalisch geprägten Welt nach wie vor stellt.

Niemand hat die inneren Spannungen, die einer materialistischen Tugendlehre innewohnen, genauer gesehen als der heute bisweilen für veraltet gehaltene Bertolt Brecht. Am Ende der *Flüchtlingsgespräche* läßt er seinen Helden Kalle sagen: „Ich fordere Sie auf, sich zu erheben und mit mir anzustoßen auf den Sozialismus – aber in solch einer Form, daß es hier im Lokal nicht auffällt. Gleichzeitig mache ich Sie darauf aufmerksam, daß für dieses Ziel allerhand nötig sein wird. Nämlich die äußerste Tapferkeit, der tiefste Freiheitsdurst, die größte Selbstlosigkeit und der größte Egoismus."[17]

Das Thema der Tugenden, der persönlichen Eigenschaften zumal von Politikern, hat in den letzten Jahren besonders in Deutschland eine überraschende Aktualität gewonnen. Der eine hat kurz nach seinem Amtsantritt sein politisches Amt als Finanzminister fluchtartig aufgegeben, der andere gibt die Rolle des „elder statesman": Erinnert sich noch jemand an die bittere Auseinandersetzung zwischen Oskar Lafontaine und dem damaligen Kanzler Helmut Schmidt in den frühen achtziger Jahren, als dieser – schon damals besorgt um den „Standort Deutschland" – Disziplin, Fleiß und Ausdauer forderte? Der Chef der saarländischen SPD hielt dem Kanzler damals vor, lediglich „Sekundärtugenden" gefordert zu haben, mit denen man ebensogut ein Konzentrationslager leiten könne. Schmidt, als ehemaliger Wehrmachtsoffizier verständlicherweise tief getroffen, reagierte beleidigt. Dabei hatte Lafontaine, der bei den Jesuiten in die Schule gegangen ist, ganz recht. Die Tradition der abendländischen Tugendlehre bezieht bezüglich der Unterschiede von Primär- und Sekundärtugenden keine andere Position. Unter den „Kardinaltugenden", so meinte etwa Thomas von Aquin im dreizehnten Jahrhundert, sei die vornehmste die Klugheit, die Gerechtigkeit die zweite, die Tapferkeit die dritte, Zucht und Maß aber die vierte.[18] „Klugheit" bedeutet bei Thomas nicht die Fähigkeit zum vorsichtigen Abwägen, sondern die Fähigkeit zum Erkennen der Wahrheit.

Aber sogar wenn Lafontaine gegen Schmidt recht gehabt hätte – was spricht in einer weitgehend von Traditionsschwund, Pluralismus und Multikulturalismus bestimmten Gesellschaft dafür, den alten abendländischen und zopfig gewordenen Tugenddiskurs wieder aufzunehmen? Sollte Helmut Kohls vor zwanzig Jahren pathetisch verkündete „geistig-moralische Wende", die glücklicherweise eine Wortblase blieb, vor derlei Begriffen nicht ebenso warnen wie die letztlich konservativen Appelle der Kommunitaristen, die zur Lösung aller Gegenwartsprobleme immer nur das „Ehrenamt" anzubieten haben?[19] Über Tugenden und ihre Theorie zu reden, ist schon allein deshalb sinnvoll, weil sie nach Lage der Dinge das einzige Programm darstellen, das eine materialistische Ethik zeitgemäß zu Wort kommen läßt. Man mag zu dem britischen Soziologen Anthony Giddens, der sich zum intellektuellen Sprachrohr des zwar der Labourparty angehörenden, jedoch neoliberal regierenden Premiers Tony Blair gemacht hat, stehen wie man will – wenn er in seinem Buch *Jenseits von links und rechts*[20] gegen den allgemeinen Produktivismus eine „Politik des Glücks“ fordert, nimmt er das zentrale Problem einer Arbeitsgesellschaft ohne Arbeit ins Visier. Das „Glück“ aber, der Wunsch nach einem materiell mehr oder minder sorgenfreien, von sinnvollen Zielen und befriedigenden menschlichen Beziehungen erfüllten Leben ist – jedenfalls der Tradition nach – auf das engste mit den Tugenden verbunden. So sah es Aristoteles, der in der *Nikomachischen Ethik* notierte: „Es liegt weiterhin auf der Hand, daß wir nach der menschlichen Tugend fragen. Denn wir suchten von vornherein das menschliche Gute und die menschliche Glückseligkeit.“[21]

Tatsächlich scheinen die Beziehungen zwischen Glück und einem erfüllten, guten Leben[22] jedoch komplex, geradezu paradox zu sein: „Das schwerste Gewicht beugt uns nieder, erdrückt uns, preßt uns zu Boden. In der Liebeslyrik aller Zeiten aber sehnt sich die Frau nach der Schwere des menschlichen Körpers. Das schwerste Gewicht ist also gleichzeitig ein Bild intensivster Lebenserfüllung. Je schwerer das Gewicht, desto näher ist unser Leben der Erde. Desto wirklicher und wahrer ist es. Im Gegensatz dazu bewirkt die völlige Abwesenheit von Gewicht, daß der Mensch leichter wird als Luft, daß er emporschwebt und sich von der Erde, vom irdischen Sein entfernt, daß er nur noch zur Hälfte wirklich ist und seine Bewegungen ebenso frei wie bedeutungslos sind.“[23]

Milan Kunderas Roman *Die unerträgliche Leichtigkeit des Seins* erschien 1985 im französischen Exil, vier Jahre vor dem Fall der Berliner Mauer. Mit dem Jahr des Mauerfalls verbindet sich nicht nur die Erinnerung an das Ende des Kalten Krieges und an die Vereinigung der getrennten deutschen Teilstaaten, sondern auch an das unwiderrufliche Ende einer verzerrten, mißbrauchten und falsch verwirklichten Utopie, des Sozialismus. Gleichwohl fällt auf, daß der Niedergang der staatsbürokratischen Diktaturen in Ost- und Mitteleuropa keineswegs überall der Demokratie den Sieg gebracht hat und daß der Kapitalismus, auf sich allein gestellt, nicht so effizient ist, wie es vor dem Hintergrund des Staatssozialismus schien. Seit die alten Gespenster, nämlich massenhafte Arbeitslosigkeit und vermeintlich steigende gesellschaftliche Gewalt, auferstanden sind, scheint auch im siegreichen Westen der Eindruck unüberwindbar, daß die guten Zeiten endgültig vorüber sind. Von den USA bis nach Deutschland wird verkündet, daß die Generation der heute Achtzehn- bis Zwanzigjährigen den durchschnittlichen Lebensstandard ihrer Eltern nicht mehr werde halten können, daß das über Steuern verteilbare Bruttosozialprodukt abnehme, daß angesichts der globalen und nationalen Probleme Maßhalten, Solidarität, Bescheidenheit, Patriotismus und Disziplin auf der Tagesordnung stünden. Der Begriff „Individualismus", einst hochgeschätzt, wurde wieder zu einem Slogan, der nicht nur positive Assoziationen hervorrief; der Begriff der „Gemeinschaft", in Deutschland des Mißbrauchs wegen, den die Nationalsozialisten mit ihm getrieben haben, verpönt, gewann über die US-amerikanische Kommunitarismusdebatte neue Dignität, eine einst hedonistische Linke sucht Bindung, Verantwortung, Verbindlichkeiten und Autorität. Ging es einst um die Kritik an einem oft als repressiv empfundenen Moralismus, so beherrschen heute ethische Debatten, religiöse Sehnsüchte und – aller Rede von „Streitkultur" zum Trotz – neue Formen der Unduldsamkeit das öffentliche Terrain.

Milan Kunderas Roman, der sich mit den politischen und erotischen Schicksalen dissidenter Intellektueller unter der tschechoslowakischen Parteidiktatur auseinandersetzt, spielt in den letzten Jahren des „Realen Sozialismus", in der Zeit des Spätstalinismus, einer Epoche, die nicht wenige Beobachter mit einem Etikett aus der neueren Geschichte als „Ancien regime" bezeichnet haben. Als „Ancien regime" gelten in der Historiographie jene Jahrzehnte vor der Französischen Revolution, als sich die bürgerliche Gesellschaft ökonomisch zwar schon durchgesetzt hatte, das politische und kulturelle Leben aber nach wie vor von einem mehr oder minder verantwortungslosen Adel geprägt wurde, der sich objektiv überlebt hatte.

Der französische Staatsmann, Schriftsteller und Diplomat Talleyrand, der 1754 noch unter dem Ancien regime geboren war und bis 1838, im Zeitalter der Restauration, lebte, begann seine Karriere als kirchlicher Funktionär, um sich dann der siegreichen Revolution zur Verfügung zu stellen und kirchliches Vermögen zu liquidieren. Als Royalist verdächtigt, emigrierte er 1792 in die USA, kehrte 1799 nach Frankreich zurück, um Napoleon als Außenminister zu unterstützen und ihm schließlich, weil er mit dessen Eroberungspolitik nicht einverstanden war, die Gefolgschaft aufzukündigen. Nach Napoleons endgültiger Niederlage vertrat Talleyrand Frankreich auf dem Wiener Kongreß, trat 1815 zurück, um fünfzehn Jahre später die bürgerliche Julirevolution zu unterstützen und als Botschafter in London zu wirken. Von Talleyrand, dem der Verrat – an einzelnen Personen und politischen Regimes – ebenso nahe war wie die Treue zu sich selbst und zu Frankreich, wird ein Ausspruch aus seiner letzten Lebensphase überliefert: Niemand könne die ganze Süße des Lebens erfahren haben, der nicht unter dem Ancien regime gelebt habe. Daß die Revolutionäre diese Süße ablehnten, sich schon in ihrer äußeren Gestalt ernst und gefaßt gaben, wird an den vielfältigen Porträts deutlich, in denen streng wirkende, schwarz gekleidete Männer auftreten. Auf den klassizistischen, historischen Gemälden etwa Jacques Louis Davids präsentieren sich die Revolutionäre im Gewande altrömischer Senatoren mit strengem Faltenwurf und kühlen Farben. In Talleyrands Aussage über die Süße des Lebens, die sofort Erinnerungen an das Rokoko, an Bilder anmutig tändelnder, leichtsinniger höfischer Gesellschaften, etwa auf den Bildern Watteaus oder in den Opern Rossinis, provoziert, drückt sich in nostalgischer Weise die Erfahrung eines Epochenbruchs aus. Heute wissen wir, daß diese Süße kaum für verarmte und hungernde Bauern, unterdrückte Frauen, bettelarme Tagelöhner oder gepreßte Soldaten, kurz: für die Mehrheit der Bevölkerung galt.

Über Sinn und Unsinn, über den offensichtlich ideologischen Charakter wie kulturgeschichtlichen Erfahrungsgehalt von Talleyrands Aussage soll hier nicht gesprochen werden. Worum es hingegen gehen soll, ist die Frage, ob das Bild, das wir uns im Rückblick – sei es von der Bundesrepublik Deutschland, sei es von der DDR – machen, tatsächlich dem Blick Talleyrands auf das Ancien regime entspricht, wonach das Leben im „Realen Sozialismus" in Wirklichkeit – wie Milan Kundera es suggeriert – bei aller Repression leicht, weil verantwortungslos war und dementsprechend das Leben in den westlichen Gesellschaften des Kalten Krieges eine leichtsinnige Existenz unter der Käseglocke sinnlos gewordenen Wohlstandes gewesen ist. Eine reumütige Linke, die angesichts rechter Jugendgewalt die Rückkehr zu konservativen Tugenden in Politik, Erziehung und Gesellschaft fordert, unterstützt diesen Eindruck: „Es ist leider so", so schon vor Jahren ein reumütiger Altachtundsechziger, „daß die 'Rechten' näher an der neuen Realität sich bewegen. Die alten Themen des konservativen Weltbildes – Leistung, Werte, Verantwortung, Autorität, Orientierung – haben eine neue Aktualität. Es ist mithin überaus leicht und verführerisch, die gesellschaftlichen Veränderungen, die den konservativen Wertekanon plausibel machen, darum als einen allgemeinen Rechtsruck wahrzunehmen. Es ist paradox: die linken Bedrohungsbilder von der rechten Übermacht sind zum ersten Mal realistisch, nicht weil die Rechte stark ist, sondern die Linke gegenüber der Realität schwach. Der konservative Wertekanon ist nicht zufällig näher an der Aktualität. Denn er entspringt einer pessimistischen Anthropologie und der Bewahrung des historisch älteren Wissens von dem barbarischen Kern der Zivilisation."[24]

Haben wir zu leichtsinnig, am Ende gar unverantwortlich gelebt, waren die Prinzipien, für die wir in Erziehung, Politik und Gesellschaft eintraten, nämlich Liberalität, Autonomie, Antiautoritarismus und kritische Rationalität ideologische Luxusgüter, süße Täuschungen – kaum anderes als die Hündchen und Bonbonnieren auf den Bildern Watteaus? Erweist sich im Rückblick der Aufklärungs- und Liberalisierungsschub der sechziger Jahre gleichsam als Sumpfblüte, die nur unter der Käseglocke des Kalten Krieges auf Kosten jener gedeihen konnte, die unter der Repression des bürokratischen Sozialismus ihr Leben fristen mußten? Steht daher die Ablösung jenes individualistischen Leichtsinns durch einen neuen, an beliebigen Gemeinschaften orientierten Tugend- und Moralkult auf der Tagesordnung? Heißt das: „Ende der Leichtigkeit"? Stellt man diese Frage, so ergeben sich eine Reihe von Perspektiven, unter denen sie präzisiert und geklärt werden kann. So geht es erstens um die historische Perspektive: War das Leben zwischen 1949 und 1989 wirklich so leicht? Herrschten keine sozialen Konflikte, gab es keine schmerzhaften gesellschaftlichen Auseinandersetzungen, war sozialer Wohlstand wirklich alles, worum es in dieser Zeit ging? Und: Kam dieser soziale Wohlstand tatsächlich allen zugute? Die Frage beinhaltet zweitens eine beinahe schon zum Gemeinplatz gewordene soziologische Vermutung: daß das Leben unserer Gesellschaften durch und durch von Individualisierungsschüben durchzogen ist und daß diese Individualisierung von Lebensläufen und Lebensstilen ein Nachlassen des Interesses an gemeinschaftlichen Werten provoziert, um schließlich in eine egoistische Ellenbogengesellschaft zu münden. Beidem mag so sein oder nicht – wir sollten jedoch nicht vergessen, daß es sich bei derlei Vermutungen nicht um unumstößliche Wahrheiten, sondern nur um mehr oder minder plausible soziologische Hypothesen handelt. Immerhin hat die Shell-Jugendstudie des Jahres 2002 erwiesen, daß eine Jugend, die unter dem ideologischen Primat des Neoliberalismus aufgewachsen ist, deutlich weniger bereit ist, an öffentlichen Angelegenheiten zu partizipieren. Indem diese Jugend zugleich stärker den „Sekundärtugenden" anhängt und größeren Wert auf persönliches Glück legt, beweist sie zudem, daß unter Bedingungen einer politisch immer wieder behaupteten Alternativlosigkeit zum Status quo gesellschaftliche Kreativität nur noch unter Aufbietung größten Idealismus möglich ist. Daß dieser Idealismus immer mehr zu einem Privileg der besser Gebildeten wird, bestätigt lediglich, was bereits Studien zur Bildungsbeteiligung im Bereich der Schule mit deprimierender Deutlichkeit bewiesen haben: Bildung, Moral und Engagement sind inzwischen zu einem sozial vererbbaren Kapital der oberen Dienstklassen geworden. Mindestens in Deutschland ist eine neue Klassengesellschaft entstanden, die auch deren moralisches Selbstverständnis prägt. Im Tenor der Kulturkritik wird dieser Befund umgedeutet: Hier schießt dann der Ärger über demolierte Telefonhäuschen mit subjektiver Verunsicherung ob vermeintlich erhöhter Kriminalitäts- und kritischen Überlegungen zu wachsenden Scheidungsraten zusammen. Eine weitere Frage, die sich aus der Behauptung vom „Ende der Leichtigkeit" ergibt, ist eine normative Frage, zu deren Beantwortung wissenschaftliche Theorien und Erkenntnisse nicht mehr ausreichen. Diese Frage, die sich an unser – je eigenes – Selbstverständnis richtet, zielt letzten Endes darauf, was für ein Leben wir angesichts weltweiter Armut und furchtbaren Leidens führen können und wollen, angesichts einer über alle Medien unausweichlich verbreiteten wirklichen und fiktiven Grausamkeit, angesichts gesellschaftlicher Notlagen und Stimmungen, die auf der einen Seite immer mehr Armut, auf der anderen Seite rechtsextremistische Ideologien und Theorien begünstigen. Die Stimmung, die aus dieser Situation der schmerzhaften Bewußtheit allseitigen und weltweiten Leidens erwächst, hat Hans Magnus Enzensberger treffend skizziert.

„Gleichwohl mutet die Tagesschau jeder Verkäuferin aus dem Supermarkt zu, zwischen Inguschen und Tschetschenen, Georgiern und Abchasen zu unterscheiden. Berg-Karabach steht seit Jahren auf der Tagesordnung, und wir sind gezwungen, uns an Hand von verstümmelten Leichen ein Bild von dieser Gegend zu machen. Wir sollen uns die Namen von Gangstern merken, die wir kaum richtig aussprechen können, und uns um islamische Sekten, afrikanische Milizen und kambodschanische Fraktionen kümmern, deren Beweggründe uns unverständlich sind und bleiben. Wer dazu nicht fähig ist, gilt als hartherziger Ignorant und als egoistischer Wohlstandsbürger, dem es gleichgültig ist, wenn andere leiden."[25]

Der Dichter empfiehlt in dieser Lage ein Abrüsten der moralischen Ansprüche und eine Bescheidung auf das Eigene – und sei es nur, um wenigstens den Frieden im eigenen Land zu wahren und nicht auch hier jenen Zuständen Vorschub zu leisten. Führten doch moralische Forderungen, die in keinem Verhältnis zu den Handlungsmöglichkeiten stünden, am Ende nur dazu, daß die Geforderten gänzlich streiken und jede Verantwortung leugnen. Diese Haltung bringt Enzensberger zu einer scharfen Kritik an jeder universalistischen Ethik und der Forderung, sich von allen Allmachtphantasien zu verabschieden und sich um die eigenen Angelegenheiten zu kümmern: „Wer von der Endlichkeit und Relativität unserer Handlungsmöglichkeiten spricht, sieht sich sofort als Relativist an den Pranger gestellt. Doch insgeheim weiß jeder, daß er sich zuallererst um seine Kinder, seine Nachbarn, seine unmittelbare Umgebung kümmern muß. Selbst das Christentum hat immer vom Nächsten und nicht vom Fernsten gesprochen."[26]

An diesem Vorschlag zeigt sich, daß aus der möglichen Diagnose, die guten Zeiten seien vorbei, in der Sache durchaus gegensätzliche Konsequenzen gezogen werden können: einerseits die kluge Beschränkung auf die eigenen Angelegenheiten, andererseits der bewußte Wille, die Belange aller Menschen zum vordringlichen Gegenstand des eigenen Denkens und – womöglich – eigenen Handelns zu machen. Einem tiefenpsychologisch informierten Denken wird dieser Vorschlag unmittelbar einleuchten. Moralische Forderungen, so meinen wir seit Nietzsche und Freud zu wissen, beeinträchtigen nicht nur die vitalen Bedürfnisse von Menschen und dienen nicht nur der projektiven Abwehr eigener Aggressionen, sondern leisten zudem einem grundsätzlich falschen Selbstverständnis, einer systematischen Selbsttäuschung und damit einem unwahrhaftigen Leben Vorschub. Wer in erster Linie moralischen Forderungen folgt, tue dies in aller Regel, um vom eigenen Leben und dessen Problemen abzulenken. Wer sich, aber – wie die Debatte um die „hilflosen Helfer"[27] gezeigt hat – über sich selbst täuscht, ist schließlich nicht in der Lage, anderen effektiv und angemessen beizustehen. Somit scheint an Enzensbergers Vorschlag kein Weg vorbeizuführen: Das Ende der Leichtigkeit, das bewußte und klare Wahrnehmen des Elends nicht nur dieser Gesellschaft, sondern der ganzen Welt führt zu einer neuen Bescheidenheit, aber auch zu einem eingeschränkten Engagement.

So bietet sich ein verwirrendes Bild: Während hier Philosophen und Politiker angesichts von Kriminalität, Drogensucht, Hedonismus, Liberalismus und Individualismus für einen neuen Wertehorizont, für Tugenden und strikte Regeln optieren, wird dort für ein Ent- und Abspannen der eigenen Ansprüche plädiert. So unvereinbar diese beiden Alternativen auf den ersten Blick erscheinen, so sehr gelten sie doch demselben Gegner: nämlich dem, was in ihrer

Sicht als universalistische, abstrakte Ethik gilt. Eine moralische Haltung, die einerseits darauf verzichtet, Menschen bestimmte und konkrete Verhaltensvorschriften zu machen, sie Mores zu lehren, die aber andererseits strikt darauf beharrt, daß Fragen nach Recht und Gerechtigkeit nicht wesentlich durch Hinweise auf Nähe oder Ferne, Freundschaft oder Verwandtschaft der jeweils betroffenen Menschen oder auf der eigenen Gemeinschaft Zuträgliches oder Förderliches zu lösen sind, wird in der Regel „universalistisch" genannt und – je nach Standpunkt des Kritikers – als überfordernd oder unverbindlich bezeichnet.

Für psychosoziale Berufe, für Pädagogen, Therapeuten und Berater stellt sich damit die Frage, welche Maßstäbe und Ziele sie sowohl an die eigene Arbeit als auch an das Tun all derer anlegen wollen, die ihnen im Erziehungsprozeß überantwortet sind oder die sich ihnen als Leidende oder Ratsuchende anvertraut haben. Damit ist zugleich die Frage nach der beruflichen Veranwortung von Pädagogen, Therapeuten und Beratern als die Frage gestellt, wofür Kinder, Heranwachsende oder Klienten im idealen Fall später Verantwortung übernehmen, d. h. welche Art der Moral sie erwerben sollen.[28] Daran zeigt sich, daß mindestens Psychotherapie und professionelle Erziehung insoweit stets am Ende der Leichtigkeit operieren, als beide niemals umhin können, Verantwortung ein- und auszuüben – unabhängig davon, ob sie das beabsichtigen oder nicht. Strittig ist allenfalls, welche Reichweite diese Verantwortung jeweils haben soll. Daß es darauf im Einzelfall keine abstrakte Antwort geben kann, leuchtet ebensosehr ein wie die Vermutung, daß die Reichweite der Verantwortung im Prinzip zu ermessen sein sollte.

Für das Erziehungssystem wird daher vorgeschlagen, sich zur Heilung gesellschaftlicher Übel und Gebresten wieder auf die kleinsten leicht zugänglichen gesellschaftlichen Einheiten zu beziehen, auf Familie und Schule. Wenn überhaupt, so scheint es, konkrete Verantwortung für diese Gesellschaft eingeübt werden kann, dann dort, wo Kinder und Jugendliche zu verantwortungsvollen Bürgerinnen und Bürgern gebildet werden. Nirgendwo wird das Ende der Leichtigkeit so massiv eingeklagt wie im Erziehungsbereich, nirgendwo anders scheinen die libertären Umgangs- und Lebensformen, die ein Ergebnis der Kulturrevolution der späten sechziger Jahre waren, so verhängnisvoll gewirkt zu haben, scheint der Katzenjammer so groß zu sein.[29] Die Beunruhigung über jugendliche Neonazis, Drogenabhängige und Vandalismus in Schulen vermengt sich so mit dem Gefühl von Orientierungslosigkeit, an der die Sozialwissenschaften nicht unschuldig seien. Das Einklagen einer allgemeinen erzieherischen Verunsicherung aufgrund des Reflexionsschubs, den das Eindringen erziehungswissenschaftlicher Einsichten in die Lebenswelt von Eltern, Kindern und Schülern verursacht habe, fordert zu der Beschwörung heraus, daß künftig wieder erzogen werden müsse. Darüber hinaus bedienen sich die neuen Erziehungsbefürworter der gerne verwendeten rhetorischen Figur, sich selbst in eine imaginäre Mitte zu plazieren und mögliche, einander ergänzende Extreme zu kritisieren: in diesem Fall den permissiven und autoritären Erziehungsstil. Über deren soziale Positionierung und schichtenbezogene Verteilung lassen sich die neuen Erziehungsbefürworter – unverständlich angesichts einer Fülle von präzisen Forschungsergebnissen, die für im weitesten Sinn auffällige Jugendliche alle auf ein familiär und schulisch durch Leistungsanforderungen[30] überstrapaziertes Unterschichtmilieu hingewiesen haben – nur sehr vage aus.[31] Die wohlfeile Polemik vor allem gegen die permissive Erziehung gestattet es, den Begriff der „Autorität“ aufzuwerten, ohne autoritär zu wirken, während das in der Sache absolut gerechtfertigte Plädoyer für eine demokratische Erziehung oft keinem anderen Zweck dient, als die konservative Parole „Mut zur Erziehung“ zu assimilieren und eine neue „Autorität“ zu fordern.

Bei dieser Debatte geht es erstens um die pauschale Behauptung einer allgemeinen Verunsicherung von Eltern und Erziehern, Kindern und Jugendlichen, zweitens um die unausgewiesene Rede von „Autorität“ sowie drittens um die unscharfe Rede von „Werten“ und „Werteerziehung“. Daß in bezug auf Erziehungsfragen Verunsicherung herrscht, ist unbestritten. Ob diese Verunsicherung zugenommen hat, könnten wir nur anhand eines Zeitreihenvergleichs beurteilen, für den uns die Vergleichsdaten aus den zwanziger, dreißiger, vierziger, fünfziger und sechziger Jahren fehlen. Wie viele Eltern sich faktisch aus ihrer Rolle als Erzieher zurückgezogen haben, wissen wir nicht. Sogar wenn wir entsprechende Einstellungsuntersuchungen hätten, wüßten wir immer noch nicht, ob sich diese Eltern im Alltag auch tatsächlich so verhalten. Möglich wäre ja immerhin, daß Eltern sich zwar verunsichert fühlen und in reflexiven Situationen meinen, nicht mehr zu erziehen, sich aber tatsächlich sehr wohl erzieherisch verhalten. Da über diesen Fragenkomplex kaum empirische Forschungen vorliegen – nicht zuletzt deshalb, weil klinische Untersuchungen im Alltag von Familien extrem aufwendig sind –, muß hier ein eindeutiges Urteil bis auf weiteres ausstehen. Die wenigen Forschungen, die hierzu vorliegen,[32] motivieren dazu, den Strukturen der sozialisatorischen Interaktion mehr zuzutrauen, als es die Befürworter eines jederzeit bewußten Erziehens tun. Obwohl alle möglichen definitorischen Anstrengungen zur Bestimmung des Erziehungsbegriffs vorgenommen werden und immer wieder klargestellt wird, daß eine zeitgemäße Erziehung im wesentlichen im Aushandeln von Bedürfnissen und im Verzicht auf Gehorsam besteht – trotz der klaren Ablehnung autoritärer Erziehungsstile wollen nicht wenige der neuen Werteerzieher unbegründet am Begriff der „Autorität" festhalten. Dabei ist bezeichnend, daß eine wissenschaftliche Klärung des Begriffs „Autorität" in aller Regel entfällt. Schlägt man beliebige Lexika auf, so wird man im allgemeinen für den Begriff „Autorität" Umschreibungen wie etwa „Würde" und „Ansehen" finden. Demnach kann es in der Sache nur darum gehen, daß Eltern, die sich im familiären Alltag eines demokratischen Verhaltens befleißigen, aus nicht nur motivationalen Gründen wünschen, von ihren Kindern anerkannt zu werden. Die entscheidende Frage lautet dann, als was sie anerkannt werden wollen: als Personen, denen im Zweifelsfall fraglose Folgebereitschaft gezollt wird oder als Partner, deren Argumente gehört werden? Geht es um letzteres, ist der Begriff „Autorität" fehl am Platz, geht es um ersteres, läuft die Polemik gegen den permissiven Erziehungsstil ins Leere. Die Verwendung des Begriffs „Autorität" verhindert in diesem Zusammenhang lediglich, daß das Paradigma des demokratischen Erziehungsstils zur vollen Entfaltung kommt.

Was heißt endlich Werteerziehung? Die Soziologie unterscheidet schulmäßig zwischen Normen und Werten[33] und will damit ausdrücken, daß Normen jene Verhaltensmaßgaben sind, die um der Verwirklichung eines von mehreren Personen für wichtig gehaltenen Gutes willen etabliert worden sind. Gilt etwa persönlicher Respekt als das wünschbare und schützenswerte Gut, so beschreibt „Höflichkeit" die Normen, die im zwischenmenschlichen, alltäglichen Umgang zu beachten sind. Die schulmäßige Unterscheidung führt zu der Frage, welche „Werte" in einer menschlichen Sozialität nicht nur faktisch vorfindlich, sondern auch normativ akzeptabel sind. Die Werte „Reichtum", „sexuelle Attraktivität", „Liebe zur Heimatgemeinde", „Vorrang der eigenen Rasse", „Toleranz", „Pünktlichkeit" etc. sind offensichtlich weder gleichermaßen legitim noch gleichermaßen weitreichend. „Werte" der persönlichen

Lebensführung sind einerseits von „Werten" des öffentlichen Zusammenlebens zu unterscheiden, während andererseits faktische, legale und legitime „Werte" auseinanderzuhalten sind. Wie weit eine dezentrierte, demokratische Gesellschaft überhaupt noch beliebige „Werte" verkörpern und durchsetzen kann, ist in politischer Soziologie und Philosophie strittig. Ob der Wertepluralismus und die mit ihm einhergehende Verunsicherung nur ein Desaster oder nicht doch eine große Chance darstellt, ist ebenfalls umstritten. Auf jeden Fall: In Gesellschaften dieses Typs dürften nur noch sehr allgemeine, individuelle Lebensweisen, nicht mehr zensierende „Werte" allgemein akzeptabel sein: vor allem die Würde des Menschen (einschließlich der entsprechenden rechts- und sozialstaatlichen Sicherungen). Diesen soziologischen Befund unterschlägt die „Wertedebatte". Letzen Endes schrumpfen in demokratischen Gesellschaften die allgemein als legitim erachteten und deswegen positiv sanktionierten Werte zu minimalen Verfahrensgrundsätzen zusammen. Mehr ist weder möglich noch nötig. Was bleibt, sind Vorschläge zur geregelten Auseinandersetzung über Wertkonflikte. Bedarf also die Motivation von Eltern und Lehrern, die bereit sind, sich in diesem Sinn auf sozialisatorische Interaktionen einzulassen, der Semantik von Ordnung, Verantwortung und Grenzen? Tatsächlich ist davon auszugehen, daß diejenigen, die ohnehin demokratisch und partnerschaftlich erziehen, entsprechende Appelle zustimmend oder nachdenklich zur Kenntnis nehmen werden, während derlei Erklärungen an den Eltern derjenigen Kinder, die als delinquent, verhaltensgestört, gewalttätig oder gar als rassistisch angesehen und behandelt werden, resonanzlos vorüberrauschen dürften. In diesen Fällen, das ist Lehrerinnen und Lehrern ebenso vertraut wie Sozialarbeitern, hilft nur die mühsame Praxis am Arbeitsplatz oder ein politisches Handeln, das die Verstetigung des Unterschichtmilieus mit seinen Überforderungen in der Schule durch radikale Reform überflüssig macht. Dieses Thema – das rückständig gegliederte Schulwesen[34] in Deutschland und die Ausbreitung von Armut – interessiert die neuen Wertepolitiker jedoch nicht im mindesten. Wie sollte es auch? Eine gehaltvolle bildungspolitische Diskussion würde den trivialen Konsens im luftigen Bereich der Werte sofort zum Einsturz bringen. So einleuchtend die Rede von der Leichtigkeit des Lebens vor 1989 auch war – am Ende handelt es sich wohl doch nur um eine suggestive Floskel, der in der Sache nur wenig entspricht und die nur deshalb verbreitet wird, um ohne weitere Begründung konservative Ideologien zu propagieren. Der beste Sinn, den wir dem Problem der Leichtigkeit und ihrem vermeintlichen Gegenpart, der Verantwortung, geben können, resultiert in der Frage nach dem richtigen Leben.

Als Resümee kann gelten, daß in komplexen, ausdifferenzierten und pluralistischen Gesellschaften mit konkreten Werten allein nicht auszukommen ist und es mindestens so sehr prinzipieller, eher abstrakter Haltungen und Einstellungen bedarf, etwa der Fähigkeit zur Reflexion, zur Distanz, zum hypothetischen Denken – Eigenschaften, die ich vorläufig als „Tugenden" bezeichnen möchte. Womöglich läßt sich dem, was als „Leichtigkeit" kritisiert wird, ja doch noch ein guter Sinn verleihen, womöglich läßt sich die Leichtigkeit sogar rehabilitieren. Denn „Leichtigkeit" – paradox genug – ist keineswegs einfach zu vollziehen, sondern bedarf der Übung und Disziplin. Im oben beschriebenen Sinn „leicht" zu leben, bedarf ebensosehr einer Anstrengung wie eines Weges, die Bürde des menschlichen Lebens besser, d. h. distanzierter zu tragen. Die Leichtigkeit scheint den jeweiligen Ancien regimes unauflöslich anzuhaften – Regimes, unter denen das gute Leben, Leben und Überleben davon abhingen, daß man in Distanz zu seinen Rollen und Lebensentwürfen stand. Die folgenden Zeilen wurden 1910 geschrieben und kommen in einem Drama, in einer Farce vor, die im Ancien regime, im Österreich der Kaiserin Maria Theresia spielt. Die Hauptfiguren dieses Stücks sind durch gesellschaftliche Zwänge und ökonomische Rücksichtnahmen an der Entfaltung ihres Lebens behindert und versuchen, dies mit Fassung zu tragen. In Richard Strauß' und Hugo von Hofmannsthals *Rosenkavalier* bekundet die Marschallin, eine Frau in den Dreißigern, die weiß, daß sie noch am selben Tag von ihrem siebzehnjährigen Geliebten verlassen werden wird, diesem auf seine Treueschwüre:

> „Nicht quälen will ich dich mein Schatz.
> Ich sag, was wahr ist, sags zu mir so gut wie zu dir.
> Leicht will ichs machen dir und mir.
> Leicht muß man sein:
> mit leichtem Herz und leichten Händen,
> halten und nehmen, halten und lassen …
> Die nicht so sind, die straft das Leben und Gott
> erbarmt sich ihrer nicht."[35]

Die Leichtigkeit des Seins, mit leichtem Herzen halten und nehmen, das scheint für pädagogisches Handeln nicht selbstverständlich zu sein. Auch Selbstaufforderungen, Dinge mit Gelassenheit zu vollziehen, verweisen nur darauf, daß Menschen meist dem, was sie tun, zutiefst, ja zu sehr verhaftet sind. Diese Bindung, die jede Leichtigkeit zu einer enormen Anstrengung macht, resultiert daraus, daß Bildung und Erziehung allem aufklärerischem Wollen zum Trotz weniger eine Frage intellektueller Einsicht denn affektiver Bildung sind.

Diesen Gedanken versuche ich in den folgenden zwölf Kapiteln darzulegen. Dabei geht es zunächst um einen der antiken Philosophie entnommenen, erneuerten Begriff der menschlichen Natur, der in normativer Hinsicht auf eine Alternative zu Pflicht- und Nützlichkeitsmoralen, nämlich auf eine Tugendethik zielt. Das zweite Kapitel sucht den hier vorgestellten Begriff der Tugend durch eine Reflexion auf sein Gegenteil, das Laster, zu schärfen. Auch eine erneuerte Theorie der menschlichen Natur kann freilich, zumal wenn es ihr um die tragende Rolle der Gefühle beim Entstehen von Moralität geht, die Ergebnisse einer Naturwissenschaft vom Menschen, wie sie seit Darwin vorliegt, nicht vernachlässigen. Das dritte und vierte Kapitel erläutern die moralische Funktion von Gefühlen und plädieren für eine evolutionsbiologische Perspektive. Im fünften, sechsten und siebten Kapitel, die Platon, Aristoteles und Luhmann konfrontieren, geht es zunächst um den Nachweis, daß die Vernachlässigung der Gefühle in der Bildungstheorie Ergebnis einer bewußten, zweieinhalbtausend Jahre alten Verdrängung ist und daß eine Theorie der Bildung und Erziehung nur auf den Lebenslauf im ganzen bezogen entwickelt werden kann. Ohne einen Begriff vom „Glück“ ist das freilich unmöglich, wie Aristoteles gezeigt hat. Im siebten Kapitel weise ich dann nach, daß die systemtheoretische Umformulierung des Bildungsproblems mißlingen muß und warum die von Luhmann süffisant als „alteuropäisch“ bezeichneten humanistischen Überlegungen nach wie vor aktuell sind. Das achte und neunte Kapitel entfalten schließlich das Verhältnis von Tugend, Bildung und Charakter im einzelnen. Ein gutes, tugendhaftes Leben verharrt jedoch nicht im Privaten. Im zehnten, elften und zwölften Kapitel will ich zunächst zeigen, warum ein lange Zeit in der Pädagogik vernachlässigter Begriff, der der „Freundschaft“, unerläßlich ist, um das Bildungsgeschehen, nicht nur zu begreifen, sondern auch zu befördern. Im Begriff der „Freundschaft“ liegt zugleich das Modell einer Lebensform vor, auf deren Basis eine normativ gehaltvolle politische Organisation, die Demokratie, pädagogisch bedeutsam wird.

I. Menschliche Natur und Tugendethik

Mit dem Hinweis auf affektive Bildung steht die Frage nach dem Verhältnis von Herz und Verstand, von Kognitionen und Affekten in individuellen und kollektiven Bildungs- und Lernprozessen im Zentrum, mehr noch: die Frage nach Bildsamkeit und Bildbarkeit und damit das Problem der moralischen Gefühle. Denn wie soll eine lebbare Moral greifen, wenn Menschen zu ihr nicht von Natur disponiert sind? Die abendländische Tradition verstand Erziehungsprozesse von Beginn an in einem engen und zugleich weiterführenden Verhältnis zur Natur. In ihren Anfängen war dieser Tradition ein anderes Verhältnis von Natur und Kultur gewärtig als der europäischen Moderne seit der Aufklärung. Sie kennt „Natur" nur noch als einen Bereich kausal wirkender Notwendigkeiten, während sich der Bereich der „Kultur" – ganz untragisch – mehr oder minder als Feld freien menschlichen Handelns offenbarte. Ein Rückgang auf die Antike freilich zeigt, daß diese Dichotomie weder sinnvoll noch notwendig ist.[1] Spätestens bei Aristoteles läßt sich lernen, daß man sinnvoll zwischen erster und zweiter Natur unterscheiden kann. Auffällig ist, daß dieser Begriff bzw. die Problematik einer zweiten Natur stets im Zusammenhang mit Bildung und Tugend erörtert wird: „Die Tugenden entstehen in uns", so Aristoteles, „also weder von Natur noch gegen die Natur. Wir sind vielmehr von Natur dazu gebildet, sie aufzunehmen, aber vollendet werden sie durch die Gewöhnung."[2] Dabei war Aristoteles keineswegs der erste, dem das quasi-natürliche Wesen menschlicher Verhaltensbereitschaften auffiel: „Die Natur und die Erziehung", so ein Zeitgenosse des Sokrates, der Atomist Demokrit, „kommen einander gleich. Denn auch die Erziehung formt den Menschen um, und indem sie umformt, schafft sie Natur."[3]

Diese Überlegung verdichtet sich bei Platon und Aristoteles in dem Gedanken, daß insbesondere menschliche Gewohnheiten zu Natur werden, mehr noch: daß am Ende – so der hellenistisch-jüdische Philosoph Philo – andauernde Gewohnheit stärker sei als Natur. Spätestens in der lateinischen Klassik, bei Cicero, wird dann der Begriff einer anderen, einer zweiten Natur explizit artikuliert: „consuetudine quasi alteram quandam naturam effici" – „daß durch Gewohnheit gewissermaßen eine andere Natur hervorgebracht wird."[4]

Da tote Gegenstände keine Gewohnheiten ausbilden, kann sich das, was hier als „andere Natur“ bezeichnet wird, sinnvoller Weise nur auf lebende Organismen, zu denen auch die Angehörigen der menschlichen Gattung zählen, beziehen. Freilich fällt auf, daß Cicero noch zögert; in der zitierten Passage aus seiner Schrift über die höchsten Güter spricht er von einer „gewissermaßen anderen Natur“ und trifft damit eine Unterscheidung. Beinahe zweitausend Jahre später nimmt der Begründer der modernen Pädagogik, Jean-Jacques Rousseau, derlei Gedanken auf, wenn er in seinem *Diskurs über die Ungleichheit der Menschen* aus dem Jahr 1755 schreibt:

„Ich sehe in jedem Tier nur eine kunstreiche Maschine, der die Natur Sinne gegeben hat, um sich selbst wieder aufzuziehen und bis zu einem gewissen Grad gegen alles zu schützen, was sie zu zerstören oder in Unordnung bringen könnte. Genau das gleiche stelle ich an der menschlichen Maschine fest, nur mit dem Unterschied, daß bei den Bewegungen der Tiere die Natur alles tut, während der Mensch bei den seinen mithilft, insofern sein Wille frei ist.“ Im französischen Originaltext steht für das hier mit „mithilft“ übersetzte Verb „concourt“, das vielleicht genauer mit „mitwirkt“ zu übersetzen wäre. „Jenes“, so fährt Rousseau fort, „wählt oder verwirft mit Instinkt, dieser durch einen Akt der Freiheit, woraus sich ergibt, daß das Tier nicht den ihm vorgeschriebenen Gesetzen entgehen kann, selbst wenn es zu seinem Vorteil wäre, und daß der Mensch sich oft zu seinem Schaden davon entfernt.“[5]

Das ist die Fähigkeit der Menschen, sich willentlich und frei zu ihrer (ersten) Natur zu verhalten und dabei eine zweite, eine charakterliche Natur zu schaffen. Diese zweite, anerzogene und gebildete Natur entfaltet sich in Zuständen „eines Charakters, dessen Träger im Hinblick auf einen bestimmten Bereich von Verhaltensfragen zu richtigen Antworten gelangt.“[6] Diese Charakterzustände lassen sich als „Tugenden“ bezeichnen. Um sie besser zu verstehen, ist zu klären, wie menschliche Charaktere, d. h. die je nachdem tugend- oder lasterhaften, dauerhaften Prägungen und Neigungen eines Menschen entstehen bzw. welches ihre Bestandteile sind. Wenn der Charakter Ausdruck, ja sogar Inbegriff der zweiten Natur ist, diese aber wesentlich durch Gewohnheitsbildung ensteht, und wenn bestimmte Charakterzüge deshalb als „tugendhaft“ ausgezeichnet sind, weil sie es Menschen ermöglichen, bestimmten normativen Ansprüchen zu genügen, dann setzt dies zugleich eine bestimmte Empfänglichkeit dafür voraus, was in gegebenen Situationen zu tun ist. Tugenden basieren mithin auf intelligenten Empfindsamkeiten für eigene und andere Befindlichkeiten, auf Sensitivitäten, genauer gesagt: eine einzige Sensitivität, „die ihrerseits nichts anderes ist als die Tugend überhaupt, also eine Fähigkeit, die von Situationen an das Verhalten gestellten Forderungen als solche zu erkennen."[7]

Es geht also um intelligente Gefühle bzw. „eine einzige komplexe Form der Sensitivität", die zugleich eine moralische Sichtweise begründet. Demnach beruhen Tugenden mindestens so sehr auf affektiven Haltungen, wie sie in kognitive Fähigkeiten münden. Freilich können es kaum alle affektiven Haltungen sein, die zu tugendhaften Charakteren disponieren. Die zweite, in einer bestimmten normativen Form gebildete menschliche Natur resultiert damit aus einer spezifischen Art der Affektbildung, wenn man so will aus einer „éducation sentimentale".[8] Ein Verständnis der Tugend, der Tugenden erheischt demnach eine Entschlüsselung des moralischen Charakters von Gefühlen im Lauf des menschlichen Lebens. Dies war das Programm Rousseaus, der in seinem *Emile* eine Bildung zur Liebe als Basis moralischen Verständnisses forderte.

„Seine ersten Zuneigungen", so Rousseau über den jungen Menschen, „sind die Zügel, mit denen man all seine Bewegungen lenkt; er war frei, und ich sehe ihn unterworfen. Solange er nichts liebte, hing er nur von sich selbst und von seinen Bedürfnissen ab. Auf diese Art werden die ersten Bande gebildet, die ihn mit Wesen seiner Art vereinigen. Wenn er seine erwachende Empfindsamkeit auf sie richtet, so glaube man nicht, daß sie gleich anfangs alle Menschen umfaßt und daß das Wort Menschengeschlecht ihm etwas bedeutet. Nein, diese Empfindsamkeit wird sich zunächst auf seinesgleichen beschränken, und seinesgleichen werden keine Unbekannten für ihn sein, sondern diejenigen, mit denen er Verbindungen hat, diejenigen, welche ihm die Gewohnheit lieb und notwendig gemacht hat, diejenigen, welche augenscheinlich ebenso denken und empfinden wie er, diejenigen, die er den gleichen Leiden, die er gelitten hat, ausgesetzt sieht und die für die gleichen Freuden, die er genossen hat, empfänglich sind – mit einem Worte, diejenigen, bei denen die natürliche Gleichheit augenfälliger ist und ihm eine größere Neigung zu lieben gibt."[9]

Die auf der Basis identifikatorischer Prozesse stattfindende affektive Bindung Gleichartiger führt zu einer partikularen Solidarität, die die notwendige Bedingung zur Ausbildung einer universalistischen Moral hier und einer entfalteten Individualität dort ist, die sich im Prozeß ihrer Herausbildung wechselseitig bedingen. Rousseau fährt fort: „Er wird erst nachdem er sein Naturell auf tausenderlei Art entwickelt hat, erst nach vielen Betrachtungen über seine eigenen Gefühle und über diejenigen, die er an anderen beobachten wird, dahin gelangen, daß er seine einzelnen Vorstellungen unter dem abstrakten Begriff der Menschheit verallgemeinert und seinen besonderen Neigungen diejenigen hinzufügt, durch die er sich mit seiner Art zu identifizieren vermag."[10]

Dabei rechnet Rousseaus pädagogische Anthropologie stets mit einem angeborenen Egozentrismus, einer Eigenliebe, der in seiner „natürlichen" Form als „Selbstliebe" – „amour de soi" bezeichnet wird und in seiner denaturierten Form in „Eigenliebe" – „amour propre" umschlägt. Grundsätzlich äußert sich auch in geistigen und moralischen Interessen, die in den Haltungen der Tugend ihren Ausdruck finden, eine Art der „Selbstliebe". Geistige und moralische Interessen beziehen sich „allein auf uns selbst, auf das Wohl unserer Seele, auf unser absolutes Wohl. Es ist ein Interesse, das wesentlich mit unserer Natur zusammenhängt und deshalb auf unser wirkliches Glück gerichtet ist."[11]

Damit hat Rousseau, der sich in seiner politischen Theorie als Erbe wesentlicher römischer Traditionen verstanden hat,[12] den von der antiken Philosophie postulierten Zusammenhang von Tugend und Selbstliebe wieder aufgenommen – eine Thematik, die die moderne Moralphilosophie zerrissen hat und die derzeit erneut auf der Agenda steht. Freilich scheint die Aufnahme von Kategorien des aufgeklärten Eigeninteresses in eine Theorie der Moral der Moderne fremd – allenfalls in Begründungsdiskursen formal universalistischer Moralen wie in John Rawls' *Theorie der Gerechtigkeit* soll ein prudentialer Diskurs eine eher methodologische Funktion übernehmen.[13] Hinter dieser Nichtberücksichtigung des Eigeninteresses in einer modernen Theorie der Moral steht ein massives moralisches und methodisches Problem, das erst in letzter Zeit aufgefallen ist und seither systematisch bearbeitet wird.[14] Ellen Key forderte in einer Radikalisierung von Rousseaus Sentimentalismus, daß „eine neue Menschheit hervorgeliebt werden" solle, und nahm damit das antike Thema einer perfektionierenden Bildung wieder auf, nachdem Christentum und Aufklärung entweder auf Erziehung als Normierung oder auf Bildung zur Mündigkeit setzten.

Der Perfektionismus ist eine ethische Theorie, die als höchstes Gut allen menschlichen Lebens die Selbstvervollkommnung ansieht. Theorien der Perfektionierung und vor allem der Selbstperfektionierung, die vermeintlich unablösbar der Gedankenwelt der Antike angehören, sind in den letzten Jahren nicht nur im Rahmen etwa der humanistischen Psychologie wiederbelebt worden, sondern auch und gerade in der Philosophie, und zwar besonders in ihrem angelsächsischen, dem sprachanalytischen Vorgehen verpflichteten Strang. Daß es dazu einer Wiederbesinnung auf das US-amerikanische, das pragmatistische Erbteil bedurfte, kommt nicht von ungefähr. Ralph Waldo Emerson, der zum wesentlichen Anreger für die Arbeiten von Stanley Cavell[15] wurde, war nicht nur eine Quelle für Friedrich Nietzsche, sondern kann selbst als Erneuerer des Tugenddiskurses[16] gelten. In Rawls' *Theorie der Gerechtigkeit* findet sich in den späteren, seltener gelesenen, aber systematisch unerläßlichen Kapiteln eine entfaltete Theorie des guten Lebens, die in unterschiedlicher Form z. B. in die neuere politische Philosophie, etwa multikultureller Gesellschaften, eingegangen ist.[17] Ohne eine Theorie des Guten als des Vernünftigen ginge Rawls das Problem, das er mit seiner Theorie der Gerechtigkeit lösen wollte, verloren. Schließlich hat Alan Gewirth eine umfassende, systematische Arbeit zur Frage menschlicher Selbstentfaltung vorgelegt, die bei aller Strenge der Terminologie doch jenen existentiellen Kern freilegt, um den es aller Ethik geht. Spätestens mit dieser Untersuchung,[18] aber auch nach neueren deutschen Beiträgen zu einer „Philosophie der Lebensgeschichte“,[19] dürfte denn auch deutlich werden, daß die Versuche der Theorie autopoietischer Systeme, Biographien ohne ein Moment teleologischer Narrativität verstehen zu wollen, aus systematischen Gründen zum Scheitern verurteilt sind.

Die neuere philosophische Diskussion unterscheidet terminologisch zwischen Ethik und Moral, zwischen teleologischen und deontologischen, zwischen Güter- und Pflichtethiken. Moralische Theorien sind Theorien, die das, was allen Menschen unbedingt geboten ist, ermitteln wollen. Das sind in aller Regel unparteiisch eingeführte Gerechtigkeitsgrundsätze, d. h. Prinzipien für eine angemessene Verteilung von Gütern und Übeln. Der „moral point of view“[20] zeichnet sich – wie die Allegorie der Gerechtigkeit – dadurch aus, daß er bestimmten Interessen gegenüber systematisch blind ist. Auch Güterethiken interessieren sich für das, was allen Menschen gemein ist. Im Unterschied zu Pflichtehiken und im Unterschied zur Moral geht es ihnen aber nicht um die Frage, was unbedingt gerecht und daher geboten ist, sondern um die Frage, zu welchem Zweck Menschen überhaupt leben. Erst Güterethiken können (vielleicht) eine Frage beantworten, vor der die Moral in ihrem eigenen Bezugssystem verstummen muß: Warum soll ich überhaupt im Hinblick auf Gerechtigkeit handeln, warum überhaupt irgendwelchen Pflichten folgen? John Rawls, dessen begriffliche Mittel in diesem Kontext zureichen, unterscheidet zwei Formen des Perfektionismus. Ein Perfektionsprinzip sei in seiner strengen Lesart „der einzige Grundsatz einer teleologischen Theorie, die die Gesellschaft anweist, Institutionen, Pflichten und Verpflichtungen so festzulegen, daß die menschlichen Errungenschaften auf dem Gebiet der Kunst, Wissenschaft und Kultur maximiert werden."[21] Der von Rawls als Alternative erwogene gemäßigte Perfektionismus nimmt ein Perfektionsprinzip hingegen nur als ein Prinzip unter mehreren, das im Vergleich zu diesen sorgfältig abzuwägen sei.

Die sicherlich radikalste und bekannteste Variante des Perfektionismus findet sich im Werk Friedrich Nietzsches und seiner Idee vom Übermenschen, von der „blonden Bestie" gar, eine Theorie, die keineswegs nur mißverständlich zum Hintergrund des europäischen Faschismus und Rassismus gehört. Daß Richard Strauß' Tondichtung „Zarathustra" Stanley Kubricks Film „2001" an entscheidender Stelle instrumentiert, ist keiner effekthaschenden Absicht zuzuschreiben, sondern dem philosophischen Grundgedanken dieses Films, der mit dem Aufstieg des Menschen aus der Lebensform von Voraffen beginnt, um nach einer langen Weltgeschichte in einem kosmischen Baby zu enden: In der von Kubrick inszenierten überwältigenden Bilderwelt wird die Geschichte der Menschheit als Übergangsgeschehen dargestellt, gerade so, wie Nietzsche Kants Gedanken des Menschen als eines Selbstzweckes dementierte und damit auch in der Moralphilosophie einer radikalen Moderne zum Durchbruch verhalf: „Der Mensch ist ein Seil, geknüpft zwischen Thier und Übermensch, – ein Seil über einem Abgrunde. [...] Was groß ist am Menschen, das ist, daß er eine Brücke und kein Zweck ist: was geliebt werden kann am Menschen, das ist, daß er ein Übergang und ein Untergang ist [...]. Es ist an der Zeit, daß der Mensch sich sein Ziel stecke. Es ist an der Zeit, daß der Mensch den Keim seiner höchsten Hoffnung pflanze."[22]

Systematisch widerruft Nietzsche in dieser Passage einen zentralen Lehrsatz der Moral der Aufklärung, nämlich Kants in der *Metaphysik der Sitten* ausgeführtes Prinzip, nach dem „der Mensch sowohl sich selbst als auch anderen Zweck" ist und er daher „weder sich selbst noch andere als Mittel zu brauchen befugt ist, [...] sondern den Menschen überhaupt sich zum Zwecke zu machen ist an sich selbst des Menschen Pflicht."[23]

Und so läßt sich fragen: Wenn der Mensch kein Zweck ist, was ist dann überhaupt ein Zweck? Wenn der Mensch eine Brücke ist, dann ist er ein Mittel; offen bleibt lediglich die Frage, wozu? Und wenn es einen Zweck gibt, zu dem der Mensch ein Mittel ist, worin besteht dieser Zweck dann und wer setzt ihn sich in einer Welt nach dem Tode Gottes, die keine metaphysischen Vorgaben mehr kennt? Nach Nietzsche kann es nicht anders sein, als daß der Mensch sich selbst zum Mittel seiner Selbstüberwindung macht und sich ein Ziel steckt, das höher als er selbst ist. Welches wäre der Maßstab, anhand dessen sich bemißt, was höher und was niedriger ist? Für Nietzsche ist dieser Zweck der Übermensch, der ebenso Inbegriff wie reale Möglichkeit wahrer Individualität und überbordender Kreativität ist. Beider Entfaltung aber setzt die Befreiung von den undurchschauten Fesseln der Moral voraus. Diese Lehre hat vor allem in der von Nietzsches Schwester überlieferten Form eine rassistische und sozialdarwinistische Lesart erhalten, die nachvollziehbare Spuren bis in den tödlichen Rassenwahn der Nationalsozialisten gelegt hat.[24] Man beraubt sich jedoch aller Erkenntnischancen, wenn man bei der Lektüre Nietzsches vor allem diese eine Folgegeschichte in den Blick nimmt – wie man sich auch aller Erkenntnischancen beraubt, wenn man als hermeneutischen Schlüssel für das Werk von Karl Marx den Stalinismus nimmt. Die moderne Pädagogik, die mit dem *Jahrhundert des Kindes* ihren Anfang nahm, erweist sich nicht nur in der deutschen Reformpädagogik als zutiefst nietzscheanisch.

Im Werk von Ellen Key finden wir eine Lektüre und Entfaltung von Nietzsches Ideen, die die Fruchtbarkeit dieses Denkens sehr viel deutlicher werden lassen. Ellen Key, daran ist ein redlicher Zweifel kaum möglich, war eine Darwinistin, die den „Kampf ums Dasein“ sublimieren wollte und die bedauert, daß es bisher nicht gelungen sei, „dem Kampfe ums Dasein edlere Formen zu verleihen.“[25] Key war fest von der Unabgeschlossenheit, vom fortwährenden Werden des menschlichen Wesens überzeugt[26] und zog aus dem Faktum der Evolution den Schluß, daß es dort, wo es bereits eine Höherentwicklung gegeben hat, auch eine weitere Höherentwicklung möglich, wenn nicht gar wünschenswert sei.[27] Es ist diese, von Darwin und Galton unterschiedlich verstandene Evolutionstheorie, die in Verbindung mit einer Tugendethik, d.h. einer Ethik, die als ihr höchstes Kriterium die Heranbildung edler Charaktere sieht,[28] die Pädagogik zur Wissenschaft macht: „Erst wenn man die Erziehung des Kindes auf die Gewißheit gründet, daß Fehler nicht versöhnt oder ausgelöscht werden können, sondern immer ihre Folge haben müssen, aber gleichzeitig auf die Gewißheit, daß sie in einer fortgesetzten Evolution umgewandelt werden können, durch langsame Anpassung an die umgebenden Verhältnisse, erst dann wird die Erziehung anfangen, Wissenschaft, Kunst zu werden."[29]

Damit zielt Ellen Key auf eine durch wissenschaftliche Erziehungskunst gesteuerte Evolution der Gattung, die aber nicht – wie man meinen könnte – Entwicklung als Selbstzweck, als Religion[30] ansieht, sondern als Unterpfand des Glücks: „Für das Kind wie für den Erwachsenen gilt Goethes Wort, daß Glück die Entwicklung unserer Fähigkeiten ist."[31] „Unsere Fähigkeiten" jedoch äußern sich im kindlichen Egozentrismus und Egoismus und das heißt auch in seinen Gefühlen, die für Key ohnehin der deutlichste Indikator für Individualität sind.[32] Das Gesetz der Individuierung gilt so als Gesetz der kleinen Abweichung vom Typus, als Erfüllung der gattungsbezogenen Anpassungsleistung durch die Freigabe und Förderung individueller Macht.[33] Key verbindet schließlich – in einer systematisch überhaupt nicht, aber praktisch überzeugenden Weise – die antike Tugendethik der Heranbildung edler, glücksfähiger und glücklicher Charaktere mit einem ganz und gar modernen Gedanken: der Überzeugung vom Wert des Neuen als eines Selbstzwecks. „Die noch weiterlebenden Instinkte des Affen", so führt sie in einer anthropologischen Nebenbemerkung aus, „verdoppeln beim Menschen die Wirkung des Erblichkeitsgesetzes, und der Konservativismus ist daher bis auf weiteres in der Menschenwelt stärker als das Streben, neue Arten hervorzubringen. Aber dieses letztere ist das Wertvollste."[34]

Es dürfte deutlich geworden sein, wie weit sich Key in den Spuren Nietzsches von jeder herkömmlichen normativen Pädagogik entfernt und sich zwei Leitvorstellungen verschrieben hat, die von Christentum und Kantianismus gleichermaßen entfernt sind, ohne doch bedacht zu haben, ob und inwieweit diese Leitvorstellungen miteinander verträglich sind: hier das individuelle Glück, dort das Entstehen neuer Arten von Menschen. Ein Rückblick auf die klassischen, die antiken Theorien des Glücks, von Platon über Aristoteles bis hin zu den Epikuräern und Stoikern, würde sofort ergeben, daß sie alle von einer mehr oder minder konstanten Natur des Menschen und seiner Stellung im Kosmos ausgegangen sind und daher „Glück" als eine Erfüllung menschlicher Wesensmöglichkeiten, nicht aber deren Neuerschaffung oder Neuerfindung verstehen. Auch die Ethiken des christlichen Abendlandes vertreten diese Auffassung, und noch Immanuel Kant hängt ihr in Teilen an. Sogar die nachidealistische Philosophie, namentlich bei dem christlichen

Philosophen Kierkegaard und dem Aristoteliker Marx, zehrt von der Annahme einer gegebenen menschlichen Natur, hier in der Annahme ihrer konstitutiven Mangelhaftigkeit und Sündhaftigkeit, dort im Vertrauen auf ihre durch Praxis erreichbare Perfektibilität. Es war in der Tat erst Friedrich Nietzsche, der dieses – seit der Antike auch das Nachdenken über die Erziehung dominierende – Deutungsmuster außer Kraft gesetzt hat: An die Stelle eines Erfüllens vorgegebener und beschreibbarer Möglichkeiten des Menschen tritt jetzt der Gedanke seiner Neuerschaffung und mehr oder minder beliebigen Plastizität, eine Problematik, an der sich die philosophische Anthropologie von Scheler über Gehlen bis zu Plessner, von Mead über Foucault bis zu Judith Butler noch heute abarbeitet. Tatsächlich liegt die Exposition des Problems bereits in Immanuel Kants *Anthropologie in pragmatischer Hinsicht* mit all seinen Dilemmata vor. Die Modernität dieser Exposition besteht zum einen in der schroffen und strikten Zurückweisung einer jeden transzendenten Sinnbestimmung des menschlichen Lebens und zum anderen im ebenso konsequenten Blick auf die nur naturwissenschaftlich leistbare Erklärung dieses Lebewesens: „Eine Lehre von der Kenntnis des Menschen, systematisch abgefaßt (Anthropologie), kann es entweder in physiologischer oder in pragmatischer Hinsicht sein. – Die physiologische Menschenkenntnis geht auf die Erforschung dessen, was die Natur aus dem Menschen macht, die pragmatische auf das, was er als frei handelndes Wesen aus sich selber macht, oder machen kann und soll."[35]

Nietzsche beerbt Kant in systematischer Hinsicht darin, daß er – wie anfangs angedeutet – Kants Lehre vom Mensch als des Menschen Zweck in normativer Hinsicht aufgibt, in explanativer Hinsicht jedoch radikalisiert und damit alle bisherige Anthropologie auf den Kopf stellt. Indem Nietzsche eine Philosophie am „Leitfaden des Leibes" fordert und damit die bisherige Verankerung des Selbst aus dem eng umgrenzten Bezirk des Bewußtseins löst, visiert er eine Perspektive an, in der das Geistige nur noch als die Zeichensprache des Leibes gilt. Das Streben nach Glück, das sich in dieser Perspektive auslegt, erweist sich dann als das dem Bewußtsein oftmals unzugängliche Streben des Leibes nach Höherbildung, einer Höherbildung, die nicht mehr moralischen, sondern nur noch ästhetischen Kriterien folgt. Auch auf diesem Weg folgt Key ihrem Lehrer Nietzsche: „Die neue Sittlichkeit [...] nimmt Humanismus wie Evolutionismus in sich auf. Sie ist von dem monistischen Glauben an Seele und Körper als zwei Formen desselben Seins bestimmt;

von der Überzeugung des Evolutionismus, daß das psycho-physische Wesen des Menschen weder gefallen noch vollkommen, doch der Vervollkommnung fähig ist: daß es bildbar ist, gerade weil es konstitutiv noch nicht fertig ist."[36]

Key hatte – anders als Nietzsche – einen scharfen Blick für die intersubjektivitätsbezogenen Komponenten der menschlichen Leiblichkeit, sprich für Sexualität und Erotik. Sie hatte erkannt, daß Nietzsche von der Liebe nichts wußte, „weil er vom Weibe nichts weiß",[37] und war bemüht, seine ihrer Auffassung nach zureichende Theorie der Elternschaft und ihrer Bedeutung durch eine Theorie der Erotik zu ergänzen, die durch verantwortungsvolle Elternschaft jenseits aller konventionellen Moral und eugenische Umsicht zu einer Höherentwicklung der Menschheit führen wird. An dieser Schnittstelle konvergieren dann die beiden, scheinbar widersprüchlichen Imperative individuellen Lebensglücks und gattungsbezogener Höherentwicklung und schießen zu einem neuen Glauben, einer diesseitigen Liebesreligion zusammen: „Die Bekenner dieses Glaubens wollen die geschlechtlichen Gefühle und Handlungen des einzelnen durch die Liebe bestimmen, vor allem weil sie glauben, daß das Glück des einzelnen die wesentlichste Bedingung auch für die Lebenssteigerung der Menschheit ist. Sie wollen die Erde mit Glückshungernden erfüllen, weil sie wissen, daß nur so das Erdenleben seinen innersten Willen erreicht, nämlich – in einem ganz neuen Sinne – Ewigkeitsmenschen zu bilden. Das Wort, das durch Eros Fleisch und Blut wurde und in uns lebt, ist das tiefste von allen: 'Freude ist Vollkommenheit.' Wenn wir in diesem Wort Spinozas die höchste Offenbarung vom Sinn des Lebens empfangen, öffnet sich der Blick auch für den Zusammenhang des Daseins. Wir sehen ein, daß das vollkommenere Geschlecht im vollsten Sinn des Wortes hervorgeliebt wird."[38]

Der Wille des Erdenlebens – Key präzisiert nicht, ob darunter nur das menschliche Leben zu verstehen sei – bestehe darin, „Ewigkeitsmenschen" zu bilden, womit Nietzsches radikaler Modernismus mit seinem Glauben an die konstitutive, willkürliche Offenheit des Menschen aufgegeben und einer naturwissenschaftlich erweiterten Form des antiken Perfektionismus das Wort geredet wird. Allen Erschütterungen der Moderne zum Trotz gewinnt der Kosmos hier im ganzen nun wieder genau den Sinn, den er in der griechischen und biblischen Religion auch schon hatte. Obwohl es Key gelingt, die vermeintliche Widersprüchlichkeit von individuellem Glücksanspruch und gattungsbezogener Höherbildung zu überwinden, bleibt die Kluft zwischen zwei axiologischen Prinzipien, dem individuellen Glück und dem Selbstwert des Neuen, bestehen. Diese Spannung sollte ihren Niederschlag dort finden, wo nietzscheanische und darwinistische Gedanken eine radikal emanzipatorische Politik instrumentierten – ein Einsatz, der heute kaum noch nachzuvollziehen ist.

Die systematische Wiederaufnahme der Kategorie des Eigeninteresses aber führt gegenwärtig auf der Linie von Aristoteles zu Rousseau direkt zur Neuformulierung einer Ethik der Tugenden.[39] Der Verdacht, daß diese Renaissance sowohl in der Sache als auch in der Wahl ihrer Begriffe zu Regressionen führt, scheint dabei nicht unbegründet.[40] „Tugend" – dieser Begriff weckt einerseits unangenehme Erinnerungen an eine muffige Sexualmoral und provoziert andererseits aufgeklärte Distanz zu einem schönheitstrunkenen Übermenschentum. „Tugenden" – das scheinen Charaktereigenschaften zu sein, die als Gewissen in erzwungene Jungfräulichkeit oder als „virtú"[41] in selbstsüchtiges Haschen nach Ruhm münden. Diese Assoziationen treffen zu und verfehlen doch die Sache, um die es geht.

Um den Mißkredit, in den die Tugenden und ihre Theorie geraten sind, richtig zu verstehen, ist es unerläßlich, jene Zeit in den Blick zu nehmen, als sie erstmals veraltet schienen. Dieses Veralten hat seinen Ausdruck nicht zufällig in einer Kunstform gefunden, die wie keine andere der Artikulation der Leidenschaft dient – der Oper. Ihre Geschichte beginnt mit Jacopo Peris inzwischen verlorengegangener „Dafne", die vor mehr als vierhundert Jahren 1597/98 in Florenz uraufgeführt wurde und dem Zweck diente, eine zeitgemäße Wiedergeburt der antiken Tragödie in der Sprache der Musik zu inszenieren. Mit dem musikalischen Werk des Mantovaner Hofmusikers Claudio Monteverdi erreichte die Gattung gleich zu Beginn ihren ersten Höhepunkt und zeichnete die Linien für alle künftige Entwicklung vor. Seither kreist die Oper um zwei Themenbereiche, um Liebe und Politik.[42] In der im Jahr 1607 uraufgeführten Oper „Orfeo" nimmt sich Monteverdi des Mythos von der den Tod überwinden wollenden, aber darin scheiternden Liebe an, während die 1643 uraufgeführte „Krönung der Poppäa" Liebe und Leidenschaft als Instrumente zur Erhaltung und Sicherung von Macht zeigt. Der Prolog zu dieser Oper besteht aus einem Dialog zwischen fortuna, virtu und amore, zwischen Glück, Tugend und Liebe.

„Deh, nasconditi o virtu, gia caduta in poverta" – „Ach verbirg dich o Tugend", hält die Allegorie des Glücks der Tugend entgegen,

„die du längst in Armut gefallen bist, Gottheit, an die keiner glaubt, Gottheit ohne Tempel, Gottheit ohne Gläubige und Altäre, davongejagt, unzeitgemäß, verabscheut, unerwünscht" – „...dissipata, dissusata, aborrita, mal gradita." Die Tugend beschimpft in ihrer Antwort das Glück, jenes niedriggeborene, vor allem den Dummen holde Wesen, um sich selbst als ein reines unbestechliches Wesen zu preisen, das Gott vergleichbar sei. Beider Konkurrenz wird schließlich durch den Machtspruch des Gotts der Liebe, Amors, geschlichtet, der beide zu besiegen ankündigt und darauf wettet, daß die Welt allein durch seinen Wink verändert werde. Der Tugend, so wie sie in Monteverdis Oper auftritt, eignet von Anfang an ein belehrendes, pädagogisches Element: „Io sogn la tramontana, che sola insegno agl'intelletti humani l'arte del navigar verso l'Olimpo" – „Ich allein bin der Nordwind, der den menschlichen Geist die Kunst lehrt, zum Olymp zu schiffen."

Die „Tugend" – handelt es sich bei ihr um eine Größe, die schon vor 350 Jahren in der norditalienischen Renaissance in ihrem unheilbaren Pädagogisieren als veraltet gelten mußte? Von welcher Art der Tugend ist in Monteverdis Oper die Rede? Die Tugend, die hier im Wettstreit mit Glück und Liebe unterliegt, repräsentiert eine bestimmte, stoische Ausprägung des Tugendbegriffs. Die Stoa ist eine der fünf auf Sokrates, Platon und Aristoteles folgenden philosophischen Positionen der späteren Antike: Skepsis, Atomismus, Epikuräismus, Kynismus und eben Stoizismus stellen sich der zentralen Frage griechischen Philosophierens,[43] der Frage nach dem richtigen Leben als der Frage nach der Möglichkeit des Glücks.[44] Diese Frage, die sich ebenso wie die Frage nach der Metaphysik nicht in der biblischen, der jüdischen und christlichen Tradition findet, spürt den Lebensmöglichkeiten des Individuums nach und geht – wiederum im Unterschied zur biblischen Tradition – im Grundsatz davon aus, daß es den Menschen wesentlich selbst gegeben ist, ihr Leben zu gestalten. Wo die biblische Tradition sich wesentlich der Frage des Unglücks und damit der Frage der Theodizee zuwendet, stellt die antike Tradition die Frage nach einer Anthropodizee des Glücks in ihr Zentrum. Sie beginnt dabei mit metaphysischen Annahmen, mit Annahmen über das Wesen des Kosmos und eines seiner Bestandteile, eben der menschlichen Natur in ihrem kontingenten und riskanten Wechselspiel mit anderen Menschen und der nichtmenschlichen Natur. Kynismus, Epikuräismus, Skepsis und Stoa unterscheiden sich dabei nicht in ihrer Zielsetzung, die in allen Fällen die menschliche Glückseligkeit in den Mittelpunkt stellt, und auch nicht darin, daß sie die Tugend oder die Tugenden als die wichtigste Voraussetzung für ein gelungenes, ein glückliches Leben ansehen. Die entscheidenden Unterschiede dieser philosophischen Schulen bemessen sich an der Einstellung nicht zu den Gesetzen der Natur, sondern zu den Gesetzen der Menschen – die etwa von den Kynikern im Grundsatz abgelehnt werden – und der Frage nach dem Verhältnis von Glück, Lust und Freiheit. Sind Lust und Freiheit miteinander zu verbinden? Sind Glück und Freiheit in letzter Instanz miteinander vereinbar? Lassen sich die pathischen Anteile der Seele, also die menschlichen Leidenschaften, sinnvoll in das Ganze eines Lebens integrieren, oder ist ihnen nur durch Distanz oder Beherrschung beizukommen? In pädagogischer Hinsicht scheint die Antwort von allem Anfang an eindeutig zu sein. Die bei Platon getroffenen Entscheidungen wirken bis heute fort. Der Begriff der „Tugend" steht bei ihm vor allem für ein Programm wert- und ideenbezogener Einschränkungen, für die säuberliche Trennung von Affekt und Autonomie.

Daher ist es kein Zufall, daß das Thema der Tugend in der Erziehungswissenschaft gelegentlich dort auftaucht, wo sie sich der Entwicklung des menschlichen Lebenslaufs im ganzen zuwendet, vornehmlich in der Theorie der Erwachsenenbildung. Tatsächlich hat sie stets dem Verhältnis von Bildung und Bildungssoziologie, von Erwachsenensozialisation und erwachsener Existenz nachgespürt und dabei – im Fall erwachsener Menschen, die im Idealfall ihr Leben eigenverantwortlich führen – dem Bildungs- vor dem Sozialisationsgedanken Priorität eingeräumt. Das mag der speziellen Sache geschuldet sein. Stärker als andere pädagogische Subdisziplinen nämlich erfordert die Erwachsenenbildung die Einbeziehung sowohl wissenschaftlichen als auch alltäglich gegründeten Reflexionswissens. Dabei scheint der philosophischen Ethik eine besondere Rolle zuzukommen. Philosophische Theorien der Ethik haben es an sich, daß sie einerseits methodisch ungeschützt, und darin dem Alltagswissen nahestehend, Fragen stellen können, die die Wissenschaft nicht mehr stellen darf, und daß sie sich andererseits, darin der Wissenschaft nahestehend, von allem Vorverständnis radikal distanzierend auf das einlassen müssen, was den Alltagsverstand, auch und gerade den wissenschaftlich gebildeten, brüskieren muß. In einem klassischen Beitrag zum Verhältnis von Sozialisationstheorie, Sozialwissenschaften und Didaktik der Erwachsenenbildung findet sich ein auffälliger Verweis[45] auf ein weiter nicht vermitteltes oder erläutertes Zitat aus Platons Dialog *Menon*, dem letzten der frühen Dialoge. Hier fragt Menon: „Kannst du mir wohl sagen, Sokrates, ob die Tugend gelehrt werden kann? Oder ob nicht gelehrt, sondern geübt? Oder ob sie weder angeübt, noch angelernt werden kann, sondern von Natur den Menschen einwohnt oder auf irgendeine Art.“[46]

So die Eingangssequenz eines Platonischen Dialoges, der sich unter Pädagogen deshalb besonderer Beliebtheit erfreut, weil in ihm mit der Anamnesislehre die Frage kognitiver Lernkonzepte angesprochen wird. Man würde den *Menon* jedoch mißverstehen, läse man ihn als erkenntniskritischen Traktat; tatsächlich geht es Platon um ein eminent praktisches Problem – um die Lehrbarkeit der Tugend. Wie in den frühen Dialogen üblich, endet auch dieser Dialog aporetisch, die Leserinnen und Leser bleiben um viele Fragen reicher, aber um einige Antworten ärmer zurück: „Zufolge dieser Untersuchung also, o Menon“, so läßt Platon seinen Sokrates sprechen, „scheint die Tugend, durch eine göttliche Schickung denen einzuwohnen, denen sie einwohnt. Das bestimmtere darüber werden wir aber erst dann wissen, wenn wir, ehe wir fragen, auf welche Art und Weise die Menschen zur Tugend gelangen, zuvor an und für sich versuchen, was die Tugend ist.“[47]

Bildung, die sich in diesem Sinne auf eine realistische Konzeption der Existenz von Erwachsenen und Jugendlichen – bei all ihrer radikalen geschlechts-, einkommens-, bildungs- und lebenslagenbezogenen Ungleichheit – einläßt, wird eine sozialwissenschaftlich reformulierte Theorie der Tugend schon allein deshalb entfalten müssen, weil sie anders ihre Adressaten und deren vitalsten Interessen, einschließlich ihres Glücksstrebens, verkennen würde. Erwachsene und Jugendliche lassen sich nämlich – im Unterschied zu Kindern – bilden, weil sie ihr Leben verbessern und bereichern möchten, weil sie unter dem Druck selbst nicht gesetzter Qualifikationsanforderungen ihrem von ihnen zu verantwortenden Leben eine Wendung geben wollen, das vor dem Ganzen ihrer Existenz bestehen können soll. Daß es der Erwachsenenbildung vor allem darum geht, die Zumutungen des gesellschaftlichen Umfeldes für den erwachsenen Menschen zu analysieren, ist der oft übersehene existentialistische Kern der neueren Theorie der Erwachsenenbildung. Sie zielt auf eine Theorie des Lebenslaufs, die jene Haltungen analysiert, die es Menschen ermöglichen, den Kontingenzen des Lebens in der Moderne zu entsprechen, also auf jene Kompetenzen und Performanzen, die zu einer angemessenen „Realitäts-“ und „Identitätsarbeit“ führen können. Sie sind der formale, keineswegs nur kognitive Rahmen, innerhalb dessen ein gelungenes Leben angestrebt werden kann: „Denn bei keiner der menschlichen Leistungen gibt es eine solche Beständigkeit wie bei den tugendgemäßen Tätigkeiten. Diese scheinen sogar beharrender zu sein als die Wissenschaften, und unter ihnen wiederum sind am beharrendsten die an Rang höchsten, weil die Glückseligen am meisten und am dauerndsten in ihnen leben. Dies wird auch wohl die Ursache dafür sein, daß sie nicht in Vergessenheit geraten.“[48]

Doch Aristoteles hatte unrecht. Die tugendgemäßen Tätigkeiten waren schon bei Monteverdi dabei, ihrem Begriff nach in Vergessenheit zu geraten, die Sache selbst schlummerte unaufgeklärt in der Sprache der Qualifikations-, Kompetenz- und Performanztheorie vor sich hin. Die in einer Theorie der Tugend angelegte Frage nach der Glückseligkeit[49] scheint zudem eine Frage zu sein, die von einer modernen, sozialwissenschaftlich ausgerichteten, explanativen Theorie kaum, von normativen Theorien bestenfalls vorsichtig und mit eher schlechtem Gewissen angegangen werden. Nicht nur ließ sich nach den Verwüstungen und Katastrophen des zwanzigsten Jahrhunderts nicht mehr guten Gewissens von Glückseligkeit sprechen – wie sollte ein unverstelltes Glück im Wissen des Grauens möglich sein? „Aber selbst der endliche Anbruch der Freiheit“, so schließt Herbert Marcuses *Triebstruktur und Gesellschaft*, „kann diejenigen nicht mehr erlösen, die unter Schmerzen gestorben sind. Die Erinnerung an sie und die aufgehäufte Schuld der Menschheit gegenüber ihren Opfern verdunkeln die Aussichten einer Kultur ohne Unterdrückung.“[50]

Übrig blieb – mit guten Gründen – eine Ethik, die sich bestenfalls daran erinnern wollte, was die Frage nach dem guten Leben einmal bedeutete, und die statt dessen über die Beschädigungen menschlichen Lebens reflektierte.[51] Ob sich die Frage nach dem Glück bzw. nach dem guten Leben überhaupt noch guten Gewissens stellen läßt, ob nicht jeder Versuch, angesichts dieser Geschichte subjektives Glück auch nur empfinden zu wollen, zwar verständlich, aber entweder sinnlos oder ungerecht ist, soll hier dahingestellt bleiben. Daß die meisten Menschen dem offenbar unauslöschbaren Streben nach Glück folgen, dürfte nicht zu bestreiten sein, ob „Glück“ als universelles menschliches Handlungsmotiv zu unterstellen ist, hingegen sehr wohl.[52] Aristoteles – darin wird ihm Rousseau folgen – legt einen engen Zusammenhang zwischen Glückseligkeit und Tugend nahe, und zwar so, daß bestimmte Arten der Tugend, nämlich die beharrenden, von glückseligen Menschen auffällig oft gelebt würden. Damit ist der Begriff der „Tugend" seit Beginn des abendländischen Denkens an die Reflexion über gelingende und mißlingende Lebensläufe geknüpft. Das Wechselspiel von Glück – d. h. von Zufall oder Geschick, von Tugend und Liebe, kurz: die wechselnden Konstellationen von bemühter Lebensführung und leidenschaftlichen Affekten, denen stets Kontingenz innewohnt – ist dabei jene Matrix, jener Hintergrund, vor dem ihrer selbst bewußte Individuen ihr Leben führen und führen müssen. *Im Begriff der Tugend wird der Anspruch erhoben, das Verhältnis von angestrebten Tätigkeiten, seelischen Zuständen und widerfahrenen Kontingenzen alles in allem doch so steuern zu können, daß das gewollte und widerfahrene Leben schließlich im ganzen bejaht werden kann. Tugenden werden als jene Dispositionen, Fähigkeiten und Fertigkeiten angesehen, die es einem Individuum ermöglichen, sein Leben den eigenen Wünschen gemäß zu meistern und darüber hinaus – und hier beginnen die Schwierigkeiten – ein Leben zu führen, das auch nach objektiven Maßstäben als „gut" gilt.*

Damit ist das zentrale Problem einer Tugendethik benannt und das für eine moderne Moral bisher Zulässige überschritten. In der Moderne schienen allein Fragen der Gerechtigkeit objektivierbar,[53] alle Versuche, Züge des guten Lebens als „objektiv" auszuzeichnen, ziehen mit guten Gründen den Verdacht auf sich, einer staatlich oder gesellschaftlich gelenkten Despotie über die Bedürfnisse, einer Vergewaltigung sogar zulässiger Wünsche das Wort zu reden. Können die Tugenden unter den Bedingungen der Moderne, d. h. unter Bedingungen einer – wenn auch intersubjektiv konstituierten, so doch – autonom gewordenen Subjektivität, überhaupt noch einen Beitrag zur Philosophie der Moral oder wenigstens zu einer allgemeinen Ethik leisten?[54]

Für die Pädagogik resultierte aus dieser Schwierigkeit ein neues Programm der Bildung von Subjektivität.[55] Dieses mehr als zweihundert Jahre alte Programm erfordert heute eine Klärung des Begriffs der Subjektivität im Lichte sozialwissenschaftlicher Theorien. Ob „Subjektivität" sich als ein Ensemble von Rollen präsentiert oder als ein in sich geschlossenes psychisches System; ob sie sich selbst transparent und zudem hochindividualisiert ist; ob sie ein Geschlecht hat oder als Dreiheit von sex, gender und Begehren auftritt; ob sie das Gefängnis des Leibes darstellt und sich am Ende als Produkt historisch gewordener machtgeprägter Diskurse versteht[56] – stets geht es um den begründeten Verdacht, daß die vermeintlichen Freiheitsgewinne der modernen Subjektivität in Wahrheit auf undurchschauten gesellschaftlichen Zwangsmechanismen beruhen. Diese Kritik beerbt letztlich die stoische Distanz zum irdischen Leben.

In der modernen Pädagogik jedoch, in der Linie von Jean-Jacques Rousseau zu Ellen Key interessieren die Subjekte vor allem als Menschen, die in voraussetzungsvollen Sozialisations- und Erziehungsprozessen ihre moralischen Gefühle bilden und mithin Objekt und Subjekt einer „éducation sentimentale" sind. „Ich fühlte, ehe ich dachte", heißt es in den *Bekenntnissen*, „das ist das gemeinsame Los der Menschheit."[57] Rousseau stand dafür, jene Gefühle bis hin zu dem Punkt bildend zu kultivieren, an dem sie den einzelnen Menschen in die Lage versetzen, in seiner politischen Gemeinschaft zu einem tugendhaften Bürger zu werden.

Tugenden sind, so wurde der Begriff eingeführt – unabhängig davon, ob man das klassische Gespann von Gerechtigkeit, Mut, Klugheit, Besonnenheit sowie Glaube, Liebe und Hoffnung oder einen anderen Kanon in Betracht zieht –, das *Ensemble jener individuellen Verhaltensdispositionen, deren Zusammenspiel ein befriedigendes menschliches Leben* verheißt. Wohlgemerkt: ein Ensemble! Eine Tugend tritt niemals allein auf; Tugenden haben es an sich, in welcher Kombination auch immer nur in Verbindung mit anderen aufzutreten. Dort, wo eine Tugend verabsolutiert wird, wie etwa das Streben nach Gerechtigkeit im Falle Michael Kohlhaas', schlägt sie in Sünde um. Heilige und Helden sind keine tugendhaften Menschen. Tugenden sind aber auch nicht – wie vielfach mißverstanden – einfach der individuelle Niederschlag vorausgesetzter Werte. Tugenden sind vielmehr *jene Eigenschaften von Personen, die es ihnen überhaupt gestatten, sich zu vorfindlichen Werten ihrem wohlverstandenen Eigeninteresse entsprechend verhalten* zu können. Damit scheiden sie – nebenbei gesagt – als Kandidaten für pädagogisierende Moralfeldzüge von vornherein aus.

Ensteht jedoch mit dem Rekurs auf Tugenden nicht ein Problem für das Programm einer auf Demokratie und Partizipation zielenden, emanzipatorischen Pädagogik? Wird damit nicht das beste Vermächtnis einer ob ihres Intellektualismus ohnehin oft genug kritisierten Theorie preisgegeben? Wenn Moral die Lehre von den universal gültigen Kriterien richtigen Handelns ist, die Theorie der Tugenden jedoch eine Lehre von wesentlichen, in sich wertvollen Charaktereigenschaften, wie soll es dann möglich sein, zu einem Begriff der Moral, der Rechte und der Gerechtigkeit zu kommen? Rousseau gelang es nicht, diese Schwierigkeit, die später in der

Marxschen Sozialphilosophie als Spannung von „bourgeois“ und „citoyen“ wieder auftauchen sollte, aufzulösen: „Wenn“, so heißt es im *Emile*, „anstatt einen Menschen für sich selbst zu erziehen, man ihn für die anderen erziehen will? Dann ist jeder Einklang unmöglich. Gezwungen, gegen die Natur oder die gesellschaftlichen Institutionen zu kämpfen, muß man sich für den Menschen oder den Staatsbürger entscheiden, denn beide in einer Person kann man nicht schaffen.“[58]

Rousseaus Alternative ist logisch gesehen nicht zwingend und behauptet gleichwohl ein reales Dilemma: Das Dilemma einer Bildung, die die einzelnen in die Lage versetzen will, ihr Glück zu finden, und sie zudem dazu befähigen möchte, für universale Gerechtigkeit und Solidarität einzutreten, stellt ein echtes, nicht nur begriffliches Problem dar, dem nur durch begriffliche Grundlagenarbeit *und* empirische Forschung beizukommen ist. Vor allem aber ist zu klären, inwieweit die so beanspruchte Theorie der Tugenden mehr sein kann als lediglich eine mit philosophischen Begriffen verbrämte Motivationspsychologie. Kann eine – sogar eine erneuerte – Ethik der Tugenden überhaupt systematische Ansprüche entfalten?

Theorien der Moral gelten im allgemeinen als Theorien der Kriterien richtigen, meist gerechten Handelns. Eine Theorie der Handlung jedoch, die sich nur auf die Begründung der Handlung und ihre absehbaren Wirkungen bezieht und nicht mindestens am Rande auch eine Theorie der Akteure und ihrer wesentlichen Eigenschaften enthält, bleibt systematisch halbiert. Eine richtige Handlung, die aus inakzeptablen Motiven vollzogen wurde, mag zwar immer noch insgesamt als besser gelten als ihre Unterlassung: gleichwohl würde etwa eine Lebensrettung, die seitens des Retters ausschließlich und nur aus Gründen des Profits und der Ruhmsucht vollzogen wurde und die beim Fehlen dieser Bedingungen unterblieben wäre, kaum unsere Anerkennung als moralische Handlung finden. An dieser Problematik bricht das in der systematischen Moralphilosophie der Neuzeit verdrängte Thema der „Tugenden“ wieder auf und bestimmt seit neuestem den Fortgang der moralphilosophischen Debatte.

Dies zu bemerken, bedurfte es nicht erst der deutschen Übersetzung von Aufsätzen einer analytischen Philosophin, der in Oxford lehrenden Philippa Foot.[59] Spätestens seit den Debatten um den Kommunitarismus[60] und dem Erscheinen von Alasdair MacIntyres *After Virtue* im Jahre 1981 sowie den Arbeiten von Charles Taylor[61] über starke Wertungen und die Quellen des modernen Selbst deutete sich an, daß die Frage nach den normativ ausgezeichneten Charaktereigenschaften von Personen nicht im engeren Bereich politischer Philosophie verbleiben würde. Es waren vor allem Entwicklungen des akademischen Feminismus im Rahmen der entwicklungspsychologischen Auseinandersetzung um die Denkbarkeit einer weiblichen Moral, die das hierzulande des Konservativismus verdächtige Thema auf die Tagesordnung setzte.[62] Mit den Arbeiten etwa von Annette Baier oder Amelie Oksenberg-Rorty bzw. den deutschsprachigen Beiträgen so unterschiedlicher, oft einander entgegengesetzter Autorinnen wie Herlinde Pauer-Studer, Gertrud Nunner-Winkler und Onora O'Neill[63], hat auch in Deutschland nicht nur ein neues Thema und ein neuer Tonfall, sondern auch ein erneuertes Paradigma in der Moralphilosophie Einzug gehalten. Betrachtet man außerdem die steigende Zahl von Veröffentlichungen zu Theorien des guten und geglückten Lebens sowie einer Ästhetik der Existenz,[64] so zeigt sich, daß die von seriösen Moraltheoretikern aller Schulen bespöttelten Anstöße des späten Foucault zu einer Ethik der Selbstsorge[65] nun ihre systematische Begründung erhalten. Die von Roger Crisp bzw. von E. F. Paul unter dem Titel *How Should One Live* oder *Self-Interest* herausgegebenen Anthologien sowie das schon 1992 erschienene Hauptwerk der neuen Richtung, Michael Slotes *From Morality to Virtue*, beweisen zudem, daß eine erneuerte Theorie der Tugenden in Argumentation und Begrifflichkeit ebenso „hart" und technisch operieren kann, wie dies Utilitarismus und Kantianismus tun.

Im Zentrum der erneuerten, weil sich reflexiv auf die moderne Moralphilosophie beziehende Theorie der Tugenden steht ein Problem, das die reine, die kantianische Theorie der Moral glaubte, ins Fach der empirischen Psychologie abschieben zu können: die Frage nach der Motivation zu einem von der Einsicht ins Richtige geleiteten Handeln. Aufgabe einer Theorie der Moral sei es, so die gängige Lesart, die mehr oder minder unbedingte Begründung von Kriterien richtigen Handelns, den „moral point of view"[66] zu beweisen oder zu entfalten.

Die Beantwortung der Frage, *ob und warum Menschen sich an diesen Kriterien orientieren*, sei dagegen Aufgabe der Wissenschaft. Kant selbst war der Auffassung, daß die Triebfedern eines an moralischen Prinzipien, d. h. vor allem an moralischen Geboten ausgerichteten Handelns den Akteuren niemals zu Bewußtsein kommen können. Da Kant jedoch den Umstand durchaus anerkennt, daß die moralischen Akteure, um die es ihm geht, empirische, sinnliche Menschen sind, sieht er sich im Gegenzug gezwungen, eine vermittelnde Instanz, nämlich den Begriff eines reinen guten, freien und autonomen Willens zu konstruieren, der als hypothetische Größe postuliert werden muß, aber empirisch nicht nachweisbar ist. Anlaß dieser Operation ist die Konstruktion moralischen Handelns als pflichtgemäßen Handelns, als des Entsprechens einer weil formalen, deshalb unbedingt geltenden Norm:[67] „Es ist von der größten Wichtigkeit in allen moralischen Beurteilungen, auf das subjektive Prinzip aller Maximen mit der äußersten Genauigkeit Acht zu haben, damit alle Moralität der Handlungen in der Notwendigkeit derselben aus Pflicht und aus Achtung fürs Gesetz, nicht aus Liebe und Zuneigung zu dem, was die Handlungen hervorbringen sollen, gesetzt werde. [...] Es ist sehr schön, aus Liebe zu Menschen und teilnehmendem Wohlwollen ihnen Gutes zu tun, oder aus Liebe zur Ordnung gerecht zu werden, aber das ist doch nicht die echte moralische Maxime unsers Verhaltens, die unserm Standpunkte, unter vernünftigen Wesen, als Menschen, angemessen ist."[68]

Kants Unbehagen an dieser Lösung ist nicht zu übersehen und wird von ihm redlicherweise wieder und wieder artikuliert: „Wie kann Vernunft eine Triebfeder abgeben, da sie sonst jederzeit nur eine Richtschnur ist und die Neigung treibt, der Verstand nur die Mittel vorschreibt? Zusammenstimmung mit sich selbst. Selbstbilligung und Zutrauen. Die Triebfeder, die mit der Pflicht verbunden werden kann, aber niemals an deren Stelle gesetzt werden muß, ist Neigung oder Zwang."[69]

Die ursprüngliche Lösung des Problems sollte darin bestehen, die Menschen dazu anzuhalten, sich in sinnvoller Weise als freie Wesen zu denken, um so zumindest einen Anreiz zu schaffen, sich so moralisch wie möglich, genauer müßte man sagen: sich wenigstens moralanalog zu verhalten. Kants klassische Lösung dieses Problems, nämlich eine zugleich empirische wie nicht leidenschaftliche Motivation für die Beachtung moralischer Gebote zu finden, bestand im Postulieren des Gefühls der „Achtung" – ein Gefühl, das einerseits Wirkung des richtigen Verständnisses des moralischen Gesetzes sei und andererseits Ursache zu dessen Befolgung: „Achtung fürs moralische Gesetz ist also die einzige und zugleich unbezweifelte moralische Triebfeder, so wie dieses Gefühl auch kein Objekt anders, als lediglich aus diesem Grunde gerichtet ist. Zuerst bestimmt das moralische Gesetz objektiv und unmittelbar den Willen im Urteile der Vernunft; Freiheit, deren Kausalität bloß durchs Gesetz bestimmbar ist, besteht aber eben darin, daß sie alle Neigungen, mithin die Schätzung der Person selbst auf die Bedingung der Befolgung ihres reinen Gesetzes einschränkt."[70]

Diese Lösung gestattet es einerseits, eine in sich konsistente Theorie moralischer Regeln aufzustellen, verbietet es jedoch andererseits, die Frage nach ihrer Lehrbarkeit, Lernbarkeit und vor allem Anwendbarkeit zu stellen. Entsprechend klingen Kants Auskünfte zur Möglichkeit einer sittlichen Erziehung durchaus realistisch: „Ob aber der Mensch nun von Natur moralisch gut oder böse ist? Keines von beiden, denn er ist von Natur gar kein moralisches Wesen; er wird dies nur, wenn seine Vernunft sich bis zu den Begriffen der Pflicht und des Gesetzes erhebt. Man kann indessen sagen, daß er ursprünglich Anreize zu allen Lastern in sich habe, denn er hat Neigungen und Instinkte, die ihn anregen, ob ihn gleich die Vernunft zum Gegenteile treibt. Er kann daher nur moralisch gut werden durch Tugend, also aus Selbstzwang, ob er gleich ohne Anreize unschuldig sein kann."[71]

Unter diesen Bedingungen setzt auch Kant auf eine Bildung der Gefühle, wenn er fordert, Kindern richtige Gründe aufzustellen und sie begreifbar und annehmbar zu machen. Die Bildung der angemessenen Triebfedern zu moralischem Verhalten besteht in einer gezielten, argumentativen Verfeinerung basaler Affekte: Kinder „müssen lernen, die Verabscheuung des Ekels und der Ungereimtheit an die Stelle der des Hasses zu setzen; innern Abscheu, statt des äußern vor Menschen und der göttlichen Strafen, Selbstschätzung und innere Würde, statt der Meinung der Menschen, – innern Wert der Handlung und des Tun, statt der Worte, und Gemütsbewegung, – Verstand, statt des Gefühls, – und Fröhlichkeit und Frömmigkeit bei guter Laune, statt der grämischen, schüchternen und finstern Andacht eintreten zu lassen."[72]

Die auf Kant folgende Moralphilosophie traute dieser Sublimationspädagogik bzw. der in ihr enthaltenen Zivlisationstheorie nicht und war bemüht, die Triebfedern der Moral in genau jenen „Gefühlen" zu finden, die nach Kants Begriff der Moral mit ihr nichts zu tun haben konnten. An dieser Stelle setzen dann eine Reihe quasi naturalistischer Versuche ein, die entweder – wie der Kantianer Schopenhauer – eine natürliche Anlage zum Mitleid, oder – wie die unterschiedlichen Utilitarismen – einen Hang zur Luststeigerung postulieren, von psychischen Instanzen, die plausibilisieren sollen, warum Menschen nicht nur moralisch handeln sollen, sondern auch können.

Auf den ersten Blick erscheint uneinsichtig, warum ausgerechnet eine Theorie der Tugenden das mit Kants deontologischer Zweiweltenlehre gestellte Problem besser lösen können soll als teleologische Lehren wie Utilitarismus oder Mitleidsethik. In einem nämlich sind sich deontologische und teleologische Lehren einig: daß es bei einer Theorie der Moral um eine Theorie des Handelns aus allgemeingültigen, normativen Prinzipien geht, während doch eine Theorie der Tugenden sich vor allem für persönliche Haltungen und partikulare Lebensentwürfe zu interessieren scheint. Handlungen und ihre Kriterien hier, Haltungen und ihre Ziele dort – scheidet die Theorie der Tugend mit dieser Grundentscheidung nicht von Anfang an als eine Kandidatin zur Begründung einer Moral aus? Im Gegenteil: Eine Theorie der Tugenden kann zur Begründung einer Moral und Schließung jener Lücke, die Kant hinterlassen hat, deshalb etwas beitragen, weil sie vor einem von beinahe allen modernen Moraltheorien ängstlich gemiedenen Problem nicht zurückweichen muß, nämlich der Frage, warum Menschen überhaupt moralisch sein sollen. Diese Frage wird sowohl im Utilitarismus als auch in den meisten kantianischen Moralen – mit Ausnahme von John Rawls' *Theorie der Gerechtigkeit* – entweder agnostisch beantwortet oder unter Sinnlosigkeitsverdacht gestellt.[73] So weist etwa der radikale Utilitarismus diese Frage als sinnlos zurück bzw. glaubt, über Moral nur mit solchen Menschen debattieren zu können, die schon moralisch sein wollen, während die transzendentalpragmatische Diskursethik ein gleichsam naturalistisches Konzept sprachlich vermittelter Sittlichkeit aufbietet, das die philosophische Frage entschärft bzw. mögliche Immoralisten konsequent pathologisiert.[74] Dieser Preis für die Lösung einer philosophischen Grundsatzfrage scheint mindestens dann zu hoch, wenn noch nicht alle philosophischen Lösungen ausgeschöpft sind. Zu diesen nicht ausgeschöpften Lösungsversuchen gehört eine Theorie der Tugend, die mit der scheinbar partikularen, existentiellen Frage beginnt, was für ein Mensch ich im Kreise meiner Mitmenschen sein, als wer ich aufgrund welcher Eigenschaften anerkannt und geachtet sein will. Diesen Ausgangspunkt hat Kant ausdrücklich abgelehnt. In einer kritischen Untersuchung zu den unauslotbaren empirischen Motivationen (scheinbar) moralischen Handelns, kommt er zu dem Schluß, daß „man doch in keinem Beispiel mit Gewißheit dartun kann, daß der Wille hier ohne andere Triebfeder, bloß durchs Gesetz, bestimmt werde, ob es gleich so scheint; denn es ist immer möglich, daß insgeheim Furcht vor Beschämung, vielleicht auch dunkle Besorgnis anderer Gefahren, Einfluß auf den Willen haben möge."[75]

Beschämung, Furcht oder die Erfahrung, mißachtet worden zu sein,[76] ist zwar ein Ergebnis moralisch verpönter Verhaltensweisen, darf aber gleichwohl nicht zum Motiv des eigenen, moralischen Handelns werden. Sich an derartigen Gefühlen zu orientieren, hieße, sein Handeln an anderen denn vernunftgemäßen Prinzipien auszurichten.

Im Unterschied dazu nimmt die Theorie der Tugend als Preis für die Möglichkeit, die Frage, warum Menschen moralisch sein sollen, beantworten zu können, Abstriche an einem absoluten Autonomieprinzip sowie einer Lehre vom reinen Willen hin. Diese Abstriche dürften um so eher zu akzeptieren sein, als auch die kantianischen Theorien der Moral – namentlich die Transzendental- bzw. Universalpragmatik von Apel und Habermas,[77] die sich in dieser Hinsicht einig sind – mit ihrer Wendung zur Intersubjektivität einander anerkennende und sich auch affektiv begegnende Individuen in den Mittelpunkt stellen. Eine auf Intersubjektivität beruhende Theorie der Moral muß darauf verzichten, lediglich das Verhältnis des einsamen Subjekts zu einem ihm wie auch immer zugänglichen Moralprinzip ins Zentrum zu stellen und wird die im Lauf der Sozialisation gebildete Moralität als Ergebnis von Anerkennungsakten verstehen, die allemal affektiv getönt sind.[78]

Entgegen dem ersten Eindruck, daß es einer Theorie der Tugend ausschließlich um Haltungen geht, ist weiterhin festzustellen, daß auch sie – gemeinsam mit Kantianismus, Utilitarismus und alltäglicher Moral – davon ausgeht, daß es bei der Moral tatsächlich ums Handeln geht. Haltungen sind Handlungsbereitschaften, Dispositionen, die sich aus moralischen Einsichten, moralischen Gefühlen und motivationaler Stärke zusammensetzen; Dispositionen, bei denen – sofern sie vorliegen – davon ausgegangen werden kann, daß Individuen im Falle entsprechender Herausforderungen auch so handeln werden. Tugenden setzen zwar einen guten Willen voraus, sind mit ihm aber nicht identisch. Tugendhafte Personen haben über einen guten Willen hinaus auch die Kraft, ihn unter gegebenen Umständen sinnvoll zur Geltung zu bringen; von ihnen weiß man, daß sie so handeln werden, wie sie es verkünden und wie es von ihnen erwartet wird. Sie stellen gleichsam personengewordene Garantien für richtiges Handeln dar.

Deshalb betont eine Theorie der Tugenden stärker noch als Utilitarismus und Kantianismus nicht so sehr den Aspekt des *richtigen*

Tuns, sondern des richtigen *Tuns*. Indem die Theorie der Tugenden mit dem Alltagsverstand darauf beharrt, daß der Kern aller Moral das *Tun* des Rechten sei, nimmt sie eine Frage auf, die die abendländische Philosophie spätestens seit Platons *Staat* beschäftigt hat und innerhalb einer Lehre von den *Kriterien* richtigen Handelns – dem Programm von Kantianismus und Utilitarismus – nicht lösbar war: *Warum soll man überhaupt moralisch sein*, genauer, warum nicht nur moralisch denken, sondern auch moralisch handeln? Was veranlaßt einen Menschen, sein Selbstverständnis so zu bilden, daß er sich nur dann zu achten vermag, wenn er gemäß der Kriterien von Wohlwollen, Mitleid oder Gerechtigkeit handelt?

Utilitarismus und Kantianismus müssen bei der Beantwortung dieser Frage, der Frage nach der Motivation zur Moral sowie der Begründung von Moralkonzepten, mit spiegelbildlichen Schwächen kämpfen. Kantianische Entwürfe sind zwar in der Lage, universale Rechte und Pflichten, die allen Menschen gebühren, zu begründen, können dafür jedoch das Motivationsproblem nur unzureichend lösen. Den Utilitarismen, die durch ausdrückliche Berücksichtigung von Eigeninteressen bzw. ihre hedonistische Anthropologie das Motivationsproblem immerhin in ihre Begründung aufgenommen haben, gelingt es bekanntermaßen nicht, grundlegende Begriffe wie die des „Rechts" nachzuvollziehen. Daß das „Recht" letzten Endes dem Nutzen aufgeopfert werden könnte, ist ein Einwand, den alle Spielarten dieser Theorie, vom Handlungs- bis zum Regelutilitarismus, nicht widerlegen konnten. Vor allem aber, und das hat John Rawls in seiner *Theorie der Gerechtigkeit* nachgewiesen, verfehlen die Utilitarismen ihr eigenes, nutzenorientiertes Gerechtigkeitsideal, weil sie die dazu beanspruchte Instanz eines vorurteilsfrei abwägenden unparteiischen Beobachters, der die unterschiedlichen Eigeninteressen gewichtet, nicht konstruieren können. Rawls' eigene, auf prudentialen Überlegungen zum angemessenen Eigeninteresse beruhende Konstruktion der Gerechtigkeit als Fairneß erweist sich dementsprechend als ein Kantianismus nicht der Form, sondern der Inhalte. Darin folgen ihm die Diskursethiken, die mit guten Gründen auf der Legitimität aller einzubringenden Interessen beharren.

Beide, Utilitarismus und Kantianismus – hier durchaus im Bunde mit dem Alltagsverstand –, stehen darüber hinaus hilflos vor einem Problem, von dem heute noch nicht einmal klar ist, ob und in welchem Ausmaß es in einer Theorie der Moral überhaupt zu berücksichtigen ist: der Frage nach der Legitimität des Eigeninteresses in Handlungskonflikten. Für eine Theorie der Tugend spricht im Sinne einer umfassenden und realistischen Klärung moralischer Orientierungen, daß sie ein meist vergessenes, verdrängtes oder tabuiertes, dafür um so dramatischeres Problem aller Moral offen anspricht: das Verhältnis von Eigen-, Nächsten- und Fernstenliebe. So zeichnen sich Kantianismus und alltägliche Intuition dadurch aus, daß sie unter Moral wesentlich selbstlose Einstellungen verstehen, während die Utilitarismen in dieser Frage zwar freimütiger argumentieren, jedoch das Gewichtungsproblem nicht lösen können: Selbst wenn meine wohlverstandenen Eigeninteressen zu berücksichtigen sind, von welchem Punkt an sind sie dann gegenüber dem Gemeinwohl zurückzustellen? Ist es den Akteuren tatsächlich moralisch zuzumuten, im Zweifelsfall ihre Eigeninteressen gänzlich zu vernachlässigen? Oder wenn diese Eigeninteressen – wie im Utilitarismus – berücksichtigt werden: Sind sie als gleichwertig mit den Eigeninteressen anderer zu gewichten und am Ende dann zu übergehen, wenn sie dem größten Glück der größten Zahl im Wege stehen?

Die Theorie der Tugend antwortet auf diese moraltheoretischen Probleme mit einem Rückgang von Kant über Hume zu Aristoteles. Sie konzeptualisiert Moral als Inbegriff der Kriterien und Dispositionen gerechten Handelns als eines wesentlichen Teils – aber eben nur eines *Teils* – des guten Lebens und weist darauf hin, daß unsere wertenden Haltungen bezüglich der Verteilung und Zumutbarkeit von Rechten, Pflichten und Gütern in vorreflexiven, moralischen Gefühlen wurzeln, die in einem Sachverhalte bewerten und zum Handeln drängen. In einer Theorie des *komplexen Naturalismus* läßt sich zeigen, daß sowohl Eigen- als auch Nächstenliebe, sowohl das Streben nach kognitiv ausgewiesenen Verteilungsregeln – das wäre Gerechtigkeit – für alle als auch besondere Loyalitäten zu Freunden und Verwandten wesentliche, unaufgebbare und unaustilgbare Dispositionen der Gattung Mensch darstellen. Es gehört zum Lebensvollzug der Angehörigen dieser Gattung, sich je neu und dem Stand gesellschaftlicher Differenzierung entsprechend in unterschiedlichen Sphären auf unterschiedliche Verteilungs- und Zumutbarkeitsregeln einigen zu müssen. Die Motivation dazu darf in einem naturalistischen Programm einfach vorausgesetzt werden. Diese naturalistische Setzung ist denn auch das Hauptmotiv der aktuellen Kritik der neuen Tugendethik.[79] Tatsächlich scheint einer Ethik der Tugenden ein nicht zu beseitigendes voluntaristisches Element innezuwohnen. „Wir Europäer von übermorgen", so projiziert Nietzsche in *Jenseits von Gut und Böse* eine antike Lehre in die Zukunft, „wir werden vermutlich, wenn wir Tugenden haben sollten, nur solche haben, die sich mit unseren heimlichsten und herzlichsten Hängen, mit unseren heißesten Bedürfnissen am besten vertragen lernten."[80]

Wenn Moral die Lehre von den universal gültigen Kriterien richtigen Handelns ist, die Theorie der Tugenden jedoch eine Lehre von wesentlichen, in sich wertvollen Charaktereigenschaften ist, wie soll es dann möglich sein, zu einem Begriff der Moral, der Rechte und der Gerechtigkeit zu kommen? Wiederholt sich hier nicht das Problem des Utilitarismus, wonach ob der gewählten Semantik von Interessen die jeder Moral inhärente Forderung nach Überparteilichkeit gar nicht mehr erreicht werden kann? Lassen sich überhaupt methodische Schritte angeben, auch ohne Inanspruchnahme kategorischer Forderungen, bestimmte Charaktereigenschaften auszuzeichnen und sie als sozial akzeptierte Dispositionen und Verhaltensweisen zu stabilisieren? Dem nächstliegenden Einwand, daß sich aus Charaktereigenschaften keine allgemeingültigen verbindlichen Verhaltensregeln ableiten lassen, könnte man immerhin entgegenhalten, daß die Frage, wie man in einer gegebenen Situation handeln soll, sehr wohl beantwortbar sei: „Eben so, wie eine tugendhafte Person in dieser Situation gehandelt hätte!"[81] Verfällt diese Antwort nicht dem Vorwurf des Relativismus und Kontextualismus – daß es nämlich keinen Konsens darüber geben könne, welche Tugenden allgemein erwartbar sind und mithin das für jede Moraltheorie unabdingbare Universalisierungsproblem unlösbar sei?[82] Und erhebt sich nicht, wenn dieser Konsens dennoch für möglich gehalten wird, der Einwand, daß dann eben an die Stelle kategorischer Imperative beim Tun oder Unterlassen die unbedingte Forderung nach dem „Besitz" bestimmter Charaktereigenschaften bzw. das Postulieren einer „richtigen" Kultur oder Lebensform tritt? Läßt sich zumindest eine allgemeinste richtige Lebensform für die Angehörigen der Gattung Mensch postulieren?[83] Und wäre mit alledem gleichwohl nichts weiter erreicht als eine der Sache nach überflüssige Psychologisierung oder Kulturalisierung der Moralsemantik? Michael Slote hat deshalb den Vorschlag unterbreitet, diese Vorwürfe gleichsam positiv zu wenden und den Weg, „Moralität" als Ausdruck menschlicher Lebensverhältnisse zu verstehen, konsequent zu Ende zu gehen. Das heißt aber, anders als in der modernen Moralphilosophie, zur Bewertung von Handlungen und Handlungsbereitschaften nicht mehr kognitiv-evaluative Prädikate wie „richtig" oder „falsch", sondern sozial-evaluative Prädikate wie etwa „rühmlich" oder „erbärmlich" – Slote nennt diese Begriffe „aretaisch“ – zu verwenden.[84] Damit wäre zumindest ein Zirkelschluß vermieden und die Sphäre intersubjektiver Anerkennung von Personen als der wesentliche Hintergrund dessen, was als moralisch zu gelten hätte, beglaubigt. Dann aber läßt sich immer noch nicht zeigen, daß eine Handlungsweise, die aus irgendeinem Grund in einer Kultur als „rühmlich“ anerkannt wird, deshalb bereits das Prädikat „gerecht“ verdient. Zwar mag in einer Kultur „Gerechtigkeit“ als Tugend hochgeschätzt werden, während eine andere „Demut“ als höchste Tugend ansieht – über die Gründe dieser Wertschätzung ist damit noch nichts gesagt und damit auch noch nichts darüber, ob diese zu Recht bestehen. Tatsächlich zielt eine der intersubjektiven conditio humana entsprechende Ethik der Tugenden auf eine Ethik der Lebensformen hin, wie sie etwa Martha Nussbaum als „aristotelischen Essentialismus“[85] postuliert hat. Verallgemeinerbarer Maßstab der Bewertung von Kulturen und Lebensformen wäre dann ihr Potential, menschliches Leben in seinen basalsten Funktionen einschließlich des Strebens nach Glück gedeihen zu lassen.

Dieser Aspekt ist für eine Moraltheorie von besonderer Bedeutung, die sich auf wirkliche Menschen und nicht auf die von Utilitarismus und Kantianismus vorausgesetzten Fiktionen eines homo oeconomicus bzw. eines homo theologicus bezieht. Nachdem in der empirischen Moralforschung das kognitivistische Programm Lawrence Kohlbergs in vielen Hinsichten zusammengebrochen ist – sei es, daß die von ihm behauptete präkonventionelle Stufe bei Kindern kaum nachweisbar war, sei es bezüglich der kaum nachweisbaren motivationalen Kraft fortschreitender kognitiver Einsicht, sei es bezüglich der behaupteten Universalität der Stufen des moralischen Urteils – treten Fragen nach moralischen Kontexten und Gefühlen wieder stärker in den Vordergrund. Dabei geht es nicht – wie man in der Kohlberg-Gilligan-Kontroverse meinen mochte – um die differentialpsychologische Frage, ob Frauen als biologische Wesen eine andere Moral haben. In dieser Hinsicht hatte Kohlberg recht – die Antwort konnte nur Nein lauten. Wohl aber geht es um die Frage, ob grundsätzlich unterschiedliche Moraltypen – solche, die Gerechtigkeit eher an vermeintlich unparteiliche, abstrakte Prinzipien binden, oder solche, die von wohlbegründeten, konkreten, unterschiedlich gewichteten Loyalitäten ausgehen – systematisch gleichwertig sind. Der systematische Vorrang *eines* bestimmten Verteilungsprinzips für alle Lebensbereiche – das hat nicht nur Michael Walzer[86] gezeigt – läßt sich jedenfalls nicht begründen. „Wer Gleichgültigkeit und Achtlosigkeit ablehnt, muß“, so Onora

O'Neill, „anspruchsvollen Maßstäben gerecht werden; doch was diese Maßstäbe fordern, ist unweigerlich variabel und selektiv."[87]

Was gerecht ist, erfährt in den Lebensbereichen von Politik und Öffentlichkeit eben eine ganz andere Bedeutung als in den von der systematischen – meist von Männern betriebenen – Philosophie ausgesparten Welten von Familie, Freundschaft und Liebe. Erst eine Theorie der Tugenden kann darüber Aufschluß geben, welche Formen von Wohlwollen, Mitleid, Einsicht und Pflichtbewußtsein, welches Amalgam moralischer Gefühle und Einsichten das „moralische Selbst" von Menschen in ihrer ganzen Komplexität ausmachen.

Eine Theorie der Tugend vermag also speziell in der Pädagogik und der ihr entsprechenden Theorie moralischer Bildung im Unterschied zu den Reduktionismen von Kantianismus und Utilitarismus

- das Phänomen der Moral unverkürzt unter Einschluß der motivationalen Frage aufzunehmen;
- die Frage nach der *sozialen Einbettung von Handlungsbereitschaften* in auf wechselseitiger Anerkennung beruhenden Gemeinschaften zu thematisieren;
- die bisher übersehene Frage nach dem *Eigeninteresse der Individuen* und somit nach *einer Bedingung ihres Glücks* konstitutiv zu integrieren;
- der Komplexität und Disparatheit moralischen Fühlens und Denkens von Personen in der *Spannung unterschiedlicher Sphären, aber eines von ihnen zu führenden Lebens*, gerecht zu werden;
- umfassender und angemessener als bisher die *Kooperation mit einer empirisch fortgeschrittenen, psychoanalytisch oder kognitivistisch verfahrenden Moralpsychologie* aufzunehmen und damit den immer wieder eingeforderten Abschied von der Metaphysik abzuschließen.

Letzten Endes verbirgt sich hinter einer Theorie der Tugenden mit ihrer Betonung des Glücksanspruchs der Individuen jedoch nichts anderes als die alte materialistische Einsicht, daß umfassende Gerechtigkeit nur dann eintreten wird, wenn die Individuen sie als Teil ihres Glücks verstehen. Diese Einsicht muß nicht immer so grob daher kommen wie bei den von Brecht geschaffenen Charakteren Kalle und Ziffel: „Ich seh immer nur Handbücher", hielt Ziffel seinem Freund Kalle vor, „mit denen man sich über Philosophie und die Moral informieren kann, die man in den besseren Kreisen hat, warum keine Handbücher übers Fressen und die anderen Annehmlichkeiten, die man unten nicht kennt, als ob man unten nur den Kant nicht kennte!"[88]

II. Skizze einer Theorie des Lasters

In systematischer Hinsicht bedarf eine Theorie der Tugenden, soll sie denn vollständig sein und auch in moraltheoretischer Hinsicht mit Kantianismus und Utilitarismus konkurrieren können, einer Begrifflichkeit, die eine wertende Auseinandersetzung mit unerwünschten Verhaltensweisen bzw. Charakterzügen ermöglicht.[1] Dafür gibt die Tradition zwei Begriffe vor, nämlich den Begriff der „Sünde" und den Begriff des „Lasters". Der Begriff der Sünde ist in der jüdisch-christlichen Tradition wesentlich auf den moralischen Willen Gottes bzw. die Differenz zwischen dem allmächtigen, allgütigen und allwissenden Gott hier und dem sich entweder de facto oder notwendigerweise in seinen Handlungen, seinem Menschen- und Gottesbezug verfehlenden Menschen dort bezogen. Im mittelalterlichen Kanon der „Sieben Todsünden"[2], des Stolzes (superbia), der Trägheit (acedia), der Begehrlichkeit (luxuria), des Zorns (ira), der Genußsucht (gula), des Neides (invidia) und des Geizes (avaritia), haben die Neigungen, gegen Gottes Willen zu verstoßen, konkrete Gestalt angenommen und stellen das direkte Negativ der Tugenden dar. Die zwischen Judentum, Katholizismus und Protestantismus wesentlichen Differenzen im Verständnis der „Sünde", die auch dort, wo sie – etwa im Begriff der „Todsünde" – an Konkretion gewinnen, ohne theologischen Bezug leer bleiben, spielen in einem anderen, einer Theorie der Tugenden angemesseneren Begriff keine Rolle mehr. Die auch noch in der christlichen Philosophie des Mittelalters weiterwirkende Tradition der klassischen Philosophie Platons und Aristoteles' kennt allerdings noch keinen Begriff der Sünde, sondern „nur" einen Begriff der kontingenten Verfehlung und menschlicher Mangelhaftigkeit. In dem Ausmaß, in dem das Gegenüber eines tranzendenten Gottes nicht mehr als Kriterium für das Gelingen oder Verfehlen menschlichen Handelns fungierte, gewann ein Begriff an neuer Bedeutung, der bereits in den antiken Ethiken eine wesentliche Rolle spielte, der Begriff des „Lasters".[3]

Die formale Deontologie Immanuel Kants, der zwischen ethischen und rechtlichen Pflichten ebenso unterscheidet wie zwischen vollkommenen und unvollkommenen Pflichten, versteht unter „Lastern" grundsätzliche, zum Vorsatz gewordene Übertretungen von ethischen, unvollkommenen Pflichten. Als Beispiele für derartige

Laster dienen ihm Lüge, Geiz und falsche Demut. Die Lüge gilt ihm als „Wegwerfung und gleichzeitig Vernichtung eigener Menschenwürde".[4] Im Lügen, so Kant, instrumentalisiert der Mensch sich selbst zu einer „Sprechmaschine".[5] Der Geiz als Laster wiederum besteht nicht nur im Entzug von Mitteln, die anderen zugute kommen könnten – sei es als Verletzung der Wohltätigkeit oder als Lieblosigkeit –, sondern vor allem darin, Pflichten gegen sich selbst zu verletzen. Die Eigentümlichkeit des Geizes liegt im Sammeln und Besitzen von Mitteln mit dem Vorbehalt, „keines derselben für sich brauchen zu wollen und sich so des angenehmen Lebensgenusses zu berauben: welches der Pflicht gegen sich selbst in Ansehung des Zwecks gerade entgegengesetzt ist."[6]

Die „Kriecherei" schließlich erscheint ihm als Steigerung der ohnehin überflüssigen, weil keiner Pflicht gemäßen Demut, die insgeheim von einem Impuls des Hochmuts getragen ist. Diese Haltung gezielt einzusetzen, anderer Gunst zu erringen, erweist sich zugleich als Verletzung einer Pflicht gegen sich selbst, nämlich der Selbstachtung als eines moralischen Wesens: „Aus unsrer aufrichtigen und genauen Vergleichung mit dem moralischen Gesetz [...] muß unvermeidlich wahre Demut folgen: aber daraus, daß wir einer solchen inneren Gesetzgebung fähig sind, daß der (physische) Mensch den (moralischen) Menschen in seiner eigenen Person zu verehren sich gedrungen fühlt, zugleich Erhebung und die höchste Selbstschätzung, als Gefühl seines inneren Werts, nach welchem er für keinen Preis feil ist, und eine unverlierbare Würde besitzt, die ihm Achtung gegen sich selbst einflößt."[7]

Kants Konzept des Lasters teilt mit den religiösen Begriffen der Sünde noch die Intuition eines Vergehens gegen ein absolutes Gesetz, wenngleich dieses selbst in seiner Vorstellung zwar noch transzendent, aber nicht mehr theistisch gefaßt ist. Die Verankerung des „Lasters" in verletzter Selbstachtung läßt sich womöglich von der Absolutheit des Sittengesetzes ablösen, wenn man feststellt, daß die Prinzipien der Moral und die ihnen entsprechenden Konzepte der Selbstachtung historisch und kulturell variieren, so daß von Laster immer dann zu sprechen wäre, wenn Menschen Charaktereigenschaften entwickeln, die systematisch und auf Dauer gegen die in ihren Gesellschaften geltenden Regeln der Selbstachtung verstoßen.

Die klassischen Tugendlehren stellten einen internen Zusammenhang zwischen Tugenden und Glück her – läßt sich eine entsprechende Symmetrie auch negativ bestätigen, so daß Laster und Unglück intern aufeinander bezogen sind? Wer tugendhaft lebt, kann ein mindestens gelungenes, wenn nicht gutes Leben führen, nicht aber führt jemand, der aufgrund unverschuldeter Umstände seinen Lebenszielen nicht nachkommen kann und daher Unglück erfährt, damit schon ein schlechtes, ein falsches Leben. Personen jedoch, die, ohne dies stets zu wollen, Maximen nachgehen, die ihnen immer wieder die Verletzung ihrer Selbstachtung auferlegen, verfehlen ihr Leben in zweierlei Hinsicht: Weder haben sie achtenswerte Ziele ausgebildet, noch setzen sie diese schon ohnenhin wenig achtenswerten Ziele mit achtbaren Mitteln um. An dieser Stelle kann keine Phänomenologie des Lasters entworfen werden, das in einer sozialwissenschaftlich reflektierten Semantik eventuell mit Begriffen wie „Sucht“[8] oder „Neurose“[9] als Erfahrungen der Unfreiheit zu erläutern wäre. Mit dem Begriff „verächtlicher Lebensziele“ und „-strategien“ ist jedoch eine Semantik gewonnen, die einerseits am Minimum einer normativen Theorie des richtigen Lebens festhält und gleichwohl flexibel genug ist, der Unterschiedlichkeit von Gesellschaften gerecht zu werden. Denn „Achtung“ ist allemal – ganz unabhängig von ihren einzelnen Kriterien – stets an die Anerkennungsbereitschaft einer intersubjektiven Gemeinschaft gebunden. Das beinhaltet weniger als alles, was mit dem Begriff der „Sünde“ verbunden ist, und doch mehr als eine nur relativistische, skeptische Position auf akzeptierte Werthaltungen bezüglich der Lebensführung.

Ein auf den ersten Blick schwächerer Begriff von „Laster“ würde nicht einen Verstoß gegen die Selbstachtung, sondern gegen die „Selbstsorge“ hervorheben. Eine an letzterer orientierte Tugendethik hebt die „Wichtigkeit hervor, alle Praktiken und alle Übungen zu entwickeln, durch die man Kontrolle über sich bewahren und am Ende zu einem reinen Genuß seiner selbst gelangen kann.“[10] Die damit angestrebte Kunst der Existenz, die im Erringen einer „Souveränität über sich selbst“ gipfelt, kann im Laster nur noch Souveränitätsverlust erkennen, ganz gleichgültig, ob Ziele und Mittel einem Konzept der Achtung entsprechen. In grundsätzlich denkbaren Gesellschaften, die derartige Prinzipien nicht kennen, scheint es auch keine Laster geben. Allerdings kennen alle Gesellschaften das Gefühl der Scham.[11] Sich auf Dauer Neigungen zu überlassen, die von Dritten miß- oder verachtet werden, scheint der Erklärung dessen, was als „lasterhaft“ gilt, näher zu kommen. Autonome Persönlichkeiten mögen gleichwohl Neigungen anhängen, die von anderen verachtet werden, ohne sich selbst zu verachten. Von anderen als „lasterhaft“ bezeichnet zu werden, ist jedoch nicht das gleiche, wie einzusehen, daß man einer selbst nicht akzeptierten Neigung anhängt, die die Grenzen des für akzeptabel gehaltenen Verhaltens verletzt und deshalb mit spontanen, immer wieder auftretenden Schamgefühlen verbunden ist. Ein Laster ist also jene charakterlich verankerte Neigung, der Personen regelmäßig aus mindestens ihrer Meinung nach freien Stücken anhängen, für die sie von Dritten verachtet werden und derentwegen sie sich selbst schämen. Anders als im Fall der Sünde entfällt jedoch das Element der Schuld, da das lasterhafte Verhalten oder Fühlen bei aller Freiheit als unausweichlich, notwendig und gleichwohl beschämend erfahren wird. Einem Laster anzuhängen, wird daher als ebenso paradox wie beschämend erfahren. An diesem Element der nicht verfügbaren, spontanen Scham brechen sich übrigens auch Versuche, eine Theorie des gelungenen Lebens nicht auf dem Begriff der Autonomie, sondern auf dem Begriff der „Souveränität" zu konstruieren. Dabei geht es nicht nur um Terminologie.

Daß eine Theorie des gelungenen Lebens, die ihr Kriterium nicht in der Achtung, sondern in der Souveränität findet, letzten Endes scheitern muß, davon zeugt das ebenso faszinierende wie phänomenologisch präzise moralphilosophische Werk des Marquis de Sade, der in immer neuen Versuchsanordnungen die faktische und auch theoretische Belastbarkeit aller Tugendbegriffe getestet hat. Es ist nicht erst den Autoren der *Dialektik der Aufklärung* aufgefallen, daß zwischen dem Werk Kants und dem de Sades eine interne sachliche Beziehung herrscht.[12] Kants Versuch – so Adorno und Horkheimer –, wechselseitige Achtung vernünftig zu begründen, müsse scheitern, und auch eine Überlegung, von vernünftigen Einsichten auf moralische Gefühle umzustellen, müsse bei einem normativ unterbestimmten Naturalismus enden. Allerdings scheint de Sade selbst, der die Unzulänglichkeit einer naturalistischen Begründung der Moral nachweisen wollte,[13] seiner eigenen Idee des souveränen, über alle moralischen Konventionen hinweggehenden Selbstgenusses nicht zu trauen. Denn auch die „Verdorbenheit" will geübt sein, und so erweisen sich letztlich de Sades Szenarien als unendliche pädagogische Exerzitien, in denen es um wenig anderes geht, als um das Verlernen konventioneller Moralvorstellungen: „Lassen wir uns nicht gar zu sehr von diesen unseren Herzensregungen für das Wohltun oder die Nächstenliebe, die uns mehr oder weniger von der Natur in unseren Herzen eingepflanzt, hinreißen. Habe ich nicht genug mit meinen eigenen zu tun, daß ich mich noch über diejenigen fremder Leute bekümmern oder betrüben sollte? Folgen wir lieber unseren Sinnesregungen, die ausschließlich auf unsere Vergnügungen und Genüsse hinzielen, gehorchen allein dieser Stimme unseres Herzens und lassen wir alle übrigen edlen Regungen aus dem Spiel. Freilich resultiert hieraus, ich meine ... eine gewisse Grausamkeit, oder von Schlechtigkeit, die jedoch auch nicht immer ohne Süßigkeit und Wonne ist."[14]

De Sades 1795 erschienene *Philosophie im Boudoir* kann als Versuch der Inversion von Rousseaus 1762 erschienenem *Emile* sowie den 1770 erschienenen *Bekenntnissen* gelten. Ebenso wie der *Emile* ist auch die *Philosophie im Boudoir*, formal gesehen, ein Erziehungsroman. Wo jedoch Rousseau auf die Beziehung eines Pädagogen und eines Zöglings setzt und diese pädagogische Beziehung als eine enterotisierte Beziehung zwischen zwei Personen männlichen Geschlechts faßt, läßt de Sade, dessen Roman vollständig *Die Philosophie im Boudoir oder die lasterhaften Lehrmeister* heißt, die pädagogische Beziehung zwischen einem jungen Mädchen und einer Reihe Erwachsener unterschiedlichen Geschlechts spielen. Rousseau war die Erfahrung des Lasters alles andere als fremd, in seinen *Bekenntnissen* berichtet er sowohl von masochistischen Neigungen[15] als auch von exhibitionistischen Aktivitäten[16]. Die von ihm als hinderlich erlebten Neigungen führen ihn jedoch – anders als de Sade –, der aus ihnen eine Pflicht machte – zu einer gesteigerten Aufmerksamkeit für sein Seelenleben, dessen Widersprüchlichkeit und Kontingenz er mit einer geradezu die Psychoanalyse vorwegnehmenden Genauigkeit registriert: „Wer würde zum Beispiel glauben, daß einer der kräftigsten Antriebe meiner Seele auf die gleiche Quelle zurückgeht, aus der Wollust und Sinnlichkeit in mein Blut geflossen sind."[17]

Während Rousseau auf Selbst- und Fremdbeobachtung sowie ein Programm negativer Erziehung setzt, das dem Zögling zunehmende Autonomie ermöglichen soll, baut de Sade ganz und gar auf die Kraft der Verführung, auf eine ansprechbare Sinnlichkeit, die jede Tugend auslöschen würde: „Eines ist sicher", so erklärt die Madame de Saint-Ange zu Beginn des Verführungs- und Initiationsdramas, „daß ich es an nichts fehlen lassen werde, sie zu verführen, moralisch und geistig zu verderben und in ihrem Herzen alle einfältigen und falschen Sittengrundsätze, mit denen man sie bisher verwirrt und dumm gemacht hat, zu töten. Ich will sie in zwei Tageslektionen ebenso geil und ausschweifend ... ebenso gottlos ... ebenso verbrecherisch machen, wie ich es selbst bin. – Benachrichtige Dolmance, setze ihn, sobald er hier ist, von allem genau in Kenntnis, damit das ganze Gift seiner perversen Anlagen und seiner Immoralität zugleich mit demjenigen, welches ich ihr einimpfen werde, in dieses junge Herz überströme und so in kurzer Zeit die gesamte Saat der Tugend, die sonst ohne uns in ihr keimen und gedeihen würde, mit Stumpf und Stiel ausgerottet werde."[18]

Es scheint, als ob de Sade davon ausgeht, daß die an und für sich beliebig bildbare menschliche Natur unter konventionellen Umständen ein Minimum an Tugenden ausbildet, die zu tilgen es erheblicher Anstrengungen bedarf. Während es Rousseau um eine Würde, gemeinsame Freiheiten und Tugenden ermöglichende Gefühlsbildung geht, um langwierige, die eigene Subjektivität und ihre affektive Basis reflektierende Lernprozesse, formuliert de Sade eine Pädagogik des Verlernens aller Vorurteile, die fälschlich als naturgegebene Affekte gelten. Das gilt vor allem für das Schamgefühl, das ein lächerliches, unnatürliches Vorurteil sei. Aus dem Umstand, daß Menschen, wenn sie allein sind, nicht erröten, folgert de Sade, daß der Mensch schamlos geboren werde und nur die Schamlosigkeit natürlich sei.[19] Gegen Rousseau, der in der *Philosophie im Boudoir* eigens erwähnt wird,[20] proklamiert de Sade in den „Vorschriften für die der Gesellschaft der Freunde des Verbrechens angehörenden Frauen" eine feministisch begründete Zurückweisung der Empfindsamkeit, die lediglich zu Lasten der Frauen gehe: „Niemals soll ihr gepanzertes Herz irgendwelche Empfindsamkeit aufkommen lassen. Es wäre ihr Ruin. Eine gefühlvolle Frau muß sich jedes Unglücks vergegenwärtigen, denn da sie schwächer und empfindsamer ist als der Mann, wird alles, was diese Gefühle angreift, sie zerfleischen und dann adieu jegliche Lust."[21]

De Sades Unterweisungen gleichen dem Versuch, eine einmal eingeübte und erworbene moralische Semantik abzuwerfen; indem er alle Mittel der Aufklärung und der Ideologiekritik aufbietet, um die Semantik der Moral ihrer Kontingenz zu überführen, setzt er auf eine Subjektivität, die der anderen nicht mehr bedarf, es sei denn zur Befriedigung ihrer Lust. Nichts anderes heißt „Souveränität": „Die Ausdrücke Tugend und Laster geben uns ja doch nur", so läßt de Sade seinen Helden Dolmance sagen, „ganz vage, abstrakte lokale Spezialbegriffe. Es gibt absolut keine Tat oder Handlung, sei sie noch so absonderlich, so schlecht, so verworfen, die wahrhaft verbrecherisch und lasterhaft wäre. [...] Denn es gibt ja überhaupt kein Laster, kein Verbrechen, das sich nicht von irgendeinem Gesichtspunkte aus rechtfertigen ließe. [...] Aus diesen rein geographisch unterschiedlichen Begriffen von Tugend und Laster ergibt sich, daß wir ebenso die Ehre und Achtung wie die Verachtung, die wir uns etwa bei unseren Mitmenschen zuziehen, nicht so sehr auf die Waagschale legen oder uns zu Herzen nehmen sollen."[22]

De Sades Protagonisten huldigen einem hedonistischen Kalkül, wonach die Achtung anderer zu vernachlässigen sei, wenn aus verbrecherischen und lasterhaften Handlungen auch nur ein wenig Vergnügen oder Wonne resultiert. Daß diese Haltung allen Üblichkeiten widerspricht, weiß de Sade, sonst bedürfte es der pädagogischen Arrangements nicht. Tatsächlich bemüht er sich in seinen in der *Philosophie im Boudoir* enthaltenen politischen Utopien noch um den Nachweis, daß eine auf derartigen menschlichen Dispositionen aufbauende gesellschaftliche Ordnung sogar als demokratische Republik widerspruchsfrei lebbar sei. In de Sades Republik ist nicht nur der Mord straffrei gestellt, werden nicht nur alle Frauen auf Zeit in Bordellen kaserniert, gilt nicht nur das Gesetz der Natur, des Stärkeren, nein hier gilt, daß Macht allemal vor Recht geht.[23] „Es handelt sich nicht darum, seinen Nächsten zu lieben wie sich selbst, da dies allen Gesetzen der Natur zuwiderläuft und nur ihre Stimme alle Handlungen unseres Lebens leiten soll; es kann lediglich davon die Rede sein, unseresgleichen zu lieben wie Brüder oder Freunde."[24]

Spätestens hier scheitert jedoch das Projekt einer partikularistischen Herrenmoral in der Theorie. Erstens muß de Sade seinen Gedanken der Souveränität aufgeben, wenn er doch eine vermeintlichen Einsicht in die Notwendigkeit, eine Unterordnung des Handelns unter die Gesetze der Natur fordert. Zweitens kann er nicht mehr erklären, warum er dann dazu auffordert, ebenso natürlich entstehende altruistische Regungen auszumerzen und rein selbstbezogene Impulse zu kultivieren. Stichhaltige Gründe dafür, altruistischen Impulsen auf keinen Fall zu folgen, kann er nicht mehr aufbieten, außer jenem, daß damit sexueller Lustverzicht einhergeht und daß dieser Lustverzicht Ausdruck von Unfreiheit ist. De Sades Programm, vermeintlich Ausdruck ungezügelter Begierden, erweist sich schließlich als Philosophie der Freiheit als Willkür, der es vor allem darauf ankommt, sich von jedem natürlichen Altruismus zu lösen, der ihm letztlich als Ausdruck verhängter Unfreiheit gilt. Die Einleitung zum Roman *Justine oder die Leiden der Tugend* nennt das Programm der von ihm vertretenen Philosophie: „die Mittel und Wege zu erforschen, derer sich das Schicksal zur Erreichung seiner Ziele bedient. Daraus müßte sie dann Verhaltungsmaßregeln für den armseligen Zweifüßler, Mensch genannt, herleiten, daß er auf seinem dornenvollen Pfade nicht immer abhängig sei von den bizarren Launen jener dunklen Macht, die man nacheinander Bestimmung, Gott, Vorsehung, Zufall getauft hat."[25]

Aufklärerisch ist diese Philosophie, weil sie sich nachzuweisen bemüht, daß beinahe alles, was als Natur bezeichnet wird, lediglich Konvention ist; als „natürlich" im Sinne der ersten Natur gelten de Sade lediglich selbstsüchtige Bestrebungen: „Denn unmöglich kann eine von der Natur angeregte Tätigkeit unrecht sein."[26] Entweder Unterordnung des Willens unter eine noch wohlwollende Natur oder seine bewußte Kultivation zum Bösen als Ausdruck von Freiheit – das eine widerspricht dem anderen, beides zugleich ist nicht möglich. Am Ende erweist sich, daß de Sade, ohne es zu bemerken, zwei Anthropologien folgt, die er nicht mehr aufeinander abstimmen kann. Damit erweist sich seine Philosophie aber als mindestens so brüchig, wie die von ihm – so die Autoren der *Dialektik der Aufklärung* – kritisierten Gedanken einer auf Vernunft oder „guter" Natur basierenden Moral. So sehr eine Theorie des Lasters das Komplement einer umfassenden, auch moralisch anspruchsvollen Theorie der Tugend ist, so wenig läßt sich eine Theorie lasterhaften Lebens widerspruchsfrei konstruieren. Rousseau hingegen war – realistischer als de Sade – in der Lage, die Widersprüchlichkeit des Seelenlebens als Realität und nicht nur als aufzuhebenden Schein wahrzunehmen: „Indem ich so zu den ersten Eindrücken meines Gefühlslebens zurückgehe, finde ich Elemente, die manchmal dem Scheine nach unvereinbar, sich doch so verbunden haben, um gewaltsam eine einheitliche und einfache Wirkung hervorzubringen, und wieder andre finde ich, die, scheinbar die gleichen, durch das Zusammentreffen bestimmter Umstände so verschiedene Verbindungen herbeigeführt haben, daß man nie auf die Vermutung kommen könnte, unter ihnen bestehe ein Zusammenhang."[27]

Daran gemessen erweist sich de Sades Kritik an Rousseau als eine theoretische Regression – sein dualistisches und reduktionistisches Weltbild konnte realen Bildungsprozessen ebensowenig gerecht werden wie den zwanghaften, Unfreiheit verlängernden Zügen des Lasters. Auf Rousseaus Basis einer komplexen und in sich widersprüchlichen seelischen Entwicklung hingegen ließ sich eine Selbst- und Nächstenliebe integrierende Gefühlsbildung anstreben, die in der Neubestimmung der Tugenden als zweiter Natur gipfeln sollte.

Wenn eine derartige Theorie ethischer Bildung in Form einer „éducation sentimentale", wie sie Rousseau und Kant nahelegten, zeitgemäß reformuliert werden soll, kommt es zunächst darauf an, die moralische Bedeutung der Gefühle zu entfalten.

III. Vertrauen und Scham – Grundzüge einer Theorie moralischer Gefühle

Die Subjekte, um die es jedenfalls der Pädagogik geht, sind Kinder, Heranwachsende und auch Erwachsene und somit empfindsame, ja leidenschaftliche Wesen. Mit dieser Behauptung fängt die Pädagogik der Moderne an, die in eben der Epoche beginnt, in der Hofmannsthal den *Rosenkavalier* spielen läßt, und es ist wohl kaum ein Zufall, daß es ein Mann war, der die Erneuerung der Erziehung von den Frauen, den Müttern erwartete: „Wenn jedoch die Mütter sich dazu verstehen, ihre Kinder selbst aufzuziehen, dann werden die Sitten sich von selbst erneuern und in allen Herzen wieder die natürlichen Empfindungen erwachen.“[1]

In diesem, in Rousseaus Sinn artikulierte sich auch die moderne Pädagogik des zwanzigsten Jahrhunderts. In Ellen Keys 1902 auf Deutsch erschienenem *Jahrhundert des Kindes*,[2] einem stets zitierten, aber kaum gelesenen Schlüsselwerk, wird Rousseaus Impuls aufgenommen und im Lichte der damals modernsten Naturwissenschaft, der Evolutionslehre von Charles Darwin, reformuliert.[3] Rousseaus pädagogische Utopie im ersten Buch des *Emile* interessierte sich für das Verhältnis von „Sitten“, dem menschlichen „Herz“ und den natürlichen „Empfindungen“ – ein Programm, das von seiner Aktualität nichts verloren hat, wenn man die Begriffe seiner Zeit in eine heute geläufigere Terminologie übersetzt: Wie ist das Verhältnis von gesellschaftlichen Normen und Werten (das wären die Sitten), den moralischen Gefühlen (das wäre jene Größe, die Rousseau mit „Herz“ umschreibt) zu jenen der Gattung eigentümlichen prosozialen Impulsen, die auch – keineswegs nur – ihr biologisches Erbteil ausmachen? Es waren Rousseau und der schottische Skeptiker, Aufklärer und Moralphilosoph David Hume, die Immanuel Kant nach eigener Aussage aus dogmatischem Schlummer erweckten – zwei Autoren also, die dem Sentimentalismus, der in Deutschland als „Empfindsamkeit“ bezeichneten geistigen Strömung, zuzurechnen sind. Der Begriff des moralischen Gefühls ist vor allem in der später von Kant stark kritisierten Moralphilosophie der schottischen Schule und dort insbesondere von David Hume entfaltet worden. So sieht Humes Vorläufer Shaftesbury als

Voraussetzung aller Tugend „a real Antipathy or Aversion to Injustice or Wrong and [...] a real affection or Love towards Equity and Right, for its own sake, and on the account of its own natural Beauty and Worth.“[4]

Hume selbst stellt prägnanter fest, daß es beim moralischen Gefühl um „a feeling for the happiness of mankind, and a resentment of their misery“[5] handele. Kant konnte dieser Tradition deswegen nichts abgewinnen, weil für ihn Gefühle keine objektiven Erkenntnisse, sondern subjektive Einstellungen darstellten, denen ein transsubjektiver Geltungsanspruch nicht zukam. Mit Kants Kritik an der Geltungskraft von Gefühlen, die in späteren Schriften, etwa der *Kritik der Urteilskraft*, stark modifiziert,[6] aber nicht grundsätzlich geändert wird, sind die bis heute wesentlichen Positionen zur Rolle und Funktion von Gefühlen bei der Begründung einer Moral benannt. Die neuere akademische Psychologie versteht unter Gefühlen „wertende Stellungnahmen zu Sachverhalten in der Umwelt und zu Zuständen in der Person wie auch zum guten oder schlechten Fortgang einer Handlung.“[7]

Der weiter gespannte Begriff der „Emotion“ faßt darüber hinaus die leibliche Grundierung und expressiv-kommunikative Funktion von Gefühlen. Im Unterschied zu Kognitionen sind Emotionen ganzheitliche und übergreifende, auf Evidenz und Handlungsorientierung bezogene Haltungen. Außerdem strukturieren sie intersubjektive Handlungsbezüge, indem sie das Feld des Handelns insgesamt ergreifen. Die neuere Philosophie der Gefühle sieht in ihnen nicht nur individuelle Haltungen, sondern prägende Kontexte, Atmosphären.[8] Kognitionen sind demgegenüber stärker zergliedernde und fallbezogene, auf Überprüfung und Handlungsdistanz gerichtete Haltungen. Unter „moralischen Gefühlen“ werden daher jene holistischen, prima facie wertenden Stellungnahmen verstanden, die aus Annahmen über die Güte von Personen und ihren Eigenschaften bzw. der Gerechtigkeit ihrer Handlungen stammen. Freilich enthalten auch und gerade Gefühle ein primäres Orientierungspotential, das spontan, schnell und wertend fungiert und durch die tiefgreifenderen, aber langsamer fungierenden reinen Kognitionen nicht zu ersetzen ist.[9] Moralische Gefühle unterscheiden sich von anderen evaluativen Gefühlen etwa ästhetischer oder spiritueller Art durch ihre ausschließlich intersubjektive Geltung. Das gilt ausdrücklich auch für jene Gefühle, die Personen in bezug auf sich selbst empfinden – dieser Selbstbezug ist stets ein Selbstbezug unter Hinblick auf andere bzw. auf Normen, die andere betreffen. Gefühle, auch und gerade moralische Gefühle, weisen zudem unterschiedliche Intensitäten und Reichweiten sowie modifizierbare situative Interpretations- und Veränderungsmöglichkeiten aus. Ihre Verwobenheit mit kognitiven Aspekten und Funktionen steht nicht nur fest, sondern ist bei manchen Gefühlen, wie etwa dem „Vertrauen“, noch nicht einmal theoretisch aufzulösen.

Deutlicher und folgenreicher als Rousseau hat David Hume eine Theorie moralischer Gefühle vorgelegt,[10] die nicht zufällig zur Quelle einer auch evolutionstheoretisch aufgeklärten Moral werden sollte. Im 1779 erschienenen *Dialog über natürliche Religion* erwog Hume rund hundert Jahre vor Darwin den Gedanken einer Evolution der Materie auf der Basis blinden Zufalls zu immer stärker gegliederten Strukturen: „And what surprise must we entertain, when we find him a stupid mechanic, who imitated others, and copied an art, which, through a long succession of ages, after multiplied trials, mistakes, corrections, deliberations, and controversies, had been gradually improving? Many worlds might have been botched and bungled, throughout an eternity [...]. Much labour lost: Many fruitless trials made: And a slow, but continued improvement carried on during infinite ages world-making.“.[11]

Humes gradualistischer Blick auf die Schöpfung ließ ihn die vom herkömmlichen christlichen Glauben und dem ihn beerbenden Rationalismus strikt gezogenen Trennlinien zwischen Menschen und Tieren aufheben. Hume war nicht nur der Überzeugung, daß Tiere ähnlich wie die Menschen denken könnten und mit einer gewissen Vernunft begabt seien. Auch Handlungen stellen sich für Hume bei Menschen wie bei Tieren als eine Mischung aus Instinkten sowie erfahrungsoffenen Habitualisierungen dar – seien doch Gewohnheiten, die menschliches Handeln vor allem lenken, wesentlich wirkende Faktoren der Natur.[12] Der Anschluß an die Aristotelische Tradition einer „zweiten Natur“ ist hier unübersehbar. Humes naturwissenschaftlich distanzierter Blick auf Tiere und Menschen kommt daher nicht umhin, beide Gattungen als Gattungen pluraler Wesen zu verstehen – eine Perspektive, die aus der cartesischen Sicht des sich erfahrenden Selbstbewußtseins nicht möglich war. Die menschliche Gattung zeichnet sich für Hume durch ein basales Gefühl aus, das Mitgefühl, die Sympathie, die aber unter keinen Umständen mit allgemeiner Nächstenliebe gleichzusetzen ist: „Allerdings gibt es kein menschliches, ja sogar kein fühlendes Geschöpf überhaupt, dessen Glück oder Elend uns nicht in gewissem Grade berührt, wenn es uns nahegebracht und mit lebhaften Farben dargestellt wird. Dies ist aber nur Folge des Mitgefühls und kein Beweis einer solchen allgemeinen Menschenliebe, da ja diese Teilnahme sich auch über unsere eigene Spezies hinaus erstreckt."[13] Hume postuliert somit eine universelle, nicht nur anthropologisch, sondern geradezu animalisch verankerte Fähigkeit zur Sympathie, die aber nicht mit einem im engeren Sinn moralischen Gefühl zu verwechseln ist. Daher setzt dieses Programm, anders als später etwa Kant, nicht auf vorfindliches, empirisch nicht ableitbares moralisches Wissen, sondern auf eine naturgeschichtlich entstandene Disposition, die nicht begründet werden muß, wohl aber kultiviert werden kann. Demnach liegen die Wurzeln der Moral in affektiven Haltungen und strukturieren auch jene Beziehungen, die im zwischenmenschlichen Leben als krisenanfällig gelten und daher normierungsbedürftig sind. Innerfamiliale Beziehungen sind in der Menschheitsgeschichte schon sehr früh als in diesem Sinn regelungsbedürftig erkannt worden. Die folgenden Beispiele aus frühhochkulturellen Traditionen sollen belegen, daß eine auf emotionale Wurzeln zurückgehende Moralität nicht nur anthropologisch universal ist, sondern der Gattung in ihrer kulturellen Phase früh zu Bewußtsein kam.

In der Bibel, im Buch Exodus (20,12), ergeht an die Kinder Israel die Weisung, Vater und Mutter zu lieben, auf daß sie lange leben in ihrem Lande. Später läßt der Prophet Jeremia Gott selbst aus der Rolle eines Vaters heraus sprechen. Martin Buber und Franz Rosenzweig[14] übersetzen die Passage so: „Damals habe ich selber gesprochen: Wie will ich dich einsetzen unter den Söhnen! Ich gab dir ein Wunschland, ein Eigentum zur Zier vor den Zierden der Weltstämme. Ich sprach zu mir, 'Mein Vater, werdest du mich rufen, von meiner Nachfolge dich nicht kehren.' Jedoch, verriet je ein Weib seinen Genossen, so verraten habt ihr mich, Haus Israel." (Jer. 3,19–20)

In einem wahrscheinlich mehr als viertausend Jahre alten ägyptischen Text, der *Lehre des Ptahotep*, spricht sich eine vergleichbar patriarchale Ethik des frühen Orients noch deutlicher aus:

> „Vorteilhaft ist das Hören für einen Sohn, der hört,
> denn das Hören dringt ein in den Hörer,
> und so wird aus dem Hörer ein Gehorsamer.
> Wen Gott liebt, der kann hören,
> aber nicht kann hören, wen Gott verwirft.
> Es ist das Herz, das seinen Besitzer werden läßt
> zu einem Hörenden oder zu einem, der nicht hört.

Leben, Heil und Gesundheit eines Menschen bestimmt
also sein Herz.
Ein Hörer hört wohl, was gesagt wird,
aber nur wer bereitwillig hört, handelt auch nach dem
Gesagten.
Wie gut ist es doch, wenn ein Sohn, auf seinen Vater hört,
wie froh ist der, zu dem gesagt wird:
„Der Sohn gefällt, denn er versteht zu hören."
Ein Hörer, von dem dies gesagt werden kann,
der ist bis innen hinein wohlgeraten
und von seinem Vater wohlausgestattet.
Die Erinnerung an ihn lebt fort im Munde der Lebenden,
derer, die jetzt auf Erden sind, und derer, die sein werden."[15]

An diesen frühhochkulturellen Zeugnissen einer noch an Haus und Hof gebundenen Pädagogik interessiert weniger der auf Traditionsvermittlung und Bestandssicherung zielende Autoritarismus, sondern der offenbar schon früh bewußt werdende Umstand, daß die Beziehungen zwischen den Generationen von starken Affekten, von Leidenschaften geprägt sind. Sowohl in den biblischen Passagen als auch im ägyptischen Weisheitsbuch scheinen Klugheitserwägungen, Affektenlehre und Transzendenzbewußtsein unentwirrbar miteinander verquickt. Vater oder Mutter zu ehren ist vorteilhaft, die Beziehung zwischen Eltern und Kindern mag durch Haß oder durch Liebe geprägt sein, langes Leben und generationenübergreifendes Weiterleben in der Erinnerung spielen hinein. Ein väterlicher Gott fühlt sich bei Jeremia von seinem als Kind angenommenen Volk schlimmer verraten als ein gehörnter Ehemann von seiner Frau, während die Basis einer geglückten Sohnschaftsbeziehung im weisheitlichen Ägypten das menschliche Herz ist. Das Herz aber war nach der Auffassung der Ägypter der Sitz der „Ma'at", einer stets als Frau allegorisierten Gottheit, die den Sinn für eine kosmisch verstandene Gerechtigkeit und Wahrheit, einen umfassenden Richtungssinn verkörperte. Die frühhochkulturellen Texte sehen die Beziehungen zwischen Eltern und Kindern von Klugheitserwägungen und Liebe, von der Aufforderung zu Respekt und der Sehnsucht nach Vertrauen, sowie von einer Perspektive des zeitlich und räumlich ausgedehnten, sinnvollen Kosmos durchwaltet. Dieses Konzept einer verbindenden, „konnektiven Gerechtigkeit"[16] (J. Assmann) ist mit den seit der antiken Philosophie auf Ver- und Zuteilungsfragen spezialisierten Gerechtigkeitskonzepten nicht vereinbar. Die die

Fragen des guten Lebens und des richtigen Handelns unauflöslich miteinander verquickende Weisheit konnte spätestens in der Moderne keine Geltung mehr beanspruchen – auch nicht im Verhältnis der Generationen untereinander. Eine moderne Ethik des Zusammenlebens zwischen den Generationen scheint anderen Imperativen zu folgen. Moralphilosophische Erwägungen haben sich im allgemeinen auf Fragen der Gerechtigkeit reduziert – auch in der Philosophie der Erziehung ließ sich unter Bezug auf Kant und Benjamin mit gutem Grund das Problem einer „Gerechtigkeit zwischen den Generationen“[17] in den Mittelpunkt stellen. Es fragt sich indessen, ob das in diesen Ansätzen zugrundegelegte kontraktualistische oder politische Modell der Gerechtigkeit dem Phänomen einer „Gerechtigkeit zwischen den Generationen“ dort entsprechen kann, wo das Feld ihrer Auseinandersetzung unmittelbar personaler Art ist, vornehmlich auf dem Feld der Familie und der Familienerziehung. Darum wird im folgenden versucht, unter Bezug auf neuere Entwicklungen, zumal der feministischen Ethik,[18] das „Problem einer Gerechtigkeit zwischen den Generationen“ und der ihr entsprechenden Moralität im Rahmen einer Theorie moralischer Gefühle abzuhandeln, vor allem der Gefühle von Vertrauen und Scham.[19]

Die Vermutung, um die es geht, lautet: Die grundlegenden Beziehungen zwischen den Generationen beruhen auf den moralischen Gefühlen von Vertrauen und Scham bzw. ihren Negativa Mißtrauen und Stolz. Dabei ist Vertrauen jenes Gefühl, das sich auf die zeitliche Dimension menschlicher Existenz bezieht, während Scham soziale Aspekte menschlichen Lebens zum Ausdruck bringt. Hauptthema einer intergenerationellen Ethik in theoretischer Hinsicht ist daher die Erläuterung der normativen Gehalte dieser beiden Emotionen, ihre Hauptaufgabe in praktischer Absicht hingegen, angemessene Regulierungsvorschläge für diese Gefühle zu entwerfen. Pädagogisch bedeutsam ist eine theoretisch und praktisch ausgerichtete Theorie von Vertrauen und Scham, weil diese Gefühle nicht nur basale Weltbezüge darstellen, sondern zudem in besonderer Weise Gegenstand sozialer Lernprozesse sind, d. h. gebildet werden können und müssen.

Ist Vertrauen überhaupt – im vorgeschlagenen Sinn – ein *moralisches* Gefühl? Haben wir nicht vielmehr zu akzeptieren, daß „Vertrauen“ eine der basalsten Bedingungen jeglichen menschlichen Handelns, instrumentellen und kommunikativen Handelns, ist, ganz unabhängig davon, ob die Ziele dieses Handelns moralisch ausweisbar sind? Auch und gerade Verschwörungen mit moralisch verächtlichen Zielen fordern ja ihren Teilnehmern ein Minimum an wechselseitigem Vertrauen ab. Ist Vertrauen überhaupt ein moralisches *Gefühl*? Ein Gefühl erster Ordnung wie z. B. Liebe, Haß, Ärger, Wut oder Empörung? Man mag vertrauensvoll handeln oder sich des Vertrauens von jemandem würdig erweisen. Man mag um Vertrauen werben und Vertrauen verlieren. Auf jeden Fall ist „Vertrauen" ein affektiver Zustand, indem sich Personen gegenüber anderen Personen, Personengruppen oder Institutionen befinden. Vertrauen ist jedoch nicht mit Verläßlichkeit identisch, obwohl eine bestimmte Grundeinstellung, nämlich die mindestens zeitweise fraglose Akzeptanz von Gegebenheiten, die für die Akteure im Prinzip Risiken bergen, beiden gemeinsam sind. Wir vertrauen darauf, daß der Erdboden uns trägt, ein von Menschen gefertigtes Küchengerät wie angegeben funktioniert und andere, nächste Personen im Konfliktfall auch dann auf Gewaltausübung verzichten, wenn sie das nicht explizit versprochen haben. Im Unterschied zur Verläßlichkeit von Dingen, die einer moralischen Bewertung direkt nicht zugänglich sind, ist das Vertrauen gegenüber Personen durchaus in Begriffen der Zurechenbarkeit und Verantwortung zu fassen. Jemand kann unser Vertrauen verdienen oder hat es verspielt. Eine Definition von Vertrauen könnte demnach lauten: „Vertrauen ist die akzeptierte Verletzlichkeit gegenüber dem stets möglichen, aber doch nicht erwarteten bösen Willen eines anderen, der die Möglichkeit hat, uns Übel zu wollen und übel zu tun."[20] Beispiele lassen sich vom Besuch beim Zahnarzt über die riskante Entblößung bei Sexualkontakten mit neuen Partnern bis zum Informantenschutz von Journalisten schnell finden. Gefühle sind holistische „prima facie"-Einstellungen der Welt gegenüber, und so vertrauen wir einer Person oder vertrauen ihr eben nicht. Dort, wo wir uns dessen nicht sicher sind oder nach Gründen für unser Vertrauen suchen, mögen wir diese Person immer noch schätzen oder gar lieben, wir vertrauen ihr jedoch nicht mehr.

Ein *moralisches* Gefühl ist Vertrauen, weil es auf Gründen beruht, die explizierbar sind, ohne daß damit – ein gern begangener Irrtum – das Vertrauen hinfällig werden muß. Eine Ethik des Vertrauens würde sich dementsprechend zunächst mit den jeweiligen Gründen für das Vertrauen und im zweiten Schritt mit jenen Verhaltensweisen oder Einstellungen auseinandersetzen, die bei anderen zu Recht Vertrauen hervorrufen können. Wenn es nämlich richtig ist, daß Vertrauen in einer prinzipiell kontingenten Welt nicht nur – wie Niklas Luhmann meint[21] – ein unverzichtbarer Mechanismus zur Reduktion von Komplexität ist, sondern auch eine schätzenswerte Einstellung von Personen, also ein Gut darstellt, dann ist es in gewisser Weise auch ein Gut, vertrauenswürdig zu sein – sogar wenn sich dieses Vertrauen auf die Ausführung von sonst abzulehnenden Handlungszwecken bezieht. Auf dieser basalen Ebene überzeugt die Erläuterung allerdings nicht. Sollte nicht vielmehr gelten, daß Vertrauenswürdigkeit nur dann ein Gut ist, wenn diejenigen, denen Vertrauen geschenkt wird, dies auch verdienen oder benötigen, also ihrerseits Gründe dafür liefern, ihre eigene Verletzlichkeit angstfrei präsentieren zu können? Eine weitere Schwierigkeit betrifft den Charakter der Gründe, die jedem „Vertrauen" zugrunde liegen. „Gründe" sind explizierbare, kognitiv ausweisbare Aussagen oder Forderungen über oder an die Welt. Wäre angesichts des weitgehend affektiven Charakters von „Vertrauen" nicht eher von angemessenen, keineswegs notwendigerweise bewußten Erfahrungen zu sprechen, die zwar argumentativ entfaltet werden können, aber keineswegs entfaltet werden müssen? Also eine Art von affektivem „know how" im Unterschied zu einem affektiven „know that"? Die Gründe, die die Haltung des Vertrauens untermauern oder schaffen, bestehen also in bestimmten zwischenmenschlichen Erfahrungen, und eine „Ethik des Vertrauens" würde als ersten Schritt eine Phänomenologie dieser Erfahrungen liefern müssen. Dabei muß sich eine normativ gehaltvolle Unterscheidung zwischen verläßlichen, d. h. kontrollierbaren und sicheren menschlichen Beziehungen hier sowie vertrauensvollen Beziehungen dort getroffen werden.

Die Philosophin Annette Baier[22] hat als Test auf die interne Gültigkeit einer Vertrauensbeziehung die Frage vorgeschlagen, ob das Gefühl des Vertrauens auch dann noch fortbestehen werde, wenn dem Partner, dem vertraut wird, die Gründe bekannt sind, derentwegen der andere vertraut. Übersteht etwa eine Liebesbeziehung das Wissen des einen Partners, daß der andere nur aus Dummheit oder mangelnden Gelegenheiten treu ist? Kann das Vertrauen eines Herrn auf seinen Knecht andauern, wenn er weiß, daß es nur die nackte Angst ist, die den Knecht zur Loyalität anhält? Es empfiehlt sich, eine weitere terminologische Unterscheidung zu treffen: zwischen einer kontrollierbaren Verläßlichkeit auch im zwischenmenschlichen Bereich und einem „geschenkten" und „verdienten" Vertrauen. Zweitens ist im Sinn einer Theorie moralischer Gefühle zu unterstreichen, daß die Haltung des Vertrauens im

Unterschied etwa zur Bereitschaft, Verträge zu akzeptieren, unbewußt sein kann und bisweilen auch unbewußt sein muß. Drittens ist darauf hinzuweisen, daß eine Ethik des Vertrauens, anders als alle kontraktbasierten Moralen von Freien und Gleichen, nicht von symmetrischen, sondern von asymmetrischen Beziehungen ausgeht, wie sie typischerweise weniger in der Öffentlichkeit denn in den intimen Institutionen von Haushalt und Familie enstehen, in Beziehungen, die keineswegs rückstandslos in Verhältnisse zwischen Freien und Gleichen umgewandelt werden können.[23]

Viertens – und damit nähern wir uns dem Thema einer intergenerationellen Ethik – ist auf den zeitlichen und zeitbezogenen Charakter der Vertrauensbeziehung aufmerksam zu machen. Vertrauen ist stets Vertrauen in bezug auf wichtige Güter in einem kontingenten, zukunftsoffenen Zeitraum. Wer sich auf jemand anderen verläßt bzw. ihr oder ihm vertraut, geht damit zugleich eine Option auf die Zukunft ein und umgekehrt. Wer sich so verhält, daß ihm oder ihr in bezug auf bestimmte Hinsichten vertraut wird, gibt damit eine Art implizites Versprechen, d. h. eine Selbstverpflichtung zu bestimmten Handlungen oder Unterlassungen in der Zukunft ab. Fünftens ist Vertrauen als aus rationalen Gründen akzeptierte Verletzlichkeit durch den Willen anderer der deutlichste Ausdruck der ebenso notwendig fragilen wie intersubjektiven Verfaßtheit der Angehörigen der Gattung Mensch. In der unabdingbaren Verwiesenheit auf Vertrauen wird ersichtlich, daß Menschen sich prinzipiell zur Sicherung ihrer Lebensumstände nicht selbst genügen können – was für jene Menschen, die noch nicht einmal jenes geminderte Maß an wechselseitiger Abhängigkeit und relativer Autonomie erreicht haben, das dem Erwachsenenstatus zugeschrieben wird, in besonderem Maße gilt: für Babys, Kinder und Heranwachsende. Diese Einsicht hat die lange Zeit in einer systematischen Moralphilosophie nicht ernstgenommene philosophische Anthropologie schon vor Jahren in vorbildlicher Klarheit formuliert.

„Wir bedürfen zur Befriedigung unserer Bedürfnisse nicht nur jeweils dieser und jener Dinge, die wir uns durch eigenes Handeln selbst verschaffen können, sondern wir bedürfen stets auch des Zusammenwirkens mit anderen, sind aufeinander angewiesen – obzwar zugleich einander im Wege. Anders gesagt: Wie bedürfen nicht nur der Güter, sondern auch der Mitmenschen. Dem ist hinzuzufügen: Wir sind auf andere angewiesen nicht allein, um mit ihrer Hilfe zu den Gütern zu gelangen, derer wir bedürfen, sondern wir sind auch aufeinander angewiesen, um z. B. miteinander zu reden, unsere Situation zu besprechen, einander Geborgenheit zu gewähren, um im wechselseitigen Vertrauen unser menschliches Leben zu bestehen."[24] Es scheint der Logik der Sache geschuldet, daß diese Perspektive jüngst auch von der angelsächsischen Moralphilosophie entfaltet wird.[25]

Dieses Vertrauen ist endlich sechstens stets mehr als nur eine intersubjektive Beziehung zwischen zwei Menschen, sondern erweist sich als ein vielfältig verflochtenes Netz von akzeptierten Abhängigkeiten unterschiedlicher Intensität, das sehr wesentlich das Unterfutter dessen darstellt, was auch als „moralische Atmosphäre" von Beziehungen oder Institutionen bezeichnet wird. Eine intergenerationelle Ethik wird insbesondere auf die Qualität dieser moralischen Atmosphäre zu achten haben. Siebtens ist darauf hinzuweisen, daß die im Handeln angelegte Zukünftigkeit auf die Basis allen Handelns, den menschlichen Leib verweist. Handeln und Vertrauen sind demnach wesentlich leibbezogene Existenzialien. Es ist in letzter Instanz der Leib, der Vertrauen und Scham miteinander verklammert.

Hannah Arendt wollte wie keine andere die Natalität, die „Geburtlichkeit" der Menschen, als eine Existenzialie[26] ausweisen. Sie war der Auffassung, daß den jeweiligen erwachsenen Generationen eine doppelte Aufgabe zukäme: den Neuankömmlingen den Weg in die Welt zu bereiten, aber auch die gewordene Welt vor der möglichen Barbarei der Neuankömmlinge zu schützen. Sie hat aber übersehen, daß die Neuankömmlinge sich in der Welt nur deshalb zur Geltung bringen können, weil sie in einem gewissen Ausmaß auf das Fortbestehen und die Verläßlichkeit dieser Welt, in der sie sich zur Geltung bringen wollen und sollen, vertrauen können und müssen. Damit ließe sich als erster Imperativ einer intergenerationellen Ethik artikulieren:

(1) *„Handle im Hinblick auf Angehörige künftiger – bereits geborener oder noch zu erwartender – Generationen stets so, daß diejenigen, die von Dir und Deinem guten Willen abhängig sind, darauf vertrauen können, daß die Welt, in der sie leben, ihren Fortbestand haben wird."*

Läßt sich diesem Imperativ – begründetes Vertrauen zu erwecken – auch noch ein komplementärer Imperativ – nämlich Vertrauen zu entwickeln – gegenüberstellen? Abgesehen von der grundsätzlichen Schwierigkeit eines pragmatischen Paradoxes bleibt hier die Frage, ob ein solcher Imperativ überhaupt eine moralische Frage oder nicht vielmehr eine Frage der Lebenskunst, also eine Frage existentiellen oder therapeutischen Engagements ist, das zwar erwartet, aber in keinem möglichen Sinn gefordert werden kann.

„Vertrauen“ und „Scham“ – die Analyse beider Affekte soll die Grundlage für eine intergenerationelle Ethik bieten. Wenn „Vertrauen“ jenes Gefühl ist, in dem sich unsere Haltung dazu, wie die Welt insgesamt und insbesondere unser Verhältnis zu ihr beschaffen ist, artikuliert, dann drückt sich im Gefühl der Scham unsere Haltung dazu aus, wie es in der Welt, unsere Handlungen und Unterlassungen eingeschlossen, zugehen soll. Mit anderen Worten: In der „Scham“ artikuliert sich unsere Haltung zu den Normen und Erwartungen, die den Lauf der Welt regeln.[27] Damit kann „Scham“ – deutlicher noch als das „Vertrauen“ – als Inbegriff dessen gelten, was oben als „moralisches“ Gefühl bezeichnet wurde. Ihre spezifische Bedeutung wird im Unterschied zu verwandten Begriffen klar.

Das Gefühl der „Schuld“ entsteht, wenn Menschen sich den Verstoß gegen von ihnen selbst gesetzte oder akzeptierte moralische Normen zurechnen oder zurechnen müssen. Damit ist das Gefühl der Schuld an die Unterstellung eigenverantwortlichen Handelns gebunden, ja erhält seinen Sinn nur durch die Unterstellung von dessen Möglichkeit. Ob Menschen Schuld empfinden oder nicht, hängt demnach von ihnen selbst und ihrem moralischen Wissen ab und tritt unabhängig davon ein, ob die Zuwiderhandlung gegen eine akzeptierte Norm überhaupt bekannt und öffentlich geworden ist. Anders die Schande.[28] Sie ist die subjektiv empfundene, öffentlich wahrgenommene, eine Verurteilung beinhaltende Reaktion auf das zurechenbare Verletzen einer akzeptierten Norm. Dabei kann sich die Schande, die jemand verursacht oder anders über eine Gruppe von Menschen gebracht hat, so daß diese Schande empfinden, sowohl auf Schuld als auch auf Scham beziehen. Scham als das Empfinden eines grundsätzlichen Zerbrechens für wichtig gehaltener Normen ist keineswegs an die Erfahrung selbst zu verantwortender Schuld gebunden. Der Scham ist vielmehr eigentümlich, daß sie einerseits auch dann empfunden werden kann, wenn gar keine intersubjektiv akzeptierten, wesentlichen moralischen Normen verletzt worden sind, sie andererseits aber auch dann auftritt, wenn derartige Normen zwar verletzt worden sind, aber nicht von uns selbst. Scham, und das unterscheidet sie in besonderer Weise von der auf das Handeln zurechenbaren Schuld, kann auch und gerade dann entstehen, wenn Menschen ohne jede Handlung, nur durch Leiden zu Opfern der Willkür anderer geworden sind. Beispielhaft dafür steht die sexuelle, auf den nackten Körper bezogene Scham, die auch dann empfunden wird, wenn Menschen gegen ihren Willen entblößt wurden und daher mit gar keinem zurechenbaren Handeln ihrerseits in Verbindung gebracht werden können. Diese Scham scheint eine anthropologische Universalie zu sein.[29] Scham vermögen und müssen wir andererseits dann empfinden, wenn nicht wir selbst, sondern andere, dritte und vierte Personen, denen wir uns in irgendeiner Weise zugehörig fühlen, als basal angesehene Normen verletzt haben. Scham ist damit jenes moralische Gefühl, das wie kein anderes auf Normativität und Intersubjektivität zugleich bezogen ist. Solche aus der Bibel, aus der allgemeinen Verhaltensforschung und aus der Kulturgeschichte bekannte Nähe des Schamgefühls zur menschlichen Leiblichkeit ist keineswegs ein Nebenaspekt. Nicht nur ist Scham in ihrer Artikulation und Expression besonders auf leibliche Repräsentationen wie Erröten oder Verhüllen bezogen, nein, der eigene oder fremde Leib ist zugleich in seiner Existenz und in seinen sozialen, symbolischen Grenzen Anlaß zur Scham.

Menschliche Leiblichkeit[30] ist stets symbolisch codiert und oszilliert immer zwischen einem „Innen" des Selbstbewußtseins sowie einem „Außen" sozialer Räume. Der menschliche Leib hat demnach Grenzen, ist aber auch selbst eine solche Grenze.[31] „Scham" ist die Reaktion auf die Verletzung jener Grenze, die der menschliche Leib ist oder zieht. Während die Verletzung des Vertrauens unseren Glauben in die Zuverlässigkeit unserer Mitmenschen, damit in die Verläßlichkeit der sozialen und – in gewisser Weise – der ganzen Welt anzeigt, beeinträchtigt die Verletzung von Schamgrenzen den Glauben in die Unversehrtheit jenes, unseres Selbst, das der Welt gegenübersteht. Diese analytische Unterscheidung schließt nicht die aus dem Bereich psychischer und physischer Krankheiten bekannten Erfahrungen aus, daß unser Leib für uns auch zum Teil unserer Welt werden kann, dem wir vertrauen oder eben auch mißtrauen können, zu einer Umwelt, die wir für mehr oder minder verläßlich halten, zu einem Partner, dem wir mehr oder minder vertrauen können. Es scheint, als ob die leibliche Sprache der Scham einen basalen Imperativ artikuliere:

(2) „*Verletze die (symbolische) Integrität anderer nicht!*"[32]

Dieser Grundsatz „Neminem laede" kann zugleich – jenseits aller Aspekte systematischer Begründung – als basale Intuition aller Moraltheorie gelten. Ähnlich wie beim Vertrauen ist auch beim Begriff der Scham zu erwägen, ob dem Verbot, Schamgefühle zu verletzen, ein Gebot, Scham zu empfinden, gegenübersteht. Die Erziehungspraxis mit ihrem „Pfui, schäm dich!" scheint das zu bestätigen. In diesem Zusammenhang erweist sich das bewußte und gewollte Einflößen von Scham durch Rituale der Beschämung stets als demütigend. Bevor nun die spezifisch intergenerationelle Bedeutung dieses Imperativs erläutert wird, sei das Verhältnis von Vertrauen und Scham untersucht. Wenn Scham jenes leibbezogene Gefühl ist, das bei der Verletzung von Grenzen provoziert wird, dann liegt es nahe, nach dem zu fragen, was durch diese Grenzen definiert oder geschützt wird, altertümlich gesprochen: nach dem „Wesen" dessen, was hinter oder auf dieser Grenze liegt. Ich schlage vor, darunter ein leibgebundenes, sich seiner selbst bewußtes Sein oder Handeln zu verstehen, das nicht notwendigerweise von Anfang an mit einer reflexiven Aufmerksamkeit verbunden sein muß. So wird dem Umstand Rechnung getragen, daß auch sehr kleine Kinder oder höhere Tiere Scham empfinden können, ohne sich deshalb diesen Zustand wissentlich zuzurechnen. Beides aber, bewußtes Sein und ihm entsprechendes Handeln, setzt ein minimales Vertrauen in die Beständigkeit von sozialer und dinglicher Welt ebenso voraus wie in die Sinn- und Werthaftigkeit des eigenen Tuns. Sein und Tun wären damit an die Voraussetzung von Selbstachtung und Selbstvertrauen gebunden – eine Bedingung, die der Rechtsphilosoph Rawls bezüglich der „Selbstachtung" erläutert hat. Demnach gehören zur Selbstachtung „das Selbstwertgefühl, die sichere Überzeugung, daß die eigene Vorstellung vom Guten, der eigene Lebensplan, wert ist, verwirklicht zu werden. Zweitens gehört zur Selbstachtung ein Vertrauen in die eigene Fähigkeit, seine Absichten, so weit es eben möglich ist, auszuführen."[33]

Diese Aussage ist nicht nur eine spekulativ gewonnene, philosophische Vermutung, sondern eine Erkenntnis, die durch vielfältige, insbesondere entwicklungspsychologische Forschung bestätigt worden ist. Zumal die vor allem von Heinz Kohut erneuerte psychoanalytische Erforschung des Selbst und des Narzißmus hat übersteigertes Kontrollbedürfnis aufgrund mangelnder Anerkennung im präverbalen Bereich als Ursache erheblicher Pathologien diagnostiziert. Demnach sind das bereits von Erik H. Erikson so genannte „Urvertrauen" bzw. die von Ronald Laing so bezeichnete „ontologische Sicherheit"[34] die ontogenetische Voraussetzung dafür, grundsätzliche Welteinstellungen affektiver Art auch im Bereich der Normen entwickeln zu können.[35] Vertrauen als Bereitschaft zu riskanter Verletzlichkeit bezüglich des guten Willens anderer erweist sich in psychologischer Hinsicht als eine im Prinzip täuschbare Erwartung. Scham aber entsteht als Reaktion auf eine nicht in jedem Fall zurechenbare Reaktion auf die Verletzung von Grenzen des Selbst. Mit anderen Worten: Scham entsteht, wenn das Vertrauen in die Konsistenz und Kontinuität des Selbst erschüttert wird – unabhängig davon, ob dieses Vertrauen verschuldet oder unverschuldet erschüttert wurde. Vertrauen scheint andererseits bereits eine Differenz – die Differenz von Person und Welt – vorauszusetzen. Vertrauen zu können, vertrauen zu müssen, setzt bereits die Erfahrung der Nicht-Einheit von Selbst und Welt voraus. So gesehen wären schon die frühe Erfahrung der Nicht-Identität von Selbst und Welt, das schmerzliche Gewahrwerden des Verwiesenseins auf andere, die Geburt des Selbst durch Scham geprägt. Es gilt, daß – biblisch so gut wie entwicklungspsychologisch – die Scham jenes Gefühl ist, das die Selbstwerdung begleitet und also: Scham mindestens so sehr eine Voraussetzung des Vertrauens ist, wie Vertrauen eine Voraussetzung der Scham ist. Es ist der der Zuwendung und Pflege bedürftige menschliche Leib,[36] in dem beide Haltungen angelegt sind. Die bisherigen Überlegungen haben die Vermutung einer wechselseitigen Verwiesenheit von Scham und Selbstvertrauen als jener umfassenden Affekte, die sowohl die Zeitlichkeit des Handelns als auch die soziale Normativität menschlicher Existenz regeln, erhärtet. Zudem wurden zwei Imperative postuliert:

(1) „Handle im Hinblick auf Angehörige künftiger – bereits geborener oder noch zu erwartender – Generationen stets so, daß diejenigen, die von Dir und Deinem guten Willen abhängig sind, darauf vertrauen können, daß die Welt, in der sie leben, ihren Fortbestand haben wird." sowie die jetzt erweiterte Form von (2), nämlich

(2a) *„Verletze die Integrität anderer, insbesondere Nachwachsender, nicht!"*

Zur Begründung oder zur Begründbarkeit dieser beiden Imperative sei angemerkt, daß hier weder eine formal kantianische noch eine positiv-utiltaristische, noch eine negativ-utilitaristische, mitleidsethische Strategie gewählt wurde, sondern eine Begründung im Rahmen einer philosophischen Anthropologie, die auf der Basis der phänomenologisch gewonnenen grundsätzlichen Verwiesenheit und Bedürftigkeit der Menschen ohne Furcht vor dem Vorwurf eines „naturalistischen Fehlschlusses"[37] behauptet: „Wir Menschen alle sind bedürftig und sind aufeinander angewiesen und sagen nun weiter: wer das einsieht – und auf Grund unserer Lebenserfahrung sind wir alle in der Lage, es einzusehen –, der erkennt damit an, daß nicht nur er selbst bedürftig und auf die anderen angewiesen ist, sondern daß ebenso die anderen bedürftig und auf ihn angewiesen sind."[38]

Diese Begründungsstrategie mag mit einem weit gefaßten Kontraktualismus im Sinne Rawls' durchaus vereinbar sein. In dieser Perspektive zeigt sich auch, daß der zweite Imperativ den ersten insoweit präzisiert, als das basale Vertrauensverhältnis zu Welt und Handeln – wenn überhaupt – auf der in der Ontogenese intersubjektiv konstituierten menschlichen Leiblichkeit beruht. Die im Fortgang der Ontogenese entwickelten Beziehungen stellen übrigens die Matrix einer ethisch gedeuteten Generationenbeziehung dar.

In den frühhochkulturellen israelitischen und ägyptischen Zeugnissen war die Rede von der Kränkung Gottes, weil seine Ehre als Vater verletzt wurde; das altägyptische Zeugnis redete jenen Söhnen Lob, die mit ihrem Herz zu hören verstehen, somit von ihren Vätern wohlausgestattet wurden und ihnen zur Ehre gereichen. Für patriarchale Gesellschaften ist typisch, daß jene zuwendenden Handlungen, die Scham und Vertrauen konstituieren und in aller Regel von Müttern vollzogen werden, nicht erwähnt, ja systematisch verdrängt werden. Immerhin ruft die Bibel zur Ehre von Vater und Mutter auf. Umgekehrt lassen beide Zeugnisse keinen Zweifel daran, daß wohlgeratene Söhne es ihren Vätern – ihren Vätern und Müttern, wie es in der Bibel heißt – entsprechend danken werden. In diesen frühhochkulturellen Zeugnissen ist nicht nur die leibliche Basis einer intergenerationellen Ethik in voller Präsenz entfaltet, sondern darüber hinaus jene eigentümliche Dialektik der Anerkennung angesprochen, auf die auch jene, die Kindern Vertrauen ermöglichen und sie nicht beschämen, nämlich in der Regel gute Eltern oder eben primäre Bezugspersonen, erpicht sind.

In der modernen Ethik ist davon – vornehmlich bei Kant – eine „Tugendpflicht der Dankbarkeit" übriggeblieben.[39] Sie ist die pflichtgemäße Verehrung einer Person ob einer erwiesenen Wohltat. Diese Tugendpflicht der Dankbarkeit, die nach Kant keine Klugheitsregel ist, sei als eine Sinnbedingung moralischer Bildung anzusehen: Dankbarkeit müsse als heilige Pflicht angesehen werden, also als eine solche Pflicht, „deren Verletzung die moralische Triebfeder zum Wohltun in dem Grundsatze selbst vernichten kann."[40] Auf eine Ethik des Generationenverhältnisses[41] bezogen und im vollen Bewußtsein, daß Kinder in zahlreichen Fällen ihren Eltern gegenüber nur wenig Anlaß zur Dankbarkeit haben, läßt sich doch festhalten, daß jener Dank – und die damit einhergehende Fähigkeit zur Dankbarkeit, die gleichsam zwanglos auf der Basis respekt-

und vertrauensvoller pädagogischer Beziehungen entstehen kann – sogar nach Kants Meinung die Basis jeder moralischer Motivation ist. Daß diese Auffassung durch die Sozialisationsforschung eindrucksvoll bestätigt worden ist, muß hier nicht eigens belegt werden.

Der moraltheoretische Einwand, wonach es in diesem Zusammenhang „lediglich" um Motivations-, nicht aber um Geltungs- oder gar Begründungsfragen ginge, ist vor dem Hintergrund der hier skizzierten Theorie moralischer Gefühle neu zu bewerten. Wenn es nämlich richtig ist, daß die Lehre vom „naturalistischen Fehlschluß" und der strikten Distinktion von Sein und Sollen nicht fraglos gilt,[42] und es zweitens zutrifft, daß für das moralisch grundlegende Gefühl des Vertrauens nicht mehr anzugeben ist, ob es sich dabei um eine kognitive oder affektive Fähigkeit handelt,[43] dann ist absehbar, daß aus einer Neubesinnung auf jene existentiellen Verhältnisse, unter denen moralische Haltungen und ihre Voraussetzungen entstehen, auch eine neue Konzeption von Ethik enstehen kann. Dabei wurden insbesondere aus der in Ergänzung und Kritik an Lawrence Kohlberg von Carol Gilligan ausgeführten Moralforschung an Frauen und Mädchen weitgehende Konsequenzen gezogen.[44]

Die erste Runde der Auseinandersetzung zwischen Kohlberg und Gilligan um eine „ethics of care" ging an Kohlberg und seine Verteidiger, namentlich Jürgen Habermas, aber auch Gertrud Nunner-Winkler.[45] Die Ursache dafür lag in einer von Gilligan ungenügend ausgearbeiteten Reflexion auf die universale Bedürftigkeit der Gattung Mensch, die dem Mißverständnis Vorschub leisten konnte, daß es sich bei der zu entfaltenden „ethics of care"[46] lediglich um ein Bereichs- und Anwendungsproblem handele, das das, worum es beim „moral point of view"[47] gehe, schon im Ansatz verfehle. Inzwischen wird klar, daß Solidarität und Gerechtigkeit in einem Begriff des formal „Guten" aufeinander verwiesen sind, also in einem Wissen über die konstitutionelle Versehrbarkeit von Wesen, die ihre Identität nur in der Entäußerung an interpersonale Beziehungen ausbilden und in Verhältnissen subjektiver Anerkennung stabilisieren können.[48] Mit dieser Einsicht taucht die Frage einer „ethics of care" wiederum auf, jedoch nicht mehr als Anwendungs-, sondern als Begründungsproblem. Erst wenn deutlich wird, daß ein intersubjektives und intergenerationelles Leben in Vertrauen und Selbstachtung mehr ist als nur die subjektive Voraussetzung von Gerechtigkeit und Autonomie, nämlich ein Zweck in sich selbst, wäre eine pädagogische Ethik mehr als nur eine Ethik pädagogischer Verhältnisse.

Die pädagogischen Verhältnisse aber sind Verhältnisse zwischen Wesen, deren affektive Dispositionen ihnen nicht beliebig zur Verfügung stehen, affektive Dispositionen, die sie als mehr oder minder stabile phylogenetische Fundamente mitbringen. Schon David Hume, der Moral vor allem als Ausdruck moralischer Gefühle verstehen wollte, hatte ja den Gedanken eines planlosen Entstehens von Welt und Menschen erwogen – Überlegungen die mehr als einhundert Jahre später von Charles Darwin in eine wissenschaftlich schlüssige Form gebracht wurden. Wenn Moral auf Gefühlen basiert, mindestens einige Gefühle jedoch Ausdruck physiologischer Dispositionen sind, dann sind diese Dispositionen und die durch sie erzeugten Gefühle auch ein Ergebnis der Evolution. Freilich entsprachen Darwins Ansätze zur Erklärung menschlicher Moralität noch nicht dem radikalen Reduktionismus der neueren Soziobiologie. An Darwin und seinem Theorieprogramm führt jedoch, wenn die Lösung des Problems einer Tugendethik in Zügen einer allgemeinsten menschlichen Lebensform liegen soll, kein Weg vorbei. Wenn das Hauptproblem einer Ethik der Tugenden in ihrem Glücksbezug und mithin in einer begründeten Artikulation von Selbstliebe und Altruismus besteht, dann sind Evolutionstheorie und Soziobiologie schon allein deshalb nicht zu übergehen, weil sie das für eine realistische Ethik unübergehbare Problem des Egoismus auf eine rationale Weise erläutern können.

IV. Evolution, Altruismus und Moral

Charles Darwin, der das Fühlen[1] und Handeln der Gattung Mensch in einer naturgeschichtlichen Perspektive zu erklären trachtete, waren Humes Gedankengänge bekannt, und er interessierte sich für sie besonders in sozialtheoretischer, auffälligerweise weniger in evolutionstheoretischer Hinsicht. Das ist um so bemerkenswerter, als die moderne Soziobiologie ja auch das menschliche Sozialverhalten vor allem als Entfaltung evolutionär erworbener Bindungs-, Brutpflege-, Bevorteilungs- und Ausschaltungsbereitschaften ansieht.[2] Charles Darwin jedoch ließ genau diese Frage in seinem Hauptwerk, der *Abstammung des Menschen* aus dem Jahre 1874, bewußt offen und erwies sich dort eher als ein Vorläufer der handlungstheoretisch orientierten Anthropologie Arnold Gehlens[3] denn der auf Verhaltensprogramme abstellenden Verhaltensbiologie von Konrad Lorenz:

„Obschon der Mensch", so Darwin, „wie er jetzt existiert, wenig specielle Instinkte hat und wohl alle, welche seine frühen Urerzeuger besessen haben mögen, verloren hat, so ist dies doch kein Grund, warum er nicht von einer äußerst entfernten Zeit her einen gewissen Grad instinctiver Liebe und Sympathie für seine Genossen behalten haben sollte. Wir sind uns in der Tat alle bewußt, daß wir derartige sympathische Gefühle besitzen; unser Bewußtsein sagt uns aber nicht, ob dieselben instinctiv und vor langer Zeit in derselben Weise wie bei den niederen Tieren entstanden sind, oder ob sie von jedem Einzelnen von uns während unserer früheren Lebensjahre erlangt worden sind. Da der Mensch ein sociales Tier ist, so wird er wahrscheinlich eine Neigung, seinen Kameraden treu und dem Anführer seines Stammes gehorsam zu bleiben, vererben; denn diese Eigenschaft ist den meisten socialen Tieren gemein."[4]

In dieser Passage bezieht sich Darwin in einer Fußnote ausdrücklich auf Humes Untersuchung *Enquiry Concerning the Principles of Moral*, die darauf verweist, daß die Erfahrung des Leidens und der Freude anderer die Menschen nicht gleichgültig läßt. In diesem Sinn hielt Darwin eine soziale Vererbung prosozialer Verhaltensdispositionen für ebenso möglich wie eine genetische. Man mag das wissenschaftsgeschichtlich darauf zurückführen, daß die von ihm begründete Abstammungslehre die Ergebnisse der von Gregor Mendel begründeten und später von August Weismann entfalteten Vererbungslehre noch nicht kannte und sein Programm daher zu jener Zeit noch halbiert auftrat. Man kann aber auch Darwins Aufgeschlossenheit für genetische oder sozialisatorische Ursachen menschlichen Fühlens und Verhaltens zumal im prosozialen Bereich als Ausdruck einer Theoriebildung verstehen, die sich immer schon darüber im klaren war, daß menschliches Handeln auch dort, wo es habitualisiert auftritt, deshalb noch nicht als Effekt kausaler Mechanismen zu verstehen ist. Die gedankliche Offenheit für genetisch nicht vorgeprägte Lernprozesse verdankt Darwin übrigens einem Philosophen, der zu den unmittelbaren Vorläufern des Pragmatismus gehört und von Charles Sanders Peirce intensiv rezipiert wurde. Alexander Bain, der ebenfalls in Darwins *Abstammung des Menschen* eine entscheidende Rolle spielt, steht eher in der Tradition Adam Smiths[5] als der Humes und sah das Gefühl der Sympathie als eine indirekte Quelle des Vergnügens für die an, die sie empfinden. Es ist diese Indirektheit der Sympathie, aus der Bain auf ihre soziale Vermittlung schließt: Wäre sie ein Instinkt, „so würde ihre Ausübung direct Vergnügen machen.“[6] Indirektes Vergnügen heißt in diesem Fall, daß das entsprechende Gefühl durch den Filter eigener Erwartungen und Erwartungserwartungen sowie von Interessen hindurchgeht. Die Gefühlsaufwallungen beim Leiden oder der Freude anderer fungieren als Ausdruck intersubjektiver Verhältnisse, in der die Menschen von Natur aufeinander angewiesen sind. Für Darwin bildeten sich Motive prosozialen Handelns aus einem Amalgam reziproker Erwartungen, eines affektiven Resonanzbodens und starker Gewohnheiten.

Derartige Überlegungen sind im übrigen schon früh in die Grundlegungen der Reformpädagogik, ja breiter Bewegungen für soziale Reform sowohl in Europa als auch in den USA eingeflossen. Ellen Key war in diesem Sinn eine Darwinistin auf den Spuren Rousseaus und Nietzsches. Vieles spricht zudem dafür, daß Ellen Key nicht nur die europäische, sondern auch die US-amerikanische Rezeption Darwins sowie die einschlägigen US-amerikanischen Debatten um sein Werk kannte.[7] Man kann sie als eine sogenannte Reformdarwinistin einstufen, die wie Darwin glaubte, daß prosoziale Eigenschaften schließlich vererbbar seien. Auf jeden Fall galt Ellen Keys Interesse einer naturalistischen Theorie gesellschaftlicher Solidarität als Basis der Moral, einer Theorie, die die von ihrem zweiten intellektuellen Bezug, von Friedrich Nietzsche, thematisierte moderne Nervosität als Ausgangspunkt für eine solidarische

Gesellschaft ansah: „Der moderne Mensch ist immer empfindlicher gegen seine Leiden geworden und dies ist die erste Voraussetzung dafür, auch die anderen zu empfinden. [...] nun handelt es sich darum, auch wirklich das Gefühl für andere zu vertiefen und zu verfeinern, daß der Gesellschaftsorganismus es nicht mehr erträgt, wenn eines seiner Glieder eine Lebenshemmung erfährt, der abgeholfen werden kann. Hier wird die tiefere Sensibilität der Frau, ihre reichere Zärtlichkeit ihre große Aufgabe erfüllen können“[8]

Es wäre ein Fehler, Ellen Key einer biologistischen Verklärung des Weiblichen zu zeihen. Sie hat die Anregung zu ihrem solidarischen Darwinismus[9] immerhin von einem Mann, einem Dichter gewonnen, der zumal für die amerikanischen Reformdarwinisten von Jane Addams bis zu John Dewey zur wesentlichen Anregung wurde, von Walt Whitman, dem dichtenden Sänger der Demokratie. Ihr Buch *Das Jahrhundert des Kindes* endet mit einem Zitat aus dem Werk Whitmans: „Ich frage nicht, ob mein verwundeter Bruder leidet. Ich werde selbst dieser Verwundete.“[10] Die in der darwinistisch inspirierten Reformpädagogik angelegte Theorie einer evolutionär und sozial begründeten Moral allseitiger Sympathie erweist sich – obwohl vor mehr als einhundert Jahren entstanden – insofern von höchster Aktualität, als sie das Programm einer „éducation sentimentale“ naturwissenschaftlich zu begründen versuchte.

In den von ihr zitierten Zeilen Whitmans ist die Idee einer universalisierbaren Mitleidsethik angesprochen, die als motivationaler Hintergrund für den Transfer universalistischer Moralprinzipien gelten soll. Tatsächlich hat das Entstehen einer „neuen Weltunordnung“ nach dem Zusammenbruch der diktatorischen und planwirtschaftlichen Systeme im Einflußbereich der Sowjetunion weder zum „Ende der Geschichte“ noch zur allmählichen, unaufhaltsamen Ausbreitung von Menschenrechten und Demokratie geführt. In Frage steht dabei die Legitimität eines möglicherweise nur kontingenten, regional begrenzten Deutungsmusters zur Regelung menschlichen Zusammenlebens: der Menschenrechte.[11] Unabhängig von Klugheitserwägungen aller Art scheint deren Legitimität in dem Maß zu steigen, in dem der Nachweis gelingt, daß alle Menschen ein wenn auch noch unerkanntes Interesse an der Wahrung jener „Menschenrechte“ genannten Prinzipien haben. Der Nachweis eines solchen allgemeinen Interesses scheint nicht nur die Legitimität, sondern zugleich die Durchsetzbarkeit und Institutionalisierung derartiger Prinzipien zu erleichtern. Ein solches, unter Umständen nicht jederzeit von allen Menschen realisiertes Interesse müßte sich jedoch als bisher unerkannte Basis des menschlichen Wesens, als anthropologische Universalie erweisen. Zu überprüfen wäre die Behauptung, daß sich nicht nur eine universalistische Moral theoretisch und schlüssig begründen läßt, sondern auch, daß sich diese universalistische Moral bzw. schwächere Vorstufen auch universell nachweisen lassen. Gegen diese Annahme haben sich in Deutschland schon früh Arnold Gehlen, der nie etwas anderes als die Möglichkeit begrenzter Gruppenegoismen einräumte,[12] sowie Hans Magnus Enzensberger ausgesprochen, der in einer universalistischen Moral allseitiger Anerkennung sogar eine der Hauptquellen menschlichen Unglücks in der Gegenwart sieht. Dabei läßt Enzensberger keinen Zweifel daran, daß die Anlage zu einer universalistischen Moral zwar universell vorkommt, es aber nachteilig sei, derlei entgrenzte Ansprüche zur Basis altruistischen Handelns zu machen: „Moralische Forderungen, die in keinem Verhältnis zu den Handlungsmöglichkeiten stehen, führen am Ende dazu, daß die Geforderten gänzlich streiken und jede Verantwortung leugnen. Darin liegt der Keim der Barbarisierung, die sich bis zur wütenden Aggression steigern kann."[13]

In einer nicht mehr metaphysischen Betrachtungsweise müßte es sich, bei entsprechenden moralischen Ansprüchen bzw. der Fähigkeit, sie zu erheben, zu verstehen und ihnen gemäß zu handeln, um (natur- oder sozial-) wissenschaftlich universell ausweisbare Dispositionen handeln. Richard Rorty, der den Pragmatismus zeitgemäß artikulieren will, hat in diesem Zusammenhang die Meinung vertreten, daß moralischer Fortschritt in der ständigen Ausbreitung von Solidaritätsgefühlen mit andersartigen Menschen bestehe, daß diese Verbreiterung des Solidaritätsgefühls aber nicht des Appells an ein menschliches „Kernselbst" bedürfe. Vielmehr gehe es um die Einsicht, „daß traditionelle Unterschiede (zwischen Stämmen, Religionen, Rassen, Gebräuchen ...) vernachlässigbar sind im Vergleich zu den Ähnlichkeiten im Hinblick auf Schmerz und Demütigung – es ist die Fähigkeit, auch Menschen, die himmelweit verschieden von uns sind, doch zu 'uns' zu zählen."[14]

Sowohl das legitimierte Eintreten für Rechte als auch die scheinbar minder anspruchsvolle affektive Sensibilisierung für die Lage anderer Wesen scheint ohne den Verweis auf irgendeine zugrundeliegende Gemeinsamkeit zwischen denen, die sich engagieren, und jenen, für die man sich engagiert, nicht auszukommen. Gegen eine derartige, zuletzt von Richard Rorty, in neuerer Zeit zuerst von Arthur Schopenhauer vorgetragene Theorie der Moral als einer

Theorie den Eigennutz übersteigender moralischer Gefühle wie Mitleid oder Wohlwollen[15] ist immer wieder vorgetragen worden, daß sie dasjenige, worum es bei einer strikt verstandenen, d. h. nicht auf Eigeninteressen, sondern auf der Pflicht zur Achtung eines jeden Menschen beruhenden Moral ankomme, gar nicht erfassen könne. Einerseits seien Mitleid und Wohlwollen als kontingente Gefühle zu schwach, um unwahrscheinliche Handlungen oder Unterlassungen gegenüber beliebigen anderen zu motivieren, andererseits verfehlten sie schon im Ansatz das, worum es wirklich geht: Ein aus Eigennutz gespeistes Handeln sei aus begrifflichen Gründen gar nicht als moralisch zu bezeichnen. So weit geht die aktuelle Kritik an der Mitleidsethik nicht mehr. „Obgleich", so Jürgen Habermas, „unsere Fähigkeit, uns in leidensfähige Kreaturen einzufühlen, zweifellos weiter reicht als positive Gefühle gegenüber nützlichen, angenehmen und vertrauenswürdigen Personen, ist Mitleid keine ausreichende Basis, um den gleichen Respekt gegenüber anderen auch und gerade in ihrer nicht einfühlbaren Andersheit zu begründen."[16]

Daß Respekt[17] – also eine Haltung und eventuell eine Handlungsdisposition – begründet werden soll, verweist darauf, daß es sich dabei um keine Einstellung handelt, die naturwüchsig entsteht, bzw. darauf, daß diese Einstellung nicht von sich aus zur Generalisierung neigt. Aus diesem Befund folgt zweierlei: erstens, daß es bei der oder für die Begründung respektvoller Einstellungen überflüssig ist, sich überhaupt auf die ihnen verwandten moralischen Gefühle zu beziehen; zweitens, daß dieser Bezug zur Erhellung dessen, worum es bei moralischen Haltungen geht, zwar sinnvoll ist, aber für eine Begründung nicht zureicht, also weiterer Gründe bedarf. Mit diesen Hinweisen ist das Feld abgesteckt, um das es bei der Frage einer anthropologischen Basis einer universalistischen Moral geht: Zum einen ist zu klären, was eine *moralische* Haltung überhaupt ist: Stellt sie eine Verhaltensdisposition auf der Basis beliebiger Neigungen dar, die sich als altruistisch und sozial nützlich erweisen, oder um eine auf Überzeugungen beruhende Handlungskompetenz, der es unabhängig von Erfolg oder Mißerfolg darum geht, bestimmte Prinzipien aufrechtzuerhalten? Worin besteht überhaupt das erklärungsbedürftige Problem: in der Angabe von Motiven für prosoziales Verhalten oder im Ausweis von Gründen für pflichtgemäßes, an den Rechten anderer orientierten Handelns? Zum zweiten sind die Inhalte moralischer Überzeugungen zu thematisieren: Worauf verweisen Akteure bei der Frage, warum sie gegebenenfalls ihre Eigeninteressen zurückstellen und für andere eintreten? Zum dritten ist unabhängig vom Inhalt der geäußerten Überzeugungen die Funktion moralischer Überzeugungen und der ihnen entsprechenden Handlungen/Unterlassungen für menschliche Individuen, Gemeinschaften und Gesellschaften in ihren jeweiligen Lebensvollzügen zu klären. Und schließlich ist die Frage nach den Ursachen individueller Dispositionen und jenen Randbedingungen, die zur Aktualisierung der entsprechenden Dispositionen führen, zu beantworten.

Im folgenden beschränke ich mich auf die Funktion moralischer Überzeugungen und bemühe dazu zwei einander entgegengesetzte Theorieprogramme natur- bzw. sozialwissenschaftlicher Herkunft: das Programm einer Evolutionsbiologie prosozialen Verhaltens[18] sowie das Programm einer verstehenden Entwicklungspsychologie der moralischen Urteilsbildung. Dabei soll die von Richard Dawkins inspirierte Soziobiologie altruistischen Verhaltens die Frage nach der Funktion der Moral beantworten, während das von Jean Piaget initiierte und von Lawrence Kohlberg entfaltete Paradigma des genetischen Strukturalismus Antworten auf die Frage nach den Ursachen moralischer Einsicht verheißt. Wenn es gelingt, die Beobachterperspektive der Soziobiologie mit den verstehenden Teilnehmerperspektiven des genetischen Strukturalismus so zu verschränken, daß deutlich wird, warum die Gattung zu ihrer Reproduktion auf eine gruppenbezogene Moral angewiesen ist und die Individuen dieser Gattung gleichwohl gänzlich uneigennützige Handlungen an den Tag legen können, wäre die Frage nach einer anthropologischen Basis der Moral vorläufig beantwortet. Es würde sich zeigen, daß die nach unserem bisherigen Wissen nur der Gattung Mensch teilhaftige Disposition, prosoziales Verhalten entgrenzen und reflexiv begründen zu können, in keinem Widerspruch zu dem evolutionär bisher erfolgreichen Eigennutz steht. In einem stimmen nämlich evolutionsbiologische Altruismusforschung und kognitiv-empirische Moraltheorie überein: Sowohl Nepotismus als auch ausweisbares moralisches Handeln, das den unmittelbaren Eigennutz übersteigt, sind Verhaltensweisen, die sich weder auf bestimmte historische Epochen noch gar auf bestimmte Kulturkreise beschränken lassen, sondern in allen bisher bekannten menschlichen Gesellschaften vorkommen. Ob mit dem Hinweis auf eine anthropologische Basis das Kantische Problem, daß nur solches Handeln als moralisch zu bezeichnen sei, das sich keinerlei empirisch nachweisbaren Motiven, sondern nur einem reinen guten

Willen verdanke, erledigt ist, ob also der Hinweis auf universelle Dispositionen auch nur das mindeste dazu beitragen kann, solches Handeln zu begründen, soll einer abschließenden Überlegung vorbehalten bleiben.

Eine naturwissenschaftliche Erklärung menschlichen Verhaltens, die sich nicht nur für die jeweiligen situativen Auslöser von Verhaltensweisen, sondern für ihre naturgeschichtliche Entstehung interessiert, ist seit über einhundert Jahren auf ein darwinistisches Theorieprogramm verwiesen. Wie für beliebige körperliche Merkmale gilt auch für Verhaltensdispositionen, daß sie im Lauf der Evolution durch die Mechanismen von Mutation, Selektion und Adaptation entstanden sind. Wie für körperliche Merkmale gilt auch für Verhaltensdispositionen, daß sie in dem Ausmaß erhalten bleiben, wie sie im Rahmen einer größeren oder kleineren ökologischen Nische die Gesamtfitneß einer biologischen Trägergröße erhöhen. Für die Frage nach der anthropologischen Basis einer universalistischen Moral kann es dann nur um die Funktion prosozialer oder altruistischer Verhaltensweisen gehen. Warum haben Lebewesen, denen es nach Maßgabe des darwinistischen Theorieprogramms vor allem darauf ankommen müßte, ihren eigenen Nutzen zu steigern, Verhaltensdispositionen ausgebildet, die prima facie anderen nützen? Um dieses Problem zu lösen, sind zuvor zwei andere Fragen zu klären. Erstens: Welches ist überhaupt die „biologische Trägergröße", der das Entstehen prosozialer oder altruistischer Verhaltensdispositionen nützt? Zweitens: Wer sind die jeweiligen „Anderen", denen gegebenenfalls altruistische Verhaltensweisen zugute kommen? Als „Trägergröße" kommen mindestens drei Entitäten in Frage. Je nachdem, welche dieser Entitäten gewählt wird, wird man zu einer anderen Einschätzung der Generalisierung und Entgrenzung prosozialer Verhaltensweisen sowie zu einer anderen Bewertung des Altruismus in normativer Hinsicht gelangen. In Frage kommen grundsätzlich: a) der einzelne tierische oder menschliche Organismus, b) eine tierische oder menschliche Sozietät, c) eine spezifische Kombination von Chromosomensätzen, d. h. ein Gen. Als Kandidaten für die „Anderen" sind zu nennen: a) unmittelbar genetisch verwandte Organismen, b) genetisch nicht unmittelbar verwandte, aber der gleichen Art zugehörige Organismen sowie c) Organismen, die innerhalb der gleichen Art erhebliche phänotypische Differenzen aufweisen bzw. sogar einer anderen biologischen Art angehören können.

Grundsätzlich kommt bei der Erwägung der „biologischen Trägergröße“ der je einzelne tierische oder menschliche Organismus deshalb nicht in Frage, weil altruistische Verhaltensweisen ganz offensichtlich bis zur Aufopferung, d.h. zum biologischen Tod des sich altruistisch verhaltenden Organismus gehen können und damit die zugrundeliegende Annahme eines nützlichen Verhaltens sofort widerlegen würden. Wäre die „biologische Trägergröße“ der einzelne Organismus, so wären Fälle der Übertragung von Nutzen auf andere Organismen nicht zu verstehen. Unabhängig davon, ob extreme Verhaltensweisen der Selbstgefährdung und des Selbstopfers häufig vorkommen oder nicht, hat die Theoriebildung aber gerade von diesen extremem Fällen auszugehen: Eine naturwissenschaftliche Erklärung prosozialen Verhaltens, die diese Fälle nicht subsumieren kann, wäre von zu geringer Reichweite. Somit verbleiben Sozietäten oder Gene als Trägergrößen.

Auf der Basis beider Bezugsgrößen sind eigene Theorieprogramme entstanden: Die in der Tradition von Konrad Lorenz und Nicolaus Tinbergen entstandene Verhaltensforschung oder Verhaltensbiologie geht vom funktionalen Nutzen altruistischer Verhaltensweisen für das Überleben von genetisch weitgehend homogenen Sozietäten, von Gruppen aus, während die vor allem mit den Namen von Edward O. Wilson und Richard Dawkins verbundene Soziobiologie die altruistischen Verhaltensweisen von Organismen ganz und gar im Dienst der Replikationswahrscheinlichkeit einzelner Gene sieht. Im Rahmen des verhaltensbiologischen Programms sind die „Anderen“ andere Angehörige der jeweiligen Sozietät sowie Angehörige anderer, genetisch mehr oder minder artgleicher Sozietäten, während die „Anderen“ im Rahmen der Soziobiologie jeweils die sind, die bei der Konkurrenz um knappe Ressourcen weniger gemeinsame genetische Merkmale haben als die jeweils biologisch am nächsten verwandten Exemplare. Während also die Verhaltensbiologie auf eine „Binnenmoral“ der jeweiligen Sozietät zielt, läuft die Soziobiologie auf eine „Moral“ des graduell abnehmenden Nepotismus heraus. Die Kehrseite altruistischer oder prosozialer Verhaltensweisen sind eigensüchtige oder aggressive Verhaltensweisen: das verhaltensbiologische Programm setzt aggressive und destruktive Verhaltensdispositionen – mindestens im Tierreich – vor allem jenseits der innersozietären Grenzen an, während die Soziobiologie aggressive und destruktive Verhaltensweisen immer dort prognostizieren wird, wo Entscheidungen zwischen mehr oder minder genetisch verwandten Exemplaren bei der Versorgung mit knappen Ressourcen anstehen. Tatsächlich sind es die Ergebnisse der Erforschung destruktiver Verhaltensweisen vor allem – aber nicht nur – bei Primaten gewesen, die die systematische Überlegenheit der Soziobiologie über die Tierverhaltensforschung erwiesen haben. Die insbesondere von Konrad Lorenz und seiner Schule[19] immer wieder propagierte Annahme hat sich empirisch als falsch erwiesen, daß innersozietäre Tötungshandlungen vor allem eine Eigenschaft der durch ihr Großhirn und ihre Instinktentgrenzung gekennzeichneten Gattung „Mensch" sei, während bei fast allen anderen Tierarten – von Wölfen bis zu Primaten – eine innersozietäre, instinktive Tötungshemmung herrsche. Tatsächlich lassen sich – keineswegs nur bei Primaten – folgende, wenngleich selten und nur schwer beobachtbare Verhaltensweisen belegen: das Töten von Rivalen in Konfliktsituationen, das selektive Töten von artgleichem Nachwuchs, das Töten von selbstgezeugtem Nachwuchs sowie das Töten von nicht selbst gezeugtem Nachwuchs.[20] Sogar bei den von Lorenz hochgeschätzten Wölfen laufen z. B. untergeordnete Weibchen Gefahr, daß ihre Jungen von einem Leittierweibchen getötet werden. Andererseits haben umfangreiche kriminologische Reihenuntersuchungen vor allem von Tötungshandlungen, aber auch von Kindesmißbrauch und Kindesmißhandlung innerhalb von menschlichen Familien gezeigt, daß in den meisten Fällen Täter und Opfer genetisch nicht miteinander verwandt waren. Gewalt zwischen Eltern und Kindern – sowohl sexuell als auch nicht sexuell – ereignet sich im ungünstigsten Fall gleichermaßen häufig in Stieffamilien wie in miteinander verwandten Familien, obwohl Stieffamilien insgesamt sehr viel seltener vorkommen als miteinander blutsverwandte Familien.[21]

Wenn als Motiv sowohl aggressiven als auch prosozialen Verhaltens das Selbstbehauptungsinteresse des einzelnen Organismus bzw. einer biologisch ohnehin nicht klar abgrenzbaren Einheit wie der „Gruppe" entfallen, bleibt als Referenzgröße nur noch das einzelne Gen übrig, woraus eine Tautologie zu resultieren scheint: „Auf der Ebene des Gens muß Altruismus schlecht und Egoismus gut sein [...]. Gene kämpfen mit ihren Allelen unmittelbar ums Dasein, da ihre Allele im Genpool Rivalen für ihren Genort auf den Chromosomen zukünftiger Generationen sind. Jedes Gen, welches sich so verhält, daß es seine eigenen Überlebenschancen im Genpool auf Kosten seiner Allele vergrößert, wird definitionsgemäß dazu neigen, zu überleben – das ist eine Tautologie. Das Gen ist die Grundeinheit des Eigennutzes."[22]

Die kontraintuitive Konsequenz dieser Betrachtungsweise besteht in der Konzeptualisierung des einzelnen tierischen oder menschlichen Organismus als Träger- und Replikatormaschine von Gensätzen. Alle Verhaltensweisen, die animalische Organismen an den Tag legen, sind mithin nur unter der einen Frage zu beurteilen: in welcher Hinsicht und in welchem Ausmaß das an den Tag gelegte Verhalten eines animalischen Organismus der Streuung bzw. der Replikation der eigenen Gene nützt? Jene Dispositionen jedenfalls, die bisher als Ausdruck von Selbstbehauptungs- und Überlebensimperativen des einzelnen Organismus galten, werden jetzt als evolutionär erfolgreiche Strategie von Chromosomensätzen angesehen, sich unter riskanten Bedingungen zu erhalten, zu stabilisieren und zu multiplizieren. Die Frage nach der Moral, nach prosozialem oder altruistischem, nach aggressivem oder egoistischem Verhalten verwandelt sich so in die Frage nach den strategischen Programmen für erfolgreiche Überlebensmaschinen. Die darwinistische, d. h. auf Annahmen über Mutation, Variation und Selektion beruhende Theorie der Evolution kann dann zu gar keinem anderen Schluß kommen, als daß genau die Strategien, die heute bei einzelnen Individuen beobachtbar sind, bisher gegenüber anderen Strategien erfolgreich gewesen sind.

Zum weiteren Verständnis prosozialer Verhaltensweisen ist jedoch noch eine weitere Annahme einzuführen. Da sich – jedenfalls im animalischen Bereich – die Genreplikation der sexuellen Fortpflanzung bedient und mithin immer nur variierte Gene weiterexistieren, impliziert die darwinistische Perspektive, daß jene Gensätze evolutionär erfolgreich sind, denen es gelingt, sich möglichst genau zu replizieren. Evolutionär erfolgreich sind also jene Gene, die ihresgleichen mit geringen Variationen replizieren und Programme für ihre Überlebensmaschinen erstellen können und zudem bei diesen Maschinen Kennungen und Unterscheidungen für Verwandte und Fremde mit prosozialen Verhaltensdispositionen so koppeln, daß von allen möglichen Organismen genau jene in ihrem Überleben gefördert werden, die dasselbe oder ein möglichst ähnliches genetisches Programm aufweisen. Damit impliziert die Soziobiologie für evolutionär erfolgreiche Exemplare eine optimale Ausbildung der Fähigkeit, Verwandtschaftsgrade richtig einzuschätzen.[23] Die Fähigkeit zur richtigen Einschätzung von Verwandtschaftsgraden in Verbindung mit der richtigen Einschätzung der Überlebenswahrscheinlichkeit des je verwandten Individuums bzw. der angemessenen Einschätzung eines nicht verwandten Individuums als Replikationspartners oder überlebensdienlicher Maschine wird durch die Weiterexistenz von Genen in weiteren Überlebensmaschinen prämiert. Als Konsequenz bleibt nur der Schluß übrig, daß bestimmte Arten prosozialen Verhaltens in diesem Sinne evolutionär funktional waren und die jeweiligen Kosten-Nutzen-Entscheidungen (im Durchschnitt und bezogen auf das jeweilige Biotop) optimale Ergebnisse erbracht haben und auch erbringen – anderweitig die jeweiligen Trägermaschinen nicht mehr existierten. Dieses gut geprüfte und weitgehend konsistente Modell altruistischen Verhaltens im Paarungs-, Fortpflanzungs-, Brutpflege- und Aufzuchtbereich der meisten Tiergattungen einschließlich der höheren Primaten wird daraufhin zu befragen sein, ob es sich gleichermaßen schlüssig auf menschliche Verhaltensweisen anwenden läßt.[24] Wird dabei nicht moralanaloges Verhalten mit moralischem Handeln gleichgesetzt und damit ein kategorialer Fehlschluß begangen? Führt die soziobiologische Betrachtungsweise nicht tautologisch zum Ausschluß der Möglichkeit moralischen Handelns und definiert damit das, worum es eigentlich gehen sollte, von Anfang an nicht empirisch, sondern einfach begrifflich hinweg? Das ist nicht der Fall. Die Soziobiologie kann genau bestimmen, worin moralisches Handeln in einem gehaltvollen Sinn bestünde: Vollkommen altruistisch verhielte sich ein animalischer Organismus dann, wenn alle seine Verhaltensweisen weder dem eigenen Überleben noch der Replikation der eigenen Gene, sondern ausschließlich dem Überleben anderer, eventuell sogar feindlicher Organismen und der Unterstützung der Replikation anderer Gene gälten. Ist also moralisches Handeln mit vollkommenem Altruismus gleichzusetzen? Womöglich besteht die Möglichkeit eines Brückenschlags zwischen soziobiologischen und moraltheoretischen Erwägungen genau darin, „Moral“ – auch die universalistische Moral – anders denn nur als vollkommenen Altruismus zu konzeptualisieren?

Der Evolutionsbiologie prosozialen Verhaltens, das sich im Bereich der Tiere als „moralanalog“ bezeichnen läßt, geht es um eine phylogenetische Erklärung entsprechender Verhaltensdispositionen. Die Erklärung individueller moralischer Fähigkeiten von Menschen hat demgegenüber ihre größten Erfolge in einer ontogenetischen Theorie des Verstehens, Begründens und Anwendens einer Semantik von Begriffen wie „gut“ und „gerecht“. Aus dem Umstand, daß sich eine entsprechende Semantik in allen menschlichen Gesellschaften finden läßt und daß auch die Muster der Abfolge entsprechender sprachlicher Verwendungsstrategien in sehr vielen menschlichen Gesellschaften nachweisbar sind, hat die von Lawrence Kohlberg und seiner Schule begründete Theorie der „Entwicklung des moralischen Urteils" den Schluß gezogen, daß es sich hierbei um eine universelle Kompetenz von in menschlichen Gesellschaften sozialisierten Akteuren handelt. Im Unterschied zur Evolutionsbiologie verfährt die im Paradigma des genetischen Strukturalismus angesiedelte Theorie jedoch nicht phylo-, sondern ontogenetisch, nicht beobachtend, sondern verstehend, nicht reduktionistisch, sondern phänomenologisch, nicht funktionalistisch, sondern intentionalistisch. Ihr Gegenstand ist nicht die Gattung Mensch, sondern das einzelne sozialisierte menschliche Individuum, nicht beobachtetes Verhalten, sondern geäußerter sprachlicher Sinn. An die Stelle beliebiger „Dispositionen" tritt die Frage nach „Kompetenzen", also sprachlich rekonstruierbarer Regelsysteme. Darüber hinaus basiert dieses Theorieprogramm auf einem sozialkonstruktivistischen Grundgedanken: Kompetenzen werden als Ergebnis nicht einer phylogenetischen Evolution oder einer ontogenetischen Reifung angesehen, sondern als Ergebnis der aktiven Auseinandersetzung sprachlich sozialisierter Menschen mit ihrer sozialen und dinglichen Umwelt.

Unter diesen Vorannahmen postuliert die Schule des genetischen Strukturalismus eine universelle Entwicklungslogik des moralischen Urteils, das sich in drei mögliche Formen zerlegen läßt, die ihren Ausgangspunkt von den moralischen Üblichkeiten einer Gesellschaft nehmen, genauer: von den in ihr für üblich gehaltenen Regeln zur Beurteilung moralischen Handelns. Moralische Urteile sind jene sprachlichen Äußerungen, mit denen Akteure begründen, warum sie bestimmte Handlungen oder Unterlassungen für „gut" oder „gerecht" halten. Dementsprechend kann man die Prädikate „Gut" oder „Gerecht" entweder – präkonventionell – als Ausdruck individueller Leidensvermeidung bzw. Nutzenmehrung verstehen, sie – konventionell – als jene Wertungen ansehen, die jeweils im sozialen Nahbereich oder in einer größeren Gemeinschaft unbefragt gelten, oder sie – postkonventionell – als Ergebnis einer reflexiven Klärung der möglichen Ansprüche aller Mitglieder einer Gesellschaft fassen, denen bewußt ist, daß die Frage nach der Distribution von Gütern oder Übeln einer Regelsetzung folgen muß und sich nicht naturwüchsig ergibt. (Auf eine detaillierte Erörterung der Differenzierungen in den Stufen, die für die empirische Erforschung des moralischen Bewußtseins von besonderer Bedeutung ist, sei hier verzichtet.) Kohlbergs Theorie der Entwicklung moralischer Urteilsfähigkeit erweist sich somit als eine Entwicklungspsychologie der individuellen Begründung moralischer Wertungen, weniger als eine Theorie dieser Wertungen selbst. Von Interesse sind daher nicht so sehr die Inhalte von Werturteilen als ihre Form. Als individuelle Kompetenz, die sich von einer „Disposition" dadurch unterscheidet, daß sie als kognitives Konstrukt in ihren Strukturen beschrieben werden kann, folgt sie einer Entwicklungslogik. Das heißt, daß die einzelnen Stufen klar voneinander unterscheidbar sind und einander in einer unumkehrbaren Reihe folgen, und zwar so, daß die jeweils höheren Stufen die als vorausgegangen postulierten Stufen implizieren, nicht aber, daß eine „niedrigere" Stufe bereits eine zureichende Bedingung für das Erreichen der jeweils „höheren" Stufe darstellt. „Niedrigere" Stufen sind hierfür notwendige Bedingungen; wie und unter welchen Umständen „höhere" Stufen erreicht werden, also die Frage nach den zureichenden Bedingungen, ist das Thema einer Entwicklungs*dynamik*. Für das Programm einer universalistischen Theorie moralischer Urteilsbildung bedeutet das, daß sich entsprechende irreversible Abfolgen in allen menschlichen Gesellschaften finden. „Wir behaupten, daß es eine universell gültige Form des rationalen moralischen Denkprozesses gibt, der alle Personen unter der Voraussetzung, daß die sozialen und kulturellen Bedingungen eine kognitiv-moralische Stufenentwicklung zulassen, Ausdruck verleihen können. Wir behaupten weiterhin, daß die Ontogenese in Richtung auf diese Form des rationalen moralischen Denkens in allen Kulturen in derselben schrittweisen, invarianten Stufenabfolge verläuft."[25]

Diese Bedingungen sind im Paradigma des genetischen Strukturalismus inzwischen aufgeklärt. Demnach stellt die Kompetenz zum moralischen Urteilen eine mit einer eigenständigen Semantik von Zurechnung, Verantwortung und Regelgeltung codierte Ausdrucksform der Fähigkeit zu empathischer Perspektivenübernahme dar.[26] Dabei scheinen nicht nur unterstützende, verhandelnde und Ambivalenzen zulassende Erziehungsstile gegenüber Kleinkindern in Familien eine hervorragende Rolle zu spielen,[27] sondern auch – wie schon Piaget 1932 vermutet hat[28] – die Gelegenheit, sich in peer groups auch mit der und über die dingliche Umwelt auseinanderzusetzen.[29] Es sei nicht verschwiegen, daß empirische Untersuchungen im interkulturellen Kontext sowohl bezüglich der Inhalte moralischer Urteile als auch der Stufenabfolge als Ganzer die Universalitätsthese belasten.[30] Außerdem ist festzuhalten, daß sich die von Kohlberg postulierte Stufenfolge in ontogenetischer Hinsicht empirisch nicht hat nachweisen lassen. Zumal die Annahme eines vormoralischen Normenverständnisses von Kindern – das Konstrukt einer präkonventionellen Moral – ist empirisch widerlegt worden.[31] Das von Piaget inspirierte und von Kohlberg entfaltete Paradigma des genetischen Strukturalismus kann nach diesen Einwänden zwar immer noch mit einem konsistenten Theorieprogramm, aber eben nicht mehr völlig überzeugenden empirischen Evidenzen für das universelle Vorliegen der Kompetenz zum Verstehen und Verwenden einer moralischen Semantik aufwarten – und nicht mehr mit einer allgemein gültigen Theorie des Entstehens moralischer Urteilskompetenz.

Bei alledem ist weder die Frage nach der motivationalen Kraft dieser Kompetenz beantwortet noch die Frage, ob ein auf empathischer Perspektivenübernahme beruhendes Moralverständnis sich strukturell nur auf Gerechtigkeitsfragen oder nicht doch auch auf Aspekte der Fürsorge[32] bezieht. Auf jeden Fall ist mit der Theorie der Entwicklung moralischer Urteilsbildung zweierlei gewonnen: erstens der Nachweis, daß nicht nur begrenzt-altruistisches Verhalten innerhalb menschlicher Sozietäten, sondern auch ein moralisches Verständnis dieses Verhaltens bei allen Menschen gegeben ist. Damit kann tatsächlich von einer anthropologischen Basis prosozialen Verhaltens als moralischen Handelns gesprochen werden. Zweitens beinhaltet dies Programm die keineswegs triviale Vermutung, daß überhaupt ein Zusammenhang zwischen moralischem Wissen, moralischer Motivation und prosozialem Handeln besteht. Zu klären wäre, ob moralisches Wissen, hier als Kenntnis einer moralischen Semantik verstanden, nicht wenigstens eine notwendige Bedingung prosozialen Handelns unter Menschen darstellt. Ließe sich dieser Nachweis führen, so wäre ein Teil der Kluft zwischen evolutionsbiologischer sowie sozialkognitivistischer Theoriebildung geschlossen. Dabei fällt der paradoxe Befund auf, daß die nachweisbaren Zusammenhänge von gemessenem konventionellem Urteil und moralischem Handeln sehr viel geringer sind als der Zusammenhang zwischen dem insgesamt sehr viel seltener auftretenden postkonventionellem Wissen und einschlägig motiviertem Handeln. Wenn überhaupt – so scheint die Forschung nahezulegen – wirkt moralisches Wissen vor allem dann handlungsmotivierend, wenn es postkonventionell strukturiert ist.[33]

Eine Bewertung der von der Soziobiologie unterstellten Verhaltensmotive im Licht der Theorie moralischer Urteilsbildung bzw. der von dieser Theorie unterstellten möglichen Handlungsmaximen führt zu einem asymmetrischen Ergebnis. Die von der Soziobiologie unterstellten Verhaltensmotive lassen sich in der Sprache von Gründen und Argumenten bestenfalls als auf Nutzenmehrung zielende präkonventionell begründete Strategien bewerten. Nachdem aufgrund theoretischer Überlegungen und empirischer Befunde im Bereich innerartlicher Aggression Soziobiologen die von der Lorenzschen Verhaltensforschung postulierte Theorie der Gruppenselektion widerlegen konnten, verbleibt nicht einmal mehr die Möglichkeit, Verhalten als gruppenfunktional und damit als schwach konventionell einzustufen. Biologisch – so scheint es – sind auch die Menschen auf eine präkonventionelle Moral des Nepotismus programmiert, wobei zunächst die von Kohlberg genannten Differenzierungen innerhalb der von ihm postulierten präkonventionellen Stufe – erst überlebensdienliche Übelvermeidung und anschließend reziprok nützliche Nutzenmehrung – in Anschlag zu bringen sind. Die empirische Widerlegung einer präkonventionellen Stufe bei Kindern belastet freilich die Möglichkeit einer Verbindung soziobiologischer und sozialkognitivistischer Theoreme. Ist dies umgekehrt mit einer soziobiologische Bewertung anderer als der zu Unrecht unterstellten präkonventionellen Verhaltensmotive möglich?

Im Fall stark familial gebundener Kulturen im Rahmen segmentär strukturierter Gesellschaften – d. h. im Rahmen partikularer Gemeinschaften, in denen die Wahrscheinlichkeit einer genetischen Verwandtschaft von Familien-, Sippen- und Stammesmitgliedern noch vergleichsweise hoch ist – lassen sich auch noch stark gemeinschaftsbezogene Moralen der frühkonventionellen Stufe als biologisch funktional ausweisen. Damit scheint umgekehrt zu gelten, daß stärker konventionelle oder gar postkonventionelle Moralen im Rahmen der Soziobiologie weder erklärbar noch prognostizierbar sind.[34] Damit liegt die Beweis- und Erklärungslast für die Ausbildung gehobener konventioneller oder gar postkonventioneller Moralvorstellungen auf einer Theorie der sozialen Evolution, die in ihren Grundannahmen nicht wesentlich von den neodarwinistischen Prinzipien der Soziobiologie abweichen dürfte.

Die Soziobiologie wartet hier mit zwei Erklärungsmodellen auf: einer spieltheoretischen Vermutung über den objektiven und allgemeinen Nutzen altruistischer Haltungen und altruistischen Verhaltens sowie einer Verbreiterung der Theorie genetischer Verhaltenssteuerung zu einer Theorie der Weitergabe und Stabilisierung von Information jedweder Art. Die vor allem von Richard D. Alexander entfaltete spieltheoretische Lesart geht von der auch anderweitig nachgewiesenen Funktion von Lügen, Täuschung und Selbstbetrug im Prozeß der Evolution aus.[35] Altruistisches Verhalten sowie die den individuellen Altruismus stabilisierenden und motivierenden Normensysteme lassen sich dann dadurch erklären, daß die Generalisierung altruistischer Verhaltensbereitschaften institutionell der Stabilisierung indirekter Reziprozität gleichkommt. In immer unübersichtlicher werdenden und bezüglich der Verwandtschaftskennung ungünstigen, stratifizierten oder funktional differenzierten Gesellschaften mit hoher Mobilität stellt die Täuschung beliebiger anderer über den Grad des eigenen Altruismus eine nützliche Strategie dar. Darüber hinaus wird durch generalisierten und normativ stabilisierten Altruismus das Risiko des Getäuschtwerdens über Verwandtschaftsnähe vermindert. Schließlich: „Jeder wird sich bemühen, altruistischer zu erscheinen, als er es ist. [...] dieser Anschein – soweit glaubhaft – wird mit größerer Wahrscheinlichkeit zu direkten sozialen Belohnungen führen als alles andere. Auch wird er eher die anderen zu altruistischem Verhalten bewegen. Wenn diejenigen, mit denen man Umgang hat, altruistisch sind, kann man es sich leisten, auch selbst altruistischer zu sein, als wenn dies nicht der Fall ist. Jedem müßte also daran gelegen sein, altruistischer als jeder andere zu erscheinen; denn bei einem höheren Grad von Altruismus können sich alle wohler fühlen, als es sonst der Fall wäre."[36]

Es ist leicht einsehbar, daß dieser generalisierte Altruismus in dem Ausmaß an Wirksamkeit und Funktionalität gewinnt, in dem seine präskriptive Kraft von individuellen Nutzenentscheidungen unabhängig wird und er selbst zu einer die Evolution überlebenden Information wird. In diesem Sinn hat Richard Dawkins den über Chromosomensätzen der DNS und meist geschlechtliche Replikation überlebenden „Genen" das Konstrukt von nicht mehr auf Eiweißbasis, sondern auf symbolischer Kommunikation beruhenden „*Memen*" gegenübergestellt, die sich wie die „Gene" an ihrer Langlebigkeit, Fruchtbarkeit und Wiedergabetreue messen lassen müssen. In der Ursuppe der menschlichen Kultur – so Dawkins – entstehen identifizierbare und replizierbare Symbole, die sich wie Gene verhalten: „Beispiele eines Mems sind Melodien, Gedanken, Schlagworte, Kleidermode, die Art, Töpfe zu machen oder Bögen zu bauen. So wie Gene sich im Genpool vermehren, indem sie sich mit Hilfe von Spermien oder Eiern von Körper zu Körper vermehren, so verbreiten sich Meme im Mempool, indem sie von Gehirn zu Gehirn überspringen mit Hilfe eines Prozesses, den man in einem allgemeinen Sinn als Imitation bezeichnen kann."[37] Das, was Dawkins pauschal als „Imitation" bezeichnet hat, wird sich im Falle der menschlichen Gattung sehr viel genauer über die Prozesse und Medien von Kommunikation, Interaktion und Sozialisation erläutern lassen. In ihnen werden Meme über sinnhafte Kommunikation intra- und intergenerationell weitergegeben. Läßt sich in diesem Rahmen das für die biologische Evolution nur schwer auflösbare Rätsel der Herausbildung einer entgrenzten, postkonventionellen Moral, die sich in ihren eigentlichen und das heißt deontologischen Spielarten von allen überlebensdienlichen Nutzenerwägungen gelöst hat, erklären? Damit geht es jetzt um die soziale Evolution, in der die Emergenz einer Moral, die die gleichmäßige Berücksichtigung der Interessen und Ansprüche aller möglichen Betroffenen postuliert, nicht mehr nur als Appell, sondern auch als bindende Verpflichtung im Rahmen überpersönlicher Regelsysteme institutionalisiert worden ist.

Aus der hier gewählten Perspektive läßt sich wenig über die interne Rationalität eines solchen Moralkonzepts aussagen – wohl aber lassen sich einige Bedingungen angeben, unter denen eine entsprechende Moral massenhaft und auf Dauer zur Begründung und Motivation von altruistischem Handeln und prosozialem Verhalten in Anspruch genommen wird. „Anthropologisch" wird eine entsprechende Theorie genannt, weil sie sich mit dem bisher nur bei Angehörigen der Gattung „Mensch" bekannten Umstand auseinandersetzt, daß prosoziale Verhaltensmaximen sprachlich artikuliert, kommuniziert sowie reflexiv und argumentativ in ihrer Geltung überprüft werden können. Unter der Bedingung, daß genetische Verwandtschaft in nicht mehr segmentär organisierten Gesellschaften immer weniger erkennbar ist, wird jenes Regelsystem überleben, das ein Maximum an Nepotismus für mindestens jene Verwandten und Nachkommen garantiert, die von den Akteuren noch identifizierbar sind. An diesem Punkt koinzidieren Soziobiologie und genetischer Strukturalismus: Die in der Theorie moralischer Urteilsbildung vorausgesetzte Theorie sozialen Verstehens nimmt einen Prozeß zunehmender Fähigkeit zu Empathie und Perspektivenübernahme im Verlauf der Sozialisation bis zu einer möglichen Stufe vollständiger Reziprozität an und kann entsprechende Entwicklungsniveaus unterscheiden.[38] Vollständige Reziprozität impliziert die Bereitschaft, andere Interessen soweit wie möglich zu berücksichtigen, sowie die Erwartung an andere, daß die eigenen Interessen soweit wie möglich berücksichtigt werden. Die Maxime, sich auch dann, wenn vollständige Reziprozität nicht gewährleistet ist, so zu verhalten, als sei diese garantiert, würde somit den sozialen Kern einer Moral universeller Achtung darstellen.[39] Die systematische Schwierigkeit der sozialwissenschaftlichen Erklärung einer universalistischen, postkonventionellen Moral besteht darin, daß sie den deontologischen Charakter einer solchen Moral zu verfehlen scheint. Schon die Berücksichtigung von irgendwelchen Interessen der moralischen Akteure selbst bringt systematisch vermeintlich unzulässige Nutzengesichtspunkte ins Spiel.

Erweist sich somit am Ende für eine sozialwissenschaftliche Rekonstruktion nicht doch eine Mitleidsethik als konsistenter, die – so etwa Richard Rortys Überlegungen – auf die allgemeine, von Argumenten nicht getragene Ansteckungskraft von Empathie oder Mitleid setzt und dabei immerhin auf die nachweislich universelle Gebärden- und Gestensprache von Leid und Freude[40] setzen kann? Eine auf derartige Impulse und die kulturell gelernte, kognitive auf der Stufe des operationalen Denkens angesiedelte Fähigkeit zur zunehmenden Inklusion von Wesen, die solche Leidgebärden an den Tag legen, bauende Moral scheint, so ein möglicher Einwand, die Fremden in ihrer Fremdheit nicht berücksichtigen zu können.[41] In der Tat verfehlt eine Mitleidsethik, die auf bedingungslosen Altruismus baut, jene Restriktionen, unter denen interessierte und reflexive Lebewesen wie eben Menschen ihr Leben führen. Eine Mitleidsethik jedoch, die die Anerkennung auch des je eigenen Leidens und der je eigenen Interessen postulierte, hätte den Standpunkt entfalteter Reziprozität bereits angenommen und dem Umstand Rechnung getragen, daß auch die je individuelle Leidgebärde als Auslöser für helfendes Verhalten dienen soll. Die von John Rawls in den siebziger Jahren konzipierte *Theorie der Gerechtigkeit*, die aus methodologischer Sicht vom aufgeklärten Selbstinteresse und mangelnder Information über Lebenslagen ausging, läßt sich in dieser Perspektive auch als jenes Regelsystem lesen, unter denen nicht mehr instinktgebundene Wesen, die der Empathie ebenso fähig sind wie des Nepotismus, ihr Verhalten maximieren.[42] Daß Menschen in der Lage sind, aufgrund anderweitiger Erwägungen und Interessen primitive Impulse zu altruistischem Handeln zu übergehen, und daß die soziale Evolution deshalb zur Ausprägung und Stabilisierung von einschlägig generalisierten Erwartungshaltungen geführt hat, zeigt, daß bei Menschen altruistisches Handeln oder egoistisches Unterlassen nicht mehr instinktiv programmiert sind. Die damit entstehende Möglichkeit und Notwendigkeit freier, artikulierter, von Gründen motivierter Entscheidungsprozesse von Individuen[43] provozieren die Kluft von Sein und Sollen und damit die Einsicht, daß aus noch so vielen Hinweisen auf die Funktion von altruistischen Verhaltensweisen kein zwingendes Argument wird, das entsprechendes Verhalten kausal in Gang setzt. Gleichwohl kann eine anthropologische Perspektive plausibel machen, warum es auch für den je einzelnen Akteur sinnvoll ist, sich im Grundsatz jedem anderen Menschen gegenüber – direkt oder indirekt – prosozial zu verhalten. Ob sich eine an universellen Ansprüchen orientierte Moral mit der gleichen Wahrscheinlichkeit auf Dauer stabilisieren läßt, wie das bisher bei den nicht miteinander verwandten Mitgliedern von Großgemeinschaften – z. B. Staaten – der Fall gewesen ist, läßt sich aus einer evolutionären Perspektive deshalb nicht beantworten, weil die entsprechenden Modelle derzeit unter alles andere als vollständig transparenten Bedingungen miteinander konkurrieren und der Ausgang dieser Konkurrenz ungewiß ist. Ob die faktischen Bedingungen, die Umwelt, unter denen heute der normative Kern der Menschenrechte steht, der Stabilisierung von Haltungen universeller Achtung und Anerkennung förderlich sind, wird vor allem davon abhängen, in welchem Ausmaß Großakteure wie Staaten bzw. unterschiedliche einzelne Menschen die Stabilisierung der entsprechenden Regeln mit ihrem eigenen Nutzen verbinden können.

Die ausführliche Erörterung der humanevolutionären Wahrscheinlichkeit einer universalistischen Moral diente dem Zweck, auf das Spannungsverhältnis zwischen funktionalistischen, sozial- und naturwissenschaftlichen Erklärungsversuchen von Moral auf der Basis von Gefühlen hier und dem immer wieder auftretenden, nicht reduzierbaren Anspruch einer universalistischen, an der gleichmäßigen Respektierung aller orientierten deontologischen Moral dort hinzuweisen.[44] Diese Erörterung dient damit der Vorbereitung des Konzepts einer Ethik der Tugenden, die moralische Normen – wie bei Aristoteles zuerst ausgeführt – auf ausgezeichneten charakterlichen Haltungen von Individuen gründet. Indem charakterliche Haltungen einem Zusammenspiel von (moralischen) Gefühlen und kognitiven Einsichten entspringen, verspricht eine Ethik der Tugenden zudem, das empirische Phänomen moralischer Gefühle[45] aufnehmen zu können. In bezug auf die Spannung zwischen evolutions- und soziobiologischen Erklärungen und sozialkonstruktivistischen Ansätzen kann eine (aristotelische) Theorie der Tugenden zugleich das (aristotelische) Programm einer „zweiten Natur“ entfalten. Während die erste, die animalische Natur des

Menschen Impulsen des indviduellen Überlebenswillens oder des Nepotismus gehorcht, wird die „zweite Natur“ in menschlichen Gemeinschaften gebildet, die sich an kollektiven Werten orientieren und den Derivaten undurchschauter Interessen ausgesetzt sind.

V. Die Leidenschaft der Pädagogik

Dem entspricht, daß die moderne Bildungsphilosophie spätestens unter dem Einfluß von Freud und Marx durch das ergänzt wurde, was heute als „Sozialisationsforschung" gilt. Gesellschaftstheoretiker wie Max Horkheimer und Theodor W. Adorno, Pädagogen wie Siegfried Bernfeld haben den Idealismus der bürgerlichen Bildungsphilosophie korrigiert, indem sie auf die unbewußten und strukturellen Zwänge hinwiesen, die jedem Erziehungsvorgang vorausliegen und ihm seine Grenzen weisen. Der Gedanke eines Wechselspiels zwischen gesellschaftlichen Strukturen und individuellen Bildungsschicksalen hat dann in Verbindung mit den Verfahren der empirischen Sozialforschung in Deutschland seit mehr als dreißig Jahren zur Überwindung der geisteswissenschaftlichen Pädagogik und zur Etablierung einer sozialwissenschaftlichen Disziplin geführt, der „Kritischen Erziehungswissenschaft". Sie zeichnet sich dadurch aus, daß sie die normativen Ziele der idealistischen Bildungsphilosophie übernimmt, aber nachzuweisen versucht, daß diesen Zielen die Realität sozialisatorischer Interaktionen entgegenkommt, daß – mit anderen Worten – Strukturhomologien zwischen Charakterprägungen und familialen Umgangsformen, zwischen familialen Umgangsformen und gesellschaftlichen Machtstrukturen herrschen. Was die „Kritische Erziehungswissenschaft" positiv deutet, war einer der „Kritischen Theorie" verpflichteten Pädagogik negativ gewiß: Die unheilvollen Strukturen einer verwalteten, vom Tauschprinzip durchherrschten Gesellschaft fanden ihren Niederschlag im Autoritarismus der einzelnen und in der Kälte der Individuen gegeneinander.[1] Aus beiden Diagnosen läßt sich für veränderte Individuen und für die Idee einer anderen Gesellschaft der Schluß ziehen, daß Charakter- und Gesellschaftsstrukturen einander ebenso entsprechen wie sie sich gegenseitig stützen. In einer Gesellschaft, in der die Menschen keinen autoritären oder repressiven Erziehungsschicksalen unterworfen sind, werden sie sich zu jenen toleranten, reflexiven und postkonventionell eingestellten Individuen bilden, auf die umgekehrt eine liberale Gesellschaft und die ihr entsprechenden demokratischen Institutionen angewiesen sind. Vor diesem Hintergrund erfüllen Pädagogik und Politik als Handlungswissenschaften komplementäre Funktionen: Versucht politisches Handeln durch den Einsatz von kommunikativer Macht, von Recht und Geld, die Bildungsinstitutionen in ihren Strukturen derart zu verändern, daß dort Spielräume entstehen, so versucht pädagogisches Handeln die Individuen so zu bilden, daß ihr Handeln andere als die schon bestehenden institutionellen Strukturen hervorbringt. Diese ebenso vertraute wie neu und „wissenschaftlich" wirkende Einsicht artikuliert wenig anderes als die Grundüberzeugung jeder abendländischen Bildungs- und Erziehungsphilosophie seit Platon und Aristoteles. Sie geriet im Zuge des Deutschen Idealismus seit Fichte in Vergessenheit und wird neuerdings von einer Variante postmoderner Philosophie bestritten. Die Annahme einer internen Entsprechung von Gesellschafts-, Herrschafts- und Charakterstruktur sei weiter nichts als Ausdruck eines nachhaltig wirkenden, unkritisch übernommenen metaphysischen Vorurteils. Wenn sich die Menschen – so der Einwand Richard Rortys – einmal an die Annehmlichkeiten der liberalen Demokratie gewöhnt haben, erübrige sich die Frage nach ihrem inneren Wesen, nach ihrem demokratischen Charakter.[2] Schließlich kann man einem politischen System aus den unterschiedlichsten Gründen, bei radikal differierenden Motiven zustimmen. Die Gedankenfigur, gegen die Rorty sich wendet, findet sich zuerst in Platons *Staat*, einem im vierten Jahrhundert vor der Zeitrechnung verfaßten Buch, in dem wie in einer Blaupause sämtliche Probleme und Denkmöglichkeiten der okzidentalen Erziehungswissenschaft bis zum heutigen Tage vorgezeichnet sind.

Platons *Staat* hat als philosophischer Traktat ein vorrangiges Ziel: im Durchspielen einer politischen und pädagogischen Utopie zu einer angemessenen Klärung des Begriffs der „Gerechtigkeit" zu kommen. Aus der klaren Einsicht, daß „Gerechtigkeit" eher einem Verhältnis zwischen den Menschen entspricht als individuellen Handlungsweisen, baut Platon Schritt um Schritt ein Staatswesen auf, das endlich vor der Aufgabe steht, sich nach außen zu schützen und nach innen regulierend einzugreifen. Diese Aufgabe überträgt der *Staat* einem „Wächterstand". Die Mitglieder dieses Wächterstandes müssen über bestimmte Eigenschaften verfügen: Eifer sowie die Liebe zur Philosophie und sind deshalb von Anfang an, auch in den musischen Fächern, streng zu erziehen. Für Platon war es selbstverständlich, daß die Erziehung von Kindern und Jugendlichen ohne das Erzählen von Geschichten nicht auskommt – in seinem Erziehungsprogramm ist gleichwohl auf die von ihm selbst so geliebten homerischen Mythen zu verzichten. An Platons Begründung, warum die Mythen der olympischen Götter nicht in die Erziehung der „Wächter" aufgenommen werden darf, läßt sich zeigen, wie Platons Metaphysik mit einer auch heute noch geläufigen Bildungskonzeption zusammenhängt. In der folgenden Passage berichtet der Platonische Sokrates, wie er und sein Gesprächspartner Adeimantos, sich über ein Erziehungsproblem unterhalten haben:

„Und nicht zulassen, sprach ich, o Adeimantos, in unserer Stadt, noch einem Jünglinge vorzureden, wenn er das äußerste Unrecht begehe, tue er nichts besonderes, auch nicht wenn er seinen Vater für begangenes Unrecht auf jede Weise strafe, sondern er tue immer nur, was auch die ersten und größten Götter. – Nein, beim Zeus, sprach er, auch mir selbst scheint es nicht angemessen, dies zu sagen. – Auch wohl überhaupt nicht, sagte ich, daß Götter Göttern nachstellen und mit ihnen Krieg führen und fechten, wie es ja auch nicht einmal wahr ist; wenn doch die, welche unsere Stadt zu verteidigen haben, es ja für das Schändlichste halten müssen, leicht untereinander in Feindschaft zu geraten. Und weit gefehlt, daß man ihnen von Riesenkriegen vorerzählen sollte und diese abbilden, noch von den vielen und mancherlei anderen Fehden der Götter und Heroen mit ihren Verwandten und Angehörigen. Sondern wenn wir sie irgend überzeugen wollen, daß nie ein Bürger dem andern feind zu sein pflegt und dies auch ruchlos wäre, so muß auch dergleichen schon von Anfang an zu den Kindern gesagt werden von den Altvätern und Mütterchen, und für die älter Gewordenen muß man auch die Dichter dazu nötigen, in demselben Sinn ihre Reden einzurichten. Aber daß Hera von ihrem Sohne gebunden und Hephaistos von seinem Vater heruntergeworfen worden ist, weil er der geschlagenen Mutter beistehen wollte, und alle Göttergefechte, welche Homeros gedichtet hat, diese sind nicht zuzulassen in unserer Stadt, mag nun ein verborgener Sinn darunter stecken oder auch keiner."[3]

Hier wird ein Thema abgehandelt, das den heutigen Klagen über Schmutz und Schund, über Horrorvideos und Pornofilme verblüffend ähnlich ist. Ganz wie in aktuellen Debatten wird mit dem Gedanken der Zensur bis hin zur Einschränkung dichterischer Freiheit gespielt; nicht anders als in behavioristischen Theorien der gesellschaftlichen Aggressivität legt Platon hier eine Theorie der Gewöhnung an unangemessene Verhaltensweisen vor. Über diese lernpsychologischen Annahmen hinaus erhebt Platon aber zwei prinzipielle Einwände gegen derartige Geschichten, die in der Warnung vor Grausamkeit und Brutalität nicht aufgehen. Hesiods und Homers Geschichten sind nämlich erstens unwahr und handeln zweitens nicht von Menschen, sondern von den Göttern. Schon ein erster Überblick zeigt, welche Themen in diesem Gespräch überwiegen: die Problematik fiktionaler Erzählungen, die Spannung von Wahrheit und Lüge in der Dichtung, die Funktion von Mythen in einer Gesellschaft, die Möglichkeit des Glaubens an die Götter und die Frage des Lehrens und Lernens in einer Gesellschaft.

Platon, der den Künsten eher mißtrauisch gegenüberstand, läßt keinen Zweifel daran, daß fiktionale Erzählungen und nicht Tatsachenberichte am Anfang jeder Bildung eines Kindes stehen müssen. Durch Erzählungen sollen Mütter und Kindermädchen die Seelen bilden – eine Tätigkeit, die Platon für höher erachtet als den leiblichen Kontakt zwischen Kindern und ihren Pflegepersonen. Platons Kritik gilt nicht der Fiktionalität dessen, was Mütter und Kindermädchen vorbringen, sondern dem Umstand, daß diese Erzählungen Unrichtiges überliefern. Was für Kinder gilt, gilt für Jugendliche und Erwachsene gleichermaßen. Auch die homerischen Mythen sind ja nichts anderes als narrative Gebilde. Die antiken Griechen verhielten sich zu ihren Mythen so – wie man heute zu wissen glaubt –, wie wir uns zur Literatur verhalten. Literatur aber zeichnet sich dadurch aus, daß ihre Aussagen im Sinne buchstäblicher Tatsachenfeststellungen jedenfalls nicht wahr sein müssen, aber in einem anderen – vorerst als normativ bezeichneten – Sinn als richtig oder unrichtig beurteilt werden können. Platon beharrt in seiner Literaturtheorie darauf, fiktionale Erzählungen einem solchen Richtigkeitsanspruch zu unterwerfen. Die Schönheit des Vorgetragenen allein sagt nichts über seine Wahrheit aus. Damit steht Platon vor der Aufgabe, Kriterien dafür zu finden, wie auch solchen Erzählungen eine höhere normative Richtigkeit unterlegt werden kann, die ganz offensichtlich den Tatsachen nicht entsprechen. Welche Fiktionen sind – anders gefragt – für einen Bildungs- und Erziehungsgang unabdingbar? Und warum ausgerechnet Fiktionen? Daß die Stimmigkeit von Tatsachen allein keine bildende Funktion hat, belegt Platons ganzes Werk, in dem ja immer wieder an entscheidenden Stellen Gleichnisse, Parabeln und – wie im *Staat* – politische Utopien vorgetragen werden. Gleichnisse, Parabeln und Utopien gelten Platon als Hilfsmittel, die eine, jeweils gesuchte Wahrheit besser zu sehen. Gleichnisse, Parabeln und Utopien fungieren als Modelle, die bestimmte Züge einer Argumentation oder eines sachlichen Zusammenhangs einfacher und das heißt prägnanter hervortreten lassen. Sie sind damit bereits Ausdruck abstrakten Denkens. So wird die dichterische Einbildungskraft zum Motor und Medium sachlich abstrakter Erkenntnis. Aus diesem Grunde – dem für Platon unbezweifelbaren Umstand der prägenden Kraft dichterischer Bilder – rührt seine scharfe Kritik an den homerischen Mythen, die er selbst – nach eigener Aussage – so sehr liebte. Platons Absage an die Dichtung ist zugleich eine Absage an die eigene Kindheit. Am Ende der *Politeia*, wo das Verhältnis von Dichtung und Wahrheit noch einmal aufgenommen wird, berichtet Sokrates, der hier aber gewiß das Sprachrohr Platons darstellt: „Ich muß mich wohl erklären, sprach ich, wiewohl eine Liebe und Scheu, die ich von Kindheit an für den Homeros hege, mich hindern will zu reden. Denn er mag wohl aller dieser trefflichen Tragiker erster Lehrer und Anführer gewesen sein. Aber kein Mann soll uns doch über die Wahrheit gehen; also muß ich wohl sagen, was ich denke."[4]

In der Auseinandersetzung mit Homer und Hesiod gedenkt Platon einer von Geschichten erfüllten Kindheit, einer Kindheit, deren Wahrheit die Mythen des Homer in ein falsches Licht rücken. Die Geschichte von Kronos und Uranos, der Bericht darüber, wie ein Sohn seinen Vater kastrierte und schließlich wieder von seinem eigenen Sohn gestürzt wurde, sollte auch dann nicht weitererzählt werden, wenn sie denn wahr wären. Wenn aber ein Tabu sich partout nicht aufrechterhalten läßt, sollte derlei nur im abgeschirmten Raum einer Mysterieninitiation berichtet werden, „damit nur recht wenige dazu kommen, es zu erfahren". Ehebrechende, einander kastrierende und sich bekämpfende Götter, all jene Dramen von Leidenschaft, Haß, Wut, von Geilheit und Liebe – sie müssen aus dem Bereich der Erziehung kategorisch ausgeschlossen werden, weil die Adressaten dieser Erzählungen, sogar wenn sie keine Kinder mehr sind, nicht imstande sind, sie zu begreifen: „Alle Göttergefechte, welche Homeros gedichtet hat, diese sind nicht zuzulassen in unserer Stadt, mag nun ein verborgener Sinn darunter stecken oder auch keiner. Denn der Jüngling ist nicht imstande zu unterscheiden, was dieser verborgene Sinn ist und was nicht; aber was er in diesen Jahren in seine Vorstellung aufnimmt, das pflegt schwer auszuwaschen und umzuändern zu sein. Weshalb eben dieses fast für alles zu rechnen ist, daß das, was sie zuerst hören, auf das sorgfältigste mit Bezug auf die Tugend erzählt sei."[5]

Platon stellt die Möglichkeit einer höheren Wahrheit auch jener grausamen und unschicklichen Mythen durchaus in Rechnung, will sie aber ob ihrer vermeintlich unkontrollierbaren Wirkung der Öffentlichkeit vorenthalten. Welcher Art diese höhere Wahrheit sein könnte, verschweigt Platon. Daß die Geschichten, die diese Wahrheiten verhüllen, auch von Kindern geliebt werden, hat er selbst bekannt. Das Grausame und Unschickliche, das Abgründige und Erschreckende – es mag in gewisser Weise wahr sein, doch die Leidenschaften, die es erregen könnte, sind zu vermeiden. Warum? Weil die homerischen Mythen von Göttern berichten, die Idee Gottes aber diesen Darstellungen widerspricht. So, wie die homerischen Götter sich verhalten, kann sich der eine Gott der Philosophen, der Gott als Prinzip des Guten, des moralisch Wahren nicht verhalten. Gott kann nicht die Ursache des Übels, sondern allenfalls des Guten und des ihm gemäßen Handelns, des tugendhaften Handelns sein: „Also auch Gott, weil er ja gut ist, kann nicht an allem Ursache sein, wie man insgemein sagt, sondern nur von Wenigem ist er den Menschen Ursache, an dem meisten aber unschuldig; [...] und das Gute zwar darf man auf keine andere Ursache zurückführen; von dem Bösen aber muß man sonst andere Ursachen aufsuchen, nur nicht Gott."[6]

Die Geschichten Homers sind Kindern und Jugendlichen deshalb nicht zumutbar, weil sie jene Idee des Guten, und das heißt in diesem Zusammenhang auch die Idee der Gerechtigkeit, verdecken, gemäß derer die Menschen zusammenleben sollen. Die offene Artikulation der Leidenschaften verfällt schon bei Platon, wie später erst wieder in Freuds kulturtheoretischen Schriften, etwa in *Das Unbehagen in der Kultur* aus dem Jahr 1930, der Kritik, weil sie das Zusammenleben der Menschen unmöglich machen. Der Gott, den Platon im Gegensatz zu Homer artikuliert, ist „einfach und wahr in Wort und Tat und verwandelt sich weder selbst, noch hintergeht er andere, weder in Erscheinungen noch in Reden, noch indem er ihnen Zeichen sendet, weder im Wachen noch im Schlaf."[7] In Öffentlichkeit und Bildung soll ein abstrakter, narrativ nicht mehr faßbarer Gott gelten, während jene Götter, die die Widersprüchlichkeit und Unordnung des menschlichen Lebens verkörpern, in die Geheimreligion verbannt werden – geradeso wie in der Psychoanalyse die Artikulation der Leidenschaften dem Kabinett des Analytikers vorbehalten bleibt.

Platons Werk einschließlich seiner Gerechtigkeits- und Erziehungskonzeption läßt sich als eine Konstruktion auf der Basis einer Verdrängung lesen, der Verdrängung von Endlichkeit, Leidenschaftlichkeit und der unaufhebbaren Widersprüchlichkeit des menschlichen Lebens, das eine einheitliche Moral der Lebensführung, eine Ethik nicht mehr zuläßt. *Die Verdrängung der Leidenschaften treibt einen starren, untätigen und unwandelbaren*

Gott und dann jene Idee der Entsprechung von Sozialstruktur und individueller Psyche hervor, die für die Pädagogik bis heute prägend ist. Nur Gutes darf nachgeahmt werden – sofern die Erziehung Nachahmung von Ideen in den Seelen der Menschen ist, darf nur eine Idee der Gerechtigkeit nachgeahmt werden, die ebenso unwandelbar und starr ist wie die Idee des Gottes. Die Idee einer Gerechtigkeit, die Idee eines unwandelbaren Gottes und der mit ihr verbundene Zwang, die eigenen Leidenschaften und Gefühle unter das Joch der Vernunft zu leiten, führt dazu, auch den möglichen höheren Sinn der unschicklichen homerischen Geschichten aus dem Prozeß der Bildung herauszuhalten. Es ist also keineswegs die buchstäbliche Unrichtigkeit der Märchen und Mythen, ja noch nicht einmal ihre Banalität, sondern – ganz im Gegenteil – ihr möglicher verborgener, höherer Sinn, der sie in strikten Gegensatz zu der Idee des einen Gottes bringt und sie damit untauglich zur Erziehung macht.

Offensichtlich handelt es sich bei alledem um realitätshaltige Erfahrungen, nämlich um die Erfahrung der Leidenschaften, abgebildet an den Affekten, die zwischen Eltern und Kindern, zwischen Männern und Frauen, zwischen Männern und Männern herrschen – um Erfahrungen also, die nur Eingeweihten vorbehalten bleiben sollten? Platons Anspielung auf die Mysterien weist den richtigen Weg: In den Mysterien, die nicht eine eigene Religion darstellten, ging es – nach allem, was man weiß – um das Erleben starker kathartischer Gefühle, um das Nachvollziehen von Sterben und Wiederauferstehen, um das Wechselspiel von Hell und Dunkel, von Verlorensein und Gerettetwerden. Blut, Opfer, Selbstkasteiungen und Kastrationen spielten dort ebenso eine Rolle wie der Genuß bewußtseinserweiternder Drogen.[8] Das Darstellen von göttlichen Familienszenen stand in den Mysterien stets in einem orgiastischen Zusammenhang. Erziehung stellt sich bei Platon mithin als eine Praxis des systematischen Ausblendens intensiver Erfahrungen dar, von Erfahrungen, die auf einen Lebensbereich verweisen, der im antiken Griechenland der Öffentlichkeit weitgehend, nicht ausschließlich, entzogen war – der Familie. Mochte das Familienleben der Götter als leidenschaftlich und intensiv dargestellt worden sein – das wirkliche Familienleben: die Beziehungen zwischen Männern und ihren Gattinnen, zwischen Vätern und ihren Söhnen – ganz zu schweigen von den Beziehungen zu den Töchtern – scheinen jeder Intensität bar, das Ehe- und Familienleben der wirklichen Athener wirkt emotional und erotisch so verarmt wie nur möglich. Damit ergänzen sich Platons Verbot der homerischen Mythen und die soziale Praxis Athens zu einem Ausschlußverfahren. Das von Platon ausgesprochene Verdikt gegen Mythen und Märchen reproduziert lediglich, was zu seiner Zeit ohnehin Brauch war. An die Stelle der geläufigen intimen Erfahrungen in der Familie trat statt dessen das homosexuell pädagogische Verhältnis in der Öffentlichkeit, in der verliebte ältere Männer nach Möglichkeit und Schicklichkeit – auch von körperlichen Berührungen nicht erregten – Knaben den Hof machten. Diese geläufige Praxis wird von Platon in einer Erziehungskonzeption festgeschrieben und zugleich überhöht. Die Schönheit der Jünglinge gilt meist als als Hinweis zum Wahren, zur Idee. Daß die Wirklichkeit der in Athen gepflogenen Päderastie[9] in Wirklichkeit immer wieder jene Leidenschaften zum Ausbruch kommen ließ, die in der sublimierten Deutung der Knabenliebe durch Platon als pädagogisches Mittel zum Zweck der Erkenntnis der Ideen verschwanden, läßt die Frage nach den Motiven dieser Sublimationsidee aufkommen. Martha Nussbaum hat vorgeschlagen, Platons antisinnliche, nach einer unveränderbaren höheren Wahrheit strebende Philosophie, die zugleich auf eine intellektualistische, dem unveränderlichen Gotte ähnelnde Struktur der Psyche zielte, als Ausdruck eines lebenslangen Kampfes gegen eine menschliche Verfassung zu sehen, die, von untereinander nicht ordnenbaren Leidenschaften zerrissen, der eigenen Zufälligkeit und Hinfälligkeit entrinnen wollte.[10] In Platons ganzem Werk bricht die geschlossene Front gegen die Leidenschaften in nur einem Dialog auf – nur im Dialog *Phaidros* wird die Philosophie selbst zur Leidenschaft, und es ist kein Zufall, daß gerade dieser Dialog einer der klassischen Texte antiker Mysterienerfahrung ist. Das Ausblenden und Verdrängen der Leidenschaften, das Bekenntnis zu einem unwandelbaren und unpersönlichen Gott, das Konzept einer Bildungspraxis, die aus antisinnlichen Künsten und jugendfreien Narrativen gespeist wird, der Gedanke einer frühen Bildbarkeit von Kindern und Jugendlichen sowie die Idee eines Staates, der nur auf Gerechtigkeit beruht, und zwar so, daß die, die ihn lenken, ihm in ihren Grundzügen ähneln – all diese Elemente, die in Platons Gedanken zur Erziehung der „Wächter" eine pädagogische Gestalt annahmen, bilden ein geschlossenes Ganzes, eine in sich schlüssige Konzeption. Ihre Basis ist die Sublimation der Homosexualität, ihr Preis nicht nur eine Art Erziehungsdiktatur, sondern ein tiefgreifendes Mißverständnis des politischen Lebens, das eben nicht in der Assimilation an *eine* Idee besteht, sondern in dem gemeinsamen Leben verschiedener Individuen. So lautete jedenfalls die Kritik von Platons Schüler Aristoteles. Diese Kritik, die schon früh die Verschiedenheit der Individuen gegen die Einheit eines Gerechtigkeitsideals retten wollte, sah die Ursache für die tyrannischen Züge von Platons Idealstaat darin, daß er die patriarchalische Monokultur der attischen Familie, des Oikos, die dem Willen eines Mannes gehorchte, ohne doch Raum für Verschiedenheit zu lassen, auf den ganz anders strukturierten Bereich der Politik übertrug.

„Es ist nämlich doch offenbar, daß ein Staat, wenn er nach dieser Richtung immer weitergeht und eine immer strengere Einheit zu werden versucht, zuletzt gar kein Staat mehr bleiben wird. Denn eine Vielheit seiner Natur nach ist der Staat, und um zu einer Einheit zu werden, müßte er vielmehr aus dem Staat zur Familie und aus der Familie zum Einzelmenschen werden. Denn das werden wir doch behaupten dürfen, daß eine strengere Einheit die Familie als der Staat und der Einzelne als die Familie ist. Und wenn man daher auch wirklich imstande wäre, den Staat in dieser Weise zu einigen, so dürfte man es doch gar nicht tun, weil man damit den Staat aufheben würde."[11] Ironischerweise hält Aristoteles Platon eine Angleichung gerade an jene Lebensform vor, die er selbst doch in seinem „Wächterstaat" auflösen wollte, an eine Lebensform, deren ursprüngliche Katastrophen nur noch im Mysterienspiel erfahrbar, die ansonsten aber ausgeschlossen und zugunsten einer homosexuell gestimmten Zweigenerationenöffentlichkeit ignoriert wurde.

Platon, der die Familie mit all ihren Unwägbarkeiten zugunsten eines Weiber- und Kinderkommunismus aufgeben möchte, bleibt ihr gerade in ihrem patriarchalischen Einheitsdenken strukturell verhaftet. Mehr noch: Strenggenommen läßt er sich in seiner politischen Konzeption nicht nur vom Bild der Familie, sondern sogar vom Muster dessen leiten, was wir heute als „Identität" bezeichnen – Aristoteles spricht von der Einheit des Einzelmenschen. Platon verfehlt eine Bildung der Jugend zu vernünftigen Bürgern genau deswegen, weil er – vom Gedanken der Einheit vernünftig geordneter Triebe im Lauf einer Lebensgeschichte und der Herrschaftlichkeit der Familie, also des nicht-öffentlichen Oikos gebannt – die Vielheit der Bürger nicht zu denken vermag. Das übergroße Interesse daran, die eigenen Leidenschaften und Vermögen zu ordnen sowie ihre Vielstimmigkeit und Widersprüchlichkeit zu übertönen, führt über die Pädagogik zum Ende der Politik. Der bestimmende Wunsch nach innerer Einheitlichkeit findet seine Erfüllung im Bild einer riesigen Familie, eines Erziehungsstaates, der jede Öffentlichkeit ausgeschlossen hat. Wenn nun schon Aristoteles vor mehr als zweitausend Jahren darauf gedrungen hat, Individuum, Familie und Staat nach je eigenen Kriterien zu beurteilen und ihre Grundstrukturen nicht aufeinander abzubilden, ist damit nicht zugleich jeder Versuch in Frage gestellt, nach psychischen und dispositionalen Entsprechungen von Individuen hier sowie Staat und Gesellschaft dort zu suchen ?

Im Rückblick scheint es, als ob die freudomarxistischen Gewißheiten, die einen großen Teil der Kritischen Erziehungswissenschaft[12] trugen, zur Lösung dieses Problems deshalb nicht ausreichten, weil sie von der naiven Unterstellung ausgingen, daß eine radikal durchgeführte Herrschafts- und Ideologekritik – also Aufklärung ohne begründetes normatives Fundament – von sich aus so viel Negativität freisetzen würde, daß Befreiung von Zwängen sich im Selbstlauf ereignen würde. Diese Schwäche Kritischer Erziehungswissenschaft wurde auch dann nicht behoben, als an die Stelle der offenbar zu kurzatmigen freudomarxistischen Gesellschaftstheorien anspruchsvollere soziologische Ansätze von der britischen Sprachsoziologie über die französische Kultursoziologie Bourdieus traten. Auch hier dominierte noch oft genug der Gedanke der Herrschaftskritik unter Umgehung des seit Platon und Aristoteles immer wieder eingeklagten Problems, daß Freiheit ebenso wie Herrschaft politisch – d. h. auf der Basis eines normativen Einverständnisses der Bürger – zu verfassen seien. Dort, wo die Kritische Erziehungswissenschaft sich nicht mit freudomarxistischer Herrschaftskritik begnügte, sondern als Bildungstheorie auf die positiven Gehalte des Deutschen Idealismus zurückgriff, postulierte sie immer wieder die normative Idee eines mündigen Individuums, ohne doch angeben zu können, wie solche Mündigkeit politisch verfaßt sein solle.

Erst im Paradigma des genetischen Strukturalismus scheint ein Theorieangebot vorzuliegen, das eine Möglichkeit bietet, Stufen der moralischen Entwicklung politisch, d. h. demokratietheoretisch zu deuten. Doch sogar von den innersystematischen Problemen, denen dieses Programm auch noch in seiner jüngsten Variante ausgesetzt ist, abgesehen, bleibt die Frage bestehen, ob nicht auch in dieser Konzeption noch Platons starke Analogie von Staatsstruktur und Psyche erhalten bleibt. Kohlbergs Schule selbst scheint davon auszugehen, daß die zwanghaften, Platonischen Züge jeder Moralerziehung im Gedanken einer prozeduralen demokratischen Struktur und der ihr entsprechenden zwanglosen Bildung zu postkonventionellen Urteilsstrukturen überwunden sind.[13] Ein universalistischer, überhistorischer Gerechtigkeitssinn soll als Garantie für das allmähliche Herausbilden universeller Rechte für alle Menschen auf der ganzen Erde gelten. Gilt gegen eine solche Konzeption nicht erst recht Aristoteles' systematischer Einwand, daß hier eine sachlich unangemessene Übertragung von Kategorien aus einem Bereich in den anderen vorgenommen wird? Daß also das historisch kontingent entstandene westliche Verfassungsverständnis in einem so voraussetzungsvollen Verfahren wie Kohlbergs Theorie moralischer Urteilsbildung erst zu einem psychischen Faktum umgedeutet wird, um anschließend anthropologisch überhöht zu werden? Das damit angesprochene relativistische Dilemma, das vor allem Rorty und andere postmoderne Theoretiker[14] immer wieder eingeklagt haben, läßt sich redlicherweise sowohl in politischer als auch in pädagogischer Hinsicht am ehesten durch jenes Verfahren lösen, das schon Aristoteles in seiner *Politik* eingeschlagen hat: nämlich jenes eigentümliche staatsbürgerliche Ethos, das eine Gemeinschaft von Bürgern lebt, systematisch zu entfalten. Welches andere Ethos sollte das in unserem Fall sein, als das einer auf den Voraussetzungen des Naturrechts und der Aufklärung seit den europäischen Religionskriegen des siebzehnten Jahrhunderts fußenden, vor allem Individualrechte und gemeinsame Willensbildung in ihr Zentrum stellenden Verfassung?

Die politische Theorie von John Rawls, die für Kohlberg selbst noch in seinen letzten eigenen theoretischen Entwürfen eine zentrale Rolle spielte, könnte hier weiterführen. Rawls versucht in seinen Überlegungen nach der noch nicht politisch gedachten *Theorie der Gerechtigkeit* eine Theorie der Gerechtigkeit als Fairneß politisch[15] und nicht metaphysisch zu konzipieren, das heißt, er versucht den Begriff einer autonomen Person zu entfalten, der in jenen Regelwerken der Verfassung enthalten ist, denen wir ohnehin folgen. Eine solche – von den modernen westlichen Verfassungen vorausgesetzte – moralisch autonome Person verfügt über zwei grundsätzliche Kompetenzen: erstens das Vermögen, selbst rationale Lebenspläne zu hegen, d. h. Ideen des Guten auszubilden und ihnen angemessen zu folgen, sowie zweitens das vernünftige Vermögen, ein allseitiges System fairer sozialer Kooperation als wünschenswerten und legitimen Rahmen für das Verfolgen der eigenen Ideen eines guten Lebens zu sehen. Das erste Vermögen bezeichnet Rawls als rationelles Vermögen, das zweite als „Gerechtigkeitssinn". Dieser Gerechtigkeitssinn ist nicht rein formaler Natur, sondern beinhaltet das Wissen genau jener zwei Grundsätze, die schon die

Theorie der Gerechtigkeit postulierte: „1. Jede Person hat ein gleiches Recht auf ein völlig adäquates System gleicher Grundfreiheiten, das mit dem entsprechenden System von Freiheiten für alle vereinbar ist. 2. Gesellschaftliche und ökonomische Ungleichheiten müssen zwei Bedingungen genügen: erstens müssen sie mit Ämtern und Positionen verbunden sein, die allen unter Bedingungen fairer Chancengleichheit offenstehen, und zweitens müssen sie den größten Vorteil für die am wenigsten begünstigten Mitglieder der Gesellschaft bringen."[16]

Für diesen Gerechtigkeitssinn spricht, so Rawls, daß er erstens am angemessensten eine Idee sozialer Kooperation fördere, zweitens die für jedes soziale Leben unerläßliche Voraussetzung individueller Selbstachtung garantiere und drittens eine Form der Gesellschaft ermögliche, die ihrerseits ein erstrebenswertes Gut ist. Pädagogisch – auch durch die empirischen Untersuchungen von Piaget bis Kohlberg belehrt – ist zu fragen, unter welchen sozialisatorischen Voraussetzungen die Herausbildung dieses Gerechtigkeitssinnes als einsichtige Anerkennung dieser beiden Grundsätze steht. Vor allem aber ist zu ermessen, inwieweit sich diese Konzeption tatsächlich von der Platonischen Idee der Übereinstimmung von politischer und psychischer Struktur entfernt hat. Womöglich besteht ihre Differenz zur politischen Idee Platons darin, daß diese Theorie eines politischen Gerechtigkeitssinns nicht mehr auf der Ausblendung und Unterdrückung der Leidenschaften beruht, sondern – im Gegenteil – von einer *Leidenschaft für das soziale Leben* bestimmt ist. Dies war jedenfalls die Meinung Wilhelm von Humboldts, auf den sich Rawls beruft: „Jeder Mensch vermag auf einmal nur mit einer Kraft zu wirken, oder vielmehr, sein ganzes Wesen wird auf einmal nur zu einer Tätigkeit gestimmt. Daher scheint der Mensch zur Einseitigkeit bestimmt, indem er seine Energie schwächt, sobald er sich auf mehrere Gegenstände verbreitet. Allein dieser Einsichtigkeit entgeht er, wenn er die einzelnen, oft einzeln geübten Kräfte zu vereinen, den beinahe schon verloschenen wie den erst künftig aufflammenden Funken in jeder Periode seines Lebens zugleich mitwirken zu lassen, und statt der Gegenstände, auf die er wirkt, die Kräfte, womit er wirkt, durch Verbindung zu vervielfältigen strebt."[17]

Tugenden, so wurde behauptet, treten stets nur als Ensemble auf; Tugenden können nach John McDowell auf diese Weise zu *einer* Tugend, d. h. einer übergreifenden Sensitivität für Lagen und Herausforderungen sozialen Handelns werden. Tugenden sind aber zugleich jene menschlichen Charakterzüge – so des Aristoteles' Überzeugung –, die ein glückseliges Leben ermöglichen. Die durch Bildung derartiger Fähigkeiten zum Charakter geronnene zweite Natur des Menschen erhöht in bestimmten Formen die Wahrscheinlichkeit eines gelungen Lebens.[18] Läßt sich diese Behauptung auch noch unter den Bedingungen einer posttraditionalen und pluralistischen Gesellschaft plausibilisieren?

VI. Glück und Lebenslauf

Damit bleibt die Frage nach dem Verhältnis von moralischen Einsichten, moralischen Gefühlen und Leidenschaften im Laufe des Lebens das zentrale Problem einer nicht mehr auf Herrschaftssoziologie fixierten, sondern politisch und normativ verantwortlichen Pädagogik. Der Platonische, später von der stoischen Philosophie popularisierte Begriff der Tugend zeigt sich jedoch von allem Anfang an in der Konstellation eines Herrschaftsverhältnisses, genauer gesagt: als eine Form der Herrschaft des Menschen über sich selbst bzw. im Wunsch nach einer solchen Herrschaft angesichts unzweifelhaft erfahrener Leidenschaftlichkeit. Die Stoa präsentiert Glück als Freiheit von Leidenschaft und damit als ein inneres Herrschaftsverhältnis, womit die Frage nach der Vereinbarkeit von Herrschaft und Glück gestellt wird. Daran, daß die Stoa diesen Widerspruch nicht auflösen konnte, scheiterte ihr eigenes Programm, das endlich – etwa bei Monteverdi, in dessen „Krönung" der Gestalt des Stoikers Seneca eine zentrale Rolle zukommt – nur noch historisch beglaubigt werden kann. Wenn das Programm eines auf Tugenden beruhenden Strebens nach Lebensglück auf der durchgängigen Herrschaft über die Leidenschaften beruhen sollte, wäre das Programm von Beginn an gescheitert. „Die Tugend", so heißt es etwa in Senecas Schrift *Vom glückseligen Leben*, „ist etwas Hohes, Erhabenes, Königliches, Unüberwindliches, Unermüdliches, das Vergnügen etwas Niedriges, Sklavisches, Schwaches, Hinfälliges, dessen Aufenthaltsort und Wohnung gemeine Häuser sind und Gartenküchen. Die Tugenden dagegen findet man in Tempeln, auf dem Forum, in der Kurie, in der Schlacht vor Mauern stehend, mit Staub bedeckt, gesunden, frischen Blutes, mit schwieligen Händen. Die Sinnenlust steckt öfters in Winkeln und sucht das Dunkel, streicht um Badehäuser und andere Orte umher, wo man den Aedil zu fürchten hat; sie ist weichlich, entnervt, von Wein und Salben triefend, bleich oder geschminkt, durch Arzneimittel verdorben."

Dieser offensichtlich den lebensweltlichen Erfahrungen hetero- und homosexueller Prostitution entnommenen, keineswegs nur metaphorischen Beschreibung von Sinnlichkeit, die vor allem durch ihre Endlichkeit und Anfälligkeit hervorsticht, stellt der Philosoph das höchste Gut, das Ziel allen Strebens entgegen: „Das höchste

Gut ist unsterblich, es kann nicht untergehen, es gibt dabei weder Übersättigung noch Reue, denn eine Gesinnung, die sich des richtigen Weges bewußt ist, ändert sich nicht, sie ist sich nie zuwider und ändert nichts, weil sie stets dem Besten nachgeht. Die Sinnenlust aber erstirbt gerade dann, wenn sie auf dem Gipfel ist. Sie hat nicht viel Spielraum, darum ist sie bald zu Ende; sie wird lahm, wenn das erste Feuer erloschen ist, und wird dann zum Ekel. Auch kann man sich nicht auf etwas verlassen, zu dessen Wesen die Unbeständigkeit gehört: was nur flüchtig vorübereilt und im Genusse schon dahinschwindet, kann nichts Wesentliches sein. Es hört bald auf, und kaum begonnen, drängt es schon wieder dem Ende zu."[1]

Daß hier die Erfahrung männlicher Sexualität als Maßstab aller Dinge genommen wird, ist das eine, daß damit zugleich eine wertende Ontologie verbunden ist, die im Zweifelsfall für Lustverzicht optiert, das andere. Beides ist von einem tiefen Wunsch nach Beständigkeit und Verläßlichkeit getragen, die am Ende das Wesen des Glücks ausmachen und deshalb auf Lustverzicht hinauslaufen, mehr noch: auf den erklärten Verzicht, dem Glück selbst nachzustreben. In der späten Stoa wird der Versuch unternommen, das Streben nach Glück durch sich selbst zu überlisten und auf den (epikuräischen) Versuch zu verzichten, Lust und Tugend miteinander vereinbaren zu wollen: „Wer Vergnügen und Tugend zusammenwirft, und nicht einmal zu gleichen Teilen, der schwächt mit der Zerbrechlichkeit des einen Gutes die Lebenskraft des andern ab und unterjocht die Freiheit, die nur dann ganz frei ist, wenn sie weiß, daß sie das höchste und wertvollste ist. Das Glück fängt nun an, zum Bedürfnis zu werden, und das ist die schlimmste Knechtschaft. Die Folge davon ist ein ängstliches, mißtrauisches, zaghaftes, allerlei Zufälle und schlimme Wechsel des Geschicks fürchtendes Leben. Die Tugend hat da kein festes Fundament, sondern sie muß auf schwankendem Boden ruhen. Was aber ist so wandelbar wie die Erwartung des Zufälligen und der Wechsel der körperlichen Zustände und Dinge, die auf den Leib einwirken? Wie kann man da Gott gehorchen und alles, was geschieht, mit Seelenruhe und ohne Klagen über das Geschick hinnehmen, wie kann man sein Schicksal sich zum besten auslegen, wenn man durch jede Einwirkung von Freude und von Leid erschüttert wird?"[2]

Glück wird hier vor allem als Seelenruhe, als Gleichmut und Unerschütterlichkeit, als „ataraxia" verstanden. Dieser Gleichmut wird in der stoischen Tradition mit Freiheit gleichgesetzt. Gleichmut und Seelenruhe, die vom Streben nach Gütern aller Art befreien und dazu befähigen, mit sich selbst und seinen je vorfindlichen Zuständen zufrieden zu sein. „Glücklich ist daher, wer ein richtiges Urteil hat, glücklich, wer mit dem Bestehenden, es sei wie es wolle, zufrieden ist und an die eigenen Verhältnisse sich gern gewöhnt hat; glücklich ist der, dessen ganze Lage von seiner Vernunft gut geheißen wird.“[3]

Inbegriff des Glücks ist also Freiheit, eine Freiheit, die sich nicht auf äußere Neigungen bezieht, sondern auf eine minimale Verfügungsgewalt über das eigene Leben und damit – genauer – über den eigenen Tod. „Denn was liegt daran, kein Brot zu haben, wenn ich die Freiheit habe, aus dem Leben zu gehen, wann ich will.“[4] Senecas stoischer Vorschlag zum Verständnis dessen, was „Glück“ ist, soll hier nicht im einzelnen erörtert werden. Mit seinen Vorläufern, mit Platon und Aristoteles, bekräftigt jedoch auch Seneca, daß das Ziel des menschlichen Lebens das Glück ist. Das so verstandene „Glück“ aber ist bei Aristoteles ein Selbstzweck, mit anderen Worten: das Streben nach einem Leben, das vor allem in der Erfahrung von Vollständigkeit und Autarkie besteht. Zum Erwerb des Glücks, das anderweitig auch als „Glückseligkeit“ oder als „höchstes Gut“ bezeichnet wird, bedürfen die Menschen der Tugenden. Glück und Tugend sind nicht identisch, vielmehr ist diese die notwendige – oder in manchen Lesarten sogar hinreichende – Bedingung des Glücks. Das, was gemeinhin als „Glück“ bezeichnet wird, erscheint damit sowohl als ein objektiver Zustand menschlichen Lebens als auch als ein diesen Zustand begleitendes Gefühl. Während Platon als objektives Kriterium für ein glückliches Leben vor allem ein Leben nach den Maßstäben der Wahrheit annahm, die schließlich auch ein Leben in Edelmut und Gerechtigkeit erlaubt, fügt Aristoteles als subjektives Kriterium eine bestimmte edelmütige Gesinnung hinzu, in der ein Leben erfahren und aufgenommen wird. Im Unterschied zu Platon erweist sich „Glück“ bei Aristoteles weniger als ein Ergebnis theoretischer Einsicht, sondern als Ausdruck praktischer Lebensführung, die zudem nicht nur einigen wenigen, sondern vielen gemeinsam zukommt. Das Streben nach Glück gerät damit zur anthropologischen Grundbefindlichkeit, eine Meinung, die sich über mehrere Jahrtausende, bis in die US-amerikanische Verfassung durchhielt, in der als wesentlicher Wert und wesentliche Verheißung eines aufgeklärten Staatswesens neben die Sicherung von Leben und Freiheit die Möglichkeit tritt, seinem Glück nachstreben zu können: „The pursuit of happiness“ war eines der Prinzipien der US-amerikanischen „Revolution“.[5]

Es wäre ein Mißverständnis der antiken Theorie, die Tugenden als instrumentell einsetzbare Kompetenzen oder Qualifikationen zum Erwerb lustvoller Zustände anzusehen.[6] Vielmehr entsteht die Erfahrung des Glücks als eine Erfahrung tätiger Praxis in der Folge eines tugendsamen Lebens, das niemandem garantiert wird, sondern mit einigem Geschick den Kontingenzen des Lebensvollzugs abzuringen ist. Gerade dadurch, daß Menschen danach streben, tugendsam zu leben, nicht aber, unmittelbar glücklich zu werden, wird die Erfahrung des Glücks wahrscheinlicher. Ohnehin wäre es im Sinne einer realistischen Betrachtung der Lebensführung problematisch, Glück gleichsam instrumentell erreichen zu wollen. Aristoteles jedenfalls hat die im deutschen Wort „Glück" verschwindende Unterscheidung zwischen „Zufall", dem englischen „luck", und der „Glückseligkeit" als einem inneren Zustand der Lust, der Zufriedenheit und des Erfülltseins, dem englischen „happiness", in seine Theorie aufgenommen, indem er darauf verweist, daß ein gelingendes Leben nicht zuletzt von günstigen Umständen abhängt. Die oben am Beispiel Senecas dargelegte stoische Theorie findet nun ihre ganze Pointe darin, durch den konsequente Rückzug auf den inneren Menschen und seine ihm transparente Willenssphäre die Kontingenz nicht nur zu mindern, sondern restlos auszuschalten. Der Preis dieser Operation besteht in der Negierung aller sinnlich-pathischen Anteile des Glücks. Aristoteles hält es für eine unmögliche Forderung, das Glück direkt anzustreben, weil die Erfahrung des Glücks kein unmittelbares Gefühl, sondern eher eine Art affektiv getönter Reflexionserfahrung sei. Unter Bezug auf die *Ilias* und die Geschichte Athens stellt er sich der Frage, ob man einen Menschen wirklich vor dem Ende seines Lebens glücklich preisen könne. Die Erfahrung von Glück stellt sich damit als die Reflexion über ein Narrativ ein, das vom Ende her erzählt und beurteilt sein will: „Es bedarf nämlich, wie wir gesagt haben, einer vollkommenen Tugend und eines vollkommenen Lebens. Denn es gibt viele Veränderungen und vielerlei Zufälle in einem Leben, und es kann derjenige, dem es am besten ergeht, in seinem Alter in großes Unglück stürzen, so wie es im trojanischen Epos über Priamos erzählt wird. Wer aber solche Zufälle erlebt und im Unglück endet, den preist keiner selig."[7]

Der hier vertretene Perfektionismus[8] stößt auf den ersten Blick ebenso ab, wie er – ob seiner materialistischen Konnotation – zumindest auf den zweiten Blick überzeugt. Die Erfahrungen nicht nur des zwanzigsten Jahrhunderts würden eine Zuschreibung von

„Glück", die auf einem ganz und gar geglückten und erfüllten Leben beruhen, als unrealistisch und diesseitiges Glück generell als eine Unmöglichkeit erscheinen lassen. Frühes Christentum, Gnosis und Buddhismus haben diese Konsequenz gezogen und die Lösung der mit der Glücksfrage entstehenden Probleme ins Jenseits verschoben, ohne sie – darüber wird bei der Tugend des „Glaubens" noch zu handeln sein – lösen zu können. Man kann Aristoteles jedoch bescheidener lesen, nämlich so, daß zwar nicht jedes in irgendeiner Hinsicht mißlungene Leben im ganzen als unglücklich zu bezeichnen sei, wohl aber eine massive Kumulierung von Umständen die Erfahrung von Glück in aller Regel verhindere. Die Aussage des ehemaligen Auschwitzhäftlings Jean Améry, der schließlich drei Jahrzehnte nach dem zweiten Weltkrieg Suizid beging, könnte dies belegen: „Wer einmal unter der Folter war, wird nicht mehr heimisch unter den Menschen."

Die Stoa würde dem widersprechen und darauf beharren, daß mit der richtigen Geisteshaltung auch derartige Erfahrungen äußersten Leidens nicht nur zu ertragen, sondern Anlaß zum Glück sein könnten. Die in Monteverdis „Krönung der Poppäa" auftretende Tugend vertritt genau letztere Position und erscheint deswegen, schon in der Mitte des siebzehnten Jahrhunderts, als unzeitgemäß und veraltet – die Kraft der Leidenschaft, hier der Liebe, ist allemal stärker als alle guten Vorsätze, sie unter Kontrolle zu bringen. Daß die pathischen Haltungen der Menschen auch dort, wo sie von so wohlwollenden, auf andere bezogenen Einstellungen wie in der Liebe gekennzeichnet sind, auf körperliches Wohlempfinden, auf Begehren und Lust verweisen, machte sie bald suspekt. Damit lassen sich menschliche Tugenden ganz allgemein als Bereitschaft zum richtigen Tun im Hinblick auf ein geglücktes Leben, als normativ ausgezeichnete Handlungsdisposition kennzeichnen. Glücksgefühle und ein geglücktes Leben[9] sind nicht miteinander identisch, und es ist alles andere als klar, daß ein geglücktes Leben eines ist, das durch eine Anhäufung von als glückhaft erlebten Augenblicken charakterisiert ist. Wohl aber können sich angesichts eines geglückten Lebens Glücksgefühle einstellen. Es empfiehlt sich daher in einem ersten Schritt, Gefühle unmittelbaren Glücks, also Affekte erster Ordnung, die spontan auftreten, von emotionalen Haltungen zweiter Ordnung, von reflexiven Gefühlen zu unterscheiden. Die Gefühle unmittelbaren Glücks sind in den letzten Jahren empirisch-psychologisch untersucht worden.[10] Mit dem Begriff „flow" hat Mihaly Csikszentmihalyi Erfahrungen benannt, die er als „optimal" bezeichnet: „Es handelt sich um Situationen, in denen die Aufmerksamkeit frei gelenkt werden kann, um ein persönliches Ziel zu erreichen, weil es keine Unordnung gibt, die beseitigt werden müßte, keine Bedrohung für das Selbst, gegen das es sich verteidigen müßte. Wir haben diesen Zustand flow-Erfahrung genannt, weil viele der von uns interviewten Menschen diesen Begriff benutzt haben, wenn sie beschrieben, wie sie sich in Hochform fühlten: 'Es war, als ob ich schwebte – ich wurde von einer Welle getragen.'"[11]

Die „optimalen Erfahrungen", auf die sich diese Forschungsrichtung bezieht, sind Erfahrungen, die im wesentlichen, aber nicht ausschließlich, einer bestimmten Sphäre des Lebens entnommen worden sind, dem Sport: „Es ist das, was ein Segler auf richtigem Kurs fühlt, wenn der Wind sein Haar peitscht und sein Boot wie ein junges Pferd durch die Wellen prescht. [...] Es ist das, was der Maler fühlt, wenn die Farben auf der Leinwand eine magnetische Spannung zueinander aufbauen. [...] Es ist das Gefühl eines Vaters, wenn sein Kind zum ersten Mal auf sein Lächeln reagiert." So ist die Erfahrung des „Flow" weder an angenehme körperliche Sensationen noch an günstige äußere Bedingungen gekoppelt: „Menschen, die Konzentrationslager überlebten oder fast tödliche Gefahren überstanden, erinnern sich häufig, daß sie mitten in ihrem Leiden ungewöhnlich intensive Freude bei einem schlichten Ereignis erlebten, wie beim Singen eines Vogels im Wald, der Lösung einer schweren Aufgabe oder wenn sie eine Brotkruste mit einem Freund teilten."[12] Das, was die empirische Glücksforschung als „flow" bezeichnet und als Inbegriff des Glücks präsentiert, ist ein Gefühl gelingender Selbst- und Fremdkontrolle, das sich bei bestimmten Erlebnissen einstellt: „daß man, statt von anonymen Kräften herumgestoßen zu werden, sich in Kontrolle der eigenen Handlungen als Herr des eigenen Schicksals fühlt. Bei diesen seltenen Gelegenheiten spürt man ein Gefühl der Hochstimmung, von tiefer Freude, das lange anhält und zu einem Maßstab dafür wird, wie das Leben aussehen sollte."[13]

Daß die bemühten Beispiele die These vom „flow" als Erlebnis vollkommener Kontrolle gerade nicht tragen, wird dabei übergangen. Das Vernehmen eines Vogels, dessen Weise jemanden auch und gerade in einer ansonsten elendiglichen Situation aufheitert, ist schließlich das genaue Gegenteil von Kontrolle – ein unerwartetes Geschenk. Aber sogar wenn die Gleichsetzung von „Glücks"- mit „flow"-Erlebnissen über weite Bereiche zutreffen sollte, wäre immer noch nicht klar, ob ein so gesehenes Glückserlebnis mit dem, was die Tradition als Glückserfahrung untersucht hat, identisch ist. Empfinden wir Lebensglück gerade dann, wenn wir beim Blick auf das Gesamte unseres Lebens in uns selbst ein „flow"-Erlebnis auslösen? Ist die Erfahrung des Lebensglücks letzten Endes nur ein bestimmtes Erlebnis und nicht ein reflexives Gefühl? Reflexive Gefühle sind Affekte, die nicht unmittelbar und spontan als Reaktion auf Gegenstände, Personen oder Situationen – wie etwa Wut, Begehren oder Mitleid – auftreten, sondern sich im Vollzug einer bestimmten Tätigkeit oder Haltung des Individuums als Begleiterscheinung einstellen oder als situationsübergreifend unterschiedlichen Erfahrungen ihre typische Färbung verleihen. Jene Gefühle, die wir als „Glück" bezeichnen, treten also in mindestens zwei zu unterscheidenden Formen auf: als ästhetisches Gefühl bzw. als Stimmung.

Die philosophische, zumal die erkenntniskritische Tradition etwa bei Kant fand als Korrelat einer weder auf theoretische Erkenntnis noch auf praktische Zwecke bezogenen reflektierenden Urteilskraft jenes „interesselose Wohlgefallen" angesichts als schön erfahrener Gegenstände, ein Wohlgefallen, das rein aus der Betrachtung erwuchs und seine Ursache nicht in einem möglichen praktischen oder pragmatischen Nutzen des Gegenstands hatte. Verwandte ästhetische Gefühle sind in dieser Tradition das Gefühl des Erhabenen sowie das Gefühl der Rührung, die sich vom interesselosen Wohlgefallen angesichts des Schönen zwar dadurch unterscheiden, daß sie auf praktische Zwecke bezogen sind bzw. diese sogar zum Inhalt haben, Betrachter und Empfindende jedoch nicht vor eine Entscheidung zum Handeln stellen. Während sich im Gefühl des Erhabenen die Unangemessenheit eigenen Vermögens angesichts natürlicher Größen oder moralisch/unmoralischer Größenverhältnisse niederschlägt, drückt sich im Gefühl der Rührung die Zustimmung zu moralischen Kontexten oder Handlungen aus, die den eigenen moralischen und ethischen Maßstäben angemessen sind, ohne daß das Individuum selbst Handelnder oder Leidender sein müßte. Ästhetische Gefühle zeichnen sich dadurch aus, daß sie in handlungsentlasteten Situationen entstehen. Demgegenüber ist es für Stimmungen typisch, situationsübergreifend zu wirken – sie bestehen, unabhängig davon, ob die jeweilige Situation, in der sich eine Person befindet, durch Zumutungen und Erwartungen gekennzeichnet ist oder nicht. Gelassenheit oder Melancholie sind Stimmungen, die spontane, spezifische Reaktionen von Menschen auf beliebige Zumutungen, auf Gefahren so gut wie auf Freuden, verändern, sie in ihrer Intensität entweder dämpfen und mindern oder verschärfen und verdeutlichen. Stimmungen sind das affektive, das praktische Korrelat zum lebensweltlichen, stets abruf-, aber nie ausschöpfbaren Hintergrundwissen.[14]

Als ästhetisches Gefühl teilt Glück mit der Erfahrung von Schönheit die bejahende, affirmative und handlungsentlastete Haltung zum Gegenstand der Erfahrung, unterscheidet sich indes bezüglich der Interesselosigkeit. Interesseloses Wohlgefallen im Sinne der Schönheitserfahrung äußert sich in der Absage an mögliche Instrumentalisierungen, Wohlgefallen im Sinne des Glücks jedoch in einem praktischen Angemessenheitsurteil im Hinblick auf eine ganze Lebensgeschichte oder Lebenserfahrung. Das verbindet das Gefühl des Glücks mit dem Gefühl der Rührung. Als Stimmung verbindet Glück mit Gelassenheit oder Verzweiflung, daß es in seiner Reflexivität nicht spontan ensteht, unterscheidet sich von beiden jedoch dadurch, daß es – obwohl situationsübergreifend – zeitlich eng begrenzt und umschrieben ist, also eine zwar nicht situativ gebundene, aber doch auch nicht alle Situationen unspezifisch überwölbende affektive Haltung artikuliert. Während Stimmungen wie Gelassenheit oder Verzweiflung bei allen Erfahrungen mitschwingen, scheint es dem Gefühl des Glücks zu eignen, aktualisiert werden zu müssen – wobei noch nicht ausgemacht ist, ob diese Aktualisierung überhaupt willentlich herbeigeführt werden kann. Die klassische Antike[15] sah die Erfahrung von Glück nun als ein Gefühl anläßlich der Betrachtung eines ganzen, in aller Regel des eigenen Lebenslaufs bzw. als ein den ganzen Lebenslauf durchziehendes Gefühl, eine Stimmung an. Die neuere, zumal psychoanalytische Entwicklungspsychologie benennt unter dem Begriff „Identität“ ein ähnliches Problem: „Es wird sich dadurch einmal um ein bewußtes Gefühl der individuellen Identität, ein andermal um das unbewußte Streben nach einer Kontinuität des persönlichen Charakters zu handeln scheinen; einmal wird die Identität als ein Kriterium der stillschweigenden Akte der Ich-Synthese, dann wieder als das Festhalten an einer inneren Solidarität mit den Idealen und der Identität einer Gruppe erscheinen.“[16]

Nun sind „Glück“ und Identität ebensowenig miteinander identisch wie Glück und Tugend. Menschen können sehr wohl an ihren Idealen und ihren Gruppenbindungen festhalten, auf der Kontinuität ihrer Lebensziele und wesentlichen persönlichen Eigenschaften beharren, ohne sich deshalb wohlzufühlen oder ihr Leben im ganzen zu bejahen. Umgekehrt ist die vorgetragene Definition von

„Glück" schwerlich mit einem Lebenslauf zu vereinbaren, in dem es einem Menschen nicht mehr gelingt, sich in seinen unterschiedlichen Erfahrungen als derselbe zu verstehen. Das heißt nun gerade nicht, daß grundlegende Änderungen in basalen Persönlichkeitszügen – der Sexualität, des religiösen oder politischen Bekenntnisses, der wesentlichen Partner- und Freundschaften – unmöglich sind, im Gegenteil. Aber werden derartige Änderungen nicht genau deshalb verspürt, angenommen und auch gelebt, wenn das Individuum dessen gewahr wird, daß es ohne diese Änderungen seinen eigenen Lebenszielen und -möglichkeiten nicht mehr genügen kann, es also doch um die Einheit seiner Lebensgeschichte ringt? Identität erweist sich somit als notwendige, nicht als hinreichende Bedingung des Glücks. „Glück" und „Identität" sind weiterhin darin identisch, als Hintergrundeinstellungen zu wirken, auf die jederzeit Bezug genommen werden kann, ohne doch dem Bewußtsein der Aufmerksamkeit stets gegenwärtig zu sein oder sich beiden aufzudrängen. Sie unterscheiden sich dadurch, daß „Identität" im Regelfall kontinuierlich wahrgenommen werden kann, während „Glück" keine dauernde Stimmung darstellt. Wenn es zutrifft, daß Glück nicht als dauernde Stimmung empfunden werden kann, dann wird es womöglich in genau jenen Situationen aktualisiert, in denen eine bestimmte Betrachtung des (eigenen) Lebenslaufs geschieht. Spätestens jetzt zeigt sich die besondere Problematik der Erläuterung von „Glück" als eines ästhetischen, also handlungsentlasteten Gefühls.

Zweifellos ist es möglich, sich dem eigenen Lebenslauf (freiwillig oder unfreiwillig) handlungsentlastet zuzuwenden. Ist es auch möglich, den eigenen Lebenslauf interesselos in den Blick zu nehmen? Das war die Behauptung der Stoa, die so weit ging, das eigene Leben im ganzen einschließlich seines Endes zum Gegenstand einer theoretischen Betrachtung zu machen, so daß letztlich die paradoxe Konstellation eines Interesses an der Interesselosigkeit, einer interessierten Interesselosigkeit entsteht. Indem die Stoa diesen Zustand jedoch als „Glück", mithin als anzustrebendes Gut auszeichnete, hat sie sich zugleich der Möglichkeit einer nur theoretischen oder ästhetischen Betrachtung beraubt. Das stoische Interesse ist durchaus praktisch gerichtet – das in dieser Philosophie der Lebenskunst angesprochene Verhältnis von Individuum und seinem Leben, seinem Lebenslauf ist keineswegs nur betrachtender Natur. Vielmehr geht es darum, möglichst viel des eigenen Lebens zu betrachten, um schließlich eine erfüllende Erfahrung zu machen, ein bestimmtes situationsübergreifendes Gefühl zu erwirken, um in eine Stimmung zu geraten, die man als Gelassenheit bezeichnen könnte. Die Schlüssigkeit dieses Programms erweist sich an der Beantwortung der Frage, ob Menschen überhaupt in ein rein betrachtendes, wesentlich uninteressiertes Verhältnis zu sich und ihrem Lebenslauf treten können.

Wer sein eigenes Leben betrachtet, erzählt sich selbst eine Geschichte, ist also Sprecher und Hörer, Maler und Betrachter in einem. Daß dabei der Erzähler den Erwartungen der Gesellschaft ebenso folgt wie der Hörer, ist dabei genauso unbestritten wie die Tatsache, daß das Erzählen auch dieser Geschichte wie das Erzählen aller Geschichten hochgradig selektiv ist.[17] Desgleichen ist unbestritten, daß das öffentliche oder auch private Erzählen einer Lebensgeschichte nicht mit der Wiedergabe einer geformten Biographie zu verwechseln ist.[18] Läßt sich jedoch tatsächlich behaupten, daß sich alle menschliche Existenz narrativ erfährt? Diese Überzeugung wurde schon in den dreißiger Jahren von Wilhelm Schapp vertreten, der in seinem Buch *In Geschichten verstrickt* das Problem so pointierte: „Wir Menschen sind immer in Geschichten verstrickt. Zu jeder Geschichte gehört ein Verstrickter. Geschichte und in Geschichte Verstricktsein gehören so eng zusammen, daß man beides vielleicht nicht einmal in Gedanken trennen kann. [...] In solche Geschichten sind auch wir, unsere Nachbarn, Freunde und Bekannten, ist jeder einzelne verstrickt. Mit Geschichten, die uns beschäftigen, schlafen wir abends ein, sie begleiten uns und verfolgen uns bis in unsere Träume hinein und stehen beim Erwachen wieder neben uns. In all diesen überlieferten oder von uns selbst erlebten Geschichten gibt es den Verstrickten oder die Verstrickten, die gleichsam als Mittelpunkt die Geschichte zusammenhalten. In diesem Punkt stimmen alle Geschichten, auch wenn sie sonst keine Berührungspunkte miteinander haben, überein."[19]

Wenn die grundlegende Annahme der Narrationstheorie ebenso wie die der sprachanalytischen Philosophie zutrifft, daß Ereignisse – die Grundeinheit aller Narrationen – das sind, worauf sich wahre Sätze über die zeitlich begrenzten Verhältnisse von Dingen und/oder Personen zueinander beziehen,[20] so wird deutlich, daß es deshalb theoretisch unbegrenzt viele Ereignisse gibt, weil es unendlich viele mögliche Kombinationen auch nur begrenzter Dinge und Beziehungen gibt. Da die menschliche Wahrnehmungsfähigkeit – aufgrund der Endlichkeit des menschlichen Lebens, des eingeschränkten Erfassungsspektrums und der naturgegebenen Perspektivität der menschlichen Wahrnehmungsorgane, des begrenzten Darstellungsvermögens der menschlichen Sprache sowie der durch Sozialisation in eine endliche menschliche Gesellschaft unaufhebbaren, individuellen, kulturellen und sozialen Standortverhaftung menschlichen Erkennens – tatsächlich begrenzt ist, können weder einzelne noch kollektive Anstrengungen der Menschheit jemals zu einem vollständigen Protokoll aller geschehenen Ereignisse führen. Am Ende nämlich müßten sogar ideale Beobachter ihr eigenes Beobachten und auch noch das Beobachten dieses Beobachtens beobachten, was in einen Regreß führt und die Möglichkeit eines allumfassenden Protokolls, dem wir uns wenigstens anzunähern hätten, widerlegt. Diese prinzipielle Selektivität der Erinnerung hat sich auch in neueren Untersuchungen zur Basis allen kollektiven Gedächtnisses, dem individuellen autobiographischen Gedächtnis bestätigt. Die neuere Forschung zu autobiographischem Bewußtsein und autobiographischem Wissen konnte deutlich machen, daß das Gedächtnis als informationsverarbeitender, mit Filtern versehener Speicher dargestellt werden kann, der aber über etwas verfügt, was – jedenfalls bisher – nur als Eigenschaft menschlicher Gehirne bekannt ist: nämlich der Fähigkeit zu Selbstbezug und Selbstbewertung. Übrigens werden Erinnerungen stets durch jene Stimmungen mitgeprägt, in der eine bestimmte Person eine Erfahrung gemacht hat und in der sie später diese Erinnerung wieder abruft; daraus folgt jedoch, daß aus unterschiedlichen Stimmungen unterschiedliche Bedeutsamkeiten resultieren, auf deren Basis Aufmerksamkeitsfoci und somit endlich unterschiedliche Ereignisse erinnert werden. In dem Ausmaß, in dem Menschen ihre eigene Gegenwart gliedern und gestalten, gliedern und gestalten sie auch das, was später für sie überhaupt als individuelle Vergangenheit gelten kann. Diese eher passive Form der Gliederung und Speicherung von Erfahrungen wird aber nach Maßgabe neuerer Gedächtnismodelle durch eine eigene, im Prinzip steuerbare Kompetenz zur Bewertung und Verknüpfung von Gedächtnisinhalten ergänzt: das sogenannte „Metagedächtnis".[21] Wenn diese Fähigkeit, nämlich die Fähigkeit zum Erinnern, und ein ihr entsprechendes Wissen über diese Fähigkeit im Lebenslauf bewußt werden, wird es in gewissem Ausmaß möglich, das, was man erinnern und behalten will, selbst zu bestimmen und zu verstärken. Wenn es zudem zutrifft, daß Erinnerungen nach Relevanzgesichtspunkten abrufbar und nach Maßgabe von Stimmung und Interessen gespeichert werden, dann folgt daraus, daß bei jeder Erinnerung ein umfassender Welt- und Selbstbezug hergestellt oder revidiert wird.

Als klassische Illustration dieses Umstandes können immer noch die ersten Passagen aus Marcel Prousts *A la recherche du temps perdu* dienen, in der der Erzähler berichtet, wie ihn die bewußte Wahrnehmung seiner leiblichen Aktivitäten beim Schlummern in immer umfassendere Weltbezüge stellt, um ihn schließlich am Leitfaden einer Geschmacksassoziation ein umfassendes Gesellschaftspanorama neu erleben zu lassen: „Der Schlafende spannt in einem Kreise um sich den Ablauf der Stunden, die Ordnung der Jahre und der Welten aus. Beim Erwachen orientiert er sich dann nach dem Gefühl an ihnen, er liest in einer Sekunde daraus ab, an welchem Punkt der Erde er sich befindet, wieviel Zeit bis zu seinem Wachsein verflossen ist; doch diese Systeme können sich verwirren und überschneiden.“[22]

Erinnerungen lassen sich außerdem noch bezüglich ihrer Intersubjektivität untersuchen: zunächst bezüglich ihrer moralischen, sodann ihrer theoretischen Intersubjektivität. Ich und andere sind im Erinnern deshalb von Bedeutung, weil nur die anderen die moralische Richtigkeit meiner Handlungen oder Widerfahrnisse beurteilen oder akzeptieren und weil nur die anderen im Zweifelsfall die theoretische Wahrheit meiner Erinnerungen beglaubigen können. Hier liegt die Schnittstelle einer Theorie individueller Erinnerung und kollektiven Gedächtnisses: Fragen nach der Richtigkeit und Wahrheit der Erinnerungsinhalte lassen sich im Prinzip nur anhand der Erinnerungen anderer beantworten und beglaubigen. Die anderen werden im Erinnerungsbezug als Richter und Zeugen deshalb bedeutsam, weil die holistische Struktur des individuellen Gedächtnisses erstens stets affektive und bewertende, d. h. moralische Stellungnahmen zum Erfahrenen und Erlebten beinhaltet und weil zweitens die individuelle Erinnerung, ihrem holistischen Charakter zum Trotz, in jedem ihrer einzelnen Bestandteile brüchig werden kann, d. h. jenen Kontingenzen des Vergessens und Täuschens ausgesetzt ist, auf die anfangs hingewiesen wurde.

Die anderen als Zeugen und Richter, als Beglaubiger der Richtigkeit individueller Handlungen und der Wahrheit narrativer Interpretationen werden damit zum Garanten des angemessenen Selbstverständnisses einer Person, eines Selbstverhältnisses, das heute gern als „Identität“ bezeichnet wird. Nur im Verein mit anderen kann ein Individuum festhalten, wer es gewesen ist und wer es damit ist. Wenn die anderen, die konkreten oder auch die generalisierten Anderen als wirkliche oder virtuelle Zeugen, Zuhörer und Richter über eine Lebensgeschichte im Erzählfluß bewußt oder unbewußt vorhanden sind, die Lebensgeschichte sich also wesentlich als das Ablegen einer Rechenschaft über das Genügen oder Ungenügen an Erwartungen und Normen darstellt, dann ist von Anfang an ausgeschlossen, daß so etwas wie eine distanziert kontemplative Einstellung zur eigenen Lebensgeschichte möglich ist.

Bei alledem ist – auch angesichts von Aristoteles' und Platons Auffassung, daß niemand vor dem Ende seines Lebens als glücklich zu preisen sei – darauf hinzuweisen, daß Geschichten, Narrationen es an sich haben, von ihrem jeweiligen Ende her erzählt zu werden. Freilich ist es auch möglich, daß Lebensgeschichten aus ihrer Mitte, dem jeweiligen, noch erlebten Ende, heraus erzählt werden können. Es kann also stets nur um die bisher erzählte Geschichte gehen, die im Grundsatz immer nach vorne offen ist. Das ästhetische Wohlbefinden beim narrativen Rückblick auf die eigene Lebensgeschichte, zu welchem Zeitpunkt auch immer, ist eine eigentümlich distanziert-engagierte Haltung gegenüber dem eigenen Leben, beruht daher auf einer reflektierten Sorge. Jenes Wohlbefinden also, das hier als Glück bezeichnet wurde, wird in einer pädagogischen Theorie der Tugenden eine methodologische Funktion einnehmen. Dieser enge Bezug von Lebenslauf, Erinnerung und möglicher Glückserfahrung kann eine pädagogische Theoriebildung, die sich auf den Ablauf und die Veränderbarkeit von menschlichen Lebensspannen bezieht, nicht gleichgültig lassen.

VII. Humanontogenese und der Sinn des Lebens

Die Pädagogik hat nämlich einerseits zur Kenntnis zu nehmen, daß der menschliche Lebenslauf Bezugspunkt und Grundbegriff all ihrer Theoriebildung ist, andererseits die von systemtheoretisch orientierten Erziehungswissenschaftlern gestellte Herausforderung anzunehmen, wonach es sich bei „Lebensläufen" lediglich um ein semantisches Medium handele, die ihrer herkömmlichen teleologischen Verhüllung zu entkleiden seien. Die Vorstellung, die Begriffe „Sozialisation", „Erziehung" und „Bildung" ließen sich sinnvoll auf eine auch normativ gehaltvolle Theorie gerichteter Lebensentwürfe beziehen, wäre demnach aufzugeben. Auf diese Herausforderung, muß die Pädagogik antworten, will sie auch künftig begründet und nicht dogmatisch von ihrem Gegenstand handeln. Die soziologische Systemtheorie, vor mehr als zwanzig Jahren durch den damals in Hamburg lehrenden Karl Eberhard Schorr[1] in die Erziehungswissenschaft eingeführt, verhieß nach dem Ende der Bildungsreform einen resigniert gesellschaftskritischen Blick[2] jenseits des seinerzeit grassierenden Reformmarxismus, derweil gestreßte Lehrkräfte sich klarmachen konnten, daß ihr gelegentliches Scheitern den Paradoxien des Erziehungssystems zuzurechnen sei: Tatsächlich ist ja die Vorstellung, ein Lehrer oder eine Lehrerin könne kontrolliert und gesichert etwa dreißig Schülern Wissensbestände übertragen, durchaus irrig, weshalb Luhmann/ Schorr neben ihren den Habitus von Wissenschaftlern prägenden Diskursstilen und einigen geistesgeschichtlichen Untersuchungen[3] vor allem als Entdecker des „Technologiedefizits" der Pädagogik in die Theoriegeschichte eingegangen sind.[4] Indes: Die Terminologiemaschine, die Luhmann und seine Schule in Gang gebracht haben, um das Prozessieren der modernen Gesellschaft auch ohne Hinzuziehen von Empirie besser verstehen zu können, will in der Pädagogik nicht recht funktionieren: Weder ist man sich über das „Medium" des Erziehungssystems einig noch über seinen „Code": So wird einmal das „Kind"[5], dann aber wiederum der „Lebenslauf"[6] zum „Medium" des Erziehungssystems erklärt, während als „Code" die beinahe triviale Unterscheidung von „vermittelbar/ nicht-vermittelbar" festgelegt wird.[7] Diese Schwierigkeiten entstehen, weil der Pädagogik jene Intuition nicht auszutreiben ist, die in einer allgemeinen

Gesellschaftstheorie Plausibilität zu entfalten vermag: daß der „Mensch“ nicht nur eine lebensweltliche, sondern auch eine theoretisch tragfähige Kategorie ist. So sehr nämlich einzuräumen ist, daß die „Gesellschaft“ nicht aus Menschen, sondern aus Kommunikationen besteht, so sehr ist umgekehrt darauf zu beharren, daß es die so analysierte Gesellschaft jedenfalls ohne die biologische Gattung „homo sapiens“ als Umwelt nicht geben könnte. An dieser Problematik ist Luhmanns abschließendes Wort zu dieser Thematik, die posthum erschienene Theorie des *Erziehungssystems der Gesellschaft* denn auch gescheitert.[8] Niclas Luhmann kommt bei aller Kritik am humanistischen Perfektionsideal nicht darum herum, einzuräumen: „Es geht tatsächlich nur um die Vorbereitung des Einzelmenschen auf sein späteres Leben, um seinen Lebenslauf.“[9] Das Problem des Menschen, dieses Überbleibsels der alteuropäischen Semantik, beschäftigt Luhmann spätestens seit 1985,[10] während sich seine Schule seit Mitte der neunziger Jahre mit dem Menschen als dem „Medium der Gesellschaft“[11] auseinandersetzt.

Was am Ende – bis heute – als dritter Grundbegriff der Erziehungswissenschaft neben „Sozialisation“ und „Erziehung“ bisweilen mehr Probleme als Klärungen schafft, nimmt sich in einer schon klassisch gewordenen Formulierung so aus: „Ideal der Bildung ist die sich in ihrem Eigencharakter hervorbringende Individualität, die sich auch unter widrigen Bedingungen in Freiheit entschließen und handeln kann.“[12]

Eben diese Begrifflichkeit, so resümiert Dieter Lenzen fünfzehn Jahre später, sei ein „deutsches Containerwort“. Entsprechend versucht er mit den begrifflichen Mitteln der Systemtheorie Luhmanns und Schorrs, mit den Begriffen von „Selbstorganisation, Autopoiesis und Emergenz“, den Bildungsbegriff und seine Paradoxien zu präzisieren. Die Konsequenzen dieser Überlegungen könnten radikaler nicht sein und würden alle Versuche, eine Pädagogik als eine Handlungs- und damit Humanwissenschaft zu begründen, dementieren: „Wenn nämlich konsequenterweise Handeln als Wahrgenommenes nur ein kognitives Konstrukt ist, sind Bemühungen um das ‘richtige’ pädagogische Handeln in einem anderen Licht zu sehen. Für eine Erziehungswissenschaft als Handlungswissenschaft hätte die Extrapolation solcher Konsequenzen weitreichende Folgen, ebenso übrigens wie für eine ‘pädagogische Ethik’, deren Intentionen – das war allerdings der Bildungstheorie immer schon klar – ins Leere stoßen würden, wenn das kognitive System selegiert.“[13]

Der hier noch konjunktivisch geführte Angriff gegen alle Versuche einer pädagogischen Ethik wurde später – in Überlegungen zur Umwandlung der Pädagogik in eine nicht mehr normativ gefaßte „Wissenschaft von der Humanontogenese“ – verschärft: „Die Vorstellung, daß das Ganze des menschlichen Lebens überhaupt keinen Sinn habe und es deshalb auch keiner Teleologie bedürfe, scheint den Vertretern des pädagogischen Genres, also sowohl des pädagogischen Establishments wie der Erziehungswissenschaft mit wenigen Ausnahmen nicht hinnehmbar.“[14]

Bewußt handlungstheoretisch und ethisch-religiös begründete Pädagogiken setzen beim gleichen Problem ein, dem Sinn des menschlichen Lebens. So thematisierte etwa Helmut Peukert stets ein Problem, das der Diagnose Lenzens zum Verwechseln ähnlich scheint, nämlich die Auseinandersetzung um die mögliche Sinnlosigkeit des menschlichen Lebens. Wo indes die Vertreter der Systemtheorie dieses Problem nur noch als kognitive Fehlhaltung analysieren, die eine sachlich angemessene Entfaltung der Erziehungswissenschaft verhindere, geht es Vertretern einer nachidealistischen und damit in gewisser Weise auch nachhumanistischen Bildungstheorie gerade um die Integration des Sinnlosigkeitsverdachts in eine letzte Stufe der Bildungstheorie, in eine Bildungstheorie, die – ganz wie die Systemtheorie – alle verblendende Selbstüberheblichkeit des modernen Subjekts hinter sich gelassen hat: „In der Interaktion wird die Unbedingtheit des einzelnen, seine Bejahung im Tod erfahren und vollzogen [...]. Das Vermögen zur Identität ist in sich paradox: als Überschreiten internalisierter Strukturen auf den letzten Horizont der Auflösung im Tod ist es die Fähigkeit zu einer je neu gewonnenen Selbstgegenwart und Gegenwart für andere.“[15] Auffälligerweise gipfelt auch der systemtheoretische Versuch einer Neukonzeptualisierung der Erziehungswissenschaft in einer meditatio mortis: „Es stellt sich also die Frage, ob der Lebenslaufbegriff einerseits von geistesgeschichtlich-theologischen Konnotationen frei ist und ob er andererseits angesichts der anthropologischen Todestatsache – zumindest solange es eine solche ist – von teleologischen Konnotationen frei sein kann. Genau dies wäre aber eine Voraussetzung, wenn er gewährleisten soll, daß mit ihm keine Erziehungsziele formuliert werden und daß er einen 'Kombinationsraum' eröffnet.“[16]

Dabei wird eingeräumt, daß eine teleologische, also als sinnhaft erfahrene Fassung des Lebenslaufs aus der Perspektive von Teilnehmern kaum zur Disposition stehen dürfte, daß aber zu einem angemessenen Verständnis des sich zu einem allgemeinen kurativen System erweiternden Erziehungssystems diese Perspektive unterkomplex ist. Beide Bildungstheorien, Peukerts Bildungstheorie von im Angesicht des Todes einander in unbedingter Solidarität verpflichteter Indivduen und Lenzens entnormativisierte Theorie der Humanontogenese, finden Prüfstein und Anstoß an der Erfahrung des Todes. Wo es Peukert in einer Theologie des solidarischen Wortes um den „Tod des Todes“[17] geht, die Bildungstheorie also die ganze Last der Bewahrheitung des christlichen Glaubens tragen muß, will Lenzen künftige Codierungen des kurativen Systems und seines Ausuferns angemessen fassen können: „Bleibt zu hoffen, daß zeitgenössische Beobachter der bevorstehenden Systemtransformation, Erziehungswissenschaftler wie Soziologen, die Chance erhalten und wahrnehmen, Todesgestaltung nicht als fremdgesteuerten Prozeß einer Jugendpartei erfahren zu müssen, sondern diese Gestaltung als autopoietischen Prozeß oszillierender Organismen erfahren zu können.“[18]

Todesgestaltung möge künftig als autopoietischer Prozeß oszillierender Organismen, als endlicher Zerfallsprozeß des Bewußtseins erfahren werden. Das ist – neben den vielen Vorschlägen, die die Mentalitätsgeschichte des Abendlandes zum Verständnis des Todes gemacht hat: als Übergang in eine Unter- oder Überwelt, als ewiger, traumloser Schlaf, als angstbesetzter Abbruch, als freundlicher Nachbar und Erlöser, als trostloses Massenschicksal – ein neuer Vorschlag: Zerfall eines autopoietischen Systems, nämlich des in sich geschlossenen, strukturell an das biologische System gekoppelten Bewußtseins. Tod, das heißt in dieser Theorie: Das in sich geschlossene Bewußtseinssystem beobachtet seinen eigenen Zerfall. Während der Tod – alteuropäisch – als das Sterben eines Menschen verstanden wurde und wohl auch bis auf weiteres im Alltagsverstand so gesehen wird, erscheint er hier als Zerfallsprozeß eines spezifischen Systems. Damit ist nicht nur die Spezifizität des menschlichen Todes begrifflich an das Verenden etwa eines Tieres assimiliert, sondern zugleich eine eigentümliche Reflexionsfigur wiederbelebt: Das Sterben – oder der Tod? – soll als Gestaltung erfahren werden. Was wird gestaltet? Das Zerfallen des autopoietischen Systems. Wer gestaltet? Wiederum: das autopoietische System! Der Tod des Bewußtseinssystems erweist sich so als das mitlaufende Beobachten und d. h. Erleben seines eigenen Zerfalls. Erleben gilt dieser Theorie stets als Attribuierung auf Umwelt. Das Bewußtseinssystem rechnet mithin seinen eigenen Zerfall dem Zerfall einer seiner Umwelten, im Extremfall seines Körpers zu und konstatiert die Auflösung der strukturellen Koppelung mit dem Leib. In einem solchen Fall ist nach dieser Theorie mit dem Entstehen starker Gefühle zu rechnen: „Gefühle kommen auf und ergreifen Körper und Bewußtsein, wenn die Autopoiesis des Bewußtseins gefährdet ist. [...] In jedem Fall sind Gefühle keine umweltbezogenen Repräsentationen, sondern interne Anpassungen an interne Problemlagen. [...] Sie sind gleichwohl instabil, da sie mit dem Wieder-in-Ordnung-bringen der Selbstkontinuierung des Bewußtseins abklingen.“[19]

Im Fall des Todes, so müssen wir schließen, wo von einem Wieder-in-Ordnung-bringen der Selbstkontinuierung keine Rede sein kann, werden die entsprechenden Gefühle jedenfalls nicht im gleichen Sinn abklingen wie im Falle einer Renormalisierung, sondern einfach abbrechen. Die gefühlsmäßig repräsentierte Weiterkontinuierung wird oder kann sich dann religiöser Kontingenzformeln bedienen, womit auch die Theologie, der Glaube ihren Platz gefunden hätten. Andererseits: Die Beschreibung von Tod und Sterben als autopoietischer Prozeß oszillierender Organismen scheint reduktionistisch verkürzt – und zwar nicht nur nach den Maßgaben anderer theoretischer Ansätze, sondern nach Maßgabe der Systemtheorie selbst. Immerhin, so muß sogar Luhmann einräumen, bleibt die Gesellschaftstheorie auf eine Beschreibung des Menschen angewiesen, „die sie nicht einfach aus den Ergebnissen der organischen Chemie, der Zellbiologie, der Neurophysiologie, der Psychologie usw. zusammenstellen kann.“[20]

Dieser Versuch ist bisher mißlungen, die Antwort der Systemtheorie bestand deshalb in aller Konsequenz und durchaus auch mit guten moralischen Gründen[21] darauf, normativ jeden Humanismus zu verabschieden und den Menschen in der Umwelt des Gesellschaftssystems zu plazieren. Warum bleibt dann die Gesellschaftstheorie auf etwas, das sie offensichtlich nicht einlösen kann, angewiesen, nämlich auf eine „angemessene Beschreibung des Menschen“[22]? Weil, so die deutliche und sachbezogene Antwort, diese Theorie auf der Suche nach einer Beschreibung der Gesellschaft ist, die „ihrer modernen Realität gerecht wird.“[23] Nun könnten sich Luhmann und die ihm verpflichteten Theoretiker einfach geirrt und damit die Konsistenz ihrer Theorie unnötigerweise zerstört haben. Andererseits: Die Analyse gerade der modernen Gesellschaft besteht nicht zuletzt auch in einer Analyse ihrer Semantik. Daß hier der Begriff des Menschen immer wieder – sogar in anderen

Wissenschaften – legitimerweise auftaucht, bestreitet diese Gesellschaftstheorie gar nicht – sie bietet lediglich gute Gründe dafür auf, „daß man vom Menschen im Kontext einer Theoriearbeit lieber schweigen sollte.“[24] Das liegt nicht nur an dem Umstand, daß die Soziologie nicht in der Lage sei, genügend interdisziplinäre Anregungen zu einer Theoretisierung des Menschen aufzunehmen, sondern auch in einem moralischen Soupçon: „Mit einer gewissen Nostalgie“, so Luhmann in einem Traktat über Barbarei und Moderne, „können wir jetzt an die Barbaren zurückdenken oder an die anderen Völker, die Heiden, die Wilden. Ihnen blieb ihre eigene Sozialordnung überlassen. Wir hatten nichts damit zu tun. Es stand uns frei, sie zu bekehren oder zu versklaven oder sie im Tausch zu übervorteilen. Und es waren unsere Begriffe, europäische Begriffe, wenn wir von humanitas, von ius gentium, von Menschheit oder Menschenrechten sprachen.“[25]

An dieser Stelle läßt sich die Askese der systemtheoretischen Soziologie nur noch mit Respekt vermerken, offen bleibt die Frage, ob sich die beabsichtigte Abschottung lebensweltlicher Intuitionen von wissenschaftlicher Theoriekonstruktion so aseptisch durchhalten läßt, wie vorgeschlagen – aber all dies sind nicht die Probleme der Erziehungswissenschaft.

So sehr es sein mag, daß die Soziologie – jedenfalls vorläufig und nicht sehr konsequent – auf einen Begriff des Menschen verzichten muß, so wenig binden die dort getroffenen Entscheidungen die Erziehungswissenschaft. Zumindest muß die Frage, ob und mit welchen Folgen sich die Erziehungswissenschaft in einen Anwendungsfall der Theorie autopoietischer, sozialer Systeme transformieren läßt, ebenso explizit behandelt werden wie die Frage, ob die Erziehungswissenschaft eher als die Soziologie in der Lage ist, interdisziplinäre Impulse aufzunehmen. Damit scheint man jetzt an der sowohl unausweichbaren als auch letztlich nicht beantwortbaren Frage nach dem Proprium der Erziehungswissenschaft angelangt zu sein. Um sich dieser Frage zu nähern, empfiehlt es sich, um unnötige Reibungen zu vermeiden und konsistent zu bleiben, soweit wie möglich Grundentscheidungen der Systemtheorie mitzuvollziehen. In diesem Sinn ist erstens einzuräumen, daß die Systemtheorie jedenfalls nicht naiv reduktionistisch verfährt und die Existenz von Menschen durchaus beglaubigt, daß sie aber zweitens ebenso darauf beharrt, daß Menschen – im Unterschied zum Bewußtsein, zum Immunsystem, zur Psyche oder zur Gesellschaft – keine autopoietischen Systeme sind. Welches sind eigentlich die Gründe dafür,

Wissenschaft nur noch als Theorie autopoietischer Systeme zu betreiben? Damit ist die Frage nach den, so Luhmann, „richtigen Reduktionen“ gestellt[26] – die neben der Theorien- auch die Disziplinbildung betrifft, die sich als Ausdruck der segmentären Differenzierung des Wissenschaftssystems erweisen. Das abstrakte Problem, das solchen Disziplinbildungen unterliege, sei immer dasselbe und bestehe in „der Kombination von Varietät und Redundanz, von Reichtum an Gegenstandserfahrungen und Überraschungen auf der einen und Kombinationsmöglichkeiten auf der anderen Seite. [...] Das heißt zwar, daß die einzelnen Disziplinen unterschiedliche Phänomenbereiche erfassen, nicht aber, daß die gesellschaftlich konstituierten Dinge wie Länder und Wolken, Menschen oder Tiere für jeweils nur eine Disziplin konzipiert werden müßten.“[27]

Was für Disziplinen gilt, gilt a fortiori auch für Theorien innerhalb einer Disziplin. Und daher gilt in der Soziologie, daß eine Konstruktion ihres Gegenstandes vom Menschen her, neben moralischen Einwänden, vor allem deshalb scheitert, weil die dazu aufgebotene Basistheorie, die den Begriff „Mensch“ systematisch fassen könnte, nämlich die Sozialphänomenologie, mit ihrer Betonung der „Lebenswelt“ und des leiblichen Subjekts zwar attraktiv sei, aber zu wenig ausschließe. Der auf leibliche Subjekte abhebende Begriff der „Lebenswelt“ sei „ein unbestreitbar schöner, sich gut anfühlender Begriff: konkret und robust, nah und fern zugleich, reich an empirischem Gehalt und doch mit den Eigenschaften der äußersten Sphäre ausgestattet.“ Theorieuntauglich, weil ambivalent sei dieser Begriff gleichwohl, und zwar deshalb, weil er keine Limitationen und Exklusionen zulasse: „Der Sachverhalt, den er bezeichnet, verträgt jedoch keine Exklusion. Auch die Wissenschaft findet in der Lebenswelt statt. Alles, was ist, findet in der Lebenswelt statt.“[28]

Auch Erziehung – die damit als theoriefähig ausgeschlossen wird. Daher ist noch eine weitere Schwierigkeit der systemtheoretisch gewendeten Pädagogik aufzunehmen: ihre Ablehnung des Begriffs der Sozialisation im herkömmlichen Verstande. Aus grundsätzlichen Erwägungen heraus müssen einer Erziehungswissenschaft, die auf die Begriffe „Selbstorganisation, Autopoiesis und Emergenz“ umstellt, die Begriffe von „Sozialisation“ und „Erziehung“ suspekt werden, da sie eine wenn auch mittelbare Beeinflussung dessen unterstellt, was nach Maßgabe einer Theorie autopoietischer Systeme nicht beeinflußt werden kann, nämlich des in sich geschlossenen psychischen Systems. Daher kann diese Weiterentwicklung nur noch so etwas wie Selbstsozialisation bzw. „Bildung“ als „Selbstbildung“ anerkennen. Das scheint auf den ersten Blick neueren Einsichten der vorgängigen Sozialisationstheorie, etwa dem der Piaget-Kohlberg-Schule entstammenden Modell eines seinen Lebenslauf aktiv strukturierenden Individuums zu entsprechen.[29] Gleichwohl: Im Sinne der Limitationalität von Wissenschaft scheint das Ergebnis wünschenswert – schließt es doch tatsächlich eine Reihe von bisher für selbstverständlich gehaltenen Phänomenen aus. Nach Auskunft der Systemtheorie sind Begriffe wie „Sozialisation“ oder „Erziehung“ entweder wissenschaftlich untauglich – die schwächere Behauptung – oder – die stärkere Behauptung – auch ontologisch sinnlos: Das, was sie vorgeben, existiert in Wahrheit gar nicht. Die familiale oder schulische Lebenswelt, die glaubt, daß in ihren Institutionen erzogen oder sozialisiert werde, irrt sich schlicht und ergreifend. Der Befund könnte deutlicher nicht sein: Nur eine naive, an die Existenz von Menschen als wissenschaftsfähigem Begriff glaubende Theorie kann meinen, daß es „Erziehung“ und „Sozialisation“ gibt. Ist diese Täuschung einmal behoben, dann ergibt sich sofort, daß „Sozialisation“ oder „Erziehung“ gleichermaßen keine wissenschaftsfähigen Begriffe sind, es sei denn, man betrachte sie als ein Reservoir zu analysierender, historisch geronnener Semantiken. Damit scheint man an einem vorläufigen Endpunkt angelangt zu sein: Da Menschen nicht mit ihrem Bewußtseinssystem, mit ihrem psychischen System identisch sind, da sie keine autopoietischen Systeme darstellen, ist auch keine Erziehungswissenschaft möglich, die die wechselseitige – gewollte oder nicht gewollte – Beeinflussung von Menschen untereinander zu ihrem Thema macht. Das scheint – und damit ist unser Problem genau bezeichnet – im Falle von „Bildung“ nicht zutreffend zu sein: Ihr Begriff scheint der systemtheoretischen Transformation noch am ehesten assimilierbar.

Luhmanns letztes, pädagogisch interessiertes Wort zum Problem des „Menschen“ besteht in der Behauptung, daß das, was wir als einen ausdrucksstarken beweglichen Menschen wahrnehmen, auf einer „festen Kopplung“ von Unwahrscheinlichkeiten beruht und letztlich eine nichttriviale Maschine darstellt, die sich selbst in den Zustand von Intransparenz und Unbestimmtheit versetzt. Auf dieser Basis läßt sich dann auch die vierte von Kants Fragen „Was kann ich wissen, was soll ich tun, was darf ich hoffen, was ist der Mensch?“ schlüssig beantworten: „*ein hochkomplexes System der laufenden Reproduktion der selbstrealisierten Differenz*“[30] von Vergangenheit und Zukunft. Daß derlei nicht zuverlässig, kausal exakt prognostizierbar zu belehren ist, liegt auf der Hand. Die soziologische Perspektive auf den Menschen als „Person" verdeutlicht weiter, warum wir lebensweltlich gezwungen sind, das Konstrukt der sozialen Rolle „Person" mit dem weiteren Konstrukt des „Gedächtnisses" zu versehen, um das soziale System in seinen Operationen von psychischen Tatbeständen unabhängig zu machen. Bei alledem beglaubigt Luhmann gegenüber gehirnphysiologisch begründeten radikalkonstruktivistischen Annahmen, das menschliche Individuum erschaffe sich selbst, daß Personen tatsächlich durch Sozialisation und Erziehung entstehen. Allerdings gilt ihm Sozialisation, die stets durch Kommunikation vermittelt wird, immer als „Selbstsozialisation",[31] die etwas ganz anderes sei als der „Import von Kulturpartikeln in das psychische System."[32] Wenn also Menschen nicht nur durch Selbstsozialisation, sondern auch durch Erziehung zu den Personen werden, die sie schließlich sind, so vermag selbst ein so normfreier Denker nicht nur ein Erziehungsziel, sondern sogar ein allgemeines Sozialisationsziel aufzubieten: Erziehung müsse, so Luhmann ganz im Sinne von Individualisierungstheorie und Risikogesellschaft, den zu erziehenden Nachwuchs auf eine unbekannt bleibende Zukunft, „auf ein Leben in permanenter Unsicherheit vorbereiten"[33] Das meint Luhmann natürlich anders als etwa Ulrich Beck, nämlich grundsätzlich – ebenso wie es die von ihm immer wieder attackierte philosophische Anthropologie auch tat. Warum die philosophische Anthropologie dann doch stets aufs neue kritisiert wird, bleibt vor diesem Hintergrund unverständlich. Wenn Menschen schließlich unzuverlässige, eben nichttriviale Maschinen sind, dann ist, wie mit einem gewissen Frohlocken notiert wird, das Geschäft der Pädagogen die „Trivialisierung der Menschen"[34]; gleichwohl gilt, daß Menschen „trotz Schulbesuchs nichttriviale Maschinen bleiben."[35] Freilich kann manches dieser theoretischen Analyse zum Trotz nicht erklärt weden, und das erstaunlichste an Luhmanns letzten Einsichten ist seine geradezu kindliche, ja philosophische Fähigkeit, sich zu wundern: „Wenn Erziehung", heißt es zu Beginn des Kapitels über „Medium und Form", „eine bloße, sich an ihrem eigenen Aufwand festbeißende Illusion wäre, wäre aber kaum zu erklären, daß Schüler, die 8 Jahre Lateinunterricht erhalten, am Ende besser Latein können, als andere Schüler, denen ein solcher Unterricht versagt bleibt."[36]

Die von Luhmann vertretene Anthropologie der nichttrivialen Maschine Mensch generiert am Ende eine erziehungswissenschaftliche Theorie, die schon allein aufgrund ihrer völlig veralteten, ohnehin nur illustrierenden empirischen Untersuchungen, die aus der Unterrichtsforschung der siebziger und achtziger Jahren stammen, zur theoretischen Erfassung und praktischen Reform des Bildungswesens untauglich ist. Die von Luhmann wahrgenommenen Schwierigkeiten des deutschen Erziehungssystems mitsamt seinem Reformstau werden kurzerhand auf das Erziehungssystem der Gesellschaft hochgerechnet – obwohl doch schon ein oberflächlicher Blick auf die Arbeiten der vergleichenden Erziehungswissenschaft darüber hätte belehren können, daß es eben doch bessere und schlechtere Schulsysteme gibt. Dem entspricht Luhmanns Süffisanz nicht, die die Schulreformer vor allem durch eine Leistung des „Systemgedächtnisses" charakterisieren möchte: das Vergessen. Tatsächlich versucht Luhmann, die psychischen Fähigkeiten von Menschen, nämlich sich erinnern bzw. vergessen zu können, sozialen Systemen zuzuschreiben. Bei dieser Neuzuschreibung scheint er davon auszugehen, daß auch individuelles psychisches Vergessen eine Funktion im Vergangenheitsbezug von gesellschaftlichen Systemen hat. Auch das individuelle Vergessen ist demnach eine Form, nicht mehr Erinnertes latent und damit im Grundsatz für weitere Aktualisierungen disponibel zu halten. Am Ende verwundert besonders, daß Luhmann, was seine eigene Position und Kommunikation im Wissenschaftssystem angeht, auf eine lebensweltliche Anerkennungstheorie setzt, die allem, was er sonst vertritt, zuwiderläuft. Wie oft mußten wir lesen, daß Anerkennungstheorien nicht komplex genug sind, um irgend etwas besser zu verstehen oder auch nur um sich orientieren zu können. Schließlich ist zu vermerken, daß Luhmann sich eine direkte kommunikative Beziehung zwischen – selbstverständlich – „der" soziologischen Gesellschaftstheorie und den Pädagogen wünscht. „Dann", so Luhmann beinahe sentimental, „kommt es zu der Frage, ob und wie die Partner einer solchen Beziehung einander ernst nehmen und als jeweils Anderen anerkennen können."[37] Dieser Inkonsequenz zum Trotz wird eine Luhmanns Ablehnung des Humanismus zurückweisende Bildungstheorie die systemtheoretischen Annahmen der Schule über menschliches Selbstbewußtsein überprüfen müssen. Auf dieser Basis wird es dann möglich zu entscheiden, ob eine Pädagogik als „Lebenslaufwissenschaft" tatsächlich ohne die Annahme der teleologischen Struktur von Lebensläufen auskommen kann.[38]

Luhmann hat anhand einiger moralischer Geschichten aus der frühen Neuzeit, vor allem von Ritterromanen bzw. der Tugend ihrer Helden das Problem dargestellt: „Die auf sich gestellte Reflexion des Bewußtseins kann sich nicht auf ein Übereinkommen mit der Gesellschaft stützen. Sie kann nur sich selbst daran hindern, sich in pure Tautologie aufzulösen. Die Einheit des Bewußtseins kann im Bewußtsein daher nur unscharf vorgestellt werden – als eine Unschärfe, hinter der sich verbirgt, daß man bei weiterem Suchen weder auf Eigenschaften noch auf Prinzipien stoßen würde, die unumstößlich feststehen. Weder der Held noch der homme-copie, noch das moralische Bewußtsein kommen ohne „blinden Fleck" aus. Weder die eine noch die andere Figur bringen gesellschaftliche und psychische Selbstreferenz zur Deckung. Der Held darf sich sein Interesse an Ruhm, Reputationsgewinn oder moralischer Achtung nicht eingestehen. Er muß, um aufrichtig zu sein, unaufrichtig sein."[39]

Diese – an einer historischen Semantik, vor allem einer für das siebzehnte Jahrhundert typischen Konstellation gewonnene – Theorie läßt sich in allgemeineren Begriffen reformulieren und wirft dann die Frage nach der Teleologizität des Lebenslaufs in besonderer Schärfe auf. Am Ende aller systemtheoretischen Umformulierungen steht nämlich eine Frage und keine Antwort: „Das Subjekt wäre dann die jeweils neu zu aktualisierende Unterscheidung von Selbstreferenz und Fremdreferenz mit jeweils anderen Bestimmungen. Es wäre die Form des re-entry der Unterscheidung von System und Umwelt in das System. Aber", so schließt Luhmann, „war das gemeint, und vor allem: war die Festlegung auf eine Grundparadoxie gemeint, als man die Menschen zu Subjekten erklärte?"[40]

Sieht man als Basis der neueren Erziehungswissenschaft eine Wissenschaft des Lebenslaufs und der Humanontogenese an, so stellt sich sofort die Frage danach, ob eine solche Wissenschaft deskriptiv analytisch bleiben kann oder nicht auch normative Elemente aufzunehmen hat. Soll Erziehungswissenschaft mehr sein als Soziologie des Lebenslaufs bzw. als reine Entwicklungspsychologie, dann läßt sich die Frage nicht ausblenden, woraufhin Erziehung als professionelle Lebensbegleitung zielen soll. Daß bei der Fülle und Verschiedenartigkeit der Menschen in Epochen, Kulturen und Gesellschaften darauf keine eindeutigen, konkreten Antworten möglich sind, liegt spätestens seit Diltheys historistischer Skepsis auf der Hand. Womöglich lassen sich aber einige wenige, eher abstrakte Kriterien entfalten, die es erlauben, die alltägliche Rede vom gelungenen oder mißlungenen Leben zu präzisieren. Vielleicht ist es darüber hinaus sogar möglich, eine formale Definition des Glücks oder des gelungenen Lebens zu geben.

Aristoteles nahm an, daß bestimmte Fähigkeiten eine notwendige Bedingung für ein gelungenes Leben sind. Diese Verbindung von Fertigkeiten und Glück ist jedoch nicht trivial. Glück könnte ja auch jenseits aller Fertigkeiten als freies, sozusagen unverdientes Geschenk erfahren werden, als etwas, das dem bewußten Handeln gerade entzogen ist. Damit liegen von Anfang an mindestens zwei Bedeutungen des Begriffs eines gelungenen Lebens bzw. eines glückseligen Lebens vor: Hier erfüllt sich Glück im Erstaunen über anstrengungslos und ungewollte erfüllende Erfahrungen, dort im Meistern von Herausforderungen und im Streben nach Zielen. Welche Rolle spielen Fähigkeiten und Fertigkeiten in beiden Konzeptionen? Diese Frage läßt sich nur dann sinnvoll stellen, wenn man überhaupt dazu bereit ist, Lebensläufe, Biographien als Ereignisketten anzusehen, die mindestens aus der Sicht ihrer Subjekte selbst sinnvoll, d. h. auf ein Ziel hin ausgerichtet sind – und sei es auch nur eine formale Vorstellung vom Glück. Eben diese Teleologizität will Dieter Lenzen im Rahmen eines unter dem Namen „Humanontogenese“ fungierenden Programms einer künftigen Erziehungswissenschaft eliminieren. Das führt zu einer auf den ersten Blick paradox klingenden, in der Sache zudem falschen Annahme. Die entscheidende Veränderung für die Erziehungswissenschaft bestehe bei der Übernahme dieses Vorschlags darin, „daß der Begriff der Selbstorganisation in bezug auf das Kommunikationsmedium Humanontogenese keinerlei Spielraum für pädagogische Tätigkeit beläßt, während paradoxerweise der Handlungsraum im Sinne des gesamten Lebenslaufs als Ort pädagogischer Prozesse bis an die Grenzen von Empfängnis und Tod erweitert wird.“[41]

Der Fehler dieser Argumentation liegt in der zugrundegelegten Theorie autopoietischer Systeme, die hier auf die Lernprozesse von Individuen im Lauf ihres Lebens angewendet wird. So soll gelten, daß Lebensläufe aus keiner denkbaren Perspektive heraus als teleologisch gerichtete Ereignisketten denkbar, sondern allenfalls als jene Entitäten zu betrachten sind, die eine Kombination von Möglichkeiten eröffnen. Pädagogik als teleologisches Tun ist dann deshalb nicht mehr möglich, weil die Umwelt auf autopoietisch geschlossene psychische Systeme nicht einwirken kann. *So richtig es ist, daß psychische Systeme begrifflich widerspruchsfrei als in sich geschlossene autopoietische Systeme, die von außen nicht beeinflußbar sind, konzipierbar sind, so falsch ist es, Menschen mit psychischen Systemen zu identifizieren.* Menschen sind weder mit ihren Gehirnen noch mit ihren Psychen identisch, und wenn Gehirne und Psychen geschlossene Systeme sind, dann sind Menschen – wenn überhaupt – offene Systeme, die selbstverständlich gezielt und gewollt von anderen Menschen beeinflußt werden können. Die von Apologeten der pädagogisch gewendeten Theorie der Autopoiesis vertretene Ansicht, Menschen seien selbstverständlich ein Konglomerat energetisch offener, jedoch operativ geschlossener, strukturell gekoppelter Systeme, verfängt deshalb nicht, weil dann der ohnehin unklare, nichts erklärende, sondern nur beschreibende Begriff der „strukturellen Koppelung" die ganze Last einer kontraintuitiven Theorie menschlicher Interaktion tragen muß. Man mag den Umstand, daß Menschen weder mit ihrem Bewußtsein identisch noch operativ geschlossene Systeme sind, bedauern, kann ihn aber nicht durch die Übernahme einer Terminologie aus der Welt schaffen. Die Theorie autopoietischer Systeme und ihrer Autonomie, die mit der Autonomie lebendiger, hoffentlich mündiger Menschen nichts zu tun hat, führt durch einen *kategorialen, reduktionistischen Fehlschluß* zu unannehmbaren, weil unrealistischen Postulaten: Zunächst zum Postulat einer je schon gegebenen Autonomie der Edukanden ganz unabhängig von ihrer lebensgeschichtlichen Entwicklung in Verbindung mit einer Zurückweisung des Begriffs der Sozialisation – Postulate, die dem männlichen Mißverständnis, Menschen könnten sich ohne konstitutive Abhängigkeit voneinander bilden, unterliegen; sowie zum Postulat einer Lebenslaufsbegleitungswissenschaft, die glaubt, auf die Frage nach dem geglückten oder eben mißglückten Leben keine Antwort mehr geben zu müssen, zu können oder zu dürfen. Ohne eine Vorstellung vom glückenden bzw. mißglückenden Leben, also dem Horizont eines gesellschaftlichen Gerechtigkeits- und Glücksverständnisses, sind kurative Professionen – seien sie nun eher pädagogischer oder eher therapeutischer Art – nicht angemessen und sachhaltig rekonstruierbar. Um ihre ratio angemessen zu rekonstruieren, bedarf es eines wohldefinierten Begriffs von „Krankheit", „nicht einfach platt als das klassifikatorische Gegenteil von Gesundheit, sondern als das Maximum an Gesundheit, das ein konkretes Leben in seiner Traumatisierungsgeschichte und in seinem Überlebenskampf unter seinen je konkreten Lebensbedingungen zu erreichen in der Lage war."[42]

Die Annahme, daß „Lebenslauf" als Grundbegriff eines umfassend gedachten Erziehungs- und Bildungssystems auf teleologische Implikationen verzichten könne, resultiert aus der systemtheoretischen Umformulierung des Sozialisationsbegriffs zu einem Begriff der Selbstsozialisation. Das autopoietisch gedachte menschliche Bewußtsein selegiert aus seinen kultürlichen und sozialen Umwelten Anstöße, die ihm als Gedanken, die stets an bereits vorhandene Gedanken anschließen, Aufmerksamkeit erwecken. Der Selbstsozialisation liegt die autopoietische Reproduktion von Gedanken zugrunde, die vor allem in Entscheidungssituationen auffallen und zwar als der unumgängliche Zwang, sich zu gestellten Erwartungen zu verhalten, ihnen zu genügen oder eben nicht genügen zu können. Der systemtheoretisch motivierte Ausschluß einer Teleologie eigener oder fremder Biographien aus einer Theorie des Erziehungssystems resultiert aus einer methodologischen Setzung: der umstandslosen Gleichsetzung von Autopoiesis des Bewußtseins mit erfahrener und reflektierter Lebensgeschichte und einer materialen Annahme – daß die Gedanken von Individuen ihrerseits jeder teleologischen Struktur entbehren. Denn erst wenn gezeigt werden könnte, daß die aktualisierende Unterscheidung von Selbst- und Fremdreferenz ohne normative Bezüge auskommen könnte, wäre die Rede vom „Lebenslauf" als einer nicht mehr teleologisch bestimmten Größe sinnvoll. Dem mag zwar so sein – Niklas Luhmann jedenfalls läßt sich für diese Lesart nicht beleihen: „Durch Selbstintendierung wird das Allzweck-Ich, das alles kann, was es kann, nicht ausgelöscht, aber zu einer engeren Identität verdichtet, die internen Konsistenzerfordernissen genügen muß oder allenfalls mit sich selbst Überraschungen erlebt. Man könnte auch von Selbstlimitierung sprechen oder von Integration."[43]

Damit gilt jedoch, daß bei der Selbst- oder Fremdbeobachtung von eigenen oder fremden Lebensläufen normative, d. h. intendierte und limitierende Richtgrößen, evaluative Maßstäbe normativer oder auch ästhetischer Art offenbar unverzichtbar sind und wesentlich zur Form menschlichen Selbstbewußtseins dazugehören. Nun sind Normen und Intentionen noch nicht mit einem starken Perfektionierungsprogramm, einer Klasse für wünschenswert gehaltener Lebensziele gleichzusetzen. Dennoch läßt sich nicht bestreiten, daß die (binäre) Codierung, die auf Lebensläufe angewendet wird, wenn sie denn als Lebensläufe betrachtet werden, dem Schema „gelungen/mehr oder minder gelungen/mißlungen" genügt. Demnach wären in der Tat „Lebensläufe" das Medium der Erziehung und der Code ihrer Betrachtung „gelungen/mißlungen" bzw. „geglückt/-mißglückt." Die einzige Änderung, die sich bezüglich der klassischen Pädagogik mit dieser begrifflichen Umstellung ergeben hat, ist, daß von einer einzigen, zentralen Perfektionierungsidee Abschied genommen wird, nicht jedoch vom Schema des Gelingens oder Mißlingens, dessen sich nun tatsächlich alle Personen bedienen, sofern sie sich zu ihrem Lebenslauf in ein beobachtendes Verhältnis setzen. Vielmehr ließe sich sagen: Je schwächer einzelne, zentrale Perfektionierungsvorstellungen werden und an Legitimität verlieren, um so stärker tritt das formale Schema von Mißlingen und Gelingen, von Glück und Unglück ins Zentrum der Betrachtung und provoziert damit zugleich die Frage nach den Bedingungen der Möglichkeit des Gelingens – eben der Tugenden. Die Tugenden aber waren als Charakterzüge Inbegriff der zweiten Natur des Menschen.

VIII. Tugend und Charakter

„Denn die einen Tugenden nennen wir verstandesmäßige, die anderen ethische; verstandesmäßige sind etwa die Weisheit, Auffassungsgabe und Klugheit, ethische die Großzügigkeit und Besonnenheit. Denn wenn wir über den Charakter reden, so sagen wir nicht, daß einer weise oder von guter Auffassungsgabe, sondern daß er friedfertig oder besonnen sei. Wir loben aber auch den Weisen wegen seines Verhaltens. Und die lobenswerten Verhaltensweisen nennen wir Tugenden."[1]

Dabei – und das ist für die Frage nach der Begründung einer Ethik von Bedeutung – ist das, was in einer Gesellschaft als Tugend gilt, zunächst an das gebunden, was die Mitglieder einer Gesellschaft für tugendhaft halten. Es ist die normative Auszeichung bestimmter Charaktereigenschaften im Horizont des kollektiven Selbstverständnisses einer Gemeinschaft, die den Begriff der Tugend mitkonstituiert. Dabei nimmt Aristoteles eine entscheidende Weichenstellung vor: Tugenden sind lobenswerte, anerkennenswerte Verhaltensweisen und nicht lediglich feststellbare, je vorfindliche Eigenschaften von Menschen, Tieren oder Dingen wie Bildung, Schönheit, Klugheit oder Einsicht. Ob die Eigenschaften eines Menschen lobenswert und das heißt tugendhaft sind, das läßt sich für Aristoteles wiederum nur an seinen Handlungen ermessen. Handlungen werden jedoch als zweckgerichtete, bewußte menschliche Tätigkeiten nicht im luftleeren Raum vollzogen, sondern in spezifischen, von Interessen und durch eingeschränkte Information geprägten, von Schwierigkeiten, Bewertungen und Wünschen ausgezeichneten – meist intersubjektiven – Lagen, kurz: in Situationen. Gewiß können Handlungen auch allein vollzogen werden, eine unverkürzte Analyse des Begriffs der Situation wird jedoch ergeben, daß Situationen grundsätzlich dadurch gekennzeichnet sind, daß in ihnen die Absichten und Handlungen mehrerer Menschen vorkommen, die miteinander harmonieren oder im Widerstreit liegen. Demnach läßt sich das, was unter „Situation" zu verstehen ist, eher am Beispiel des Streits zweier miteinander noch unbekannter Autofahrer über eine Vorfahrt erläutern als am Fall des einsamen, über einem Schacht hängenden Bergsteigers.

Wie Menschen in gegebenen Situationen handeln sollen, läßt sich angesichts der vielfältigen Randbedingungen, unter denen Situationen stehen, nicht angeben. Daß aber das Handeln von Menschen in Situationen von Vermutungen, d. h. von richtigen oder falschen, eingeschränkten oder uneingeschränkten Informationen, sowie von Meinungen, d. h. von mehr oder minder begründeten Bewertungen, abhängig ist, folgt aus der oben gegebenen Definition. Neben Informationen und Meinungen über sachliche Probleme bzw. über die Einschätzung anderer Menschen und ihrer möglichen Verhaltensweisen, also neben Einstellungen zu den Gegenständen und Adressaten des Handelns ist stets auch eine bestimmte Beziehung des Handelnden zu sich selbst mit im Spiel. Wir können so von einem *auf einem bestimmten Selbstverhältnis beruhenden Selbstverständnis* sprechen.[2] Menschen handeln in Situationen als die, die sie sind und damit auch sein wollen. Daraus folgt umgekehrt, daß sich in Handlungen immer auch offenbart, wer jemand ist und sein will oder womöglich gegen seinen Willen tatsächlich ist, bzw. ob jemand seinem Selbstverständnis genügt oder es womöglich verfehlt. Das klingt dramatischer als es ist. Tatsächlich sind ja die meisten Handlungen, die wir vollziehen, Routinen, für die weder eine bewußte Entscheidung noch bewußtes Nachdenken vonnöten sind. Gleichwohl: Auch in diesem Sinn zeigt sich das, was wir sind, allein darin, wie wir uns verhalten. Das belegen auch noch die läppischsten alltäglichen Verrichtungen – vom berühmten Leerdrücken der Zahnpastatube bis zu der Art und Weise, wie wir gestikulieren. Lassen sich Fälle denken, in denen Menschen ständig anders handeln, als sie es wollen?[3] Derlei Verhaltensweisen, die die Akteure selbst als aufgenötigt, nicht zu sich gehörig, als zwanghaft und fremd erfahren, bezeichnet die Psychopathologie als Neurose oder Sucht und sieht sie als Krankheit an. Im Lichte des hier unterbreiteten Vorschlags sind aber Neurosen nichts anderes als der schmerzhafte Indikator eines Handelns, bei dem Selbstverständnis und Handlungsmöglichkeiten auseinandergetreten sind. Auf jeden Fall: Wenn es zutrifft, daß das Handeln in Situationen von Annahmen über die „äußeren“ Umständen ebenso abhängt wie von einer bestimmten Form des Selbstverständnisses, ja wenn es zurifft, daß sich dieses Selbstverständnis in Situationen immer wieder zu bewähren hat, dann geht es bei dem, was hier als „Tugend“ bezeichnet wird, stets auch – um einen anderen, geläufigeren Begriff zu verwenden – um die „Identität“ der Akteure. Das enge Verhältnis von „Situation“ und „Identität“ ist es denn auch, an dem sich eine zeitgemäße, psychologisch rekonstruierte und sozialisationstheoretisch aufgeklärte Fassung des Begriffs der „Tugend" zu bewähren hat.

Über welche Verhaltensdispositionen muß ein Mensch verfügen, der sowohl in unterschiedlichen Situationen seine Identität aufrechterhalten als auch gegebenen Zielen genügen soll? Ohne weitere Auskünfte darüber, welchen Kriterien Selbstverständnis wie jeweiliges Handlungsziel genügen sollen, kann es dabei nur um „formale" Tugenden gehen. Erst ein als vernünftig oder doch mindestens als „gut" ausgezeichnetes Selbstverständnis sowie als vernünftig oder als „gut" ausgezeichnete Handlungsziele oder -prinzipien könnten einlösen, was Aristoteles unter „Tugend" verstand. Verschiebt sich die Frage nach den Tugenden damit nicht doch wieder auf die Frage nach der Moral? Stellt die Rede von „formalen" Tugenden nicht einen Selbstwiderspruch dar? Nicht unbedingt. Oder genauer gesagt: nicht in allen Bereichen und nicht ausschließlich. Das Verhältnis von moralischen Kriterien und allgemeinen Voraussetzungen menschlichen Handelns wird sich vielmehr erst bei einer genaueren Betrachtung jenes Tugendkataloges erweisen, den die abendländische Tradition als die sieben Kardinaltugenden kodifiziert hat.[4] Davon lassen sich vier auf Platon, Aristoteles und die antike Ethik zurückführen, während die restlichen drei über das Neue Testament dem biblischen, jüdischen Denken entstammen. Üblicherweise enthält der klassische Katalog die Gerechtigkeit (dikaiosyne, iustitia), die Klugheit (phronesis, prudentia), den Mut (andreia, fortitudo), die Mäßigung (sophrosyne, temperantia) sowie das vom Apostel Paulus formulierte Dreigestirn von Glaube (pistis, fides), Hoffnung (elpis, spes) und Liebe (agape, caritas).

Damit enthält die klassische Tugendlehre eine Behauptung über sieben Handlungsdispositionen, die für ein geglücktes menschliches Leben unabdingbar seien: Erstens die Fähigkeit, in konfliktreichen Situationen nicht nur gerechte Urteile zu fällen, sondern sich auch nach besten Kräften dafür einsetzen zu können, das als gerecht Erkannte auch durchzusetzen. Zweitens die Fähigkeit, überhaupt dem eigenen Willen und der eigenen Einsicht entsprechend tatsächlich handeln zu können. Drittens geht es um das Vermögen, in Situationen, die weder durch eindeutige moralische Kriterien noch durch klare Interessenlagen ausgezeichnet und auch theoretisch nicht eindeutig klärbar sind –, auf der Basis von Erfahrung, Menschenkenntnis und dem Verständnis dessen, was eine Regel ist, zu urteilen und zu handeln. Viertens ist die Fähigkeit angesprochen, beim Verfolgen und Durchsetzen der eigenen Handlungsziele sowohl die recht verstandenen Interessen der anderen als auch die eigenen Lebenspläne im ganzen angemessen zu berücksichtigen und das heißt, die möglichen Nebenfolgen des eigenen Handelns abzuschätzen.

Eine Betrachtung der dem Neuen Testament entnommenen Tugenden Glaube, Liebe und Hoffnung scheint zu zeigen, daß die enge Verbindung von Urteilen und Handeln, die der griechische Tugendbegriff voraussetzte, hier nicht gegeben ist. Worin bestehen die handlungsbezogenen, die praktisch-tätigen Entsprechungen zu dem Bekenntnis an den sich in den biblischen Schriften offenbarenden Gott – also das praktische Korrelat des Glaubens? Worin darüber hinaus das praktische Korrelat zu einer voluntativen, auf die Zukunft bezogenen Einstellung, die eine wesentliche Verbesserung individueller und kollektiver Zustände in den Blick nimmt – der Hoffnung? Was sind endlich die Entsprechungen zu dem intensiven, wohlwollenden oder begehrlichen Bezug auf andere Menschen – der Liebe? Vor allem aber steht in Frage, in welchem Sinn sich für den Glauben, der ja in der Hebräischen Bibel wie im Neuen Testament ein ganz bestimmter, konkreter Glaube war, nämlich der Glaube an den Gott Israels und der ganzen Welt bzw. an den von diesem Gott gesandten Messias Jesus, in dem sich der Gott Israels und der ganzen Welt den Menschen zugewandt hatte, eine allgemeine, handlungstheoretische Entsprechung findet. Diese schwierige Frage läßt sich ohne ausführliche theologische Erwägungen an dieser Stelle nicht einmal angemessen stellen. Bemerkenswert ist immerhin, daß die Theologie auf die neue Tugendethik auffällig nervös reagiert – gerade so, als würde dadurch einer der letzten noch der Theologie eigenen Bestände profaniert, gerade so, als melde sich menschliche Hybris hier wieder einmal vorlaut zu Wort.[5] Vorläufig sei ohne weitere Begründung behauptet, *daß eine zwar ohne Heilsgewißheit, aber doch von Zutrauen in den Sinn der eigenen sozialen und individuellen Welt getragene kontinuierliche, auf umfassendes Sinnverständnis ausgerichtete Handlungsmotivation dem „Glauben" noch am ehesten entspricht.*[6]

So gesehen ließe sich zunächst, vor einer näheren Betrachtung der klassischen Tugenden, schließen, daß in formaler Hinsicht die hellenische andreia, der Mut, und die jüdisch-christliche emuna oder pistis, der Glaube, als allgemeinste Voraussetzungen jeglichen menschlichen Handelns gelten können. Diese formalen Bedingungen jeglicher Handlungsfähigkeit, nämlich das Vermögen, Sinn verstehen zu können und in diesem Rahmen das, was man will, auch tatsächlich zu tun, stehen jenseits der Frage nach der Spannung zwischen partikularen, konventionellen und universalistischen, postkonventionellen Moralen. Bei der Frage, ob Gerechtigkeit und Liebe als inhaltliche Bestimmungen menschlichen Handelns Vorrang vor Klugheit, Mäßigung und Hoffnung als Modi des Handelns haben, geht es um eine grundsätzliche Klärung dessen, ob die formalen Bedingungen des Handelns bedeutsamer für den Zusammenhalt von einzelnen wie von Gesellschaften sind als starke normative Orientierungen.

Eine Analyse der anderen Tugenden, d. h. von Klugheit, Mäßigung und Hoffnung, ergibt sehr bald, daß alle drei Haltungen ihren Sinn überhaupt nur dann gewinnen, wenn bestimmte Normen, Prinzipien oder Maximen – seien es die eigenen oder die von anderen – schon vorausgesetzt sind. Eine lebenserfahrene Abwägung der Durchsetzungsfähigkeit der eigenen Wünsche oder Prinzipien im Sinne von Klugheit und Mäßigung setzt deren Kenntnis bereits voraus. Ebenso setzt die Fähigkeit, gegenwärtige Zustände in ihrer Wünschbarkeit oder Verwerflichkeit – im Sinn einer möglichen Veränderung oder eines begründeten Bewahrens der Welt – auf die Zukunft zu projizieren, deren Kenntnis voraus. Wenn wir derart starke normative, auf andere Menschen und ihr Wohl bezogene Prinzipien als die Tugend der Gerechtigkeit umschreiben und uns zugleich daran erinnern, daß der biblische Liebesbegriff gerade nicht ein vor allem selbstbezogenes subjektives Gefühl, sondern den Willen und die Bereitschaft zur tätigen Nächstenliebe meint, so wird deutlich, daß die klassische Tugendlehre bestimmte zwischenmenschliche Beziehungen bzw. bestimmte Modi der Regelung zwischenmenschlicher Beziehungen als unabdingbare Voraussetzungen postuliert. Erst auf dieser Basis müssen kompetente Akteure um ihrer Ziele und um ihres Selbstverständnisses willen über die moderierenden Fähigkeiten zur Folgeabschätzung, zur Situationsbeurteilung und zum aktivistischen Zukunftsbezug verfügen. Wenn dem so ist, so wird sich die Auseinandersetzung um den möglichen Konventionalismus des Tugendbegriffs schließlich als die Auseinandersetzung um den Universalismus des biblischen Liebesgebots- und des antiken Gerechtigkeitsbegriffs erweisen.

Soll eine Theorie der Tugenden Aussicht haben, auch unter Bedingungen von weltanschaulichem Pluralismus und eines fallibIen, wissenschaftlichen Weltverständnisses Geltung zu erlangen, ist zu überprüfen, in welchem Ausmaß die klassischen Tugenden einer sozialwissenschaftlichen Rekonstruktion zugänglich sind. Nicht zuletzt hängt auch das hier vertretene Programm einer „éducation sentimentale" – soll es um mehr als nur einen normativen Anspruch gehen, also um eine durch Affektbildung beförderte Ausprägung moralischer Haltungen – davon ab, daß sich empirisch überprüfbare Ausprägungen und Bezüge zwischen verschiedenen Charaktereigenschaften postulieren lassen. Im folgenden wird es um die exemplarische Rekonstruktion einzelner Tugenden in einer sozialwissenschaftlichen Perspektive, nämlich der der Theorien des genetischen Strukturalismus und des symbolischen Interaktionismus, gehen.

IX. Die Tugenden

Tugenden sind jene individuellen Kompetenzen, die es Individuen ermöglichen, sich gegenüber gesellschaftlichen Zumutungen aller Art zu behaupten und eigenständig, wenngleich im Verein mit anderen, Motive eines guten Lebens auszubilden und ihnen nachzugehen. Tugenden sind nicht kulturunabhängig zu bestimmen, aber ihre kontextuelle Verankerung nimmt ihnen im Rahmen ihrer Kultur nichts von ihrer Geltung. Damit erweisen sie sich nur unter einem ohnehin nicht sinnvoll beziehbaren Standpunkt jenseits aller Geschichte als kontingent, im Rahmen historisch gesellschaftlichen Handelns jedoch als zwar nicht verpflichtend, aber doch in einem mehr als nur äußerlichen Sinne motivierend.[1] Die abendländische Kultur hat eine Reihe von Tugendkatalogen hervorgebracht, aus denen sich schließlich ein „klassisches" Siebengespann entwickelt hat: Gerechtigkeit und Mut, Klugheit und Besonnenheit, Glaube, Liebe und Hoffnung. Wenn das Programm einer Tugendethik mehr sein soll als nur eine formale Überlegung, wird es um den Nachweis gehen, daß auch diese – genau diese – Tugenden heute sinnvolle Bildungsziele darstellen. Andererseits sind die Annahmen, die hinter den Anthropologien und Psychologien unterschiedlicher historischer Epochen stehen, kaum kommensurabel.[2] Auch systematisch bestehen erhebliche Einwände – und das nicht nur bei prozedural gesonnenen Diskurstehikern. So diskutiert Ernst Tugendhat die These, daß „man in einer modernen Moral allemal nur solche Tugenden und Laster mit Bezug auf das eigene Leben anerkennen dürfe, die einen Anspruch auf Universalität haben, und das können nur solche Charaktereigenschaften sein, die zu haben zuträglich oder schädlich für eine Person ist, ganz egal, welche Ziele sie hat."[3]

Tugendhat kann das Problem einer Begründung der Tugend aus einer Theorie des guten Lebens aus diesem Grunde nicht lösen und weicht schließlich auf eine schwach kontraktualistische Begründung aus, ohne gesehen zu haben, daß gerade die von ihm vertretene Moral einer universellen Achtung sich im Rahmen einer Theorie aretaischer, intersubjektiver Begriffe wie „bewunderungswürdig" oder „verächtlich" sehr viel schlüssiger begründen läßt als in einem ethisch anspruchslosen Kontraktualismus. Bewunderung und Verachtung in einer sozialen Gemeinschaft sind genau jene Elemente, in denen Motivation und Begründung zusammenfließen, in denen sich die Modi der Anerkennung auslegen. Allerdings führt von der kontextbezogenen Begründung kein Weg zurück zu einem formalen Begriff des Guten. Wenn es jedoch gelingt, klarzumachen, warum bestimmte Charaktereigenschaften in Gesellschaften auch unseres Typs Menschen dazu befähigen, moralisch zu denken und – vor allem – zu handeln, sollte dies nicht mehr als Nachteil gelten.

Im folgenden werden nun die kardinalen Tugenden im Rahmen einer auf dem symbolischen Interaktionismus und dem genetischen Strukturalismus aufbauenden Weise erläutert, wobei mit Ausnahme des Abschnitts über die „Hoffnung" auch aktuelle sozialwissenschaftliche Forschung hinzugezogen wird. Soweit ich sehe, wird dieses Thema von der Forschung eher stiefmütterlich behandelt – wenn überhaupt, so ist im Rahmen der Depressionsforschung „Hoffnungslosigkeit" von zentraler Bedeutung. Eine ausführliche Auseinandersetzung mit der „Hoffnungslosigkeit" aber würde zu einer Erweiterung der oben vorgelegten „Skizze einer Theorie des Lasters" führen, da „Hoffnungslosigkeit" in Gestalt erst der „acedia" und später der „Melancholie" zu den Todsünden bzw. den Lastern gehört.[4] Und das, obwohl etwa „Traurigkeit" ursprünglich als Indikator innerer Umkehr galt: „Denn wenn man traurig ist, wie Gott es will", heißt es bei Paulus, „ist man auf dem Weg zu einer Reue, die niemand bereuen wird. Ein Kummer nach der Art der Welt, die von Gott nichts weiß, ist dagegen immer ein Schritt in Richtung Tod." (2. Kor. 7,10–11)

Zum Laster würde die Traurigkeit dann, wenn sie ob ihres Übergangs in gänzliche Apathie zugleich alle Motive des Handelns aufzehren und zudem noch in Scham umschlagen würde. In einer Auffassung vom Menschen, die dessen Handlungskompetenz in den Mittelpunkt stellt, kann Antriebslosigkeit tatsächlich beschämend wirken.[5] Insofern die Tugenden alle – zum Teil ausschließlich, zum Teil nur partiell – aufs Handeln ausgerichtet sind, erscheint es zumindest schlüssig, eine in Antriebslosigkeit mündende Traurigkeit als das kardinale Laster überhaupt zu sehen. Ihr steht der Mut, der erst die Gerechtigkeit zur Gerechtigkeit macht, entgegen. Tugenden, so wurde oben behauptet, treten nie allein, sondern stets im Plural auf. Daraus ist jedoch nicht zu schließen, daß sie in einer tugendhaften Persönlichkeit jeweils beliebig kombinierbar sind – so sehr Tugenden in einer Mehrzahl auftreten,[6] so sehr stehen sie doch in einem geordneten hierarchischen Verhältnis derart, daß bestimmte Tugenden die Voraussetzung der Ausbildung und Entfaltung der anderen sind. Erst auf der Voraussetzung von „Glauben“ und „Mut“ kann im Charakter des einzelnen Menschen entstehen, was für ein die Moralität einbeziehendes gutes Leben unabdingbar ist: die Gerechtigkeit. Und nicht einmal die radikalsten, antideontologischen Tugendethiker würden behaupten, daß ein gutes Leben ohne Gerechtigkeit und die ihr entsprechenden Verpflichtungen möglich ist.

Kennern der Tugendlehre wird auffallen, daß im folgenden Mäßigung und Besonnenheit in einem behandelt werden, vor allem aber, daß die Klugheit, „prudentia“, keinen eigenen Abschnitt erhält. Mir scheint, daß mindestens die Scholastik unter „Klugheit“ weniger „phronesis“ bzw. „Urteilskraft“ verstanden hat, sondern eher ein allgemeines, hoch entwickeltes, kognitives Orientierungsvermögen darstellt, gleichsam die Fähigkeit zur Erkenntnis der Wahrheit in unterschiedlichen Dimensionen, der Tugend, den Anforderungen der Welt sachgemäß enstprechen zu können.[7]

Gerechtigkeit

Jean Piaget hat 1930 mit seiner Arbeit über das moralische Urteil beim Kinde gegen die Moralsoziologie Emile Durkheims gezeigt, daß schon kleine Kinder ohne Beeinflussung erwachsener Lehrpersonen selbständig Regeln setzen und befolgen können. Darüber hinaus gelang ihm der Nachweis, daß im kindlichen Spiel zwei Arten von Regeln auffindbar sind: heteronom von Eltern und Lehrern übernommene, als solche in ihrer Geltung vorfindliche und anerkannte sowie situativ in der peer group kreierte, dennoch mit hoher Verbindlichkeit versehene Regeln. Im Anschluß und in Weiterentwicklung Piagets hat Lawrence Kohlberg in einem breit gefächerten Werk eine Entwicklungspsychologie des moralischen Urteilsvermögens begründet, die das Urteilsvermögen als eine sich in irreversiblen ganzheitlichen Stufen entfaltende kognitive Kompetenz darstellt, die einer rekonstruierbaren Entwicklungslogik folgt und durch gezielte Stimulation gefördert werden kann.[8] Dabei unterscheidet sich Kohlbergs Ansatz von anderen Formen der Moralpsychologie dadurch, daß er das Hauptaugenmerk nicht auf die jeweiligen Inhalte des moralischen Urteils, sondern auf dessen Begründungsmodi richtet. Diese Theorie, ihre Methodologie und ihre Methodik ließen eine Reihe von Fragen offen, die die einschlägige Forschung und Theorieentwicklung in der Folge bis heute beschäftigen: Wie ist das Verhältnis von Urteilen und Handeln? Wie das Verhältnis von moralischem Wissen und moralischen Gefühlen? Wie das Verhältnis kognitiver und affektiver Faktoren beim Verstehen moralischer Sachverhalte? Und vor allem: Stellt die Kompetenz zum moralischen Urteilen eine kognitive Kompetenz dar, die letzten Endes der allgemeinen Entwicklung kognitiver Fähigkeiten im Sinne Piagets folgt, oder ist sie der strukturierte und mit einer eigenen Semantik versehene Ausdruck von bestimmten Typen sozialer Beziehungen?

Im Sinne der letzten Vermutung hat Robert S. Selman eine ebenfalls kognitivistische Entwicklungspsychologie interpersonalen Verstehens vorgelegt, in der Schritt um Schritt immer reichere Konzepte von Individualität und Subjektivität erworben werden: von der Einsicht in die Differenz von inneren Zuständen und äußeren Handlungen von Personen über die Einsicht in die Beobachtbarkeit der eigenen Handlungen und der Einsicht in die Stabilität von Charakterzügen bis zur Erkenntnis der Wandelbarkeit dieser Eigenschaften bei sich selbst und anderen. Die Fähigkeit, um die es dabei geht, ist die soziale Perspektivenübernahme, also die Fähigkeit von Menschen, tentativ die Sichtweisen und Gefühle anderer bei sich zu realisieren.[9] Die von Kohlberg behaupteten Stufen des moralischen Urteils lassen sich dann als geronnene Haltungen darstellen: vom schlichten Egozentrismus, der sich moralisch als Egoismus äußert, über den Gruppenkonformismus, der als Konventionalismus erscheint, bis zu einer allseitigen Reziprozität, die ihren moralischen Ausdruck im Postkonventionalismus findet. Damit wäre die Fähigkeit der Individuen, sich auf die Perspektiven anderer in kognitiver und affektiver Hinsicht einzulassen, d. h. Empathie zu entwickeln, der entscheidende Faktor.

Kohlbergs Theorie moralischer Urteilsbildung behauptet bekanntermaßen drei Stufen moralischer Urteilsfähigkeit, deren Unterscheidungskriterium die Stellung von Menschen zu den moralischen Üblichkeiten ihrer Gesellschaft sind. Menschen auf sehr niedrigen, präkonventionellen Stufen beurteilen das Gerechte von Handlungen danach, ob diese Handlungen ihnen selbst zu etwas nutze sind. Auf der konventionellen Ebene gelten jene Handlungen oder Regeln als gerecht, die in der jeweiligen Bezugsgruppe anerkannt sind bzw. den gesatzten Regeln der Gesellschaft, in der Menschen leben, entsprechen. Erst auf der postkonventionellen Ebene greift die Einsicht, daß die Gerechtigkeit von Regeln und Handlungen eine Funktion ihrer universellen intersubjektiven Vereinbarkeit im Rahmen ursprünglicher Rechte bzw. Ausdruck eines hochabstrakt universalistischen Moralprinzips ist. Kinder werden also egoistisch und egozentrisch urteilen und das, was ihnen nützt, für gerecht erklären, um dann, im Alter von etwa vier bis zehn Jahren die Gerechtigkeit der Regeln ihrer peer group oder ihres Elternhauses in ihre Begründungen aufnehmen. Wenn sie älter als zwölf Jahre sind, nachdem sie Widersprüche zwischen den Regeln ihrer Gruppe und den allgemeinen Gesetzen von Institutionen, wie etwa der Schule, des Straßenverkehrs oder auch des Staates beginnen zu verstehen, werden sie entsprechende Widersprüche zwischen diesen Normen zunehmend zugunsten der übergeordneten Normen entscheiden und damit ihre Verhaltenssicherheit stabilisieren. Endlich haben junge Menschen in der Phase der Adoleszenz die strukturelle Möglichkeit, unter entsprechenden Randbedingungen von einer konventionellen, am Vorfindlichen orientierten Haltung zu normativen Fragen zu einer postkonventionellen Orientierung an individuell übernommenen Normen mit universalistischem Geltungsanspruch zu gelangen.

Eine notwendige Bedingung für diesen Übergang ist die Rückkehr eines kindlich anmutenden moralischen Egozentrismus und Relativismus, der durch seine Selbstbezogenheit das bisher als verbindlich Akzeptierte entwertet, ohne doch an seine Stelle bereits eine umfassendere, universalistische Norm zu setzen. Gedichte und andere Äußerungen von Gymnasiasten bringen z. B. oft nichts anderes zum Ausdruck als den Wunsch nach Autonomie und Authentizität, d. h. den Wunsch, normative Stellungnahmen nicht mehr unbefragt akzeptieren zu sollen, sowie das für jede Identitätsbildung bedeutsame Element der kognitiven Assonanz, d. h. der Entsprechung zwischen Denken und Handeln gleichviel worin die gedachten Normen des Handelns bestehen. Erst auf dieser Basis als einer notwendigen Bedingung können in einem nächsten Schritt über die inhaltliche Erörterung moralischer Dilemmata (realer oder imaginierter) jene Lernprozesse Platz greifen, die zur Ausbildung eines postkonventionellen moralischen Urteilsvermögens führen. Diese Lernprozesse finden in der Regel nicht privat und auch keineswegs anhand theoretischer Erörterungen etwa in einem Elternhaus statt, sondern im Rahmen verantwortlicher Aufgaben und Tätigkeiten in Gruppen von Gleichaltrigen. Kohlberg und seine Mitarbeiter haben dargestellt, daß Erfahrungen von Verantwortlichkeit allein noch nicht zur Entwicklung prinzipiengeleiteter Moral führen. Obwohl die meisten Erwachsenen über solche Erfahrungen verfügten, würden doch viele niemals postkonventionelle Prinzipien erwerben. Für einige junge Erwachsene jedoch würden die Erfahrungen moralischer Verantwortlichkeit zur Quelle moralischer Reflexion, ebenso wie bei einigen jungen Erwachsenen die Erfahrungen von Freiheit oder eines psychosozialen Moratoriums die Quelle der Reflexion sei, die zu Prinzipien führten.[10] Strukturell geht es in beiden Fällen um die Ablösung vom Elternhaus in der frühen Adoleszenz sowie um Formen sozialen Lebens, die durch Solidarität und Verantwortungsübernahme neben Leistungs- und Individuierungsaufgaben geprägt sind. Für diese Altersstufe ist es typisch, daß hier über einen weiteren Fortgang in Richtung postkonventioneller Moral oder eines zynischen Beharrens in einer nicht mehr ganz konventionellen Haltung entschieden wird. Gruppen ermöglichen folgenreiche Lernprozesse.

Die Hypothese, daß größere Entscheidungsspielräume die Motivation zu rationalem Verhalten stärken, wird in der unten ausführlicher behandelten, vier Stufen postulierenden Theorie moralischer Beschlußfassung, die James Rest erläutert hat, entfaltet. Die auf der Basis institutionell festgelegter Entscheidungsspielräume entstehenden Interaktionsstrukturen im Rahmen gemeinsam geteilter Normen werden von den Individuen in mehreren Dimensionen bewertet und repräsentieren damit die in einer Institution bestehende „moralische Kultur“. Als pädagogisches Setting und Lernfeld wird eine „moralische Kultur“ um so effektiver sein, je mehr Freiheitsspielräume und Chancen zur Verantwortungsübernahme sie ermöglicht. Das Thema akzeptierter und fairer bzw. als fair empfundener institutioneller Regelungen ist von Power, Kohlberg und Higgins in Überlegungen zur Demokratie in der Schule erläutert worden.[11] So werden unter Bezug auf Durkheim und Piaget fünf Aspekte, unter denen eine „moralische Kultur“ identifiziert werden kann, genannt: a. Niveaus der Einstufung einer Institution als Gemeinschaft; b. angebotene Stufen der Argumentation in der Bewertung einer Institution als Gemeinschaft; c. Kriterien der kollektiven Reichweite, Akzeptanz und des Ursprungs institutioneller Vorschriften; d. Phasen des Unterstützens oder Beibehaltens von Verhaltensweisen, die mit gegebenen Normen übereinstimmen oder sie brechen; e. Stufen des Argumentierens, die jeweils als Legitimation jeder einzelnen Norm aufgeboten werden – isomorph mit Kohlbergs Stufen des moralischen Urteils.[12] Damit orientiert sich Higgins Vorschlag zur Erhebung dessen, was sie als „moralische Kultur“ bezeichnet, in eleganter und sparsamer Weise an Kohlbergs Moralentwicklungsmodell.

Sie gewinnt die Möglichkeit, instititutionell verfestigte Normen und ihre Begründungen objektiv und subjektiv einzustufen – d. h. sowohl die Stufe der entsprechenden Normen selbst wie die Gründe, die die Individuen für ihre Beibehaltung oder Kritik in ihrem Verhalten oder Argumentieren aufbieten, nach Maßgabe der Phasen moralischer Entwicklung zu bewerten.

Eine „moralische Kultur", eine auch auf der Tugend der Gerechtigkeit beruhende Lebensform ist dann jeweils durch unterschiedliche Grade der Kongruenz oder Dissonanz von objektiven Normen und subjektiven Verhaltens- oder Akzeptanzweisen gekenzeichnet. Auf welchem Wege die Individuen innerhalb derartiger „moralischer Kulturen" dazu kommen, sie insgesamt zu akzeptieren oder zu verwerfen, erklärt sich nicht durch die Struktur der Normen selbst, sondern ist eine Resultante bzw. eine Funktion der intimen, mehr oder minder reziproken Interaktionsbeziehungen, die die Individuen zueinander aufnehmen oder nicht. Dazu wurde vorgeschlagen,[13] beschreibende soziale und vorschreibende moralische Argumentationsmuster, wie sie in den Theorien von Selman und Kohlberg entfaltet werden, in einer übergreifenden Theorie soziomoralischer Sinnproduktion zu begründen. Eine „naive" Theorie sozialen Handelns, also eine Theorie, die die von den Individuen selbst vertretenen Konzepte von Handlung, Selbst und sozialen Beziehungen untersucht, geht in ihrer Grundlegung von einem gegebenen Konzept des Selbst als eines intentionalen und verantwortlichen Akteurs aus. Die entsprechenden Entwicklungsstufen – sei es des moralischen Urteils, sei es der soziomoralischen Perspektiven – lassen sich als Ergebnis einer zunehmend verschränkten Koordination und Differenzierung von Perspektiven erläutern und als das Zusammenspiel von Einzeltugenden zu jener von McDowell postulierten allgemeinen Situationssensitivität verstehen. Die hierfür beanspruchte „naive" Handlungstheorie ist von der Bewertung und Einstufung der Situationen, innerhalb derer die Akteure handeln, abhängig. Mit einem entsprechenden Instrumentarium, das den Konzeptualisierungen von R. Selman in vielem gleicht, können dann bedeutsame Sozialbeziehungen wie z. B. Freundschaften in ihrer Wahrnehmung durch die Partner so untersucht werden, daß die jeweils situativ – durch Handlungsprobleme mitbeeinflußten – vorgebrachten Gründe auf ihren jeweiligen Entwicklungsniveaus eingestuft werden. Dabei fällt auf, daß die interne Analyse der Komponenten individueller Situationswahrnehmung (Orientierung und Definition, hypothetische Wahl einer Handlungsoption, Antizipation der Handlungskonsequenzen, Wahl regulativer Strategien zur Vermeidung unerwünschter Nebenfolgen, Bewertung einer Handlung in Kategorien moralischer Richtigkeit) der von dem Moralpsychologen James Rest vorgetragenen Analyse der Komponenten des voll entfalteten praktischen Urteils in hohem Maße ähnelt. Mit diesen Überlegungen zu Verantwortungsübernahmeprozessen vor dem Hintergrund gegebener moralischer Kulturen stehen drei empirische Analyseebenen zur Verfügung, anhand derer Beziehungen zwischen institutionellen Strukturen, subinstitutionellen Interaktionsverhältnissen und der internen Struktur individueller Lernprozesse untersucht werden können. Das Lernen innerhalb solcher „moralischer Kulturen" vermittelt den Individuen nicht nur die Sinnstrukturen ihres Handelns, sondern macht sie auch mit jenen Motiven vertraut, auf deren Basis sie schließlich handeln werden. Die Frage nach der hierzu jeweils erforderlichen Handlungsmotivation aber läßt sich in der Sprache der Tugendtheorie als „Mut" bezeichnen.

Die traditionelle Annahme, daß „Gerechtigkeit" und „Mut" nicht voneinander ablösbar sind, wird in der theoretischen Perspektive der Entwicklungspsychologie des moralischen Urteils bestätigt.

Mut

Rest[14] zerlegt das Konzept „Moralität" in vier Komponenten. Menschen, die über „Moralität" verfügen, sind demnach dazu in der Lage, erstens die Verläufe möglicher Handlungen in Situationen, die das Wohl oder Wehe einer Person betreffen, als solche zu identifizieren und situationsbezogen zu interpretieren: moralische Sensitivität. Darauf aufbauend können sie zweitens beurteilen, welche der möglichen Handlungen den Anforderungen eines moralischen Ideals am besten entspricht und deswegen getan werden sollte: moralische Urteilsfähigkeit. Sie vermögen drittens auf der Basis situationsangemessener Interpretationen und der Klärung dessen, was im Prinzip getan werden sollte, zu entscheiden, was sie selbst tun sollten, d. h., wozu sie sich selbst verpflichten: moralische Handlungskompetenz in Form einer subjektiv angeeigneten Entscheidung. In diesem Prozeß der Abwägung stellt sich das Problem der Motivation zum ersten Mal. Abwägungsprozeß und Entscheidung münden in die Bereitschaft, sich selbst zum Verfolgen und

Durchsetzen eines der Sache und dem Weg nach einsichtigen moralischen Ziels zu verpflichten; ihm muß schließlich viertens die Bereitschaft folgen, diese, den Aktor selbst bindenden Verpflichtungen, in situierte, allemal von körperlichen und affektiven Befindlichkeiten tangierte Handlungen zu überführen: auf die Entscheidung folgt der Entschluß, die stets riskante Freigabe ins Handeln in kontingenten Situationen. Hier stellt sich das Problem der moralischen Motivation zum zweiten Mal. Es ist kaum nötig, darauf hinzuweisen, daß die von Rest postulierten vier Phasen des moralischen Handelns nicht im Sinne einer strengen zeitlichen Aufeinanderfolge, sondern als sachlogisches Implikationsmodell zu verstehen sind. Rests Modell des Konzepts „Moralität" enthält somit sowohl einen Vorschlag zur Lösung des ungeklärten Verhältnisses von moralischem Wissen und moralgeleitetem Tun als auch einen Hinweis darauf, an welchem Ort das Programm einer moralischen Bildung systematisch zu verorten ist. Die Übernahme von Verantwortung verweist umgekehrt auf lebensweltliche Problemvorgaben und institutionelle Regelungen, die dem Lernen an realen moralischen Dilemmata entgegenkommen.

Das von Rest postulierte Modell moralischer Motivation ist freilich unterschiedlichen Gerechtigkeitsprinzipien gegenüber neutral. Eine wertneutrale Einführung des Begriffs der Gerechtigkeit wird im Sinne des politischen Philosophen Michael Walzer nicht mehr behaupten, als daß „Gerechtigkeit" ein beliebiges, in Gesellschaften als legitim akzeptiertes Prinzip zur Zuteilung dessen ist, was in einer Gesellschaft als Güter und Übel gilt.[15] Über die Kriterien der Zuteilung sowie den Kreis der jeweils Berechtigten ist damit noch nichts gesagt. Folgen nun aus unterschiedlichen Kriterien der Gerechtigkeit auch unterschiedliche Formen moralischer Motivation und damit von „Mut"? Das läßt sich ein weiteres Mal an der Kontroverse zwischen Kohlberg und Gilligan verdeutlichen. Während Kohlberg und seine Schule in Theorie und Forschung einem Konzept der Gerechtigkeit anhängen, nach dem die Akteure auf der Basis intersubjektiv erworbener Reziprozitätsvorstellungen Regeln folgen, die sie sowohl in hypothetischen als auch realen moralischen Dilemmata anwenden, postuliert Gilligan[16] ein Modell der Gerechtigkeit, dem gemäß die Verteilung von Gütern und Übeln von den konkreten Zumutbarkeiten und Akzeptanzen der faktisch Beteiligten abhängen soll. Wo Kohlbergs Gerechtigkeitskriterien universell und situationsübergreifend gelten sollen, wirken Gilligans Zuteilungsmodi partikular und kontextgebunden. Mit Ausnahme der als Entwicklungsstufe ohnehin widerlegten präkonventionellen Phase überbietet und unterbietet Gilligan damit Kohlberg. Im Vergleich zum konventionellen moralischen Urteil wirkt Gilligans Perspektive umfassender, weil sie nicht nur die jeweiligen Regeln berücksichtigt, sondern darüber hinaus die Folgen des Befolgens der konventionellen Regeln für die beteiligten Akteure mit in Rechnung stellt. Im Vergleich zum postkonventionellen moralischen Urteil scheint diese Perspektive den „moral point of view" zu verfehlen, da der Gesichtspunkt eines unparteiischen, in der Tat alle möglichen Beteiligten und Betroffenen berücksichtigenden Urteils aufgegeben worden ist und nur die Stimmen jener berücksichtigt werden, die am einzelnen Fall beteiligt sind. Darauf haben die Vertreter einer kognitivistischen Ethik[17] mit dem Vorschlag reagiert, die von Gilligan nur schwach begründete und wesentlich an realen Entscheidungsdilemmata gewonnene moralische Einstellung als Kasuistik zu charakterisieren, die mißverständlich die Differenz zwischen moralischen Begründungsdiskursen und Anwendungsdiskursen einzieht. Indes überzeugt dieser diskursstrategische Vorschlag nicht. Er überzeugt deshalb nicht, weil die von Gilligan vorgeschlagene kontextualistische Kasuistik einen Gedanken impliziert, den die universalistische Diskursethik nicht enthält und auch nicht enthalten kann: den Grundsatz abgestufter Loyalitäten, Zumutbarkeiten und moralischer Reichweiten – Elemente, denen systematisch nicht dadurch beizukommen ist, daß man sie in einen „Anwendungsdiskurs"[18] abschiebt. Eine im Geist des „moral point of view"[19] begründete Regel, die Lasten und Güter nach einem ganz und gar unparteilichen, wenn auch – wie bei Rawls – prudential begründeten Modus zuteilt, verliert nämlich ihre Eigenschaft des Unparteilichen, wenn in der Anwendung als begründet akzeptiert wird, daß D im Zweifelsfall eher der Person A als der Person B Unterstützung zukommen läßt, weil D A länger kennt und A mithin – zusätzlich zu Argumenten gleicher Bedürftigkeit – gegenüber D einen legitimen „claim" auf der Basis eines impliziten Versprechens hat. Natürlich mag die Regel, daß Versprechen – explizite und implizite – generell zu halten sind, gleichermaßen als eine universalistische Regel gelten; aber der Blick auf die im Laufe eines Lebens faktisch gegebenen und erhaltenen Versprechungen, d. h. die bindenden Beziehungen zu konkreten Anderen, gewinnen damit für die Beurteilung von Zumutbarkeiten ein solches Übergewicht, daß die von Kohlberg, Habermas und Rawls geforderte Unkenntnis der Beteiligten konstitutiv aufgehoben ist. Gilligans Modell läßt einen begründenden oder auch nur idealisierenden „Schleier des Nichtwissens" eben nicht zu. Gilligans Moral ist eine Moral der „konkreten Anderen", Kohlbergs Moral eine des „generalisierten Anderen".[20] An dieser Stelle ist nicht auszutragen, welche dieser beiden Konzeptionen moraltheoretisch richtig ist – immerhin ist zu vermerken, daß Gilligans Projekt einer „ethics of care" gerade in der erneuerten Tugendethik systematisch entfaltet worden ist[21] –, sondern nur der Nachweis zu führen, daß sie nicht aufeinander reduzierbar und mithin zwei je eigenständige und in bestimmten Hinsichten auch inkommensurable Modelle darstellen. Um Mißverständnissen vorzubeugen, sei noch einmal betont, daß die differentialpsychologische Feststellung, wonach eine kontextualistische Moral eher von Frauen, eine prinzipiengeleitete Moral eher von Männern befolgt wird, keine ontologische Unterscheidung behauptet. Vielmehr ist gerade moralpsychologisch empirisch davon auszugehen, daß unter gegebenen Bedingungen sowohl Männer als auch Frauen den einen oder den anderen Modus ausbilden könnten. Im Zusammenhang mit der Frage moralischer Motivation, also von „Mut", interessiert nun, ob unterschiedliches Gerechtigkeitswissen unterschiedliche Motivationsformen zur Folge hat.

In Rests Modell ging es in der dritten Phase um die Beurteilung einer Situation nach einem moralischen Kriterium, verbunden mit einer entsprechenden Selbstverpflichtung, das als richtig Erkannte und Beurteilte auch tatsächlich zu tun – die Phase der Ent-Scheidung, auf die schließlich die Freigabe zum Handeln, der Ent-Schluß, die Öffnung zur Kontingenz der intersubjektiven und physikalisch-objektiven Welt folgt. Bedarf der Wille zum Durchsetzen eines als richtig erkannten Prinzips einer anderen moralischen Motivation als den Willen, nach Abwägung aller möglichen divergierenden Ansprüche unter Berücksichtigung der Ansprüche konkreter Anderer zu handeln? Die wesentliche Differenz scheint darin zu bestehen, daß der Akteur im Falle des Kohlbergschen Modells vor allem aus Einsicht in die kognitive Konsistenz moralischer Prinzipien, aus Treue zu sich selbst bzw. aus dem Interesse heraus handelt, von einer ebenso allgemeinen wie anonymen Gemeinschaft im Sinne eines generalisierten Anderen geachtet zu werden, während die Akteurin im Gilliganschen Modell ihr Tun oder Unterlassen vor dem Hintergrund unterschiedlicher Lebensgeschichten, Verpflichtungen, gewachsener Erwartungen sowie aus Wohlwollen und Liebe vollzieht. Moralpsychologisch betrachtet entspricht damit Gilligans Modell im Grundsatz eher dem Freudschen Konzept des Über-Ichs bzw. dem Meadschen Selbst als dem Piagetschen Modell einer auf der

Basis von Interaktionsbeziehungen entstandenen kognitiven Kompetenz. Moralisches Wissen tritt so wieder als Ge-wissen in Erscheinung, als innere Stimme, die erkenntlich oder verkannt immer auch die Stimme signifikanter Anderer ist.

Die kognitivistische Theorie moralischen Wissens – beispielhaft bei Lawrence Kohlberg – hat aus eben diesem Grund Freuds Theorie der Gewissensbildung bzw. seinen Begriff des Gewissens als eine im wesentlichen konventionelle Form moralischen Urteilens verstanden und damit auch die sie begründende Theorie – Freuds psychoanalytische Kulturtheorie – eines konventionellen und relativistischen Verständnisses von Moral geziehen. Das wird in einem Vergleich Kohlbergs zwischen den Konzeptionen Durkheims und Freuds deutlich.

Die klassische Psychoanalyse nach Sigmund Freud sieht in der Moral eine Kulturleistung, die auf der Unterdrückung und Sublimierung jener natürlich vorgegebenen selbstsüchtigen Triebe beruht, die ein angstfreies, anthropologisch notwendiges, aber keineswegs immer akzeptiertes Zusammenleben der Menschen beeinträchtigen. Diese Unterdrückung und Sublimierung erläutert Freud psychologisch als Prozeß der Gewissensentwicklung, die sich psychoanalytisch als Prozeß der Herausbildung des „Über-Ichs“ erweist. Das „Über-Ich“ gilt als die zweite jener drei von der Psychoanalyse postulierten „Instanzen“, die die psychischen Funktionen regeln: Während die Instanz des „Es“ die durch ein Amalgam somatischer Impulse und kulturell vermittelter Wünsche entstandenen „Triebe“ repräsentiert, obliegt dem „Ich“ die Aufgabe, durch kognitive Realitätsprüfung dem jeweiligen Individuum eine optimale Balance zwischen verspürten „Trieben“ und „Über-Ich-Versagungen“ zu ermöglichen. Das „Über-Ich“ als versagende Stimme des Gewissens erweist sich als Abkömmling eines unbewußt übernommenen Verbots. Freuds Theorie postuliert für die frühe, männliche Kindheit eine trianguläre Konstellation zwischen dem etwa drei- bis vierjährigen Knaben, seiner Mutter und seinem Vater. Demnach wünscht der Knabe den sexuellen Kontakt mit seiner Mutter sowie den Tod des Vaters und realisiert gleichzeitig mit seinem Begehren die Angst vor dem von ihm als konkurrent angesehenen Vater, der ihn seiner kindlichen Meinung nach zur Strafe kastrieren will. Aus Angst vor dieser antizipierten Strafe leistet der Knabe Triebverzicht, übernimmt dabei über den Mechanismus der Identifikation mit dem Aggressor ein unbewußtes, verallgemeinerbares Schema des Verbots sowie ein generalisiertes, nun von der Mutter gelöstes

Begehren für das weibliche Geschlecht. Freuds Hypothese wie seine ganze Theorie wurden sowohl aus wissenschaftstheoretischen, methodologischen, kulturanthropologischen und geschlechtstheoretischen Perspektiven bestritten.[22] Die Psychoanalyse hat diese Kritik ihrerseits aufgenommen. Fragen der theoretischen Plausibilität, der empirischen Validierung sowie der behaupteten Universalität in kultureller und geschlechtstheoretischer Sicht öffnen den Weg zu einer strukturtheoretischen Lesart, die konkretistische Mißverständnisse hinter sich läßt. Demnach bilden sich wesentliche Einstellungen des Kindes über richtig und falsch, über erlaubt und verboten im Interaktionsfeld zweier hoch affektiv besetzter Bezugspersonen aus, die komplementäre Geschlechtsrollen einnehmen und zudem das generationelle Gefälle zwischen Kindern und Erwachsenen unterstreichen.[23] Daß das Phänomen des Gewissens mit Ängsten ebenso verbunden ist wie mit bisweilen von den Individuen nicht durchschauten Wünschen nach Strafen und Bestraftwerden, nach Beschuldigungen und Schuldempfindungen sind Erfahrungen, die andere Theorien als die Psychoanalyse nicht zureichend erklären können. Neuere, durch empirische Forschungen gestützte Theorien des Narzißmus verweisen im Gegensatz zum klassischen Modell Freuds auf schon präverbal entstehende moralische Gefühle, die als Vorläufer des moralischen Bewußtseins gewertet werden.[24] Demnach beruht die Fähigkeit zum moralischen Wissen auf der Fähigkeit zur Empathie, die ontogenetisch der ödipalen Krise vorausgeht. Daß dabei schon frühe Gefühle des Verpflichtetseins auf ein vor allem zwischen Mutter und Kind bestehendes Reziprozitätsschema verweisen, trägt der unaufhebbaren Intersubjektivität in der Frühsozialisation Rechnung.[25]

Der genetische Strukturalismus, insbesondere die in seinem Rahmen forschenden Moraltheoretiker, konnten der psychoanalytischen Theorie des Gewissens nichts abgewinnen. „Trotz dieser Unterschiede aber sah auch Freud die Moralität (das Über-Ich) grundsätzlich als eine Sache der Achtung vor konkreten Regeln, die deshalb kulturell veränderlich und willkürlich sind, weil sich in ihnen konkrete soziale Autorität manifestiert. Auch Freud sah schließlich in den strafenden (oder selbstbestrafenden) Gefühlen beim Gedanken an Abweichungen von den Regeln den eindeutigsten und bezeichnendsten Ausdruck von moralischer Internalisierung oder Achtung."[26]

Kohlbergs Annahme beruht auf einer verkürzten Rezeption von Freuds Moraltheorie, die auch dadurch nicht plausibler wird, daß sie von vielen Freudianern geteilt wird. Tatsächlich hat Freud sehr wohl die Frage nach der Möglichkeit einer universalistischen und autonomen Moral gestellt. Freuds Auseinandersetzung mit einem fiktiven Partner, die er in seiner stark von hobbesianischen Gedanken gespeisten Schrift über *Das Unbehagen in der Kultur* vorträgt, mündet in ein Plädoyer für eine rationelle Begründung des wechselseitigen Tötungsverbots auch jenseits der Religion. Dieses Plädoyer nimmt die atheistische Aufklärung ernst und zielt darauf, die Basis der Moral auch dann noch zu festigen, wenn ihre religiöse Basis weggefallen ist, d.h. ein funktionales Äquivalent für unbewußte Schuldgefühle zu finden. Damit nimmt Freud schon früh ein Motiv vorweg, das die sprachanalytische Metaethik erst in den fünfziger Jahren des zwanzigsten Jahrhunderts als Problem entdeckte und die am Anfang der Erneuerung der Tugendethik stand.[27] Es wäre, so Freud, „ein unzweifelhafter Vorteil, Gott überhaupt aus dem Spiel zu lassen und ehrlich den rein menschlichen Ursprung aller kulturellen Einrichtungen und Vorschriften einzugestehen. Mit der beanspruchten Heiligkeit würde auch die Starrheit und Unwandelbarkeit dieser Gebote und Gesetze fallen. Die Menschen könnten verstehen, daß diese geschaffen sind, nicht so sehr um sie zu beherrschen, sondern vielmehr um ihren Interessen zu dienen, sie würden ein freundlicheres Verhältnis zu ihnen gewinnen, sich anstatt ihrer Abschaffung nur ihre Verbesserung zum Ziel setzen."[28]

Diese „rein rationelle Begründung der Kulturvorschriften" muß sich dem von Freud selbst erhobenen Einwand stellen, daß das archaische Erbe ein solches Moralverständnis noch nicht einmal als denkmöglich erweist. Im vollen Bewußtsein, daß es dabei nur um eine Hoffnung geht, voller Mißtrauen, dabei selbst einer Illusion aufzusitzen, wird schließlich eine Theorie aufklärenden Erfahrungslernens aufgestellt, deren Hoffnungen anders als die religiösen Dogmen wenigstens falsifizierbar sind. Über die Analogie von Religion und Kindheitsneurose und die klinische Erfahrung, daß diese durch Einsicht und Analyse überwindbar sind, läßt sich der korrigierbare Gedanke einer auf den Intellekt gestützten Normierung denken, die Menschenliebe und Einschränkung des Leidens – wenn auch in weiter Ferne – allgemein verankern könnte. „Auf dem Weg zu diesem fernen Ziel", so hält Freud seinem fiktiven Gesprächspartner entgegen, „müssen Ihre religiösen Ziele fallen gelassen werden. [...] Sie wissen warum; auf die Dauer kann der Vernunft und der Erfahrung nichts widerstehen, und der Widerspruch der Religion gegen beide ist allzu greifbar."[29]

Eine Feststellung, die ausdrücklich auch für alle geläuterten Formen der Religion gelten soll. Als Fazit läßt sich festhalten, daß Sigmund Freud alles andere als ein Moralkritiker etwa im Sinne Nietzsches und Foucaults war. Im Gegenteil: Freud spricht einer durch rationelle Überlegungen im Dienste des guten Lebens begründeten Normierung sozialer Verhältnisse das Wort, die auf wechselseitige Schonung und wechselseitigen Zuwachs von Nutzen setzt. Die Bedingung der Möglichkeit dieser teleologischen Moral, soll sie denn ihre religiöse Verhüllung abstreifen, ist eine korrigierbare Hoffnung: der Glaube an die langsame, langwierige und langfristige Durchsetzungsfähigkeit von Intellekt und Vernunft. Das 1930 geäußerte Programm schien den historischen Erfahrungen des Aufstiegs der Faschismen nicht standzuhalten, weshalb Freud nur sieben Jahre später erneut die funktionale Rolle der zwangsneurotischen Verankerung der sozialen Normierung in der Religion hervorhebt und die dauerhafte Institutionalisierung der darin enthaltenen vergeistigten, universalistischen Moral nun einem genetischen Mechanismus zuschreibt.

Während das Ziel der Moral vor allem Aggressionsfreiheit ist, soll ihre Basis endlich nicht in freien Übereinkünften und reziproken Lernprozessen liegen, sondern in biologisch tradierten Schuldgefühlen. Thomas Hobbes inspirierte Freud nicht nur indirekt; sein Werk war ihm durchaus bekannt – und sei es auch nur über sekundäre Lektüren, etwa über den zeitgenössischen Sexualpsychologen Havelock Ellis.[30] Die Bedingungen der Möglichkeit einer rationellen Moral, die Freud noch im *Unbehagen in der Kultur* erwogen hatte, müßten demnach in einer von Projektionen und Überblendungen möglichst freien, realistischen Wahrnehmung menschlicher Notlagen sowie einer Motivation liegen, über die Freud keine Auskunft mehr geben kann. Während also das konzeptuelle Problem durchaus gelöst und allenfalls kontingenter Umstände wegen schließlich fallengelassen wurde, versagt die klassische Theorie ausgerechnet dort, wo sie doch ihre Stärken haben sollte. Erst die weder hobbesianische noch individualistisch triebzentrierte Moraltheorie Emile Durkheims, dann Jean Piagets und schließlich Lawrence Kohlbergs konnten denn auch ein Problem lösen, vor dem Freud nicht nur im *Unbehagen in der Kultur* verständnislos stand und das seinen aufklärerischen Moralentwurf nicht zu einer deontologischen Theorie reiner Moral gelangen ließ: „Daß man", heißt es abschließend in der dreiundzwanzigsten *Neuen Folge der Vorlesungen zur Einführung in die Psychoanalyse* aus dem Jahr 1932, „dem Weib wenig

Sinn für Gerechtigkeit zuerkennen muß, hängt wohl mit dem Überwiegen des Neids in ihrem Seelenleben zusammen, denn die Gerechtigkeitsforderung ist eine Verarbeitung des Neids, gibt die Bedingungen an, unter der man ihn fahrenlassen muß."[31]

Was soll es vor diesem Hintergrund heißen, daß Gilligan im Unterschied zu Kohlberg strukturell einer freudianischen Theorie der Moral anhängt – und sei es auch nur über die von ihr beanspruchte Theorie der frühen Sozialisation, wie sie Nancy Chodorov entworfen hat.[32] Es waren nicht nur zeitbedingte, letzten Endes frauenfeindliche Vorurteile, die es Freud unmöglich machten, im weiblichen Verhältnis zur Moral genau jene Ansätze zu identifizieren, die seine eigenen Vorstellungen einer ebenso menschenfreundlichen wie universellen Moral hätten einlösen können. Dabei ist dem Gedanken, daß Gerechtigkeit eine Verarbeitung des Neids ist, also auch – nicht nur – in der Aufhebung des mit dem Neid einhergehenden Egozentrismus besteht, unbedingt zuzustimmen. Daß jedoch Frauen einer Überwindung des Egozentrismus nicht fähig seien, spricht ihnen zugleich die Gabe moralischer Motivation ab. Es scheint, als habe Freud eine Gewissensbildung in bezug auf mehrere signifikante Andere noch nicht einmal denken können. Seine sozialisationstheoretische Annahme, daß sich das Gewissen vornehmlich in *einer* Stimme manifestiere und es die Aufforderung oder die antizipierte Reaktion dieses einen signifikanten Anderen sei, die moralisches Handeln motiviere, also ermutige, bedarf einer theoretischen und empirischen Überprüfung. Hätte sich umgekehrt Kohlberg darüber Rechenschaft abgelegt, daß moralische Motivation, also die Tugend des Mutes, konsequent in dem ja auch von ihm beanspruchten interaktionistischen Modell zu analysieren sei, der generalisierte Andere also die Stimmen der vielen signifikanten Anderen noch in sich trägt, hätte er die Intuition Gilligans anders aufnehmen können. Ironischerweise sind sich Freud und Kohlberg genau darin nahe, daß sie die Quelle moralischer Motivation als *eine, einzige* Stimme identifizieren.[33]

Für die Problematik von moralischer Motivation und d.h. von Mut hat der Exkurs zu Freud ergeben, daß die Quellen der Motivation vielstimmig sind und in ihrer Vielstimmigkeit auf komplexe Verhältnisse verwiesen sind, die nicht auf eine einzige, frühkindliche Erfahrung reduzierbar sind, sondern auf Tätigkeitsfelder, die stets von neuem die Gelegenheit zu begründetem und anerkanntem Handeln bieten. Rests Modell des Konzepts „Moralität" enthält in diesem Sinn sowohl einen Vorschlag zur Lösung des ungeklärten Verhältnisses von moralischem Wissen und moralgeleitetem Tun als auch einen Hinweis darauf, an welchem Ort das Programm einer moralischen Bildung systematisch zu verorten ist. Die Übernahme von Verantwortung verweist umgekehrt auf lebensweltliche Problemvorgaben und institutionelle Regelungen, die dem Lernen an realen moralischen Dilemmata entgegenkommen.

Mit diesem Modell steht Rest – wissentlich oder nicht – in der Tradition der Aristotelischen Tugendlehre, die das, was sie als Tapferkeit bezeichnete, von zwei anderen Tugenden, der Klugheit und der Gerechtigkeit abhängig sein ließ: „Ohne Klugheit und Gerechtigkeit", so der entsprechende Formulierungsvorschlag im deutschen Neuthomismus, „gibt es keine Tapferkeit; nur wer klug und gerecht ist, vermag auch tapfer zu sein; es ist schlechthin unmöglich, wirklich tapfer zu sein, ohne damit eben auch klug und gerecht zu sein."[34]

Mit dieser Definition ist – mindestens für das Feld moralischen Handelns – ein wertneutrales Motivationskonzept zurückgewiesen und das alte – von jeder Moralphilosophie immer wieder postulierte oder eben bezweifelte – enge Verhältnis von Handlung und Motivation wiederhergestellt, etwa derart, daß nicht jede (objektiv) altruistisch wirkende Tat als moralisch bezeichnet werden kann, sofern ihr nicht angemessene Intentionen zugrunde liegen. Damit ist nichts über die Güte gesellschaftlicher Verhältnisse ausgesagt, in denen Gerechtigkeit und Freiheit institutionell abgesichert und nicht in jedem Fall auf den guten Willen der Individuen angewiesen sind, sondern nur ein Vorschlag zur angemessenen Verwendung des Begriffs „Mut" oder eben „moralische Motivation" gemacht. „Motivation", so erläutert die akademische Psychologie, „ist eine Sammelbezeichnung für vielerlei Prozesse, deren gemeinsamer Kern darin besteht, daß ein Lebewesen sein Verhalten um der erwünschten Folgen willen auswählt und hinsichtlich Richtung und Aufwand an Anstrengung und Ausdauer steuert. Die im Verhalten zu beobachtende Zielgerichtetheit, der Beginn und Abschluß einer übergreifenden Verhaltenseinheit, ihre Wiederaufnahme nach Unterbrechung, der Wechsel zu einem neuen Verhaltensabschnitt, der Konflikt zwischen verschiedenen Zielen des Verhaltens und seine Lösung – all das wird dem Problemfeld der Motivation zugerechnet."[35]

Dabei unterscheidet diese allgemeine Motivationstheorie zwischen der Ausbildung von Bestrebungen, von Handlungstendenzen, in die bereits Erwartungen und Bewertungen miteinfließen und schließlich in das münden, was als „Volition" bezeichnet wird. Motivationsprozesse gelten demnach als „realitätsorientiert", während Volitionsprozesse als „realisierungsorientiert" bezeichnet werden. Allerdings kann auch die akademische Psychologie des Problem des Handelns und damit des freien Willens nicht lösen, sondern lediglich beschwören: „Ob der Übergang von Motivation zu Volition durch einen vollständigen Willensakt im Sinne eines Entschlusses oder einer Wahlentscheidung markiert ist, oder ob die Intentionsbildung auch als bloße Zustimmung zu einer erwogenen Handlungsalternative auftritt oder ob man impulsiv zu einer Handlung hingerissen wird – stets scheint es einen Übergangspunkt zu geben, an dem aus einer resultierenden Motivationstendenz eine Intention geworden ist, wo Motivationsprozesse aufhören und Volitionsprozesse beginnen."[36]

Diese Fragen sind inzwischen von der bezüglich ihrer Wissenschaftlichkeit argwöhnisch betrachteten Philosophie besser gelöst worden.[37] Motivationen oder Motivationsketten zeichnen sich zudem dadurch aus, daß sie nicht nur vor Beginn der Handlung Erwartungen, sondern auch nach Vollzug der Handlung Bewertungen beinhalten, die dann als Komponenten in die Motivation zu weiterem Handeln eingehen. Als zentrales Problem auch der psychologischen Motivationsforschung stellt sich das Verhältnis zwischen triebhaft-instinktiven, kognitiven und emotionalen Faktoren dar, wobei das Problem der Kausalattribution, d. h. der Selbst-Zuschreibung als Verursacher von Handlungen eine wesentliche Rolle spielt. Die große Rolle, die kognitiven Faktoren in der Theorie der Motivation neuerdings zugeschrieben wird, stimmt wiederum mit der klassischen Theorie der Tugend überein, die die Tapferkeit nicht nur an das Verfolgen legitimer Ziele band, sondern vor allem an eine situationsangemessene Wahrnehmung: „Echte Tapferkeit setzt eine richtige Einschätzung der Dinge voraus, sowohl derer, die man riskiert, als auch derer, die man durch den Einsatz zu bewahren oder zu gewinnen hofft."[38]

Nun sind nicht alle Handlungen, die um legitimer Ziele willen und bei angemessener Situationseinschätzung vollzogen werden, tapfer zu nennen. Tapferes Verhalten oder tapfere Handlungen zeichnen sich dadurch aus, daß sie eine Bereitschaft zum Erleiden von (erheblichen) Nachteilen in Kauf nehmen – für die klassische Tradition die Bereitschaft, „im Kampfe für die Verwirklichung des Guten Verwundungen hinzunehmen."[39] Das verbindet die Tapferkeit in einer Hinsicht mit der Grundbefindlichkeit des Vertrauens, also der Bereitschaft, sich dem möglichen bösen Willen anderer preiszugeben: „Vertrauen ist die akzeptierte Verletzlichkeit gegenüber dem stets möglichen, aber doch nicht erwarteten bösen Willen eines anderen, der die Möglichkeit hat, uns Übel zu wollen und übel zu tun.“[40]

Auch Mut ist demnach eine bestimmte Haltung zu akzeptierter Verletzlichkeit; im Unterschied zum Vertrauen jedoch, in dem diese akzeptierte Verletzlichkeit anderen – im Grundsatz als gutwillig oder neutral bewerteten – Personen überantwortet wird, gilt die Tapferkeit gegenüber sich selbst bzw. angesichts möglicher übelwollender Personen oder gefährlicher Umstände. Wer sich auf derlei Konflikte einläßt, bedarf dazu offenbar eines gewissen Selbstvertrauens, eines Selbstvertrauens, das – wie wir aus der Sozialisationsforschung wissen – niemand aus sich selbst schöpfen kann, sondern das Ergebnis zuwendender und zuverlässiger früher Interaktionen ist. Die Bereitschaft, um beliebiger oder illegitimer Ziele willen auch angesichts riskanter Bedingungen Nachteile hinzunehmen, würde in der Sprache der Tugendlehre daher eher als Tollkühnheit denn als Mut bezeichnet werden.

Mäßigung und Besonnenheit

Die Tugend der Mäßigung oder der Besonnenheit bezieht sich im klassischen Denken auf die inneren Zustände einer Person; von allen anderen Zuständen unterscheidet sich die „temperantia“ dadurch, daß sie auschließlich auf den Wirkenden und seine Zustände bezogen ist. „Der Zielsinn der temperantia ist die innere Ordnung des Menschen, aus der allein die ‘Ruhe des Gemütes’ fließt. Zucht heißt: in sich selber Ordnung verwirklichen. Dies unterscheidet die temperantia von allen anderen Kardinaltugenden: daß sie ausschließlich auf den Wirkenden selbst bezogen ist.“[41]

Die Tugend der Mäßigung tritt in der modernen Sozialwissenschaft als das Konstrukt der „Identität“ auf, womit sie zugleich Schritt um Schritt ihre rigiden Züge verliert. Identität aber entsteht aus Interaktionen; die Tugend der Mäßigung als Ausdruck eines bestimmten Selbstverhältnisses ist zugleich Ausdruck einer bestimmten Form zwischenmenschlicher Beziehungen – von Interaktionen. „Identität“ wurde zum Zentralbegriff der neueren, sozialwissenschaftlich orientierten Pädagogik, der Begriff der „Interaktion“ ist in der deutschsprachigen Erziehungswissenschaft spätestens in den frühen siebziger Jahren ins Zentrum der Debatte gerückt. „Dieser Ansatz ist deshalb für die erziehungswissenschaftliche Forschung vielversprechend, weil er die Chance einer Wendung vom manipulativen zum kommunikativen Erziehungsverständnis begründen helfen und damit unsere Erziehungskonzepte erweitern könnte.“[42]

In praktischer Hinsicht sollte der Begriff der Erziehung – als einer einseitigen Beeinflussung der Edukanden durch die Pädagogen – so berichtigt werden, daß die Eigeninteressen und die Eigentätigkeit der Edukanden angemessen berücksichtigt werden. Entsprechend ging es um Begriffe, Theorien und Forschungsverfahren, die die normativ geforderte Gegenseitigkeit auch in der Wirklichkeit von Sozialisationsprozessen nachweisen konnten. Es war nicht von vornherein klar, in welchem Ausmaß eine dem Phänomen der Sozialisation angemessene sozialwissenschaftliche Theorie die mit dem Begriff „Interaktion“ einhergehenden Verheißungen tatsächlich einlösen konnte. Die Soziologie jedenfalls ließ sich hier an Nüchternheit nicht überbieten: „Als Interaktion soll dasjenige Sozialsystem bezeichnet sein, das sich zwangsläufig bildet, wenn immer Personen einander begegnen, das heißt wahrnehmen, daß sie einander wahrnehmen, und dadurch genötigt sind, ihr Handeln in Rücksicht aufeinander zu wählen.“[43]

Theoriegeschichtlich und systematisch formulierte der Begriff der Interaktion sozialwissenschaftlich aus, was die moderne Sozialphilosophie seit Immanuel Kant an Überlegungen zur intersubjektiven Verfaßtheit der Menschen beigesteuert hat. Dabei ging es seit dem achtzehnten Jahrhundert darum, einen der Aufklärung verpflichteten Entwurf – das Konzept eines vor allem an sich selbst interessierten, selbständigen und autonomen Wesens, das nur notgedrungen auf andere verwiesen ist – um die Einsicht zu bereichern, daß Individualität und Autonomie ohne die Voraussetzung anderer überhaupt nicht angemessen gedacht werden können. Nicht umsonst wies Kant in seiner Vorlesung *Über Pädagogik*[44] darauf hin, daß der Mensch nur durch Erziehung zum Menschen wird und daß diese Erziehung nur durch selbst schon von Menschen erzogene Menschen vollzogen werden kann. Von Kant beeinflußt, veröffentlichte Johann Gottlieb Fichte im Jahr 1796 eine *Grundlage des Naturrechts*, in der es unmißverständlich heißt, daß, wenn überhaupt Menschen sein sollen, sie als mehrere sein müssen und die wechselseitige Bildung zur Freiheit ein wesentlicher Zug ihres Zusammenlebens ist: „Die Aufforderung zur freien Selbsttätigkeit ist das, was man Erziehung nennt. Alle Individuen müssen zu Menschen erzogen werden, außerdem würden sie nicht Menschen."[45]

Nach ihm erklärte F. W. J. Schelling in seinem im Jahr 1800 veröffentlichten *System des transzendentalen Idealismus*, daß isolierte Vernunftwesen weder zum Bewußtsein der Freiheit noch zum Bewußtsein der objektiven Welt gelangen könnten. Die damit einhergehende wechselseitige Einwirkung der Vernunftwesen aufeinander bezeichnet Schelling als „Erziehung".[46] Die von G. W. F. Hegel in der *Phänomenologie des Geistes* aus dem Jahr 1807 ausgeführte Theorie des Kampfes um gegenseitige Anerkennung in Krieg, Arbeit und Dienst entfaltet die bei Kant, Fichte und Schelling angelegten Motive historisch. Karl Marx konnte von diesen Motiven zehren, als er in seinen *Thesen zu Feuerbach* bemerkte, daß jede Theorie der Veränderung der Gesellschaft durch Erziehung ihrerseits erzogene Erzieher voraussetzt. An die Stelle von Erziehung, Arbeit und Dienst tritt daher bei Marx der Begriff der „revolutionären Praxis". Die im Deutschen Idealismus im frühen neunzehnten Jahrhundert angelegte Theorie der Intersubjektivität wurde in ihrem Jahrhundert in pädagogischer Hinsicht kaum weiterentwickelt und trat gegenüber neuhumanistischen Vorstellungen einer sich autonom bildenden Subjektivität in den Hintergrund.

Erst im frühen zwanzigsten Jahrhundert wurde der Gedanke der konstitutiven Intersubjektivität der Menschen in bildungstheoretischer Hinsicht ausgearbeitet, wenn auch in zwei völlig verschiedenen Ausprägungen: in den personalistischen, am „Dialog" und am „Zwischen" ausgerichteten Theorien in Deutschland und Österreich[47] und den am handlungskoordinierenden Zeichengebrauch der Gattung Mensch orientierten Theorien des „symbolischen Interaktionismus",[48] die in den USA entstanden. So entwarf George Herbert Mead – vor dem Hintergrund des um die Jahrundertwende entstehenden US-amerikanischen Pragmatismus – eine Theorie des „Sozialbehaviorismus", die das kommunikative Geschehen zwischen Menschen analytisch erschloß und empirisch zugänglich machte. Mead setzt bei einem allgemeinen Begriff des Handelns an, das er als die wirkende Beziehung eines Lebewesens zu seiner Umwelt, vor allem zu den eigenen Gattungsgenossen, versteht. Der Bezug der Gattungsgenossen untereinander, ihre überlebensdienliche Koordination wird durch Gesten koordiniert, die einem angeborenen Repertoire entstammen. Bei Angehörigen der Gattung Mensch ist die Koordination von Handlungen durch vokale Gesten charakteristisch verändert, da nur die Menschen mit ihrer vokalisierbaren

Fähigkeit zur Symbolisierung, d. h. ihrer Sprachfähigkeit, dazu in der Lage sind, sich miteinander über signifikante Symbole zu verständigen. Signifikante Symbole disponieren im Unterschied zu anderen Gesten dazu, im Zeichengeber die gleichen Reaktionen auszulösen wie im Zeichenempfänger. Dies ermöglicht es dem Zeichengeber, in sich selbst genau die Reaktionen auszulösen, die das Signal auch im Empfänger provozieren wird. Damit verfügt die sprachfähige Menschheit über die Fähigkeit zur Antizipation, zur Perspektivenübernahme und zu einer bewußten Stellungnahme zum eigenen Handeln aus der Sicht der anderen. Dabei ist allerdings zu beachten, daß der Begriff der Sprache hier nicht im Sinne einer voll ausgebildeten und entfalteten Hochsprache gedeutet wird. Auch die Laute Neugeborener gelten im Sinn dieser Theorie als Sprache. Zu sich selbst Stellung nehmen zu können ist nach Mead zudem eine zwingende Funktion gesellschaftlicher Koordination. Die Angehörigen der Gattung Mensch nämlich, die ihre Handlungen aufeinander abstimmen müssen, sind durch eine innere Struktur bestimmt, die sowohl durch biologisch spontane Impulse als auch durch antizipierte gesellschaftliche Reaktionen charakterisiert ist. Das individuelle Verhältnis von Spontaneität hier und Antizipation gesellschaftlicher Reaktionen dort bezeichnet Mead als „Selbst" – wir sprechen heute von „Identität". Der Mensch als das Wesen, das sich in symbolischer Interaktion bildet, erfährt den Prozeß seines Heranwachsens als einen Prozeß der immer differenzierteren Übernahme von Rollen und Perspektiven anderer. Zwei Formen der Verallgemeinerung wichtiger Bezugspersonen – signifikanter Anderer – werden in zwei aufeinander folgenden Interaktionsmustern herausgebildet. Orientiert sich das Kind an den Rollen ihm bekannter und vertrauter, einzelner Nächster, der signifikanten Anderen, so lernt es später – auf der Basis der Übernahme ihrer Perspektiven – allgemeine gesellschaftliche Haltungen zu übernehmen, d. h. sich an einem generalisierten Anderen zu orientieren. Die neurobiologisch und linguistisch angelegte naturwissenschaftliche Anthropologie konnte unterdessen Meads immer wieder als spekulativ angesehene Theorie erhärten. Mit der Entdeckung der „Spiegelneuronen" und den von Pinker angeregten Forschungen zu einem Sprachgen kann Meads Theorie der Sprache und der Sprachkompetenz als evolutionär erworbener, nicht erlernter Dispositionen als bestätigt angesehen werden.[49]

Den spielerischen Interaktionsmodus, in dem das Kind lernt, die Rollen der signifikanten Anderen zu übernehmen, nennt Mead

„play" (Schauspiel). Jene Interaktionsweisen hingegen, in denen Kinder auf der Basis bestimmter Rollen deren Entsprechungen bzw. das Regelwerk aufeinanderbezogener Verhaltenserwartungen – in Meads Worten: „den generalisierten Anderen" – zu übernehmen lernen, werden als „game" (Regelspiel) bezeichnet. Mead zeigt zudem, daß diesen beiden Stufen zunehmender Verallgemeinerung und Abstraktion konkreter Haltungen und Verhaltensweisen noch eine dritte Stufe folgen kann, nämlich die Stufe des „universe of discourse". Das ist die Stufe derjenigen Einstellungen, die sich weder auf die Übernahme konkreter Rollen noch gegebener Rollenensembles bezieht, sondern auf eine Haltung, welche die allgemeinsten Belange eines jeden und aller Menschen angeht. Sozialwissenschaftliche Theorien der Interaktion lassen sich – im Anschluß an Martin Buber, der „Ich–Du" und „Ich–Es" geleitete Weltbezüge unterschied[50] – danach differenzieren, ob sie sich ihrem Gegenstand aus einer Zuschauer- oder einer Teilnehmerperspektive nähern. Im Rahmen einer behavioristischen Theorie sozialen Handelns werden Interaktionen als strategisch geplante bzw. reiz-reaktionsgelenkte Teile von Austauschprozessen begriffen, in denen sich die Interaktionspartner als Objekte gegenübertreten. Aus einer teilnehmerorientierten Perspektive erscheinen Interaktionen demgegenüber als wechselseitige Teilnahme von Menschen an der Erlebens- und Erfahrungssphäre anderer Menschen.[51] Kognitivistische Interaktionstheorien in der Tradition Jean Piagets und George Herbert Meads verbinden darüber hinaus einen teilnehmerorientierten Ansatz aus der Binnensicht sozialer Akteure im Sinne von Bubers Ich-Du-Orientierung mit der entwicklungspsychologischen Erkenntnis, daß soziale Wahrnehmungsschemata sich ebenso wie soziale Handlungsformen strukturiert herausbilden. Diese Strukturen folgen der Entwicklungslogik fortschreitender Universalisierung, Abstraktion und Generalisierung in der Folge von Meads Schema des Dreischritts von „game", „play" und „universe of discourse". In diesem Dreischritt ensteht nach „Mead" das, was in seinem Entwurf als „self" bezeichnet wird und heute als „Identität" fungiert.

Zur Erläuterung dieses Begriffs liegen im wesentlichen zwei theoretische Paradigmen vor – eine kulturtheoretisch vertiefte Psychoanalyse im Sinne von Erikson sowie die Beiträge des neueren symbolischen Interaktionismus in der Folge Meads. Es soll nicht verschwiegen werden, daß sowohl der Begriff der „Identität" als auch verwandte Begriffe, z. B. „Selbst", schon früh starken Zweifeln ausgesetzt waren. Das schlug sich in Horkheimers und Adornos

Urgeschichte der Subjektivität, wie sie in der *Dialektik der Aufklärung* entfaltet wurde, ebenso nieder wie in Michel Foucaults in *Überwachen und Strafen* programmatisch geäußertem Satz, daß die Seele das Gefängnis des Leibes sei.[52] Auf jeden Fall ist gerade die jüngste sozialwissenschaftliche, sowohl deskriptive als auch normative, Debatte von der Auseinandersetzung um die Begriffe der Identität und – auf das engste damit verbunden – Autonomie gekennzeichnet; das gilt für die allgemeine Öffentlichkeit ebenso wie für die Wissenschaft. „Furchtbares", so heißt es schon in der 1944 verfaßten *Dialektik der Aufklärung*, „hat die Menschheit sich antun müssen, bis das Selbst, der identische, zweckgerichtete, männliche Charakter des Menschen geschaffen wurde."[53]

Die aus derartigen Überlegungen gespeisten Debatten um das Ende des Subjekts, unter Berufung auf das Werk Michel Foucaults von Autorinnen wie Judith Butler[54] vorgetragen, zehren indes von emanzipatorischen Gedanken ebenso, wie sie in der Tradition der deutschen Romantik stehen. Diese Tradition läßt sich als wachsende Einsicht in die Kontingenz der Subjekte, in ihre Depotenzierung zu in jeder Hinsicht endlichen Individuen in drei Schritten nachzeichnen.

In einem ersten Schritt bei Schelling, Schopenhauer und – aufklärerisch gewendet – bei Freud erfährt sich das Individuum als zugleich mehr und doch auch als weniger denn die bewußte, ihrer Handlungen mächtige Einzelheit. Tritt bei Schelling das individuelle Bewußtsein als Teil eines göttlichen, seiner selbst nicht bewußten, in der Natur wesenden Subjekts auf, so erscheint es bei Schopenhauer als Oberfläche des blinden, imaginierenden Willens zum Leben. Sigmund Freud glaubte schließlich, das bewußte Sein mittels eines zensurtheoretischen Modells aus dem Wechselspiel gesellschaftlicher Normen und biologischer Regulative heraus erklären zu können. Das führte zu dem Ergebnis, das im einzelnen menschlichen Individuum vorfindliche Bewußtsein als zwar lebenserhaltende, aber doch begrenzte, hochgradig störanfällige Teilfunktion gegenüber dem Unbewußten zu verstehen. Darauf wird in einem zweiten Schritt – bei Nietzsche – Subjektivität nicht mehr der begrenzten Insel des Bewußtseins, sondern der leiblichen Ganzheit des Menschen zugeschrieben: „Daß wir das Nächste", hier meint Nietzsche das Bewußtsein, „für das Wichtigste nehmen, ist eben das alte Vorurteil."[55] – „Also umlernen! in der Hauptschätzung! Das Geistige ist als Zeichensprache des Leibes festzuhalten."[56] Michel Foucaults Werk läßt sich als konsequente Entfaltung dieses Gedankens lesen. Wenn – wie er in *Überwachen und Strafen* ausführt – die Seele das Gefängnis des Körpers ist und mithin der Mensch, „von dem man uns spricht und zu dessen Befreiung man einlädt, bereits in sich das Resultat einer Unterwerfung ist, die viel tiefer als er ist",[57] dann läßt sich die einstmals dem Subjekt zugeschriebene Autonomie, sein Selbstverständnis nur noch als das freie Spiel oder der chaotische Widerstand des menschlichen Fleisches angesichts der allgegenwärtigen, disziplinierenden Macht denken. An diese Überlegungen schließen in einem dritten Schritt Autorinnen wie die Postfeministin Judith Butler an, die in der Sache wenig anderes tun, als die mikrosoziologischen Mittel des symbolischen Interaktionismus – etwa Erving Goffmans, für den es überhaupt keine substantielle Identität, sondern nur noch eine „phantom normalcy" kurz ein situationsabhängiges Deutungsmuster zur Ordnung von Erfahrungen gibt – auf die sozialen Räume und Handlungsfelder „Leib" und „sexuelles Geschlecht" anzuwenden,[58] um dabei zu Erkenntnissen über die technische Machbarkeit und kulturelle Gestaltbarkeit dieser Gegenstände zu gelangen. Daß mit diesen oft erstaunlichen Analysen nicht einmal mehr der Leib als letztes Refugium von Subjektivität und Freiheit zu verteidigen ist, liegt auf der Hand. Spätestens jetzt tritt nämlich an die Stelle des vielleicht noch rebellischen Leibes eine planbare Körperkultur, an deren Rändern menschliche Individuen – von sozialem Habitus und kulturindustriell erzeugten Narrativen, die sie sich nur begrenzt wählten, durchdrungen – an ihrem äußeren und inneren Erscheinungsbild basteln. So mündet die theoretische Kritik der selbstgewissen cartesianischen Subjektivität in der wohl realistischen Unterstellung teilinformierter, teilinteressierter und teilkontinuierlicher Individuen. Diese Individuen – so scheint es – können und wollen sich in einer plural ausdifferenzierten Lebenswelt die klassischen Eigenschaften der Subjektivität, nämlich der Fähigkeit zu vernünftiger Selbstbestimmung, zwanglosen Beziehungen mit anderen und einer einheitlichen Lebensgeschichte – alles Modi der „temperantia" – nicht mehr zuschreiben. Die immer wieder etwa an Judith Butler gerichtete Frage,[59] was all das noch mit einem nur halbwegs emphatischen Begriff von Emanzipation und Befreiung zu tun habe, kann sie zu Recht unbeantwortet lassen. Übernimmt man nämlich wie sie Foucaults Analyse der Gesellschaft als einer durchgängig vermachteten Diskursmaschine, kann es schon als Fortschritt, ja geradezu als Subversion gelten, den religiös, akademisch, familial oder kulturindustriell vorgefertigten Spielregeln eine eigene hinzuzufügen. Autonomie bestünde dann mit

Niklas Luhmann allenfalls in der Fähigkeit einer Person, ihre unvermeidlichen Abhängigkeiten selbst auszuwählen. Wenn dieser Befund zutrifft, resultiert daraus zweierlei: Erstens sind theoretische Konzepte von Subjektivität und Individualität offensichtlich nicht selbstgenügsam, sondern ihrerseits von starken gesellschaftstheoretischen, ja sogar politischen Annahmen abhängig; zweitens läßt sich die Frage nach dem Wesen, der Essenz von Subjektivität, Individualität – eben Identität – nicht deskriptiv lösen, sondern nur durch eine Untersuchung der normativen Voraussetzungen gesellschaftstheoretischer Annahmen. Auch und zumal die Tugend der Mäßigung, also der spezifischen Tugend für das gelungene Selbstverhältnis von Personen, hängt von der überwölbenden, normativen gesellschaftlichen Struktur ab, in der die Individuen existieren.

Tugenden sind schätzenswerte Eigenschaften von Personen im Rahmen eines politischen Gemeinwesens, weshalb Debatten über die angemessene Verfassung eines Gemeinwesens stets Debatten über die wünschbaren Charaktere seiner Bürger sind. Das hat sich in der im letzten Jahrzehnt geführten Diskussion über den Kommunitarismus sowohl explizit als auch implizit gezeigt. Explizit, weil er genau diese Frage erneut aufwarf, implizit, weil die Debatte über ihn nicht jenseits einer politischen Positionierung geführt werden kann. In der Auseinandersetzung zwischen Kommunitaristen und Liberalen[60] geht es im Kern um ein angemessenes Verständnis des Verhältnisses von individueller Freiheit und sozialer Integration. Angesichts anomischer Erscheinungen kritisieren die Kommunitaristen das dem liberalen Verfassungsmodell und seinen philosophischen Begründungen zugrundeliegende Menschenbild. Die kommunitaristische Kritik insbesondere an John Rawls' *Theorie der Gerechtigkeit* – der bekanntlich rechts- und sozialstaatliche Verfassungsprinzipien aus der vertragstheoretischen Annahme von über ihre wahre gesellschaftliche Situation nicht informierter, gleichwohl rational am eigenen Vorteil orientierter Individuen gewonnen hat – zielt darauf, ihm ein besitzindividualistisches Menschenbild zu unterstellen. Der in der von Rawls formulierten Vertragstheorie unterstellte rational entscheidende Mensch sei einerseits ein Homunkulus, der – abgesehen von seinem Selbstinteresse – über keinerlei nennenswerte Eigenschaften, geschweige denn über substantielle soziale Beziehungen verfüge, andererseits die Bedingung einer vorurteilsfreien Wahl zwischen Verfassungsmodellen gar nicht erfülle, da er ja tatsächlich nur ein Abziehbild dieser Verfassung sei.[61] An dieser Debatte interessiert weniger die nicht sonderlich originelle

Kritik an möglichen besitzindividualistischen Vorurteilen von Rawls, sondern das methodologische Problem des Verhältnisses von politischer Theorie und der von ihr vorausgesetzten Personentypen. In seinem späteren Werk, in dem sich Rawls von einer allgemeinen Gerechtigkeitsheorie ab- und einer Theorie politischer Fairneß zuwendet, verfährt er so, daß er nach Dispositionen von Bürgern fragt, die an einer liberalen und sozialstaatlichen Demokratie erfolgreich partizipieren können sollen. *Demnach wäre umfassende politische Autonomie genau dann realisiert, wenn Menschen, von universalistischen Gerechtigkeitsprinzipien geleitet, jene fairen Regeln der gesellschaftlichen Kooperation bestimmen, die sie einander zusprechen würden, wenn sie tatsächlich als freie und gleiche Personen repräsentiert wären. Vernünftige und kluge Bürgerinnen und Bürger wären jene Personen, die sowohl einen Sinn für Gerechtigkeit als auch einen Sinn für das gute Leben haben, Fähigkeiten, die beide Urteilskraft, Kognition und Schlüssigkeit voraussetzen. Zudem sind solche Bürger dadurch gekennzeichnet, daß sie in einem demokratischen Gemeinwesen nicht nur mitwirken, sondern von ihren Mitbürgern als solche anerkannt werden wollen.* Rawls postuliert eine philosophische Psychologie des rationalen Akteurs: „Ich betone, daß es sich hier um eine Moralpsychologie handelt, die der politischen Konzeption der Gerechtigkeit als Fairneß entstammt. Es handelt sich nicht um eine Psychologie, die in der Wissenschaft der menschlichen Natur wurzelt, sondern eher um ein Schema von Begriffen und Prinzipien, um eine bestimmte politische Konzeption der Person und ein Ideal der Bürgerschaft auszudrücken.“[62]

Man kann Rawls' Vorstellung einer autonomen Person als den Versuch verstehen, jene Persönlichkeitskonzepte zu entfalten, die von westlichen Verfassungen, etwa dem Grundgesetz, unter der Annahme vorausgesetzt werden, daß in der real existierenden Gesellschaft ein politisches Leben, eine Meinungsbildung und ein Interessenausgleich vorherrschen, die dem Ideal einer demokratischen Gesellschaft entsprechen. Die Einwände gegen ein solches Verfahren liegen ebenso auf der Hand wie Einwände gegen die These, es handele sich bei parlamentarischen Demokratien westlichen Typs um demokratische Gesellschaften im umfassenden Sinne des Wortes. Zeigt denn nicht der nüchterne, empirische Blick auf Entfremdung, auf Wahlenthaltung, auf Delinquenz, auf Drogenabhängigkeit und Vergnügungssucht, auf Neonazismus und Autoritarismus, auf Narzißmus und Individualisierung, auf Singles und angeblich verschwindende Kleinfamilien, kurz: auf all die Phänomene gesellschaftlicher Desintegration im allgemeinen wie im besonderen, daß derlei normative Persönlichkeitskonzepte nichts anderes sind als ein Schein, ein schöner Schein im besten Falle?

Es sind derlei Hinweise, von denen eine herkömmliche Kulturkritik zehrt, die die Theorien der inzwischen stark veralteten Postmoderne beleiht. Sie bezieht sich auf den Umstand, daß vermeintlich immer weniger Individuen die Einheit ihrer Lebensgeschichte inszenieren und darstellen können, und behauptet daraus nicht weniger als das Veralten eines autonomen Persönlichkeitsideals. Gegen solche Schlüsse sind indessen mindestens zwei Grundsätze einer empirischen und falliblen Sozialwissenschaft, zu der auch eine normativ interessierte Erziehungswissenschaft gehört, ins Feld zu führen: Zunächst müssen behauptete Phänomene operationalisiert und empirisch sowohl bezüglich der Häufigkeit ihres Auftretens zu einem gegebenen Zeitpunkt als auch bezüglich ihres Anwachsens innerhalb eines gegebenen Zeitabschnitts tatsächlich nachgewiesen werden; dann sind alle Aussagen über Kompetenzen, Dispositionen und Verhaltensweisen, also von „Tugenden“ von Personen nichts anderes als theoretisch begründete Konstrukte, über deren Validität wiederum nichts anderes entscheidet als empirische Forschung. Insofern spricht nichts, aber auch gar nichts gegen die Entfaltung des Konstrukts einer rationalen Person, gegen die Operationalisierung dieses Konstrukts und das Messen der Häufigkeit seines Auftretens in gegebenen Einzelfällen oder Populationen. Aus der Perspektive einer empirisch verfahrenden Sozialwissenschaft dürfen wir dann begründet von der Existenz rationaler Personen sprechen, wenn wir über starke Forschungsprogramme verfügen, die diese Annahme stützen. Der genetische Strukturalismus hat die weder seltene noch abnehmende Häufigkeit von kognitiver, moralischer und ästhetischer Rationalität[63] im individuellen Entwicklungsprozeß ebenso nachweisen können, wie die Faktizität und die Mechanismen sozialer Perspektivenübernahme, interindividuellen Verstehens und wechselseitiger Anerkennungsverhältnisse im Sozialisationsprozeß. Damit liegt eine materiale Stützung von Rawls’ Rekonstruktionsvorschlag rationaler Personen ebenso vor, wie deutlich wird, daß nur starke normative Theorien, die sich nicht von kulturkritischen Meinungen blenden lassen, die Wirklichkeit vernünftiger Lebensführung nachweisbar werden lassen. Mit anderen Worten: Ohne ein geschärftes Bewußtsein der konstruktivistischen, kohärenztheoretischen sowie fallibilistischen Grundlagen jeder Sozialwissenschaft hängt die Auseinandersetzung um das vernünftige Subjekt und sein Selbstverständnis, das hier als zu Rationalität und Identität disponiertes Individuum wiederaufersteht, in der Luft. Erst einer solchen Sichtweise werden sich aber auch die Rationalitätspotentiale dessen erschließen, was der Zeitgeist als postmodernes Individuum behauptet. Hier ist die Literatur allemal zuständiger als die Wissenschaft.

„Was ist so langweilig daran, daß Juden Juden sind?" läßt der US-amerikanische Schriftsteller Philip Roth in seinem Roman *Gegenleben* seinen Helden Nathan Zuckermann, einen seiner selbst schmerzhaft bewußten New Yorker Juden, seine höchst britische, schon weniger christliche Frau Maria in einem spannungsreichen, erschöpfenden Nachtgespräch fragen, um folgende Antwort von ihr zu erhalten: „Also", sagt Maria, „ich habe etwas gegen Leute – das ist nur eine, keine durchdachte Position ... Ich habe etwas gegen jemanden, der sich an seine Identität nur um ihrer selbst willen festklammert. Ich glaube nicht, daß das aber auch nur irgend etwas Bewundernswertes hat. All das Gerede von 'Identitäten' – deine Identität liegt einfach dort, wo du beschließt, mit dem Denken aufzuhören, soweit ich sehen kann. Ich glaube, all diese ethnischen Gruppen – ob es nun Juden sind oder Leute von den karibischen Inseln, die meinen, sie müßten diese karibische Sache aufrechterhalten – sie machen einfach das Leben in einer Gesellschaft schwerer, in der wir versuchen, bloß freundlich miteinander zu leben, wie in London, wo wir jetzt sehr ungleichartig sind."[64]

Ohne daß man Marias allzu britische Meinung, daß es nur darauf ankäme, zueinander freundlich zu sein, teilen müßte, wird man jedenfalls ihrer Aussage: „Deine Identität liegt einfach dort, wo du beschließt, mit dem Denken aufzuhören" gerade aus rationalitätstheoretischer Perspektive – schließlich ist vom Denken die Rede – zustimmen. Wenn die geringen, die Öffentlichkeit gleichwohl bewegenden Transgressionen – multiple Persönlichkeiten, multipel sexuelle Familien und Transsexualität – in Rollen und Lebensentwürfen etwas andeuten könnten, dann doch den Umstand, daß sich mehr und mehr Menschen zu ihren sozialisatorisch gewonnenen und geronnenen Lebensentwürfen distanziert, reflektiert, eben postkonventionell verhalten wollen; daß sie, indem sie ihr eigenes Leben als einen Fall von im Prinzip mehreren, wählbaren Lebensentwürfen zu verstehen lernen, damit auch lebenspraktisch eine Unterscheidung erlernen, die für das Zusammenleben in demokratischen Gesellschaften unerläßlich ist: die normativ und funktional unaufgebbare

Unterscheidung zwischen partikularen Formen der Lebensführung hier und universalistischen Prinzipien gesellschaftlichen Zusammenlebens dort. Nimmt man diese Unterscheidung ernst, so zeigt sich sehr schnell, daß die Ermäßigung, Flexibilität und Toleranz, die dieser Form spätmoderner Lebensführung zugrunde liegt, alles andere als beliebig ist. Auch das spätmoderne Verständnis autonomer Personen kann auf Grenzziehung und Selbstbehauptung nicht verzichten. Wer die liberale Unterscheidung zwischen partikularen, und das heißt privaten Lebensformen einerseits und abstrakt universalistischen, das heißt öffentlichen Prinzipien andererseits nicht akzeptiert und beide nach Maßgabe seiner Lebensführung zur Deckung bringen will – hierfür haben wir den Begriff des Fundamentalismus geprägt, der weiß Gott nicht nur die Eigenschaft einer Religion ist –, der hat in einer unübersichtlich gewordenen Welt schon deshalb wenig zu lachen, weil er Eindeutigkeiten dort erzielen will, wo es keine mehr geben kann.

„Was man zu tragen hat, ist nicht das Entweder–Oder, eine bewußte Entscheidung zwischen Möglichkeiten, die gleichermaßen schwierig und bedauerlich sind – es ist ebensowenig das Und – Und – Und – Und – Und. Leben ist dieses Und: das Nebensächliche und das Unwandelbare, das sich Entziehende und das Greifbare, das Bizarre und das Vorhersehbare, das Tasächliche und das Potentielle, die verschiedenen Realitäten, die alles vervielfältigen, miteinander verschränken, sich überschneiden, sich widersprechen, miteinander verbunden sind – und dazu die Illusionen, die alles vervielfältigen! Hat ein intelligenter Mensch die Chance, viel mehr zu sein als ein Wesen, das in großem Stil Mißverständnisse produziert?“[65]

Die Fähigkeit, so zu leben, die Fähigkeit der „temperantia“ läßt sich aus den Grundannahmen des symbolischen Interaktionismus heraus erläutern und gegen ihre postmodernen Überbietungsversuche verteidigen. Der symbolische Interaktionismus hat eine Konzeption des Selbstverständnisses vorgelegt, die das Wechselspiel von gesellschaftlichen Rollenerwartungen und individuellem, über seinen Vollzug nur begrenzt verfügendem Handeln in den Mittelpunkt stellt. Meads in *Mind, Self and Society* entwickeltes Wechselspiel von „I“ und „Me“, deren reflektiertes Verhältnis das ergeben, was Mead als „self“ bezeichnet, unterscheidet sich von psychoanalytischen und neopsychoanalytischen Theorien – zumal Erik H. Eriksons – dadurch, daß hier zwar auch eine Trias von Instanzen im Zentrum steht, aber das Moment triebhafter, affektiver Fixierung minder schwer gewichtet wird. Wo in der Psychoanalyse das Ich als mühsame und schmerzliche Kompromißbildung zwischen „Es" und „Über-Ich" ensteht, ist das „Selbst" der zu Bewußtsein gebrachte Ort der gesellschaftlichen Reaktionen auf individuelles, stets auch spontanes, freigegebenes Handeln. Die pragmatistische Fassung des „Me" als der „Reaktionen" der anderen und des „Selbst" als der Reaktionen auf diese Reaktionen verleiht ihm zumindest in der Theorie eine größere Flexibilität und Veränderbarkeit, als sie die Psychoanalyse ihren Gegenständen zuschreibt. Das pragmatistische Selbst ist ein Selbst, das im Wechselspiel gesellschaftlicher Rollenerwartungen und doppelter Kontingenz agiert, wobei der Begriff der Rolle eine doppelte Bedeutung hat. „Rollen" können als Segmente von Institutionen, als einander komplementäre Verhaltensmatritzen oder Skripte beschrieben werden: Eltern–Kind, Lehrer–Schüler, Briefträger–Postempfänger. Diese einander komplementären Verhaltensregeln verweisen auf den vorausliegenden Umstand, daß soziales Handeln über individuelle Erwartungen und – vor allem – Erwartungserwartungen in Kontexten und Situationen gesteuert wird. „Rolle" bedeutet in diesem Zusammenhang eine mehr oder minder flexibel vorausgesetzte und sanktionierte Erwartungserwartung. Die historisch und sozial erzwungene Sanktionierung der Erwartungserwartungen, die Talcott Parsons schließlich zu seinem Identitäts-, Integritäts- und Komplementaritätstheorem[66] führte, erwies sich emprisch als unhaltbar. Weder trifft es zu, daß allen Erwartungsmustern bestimmte, eindeutige und vorgegebene Komplementaritäten entsprechen, noch trifft es zu, daß das Rollenhandeln so vollzogen wird, wie (mindestens) beidseitig erwartet. Erst recht läßt sich nicht behaupten, daß in der Regel bestimmten Erwartungen auch bestimmte Rollenperformanzen entsprechen. Anders als Parsons meinte, ist das „normale" Rollenverhalten also nicht der erklärende Hintergrund für abweichendes Verhalten, vielmehr ist das, was wir für „Normalität" halten, in Wahrheit der unwahrscheinliche und erklärungsbedürftige Fall. Das haben jedenfalls die empirischen Untersuchungen der sogenannten „Ethnomethodologie"[67] ergeben, die mit den Mitteln phänomenologischer Soziologie und Erving Goffmans dramatisch-dramaturgischer Theorie sozialen Handelns das Entstehen gelingender Alltäglichkeit untersucht haben.

Es war Goffman, der seit seiner Schrift über die dramatische Verfaßtheit der menschlichen Wirklichkeit[68] die Inszenierungen des Alltags zum Fokus seiner Untersuchungen machte und dabei zu dem Schluß kam, das de facto weder der im Alltag inszenierten Individualität noch der jeweils an den Tag gelegten Konformität ein substantieller Kern entspreche. „Role taking", so hieß es später, „is role making." Das jeweils situativ aktivierte „Ich" erscheint ebenso als eine Fiktion, als „phantom normalcy" wie der jeweilige soziale Konformismus. Anselm Strauß hat diesen Blick auf das soziale Handeln – im Rückgriff auf den frühen pragmatistischen Soziologen Charles Horton Cooley – als ein Interaktionsgeschehen von „Spiegel und Masken"[69] bezeichnet. Cooley jedoch hat seine Theorie sozialen Handelns wesentlich in Hinsicht auf die literarischen Psychologien von Martin Luther und William Shakespeare entfaltet. Die Rezeption der angelsächsischen Rollentheorie im Deutschland der späten sechziger und siebziger Jahre sah unter Bezug auf den der Psychoanalyse eigenen Blick für die Gewalt gesellschaftlicher Normen Rollenhandeln auch als Unterdrückung an.[70] Wer aber die interaktionistische Analyse ernst nahm, hatte keinen Grund, bei der Annahme einer – nun zwar negativ bewerteten, aber gleichwohl mit Parsons in Hinblick auf die Geschlossenheit einigen – hermetischen und repressiven Sicht der Gesellschaft zu bleiben.[71]

Bald wurde darauf hingewiesen, daß Individuen sich zu Rollenerwartungen flexibel verhalten können, ja sich – sollen Gesellschaften überhaupt entwicklungsfähig bleiben – flexibel verhalten müssen. Die in diesem Kontext, unter Bezug auf US-amerikanische Forschungen zur „Interaktionskompetenz"[72] erhobenen *Grundqualifikationen des Rollenhandelns, nämlich Rollendistanz, Ambiguitätstoleranz, Empathie und Darstellungsfähigkeit*, d. h. die Fähigkeit eines Individuums, auch in hochsanktionierten Situationen über die Differenz zwischen sich selbst und den an es gestellten Erwartungen unterscheiden zu können, sowie der erworbenen Fähigkeit, Erwartungen anderer antizipieren und beides auch anderen kommunizieren zu können, wurden aus der Durchsicht theoretischer Literatur, vor allem aus dem Anregungspotential philosophischer Spekulation gewonnen.[73] Im *Versuch über die Schwierigkeit nein zu sagen* stellt der Berliner Religionsphilosoph Klaus Heinrich ebenso wie Horkheimer und Adorno die Gestalt des Odysseus in den Mittelpunkt, eines mythischen Heroen, der zwischen den Mächten des Ursprungs und der repressiven Gesellschaft lavieren, ja balancieren mußte. Das Lavieren des Odysseus zwischen Skylla und Charybdis findet in der *Dialektik der Aufklärung* seine Entsprechung in der Lüge des Odysseus gegenüber dem Zyklopen Polyphem, während Klaus Heinrich anstelle der lebenserhaltenden

Lüge noch das Nein, das sich in der Flucht vor der Moral auslegt, aufruft: Im biblischen Propheten Jonas, der eher eine literarische Gestalt denn eine historische Figur darstellt, steht das Wechselspiel von Glauben und Flucht im Zentrum, nicht nur die lebenserhaltende List. Bei Jonas jedoch steht – deutlicher als bei Odysseus – immer auch das Schicksal der anderen mit auf dem Spiel. Ein solches Selbstverständnis – temperantia als rettende Balance im Strudel sozialer Beziehungen, die einander in ihrer Spiegelhaftigkeit und Nähe fern und nah zugleich sind – findet sich in Shakespeares 31. Sonett, das der Freundschaft und ihren Nachwirkungen gewidmet ist:

Die Herzen aller, die ich für begraben,
Weil sie mir fehlten, hielt, bereichern deine Brust.
Da wohnen Liebe und alle Liebesgaben
Und jeder Freund, den ich mir tot gewußt,

Wie manche heilige fromme Träne lernte
Mein Aug aus treu andächtger Liebe weinen
Zum Zoll den Toten, die nun wie entfernte,
In dir verborgne Wesen mir erscheinen!

Lebendger Liebe Grab bist du erbaut,
Prangst mit Trophäen meiner toten Lieben,
Die all ihr Teil an mir dir anvertraut:

Der vielen Gut, dir allein ists verbleiben.
Die einst geliebten Bilder zeigst du mir,
Und du, ihr Inbegriff, mein alles eignet dir.[74]

Die Bilder anderer Menschen werden zu Teilen des menschlichen Selbst, und jedes Selbstverhältnis gerät so zu einer Auseinandersetzung über die Beziehungen, die ein Selbst im Lauf seines Lebens eingegangen ist. Über Identität, die Tugend der Mäßigung verfügt ein Mensch, wenn er sich selbst zwischen den Ansprüchen dieser verinnerlichten Stimmen zu behaupten vermag.

Hoffnung

Das Problem persönlicher Identität, d. h. jener Einheit, die sich gegenüber den verschiedenen Stimmen durchhält und sie als unterschiedliche Einflüsse auf ein zugrundeliegendes, seiner selbst bewußtes Substrat bezieht, stellt sich tatsächlich erst dann, wenn diesem seiner selbst bewußten Substrat eine Zeitspanne seines Existierens zugemessen wird. Persönliche Identität als die Identität von Personen ist ohne diese Dimension (selbst)bewußter Zeitlichkeit nicht zu denken. Darin ist sich die analytische Philosophie[75] mit der Existenzphilosophie einig. Diese beiden philosophischen Paradigmen stehen sich ihrer unterschiedlichen Terminologie und ihrer Methodologie zum Trotz mindestens in der Analyse persönlicher Identität wesentlich näher als auf den ersten Blick zu vermuten wäre.[76] Es scheint sogar so, als ob sich der Sache nach das Projekt einer analytischen Existenzphilosophie abzeichnet.[77] Eines der Grundmotive der Existenzphilosophie, nämlich deren Zeitlichkeit, läßt sich dann in den unpathetischen Begriffen der analytischen Philosophie folgendermaßen erläutern: Es geht darum, daß „nur, weil wir uns zu unseren Handlungen als Handlungsmöglichkeiten, zu unserem Sein als Seinkönnen verhalten, wir uns überhaupt zu unserem Sein als einem bevorstehenden verhalten können und sich nur dadurch ein Bewußtsein der Zukunft ergibt."[78]

Eine Theorie der Tugenden, die zugleich eine Theorie der Ethik, d. h. des rechten Tuns oder Unterlassens, der angemessenen Lebensführung und ihrer Bedingungen ist, ist immer auch eine Theorie des Handelns. Für den Begriff des Handelns gilt aber ebenso wie für den Begriff der Identität, daß er ohne eine vorausgesetzte Dimension der Temporalität seinen Sinn verliert. Handeln als bewußtes, vorsätzliches Tun verläuft in der Zeit, oder es verläuft überhaupt nicht. Handeln als bewußtes, vorsätzliches Tun setzt zugleich ein zeitliches Bewußtsein der Akteure voraus, oder es ist kein Handeln, sondern nur Verhalten. Einer Ethik der Tugenden wird es dann um ein angemessenes Verhältnis zu dieser Zeitlichkeit gehen. Die traditionellen Begriffe benennen hierfür Stimmungen und Zustände wie etwa Sorge, Langeweile, Zuversicht oder Hoffnung. Sie alle lassen sich als unterschiedliche Ausformungen des oben analysierten leibnahen, basalen Modus des Vertrauens darstellen. Lassen sich die Gründe entfalten, warum der traditionelle abendländische Tugendkanon die Hoffnung als eine Kardinaltugend auszeichnete? Läßt sich nachvollziehen, warum dieselbe klassische Ethik die von der Existenzphilosophie ins Zentrum gestellte „Sorge" nicht, die Hoffnung aber sehr wohl auszeichnete? Ein handlungstheoretischer Zugang, wie er bereits bezüglich der Tugend der „temperantia" über die Rollentheorie des symbolischen Interaktionismus versucht wurde, führt weiter. Dabei ist es jedoch unumgänglich, die von Ernst

Bloch – der als Philosoph der Hoffnung der um die Sorge zentrierten Existenzphilosophie Heideggers widersprach – getroffenen Erwägungen zu erörtern und sie daraufhin zu überprüfen, ob sie mit einer sozialwissenschaftlichen Theorie der Handlung vereinbar sind. Nach einem abenteuerlichen politischen Leben, während dessen er sein philosophisches Prinzip der Hoffnung in törichter Weise mit dem menschenverachtenden politischen Projekt des Stalinismus kurzgeschlossen hatte, sah sich Bloch schließlich gezwungen, einzugestehen, daß „Hoffnung" und „Zuversicht" nicht miteinander identisch sind. Hoffnung unterscheidet sich von Zuversicht exakt ihres kognitiven Charakters wegen, sie ist, so der späte Bloch, kein blinder Optimismus, sonder beruht auf Einsichten und Erkenntnissen, die fallibel sind. In seiner 1961 gehaltenen Vorlesung zum Thema „Kann Hoffnung enttäuscht werden?" heißt es dazu unmißverständlich: „Nun, auch sie kann und wird enttäuscht werden; ja, sie muß es, sogar bei ihrer Ehre; sonst wäre sie ja keine Hoffnung. [...] Mit anderen Worten, aufs Enttäuschbare direkt bezogen: Hoffnung hat eo ipso das Prekäre der Vereitlung in sich: sie ist keine Zuversicht."[79]

Dreißig Jahre später versucht der Neopragmatist Richard Rorty das Programm einer Ethik zu entwickeln, die auf „Hoffnung statt Erkenntnis" baut und die daher auf eine praktische Wahrheit ohne Realitätsentsprechung setzt.[80] Rortys Überzeugung, daß jede Annahme überzeitlicher Wahrheiten sinnlos ist, führt ihn zu der Konsequenz, alle Platonischen Versuche, der Zeit zu entrinnen, aufzugeben und sie durch die Hoffnung zu ersetzen, „wir könnten eine bessere Zukunft hervorbringen".[81] Indem Rorty im Anschluß an Charles Darwin und John Dewey und in deutlicher Absage an Hegel eine Philosophie postuliert, die kein Instrument der Selbsterkenntnis, sondern ein Mittel „zur Änderung unserer selbst" sein soll, kann er das praktische, ja das politische Telos dieser Philosophie genau benennen: „Im Lauf dieser Jahre haben wir den Versuch, uns selbst von einem Ort außerhalb der Zeit und der Geschichte zu betrachten, allmählich durch das Streben ersetzt, für uns selbst eine bessere Zukunft – eine utopische, demokratische Gesellschaft – zu schaffen."[82]

Damit schließt Rorty direkt am „social gospel" der frühen Pragmatisten an und nimmt auch deren Tugendlehre wieder auf. In einer Untersuchung zu Deweys Analyse der Haltung der „Besonnenheit" kann er deshalb unter Bezug auf die feministische Philosophie des Vertrauens, wie sie Annette Baier vorgelegt hat,[83] zugleich eine über familiale Sozialisation vermittelte Theorie moralischer Entwicklung vorlegen: „Die moralische Entwicklung des einzelnen und der moralische Fortschritt der menschlichen Spezies beruhen darauf, daß menschliche Ichs so umgestaltet werden, daß die Vielzahl der für diese Ichs immer umfassender werden.“[84] Ermöglicht wird eine solche Theorie universeller Sensibilität durch die Überzeugung von der „Überlegenheit des Standpunkts des Handelnden.“[85]

Das Verhältnis von Handeln und Hoffnung hat sich auch im Werk Ernst Blochs niedergeschlagen, in einer Konstellation freilich, die ihn das durch die handlungstheoretische Philosophie des Pragmatismus vorgegebene Potential verschmähen ließ. Dabei geht es nicht nur um eine philosophiegeschichtliche Fußnote, sondern darum, zu verstehen, warum es Bloch mißlungen ist, sein Projekt einer Philosophie der Hoffnung angemessen zu entfalten, und es ihm mithin unterlaufen ist, das Wesen der Tugend der Hoffnung so mißzuverstehen, daß er sich später zu politisch motivierten Richtigstellungen gezwungen sah. Hoffnung, so die Konklusion Rortys, taugt als Tugend nur dann etwas, wenn sie auf eine kognitive Geschichtsphilosophie verzichtet und eben – wie der späte Bloch richtig gesehen hat – ein Wagnis bleibt. Es ist jedoch kein Zufall, daß die kognitive Geschichtsphilosophie sich mit der Zukunft nicht auseinandersetzen wollte, ebensowenig wie es ein Zufall ist, daß ihr deshalb „Amerika“, die USA fremd bleiben mußte.

„Amerika“, so beschied Hegel die Hörer seiner *Vorlesung über die Philosophie der Geschichte* bündig, „ist somit das Land der Zukunft. [...] Es ist ein Land der Sehnsucht für alle, welche die historische Rüstkammer des alten Europa langweilt. [...] Amerika hat von dem Boden auszuscheiden, auf welchem sich bis heute die Weltgeschichte begab. Was bis jetzt sich hier ereignet, ist nur der Widerhall der alten Welt und der Ausdruck fremder Lebendigkeit, und als ein Land der Zukunft geht es uns überhaupt hier nichts an; denn wir haben es nach der Seite der Geschichte mit dem zu tun, was gewesen ist, und mit dem, was ist, – in der Philosophie aber mit dem, was weder nur gewesen ist noch erst nur sein wird, sondern mit dem, was ist und ewig ist – mit der Vernunft, und damit haben wir zur Genüge zu tun. Nachdem wir die Neue Welt und die Träume, die sich an sie knüpfen können, abgetan, gehen wir nun zur Alten Welt über ...“[86]

Ernst Bloch, der elf Jahre in den USA lebte, kannte als Leser Hegels diese Passage. Es ist wohl seiner Freude zuzuschreiben, aus dem „Lande Metternichs in die Neue Welt“,[87] also aus den USA

McCarthys in die DDR Walter Ulbrichts zurückgekehrt zu sein, daß er in seiner 1951 erschienenen Studie über Hegel zu diesen Passagen nichts weiter mitzuteilen hat außer der lakonischen Bemerkung: „verblüffende Durchschauung und Kritik von Freedom and Liberty". Warum einem Philosophen, der doch sonst den utopischen Gehalt noch der letzten Jahrmarktsbude und des abseitigsten Okkultismus gerettet hat, zu Amerika, einem Land, in dem er länger als ein Jahrzehnt lebte, in seinem reifen Werk nichts einfiel, ist schwer zu ermessen. Unverständlich ist auch, warum der Philosoph der Träume und der Hoffnung, der Denker der Zukunft sich nicht hellwach gegen Sätze gewandt hat, die – man entschuldige die schiefe Grammatik – zum Unutopischsten gehören, was in Hegels ohnehin utopiefeindlichem Werk steht. Amerikanische Philosophen, Politiker oder Dichter kommen in Blochs Werk kaum vor: hier ein Hinweis auf William James[88] und dort, immerhin, sogar eine Gedichtzeile von Walt Whitman als Motto über einem Kapitel wider das Anti-Utopische schlechthin: den Tod.[89]

Sechzig Jahre, bevor Bloch als Professor in Leipzig, in den *Erläuterungen zu Hegel* dessen Kritik an Amerika übernahm, beendete in Berlin – nach kurzem Studienaufenthalt in Leipzig – der junge US-amerikanische Intellektuelle George Herbert Mead seine Studien. Als Hörer Diltheys faszinierter Beobachter der deutschen Sozialdemokratie beschloß Mead im Jahre 1891 in die USA, nach Michigan zurückzukehren und dort Psychologie zu lehren. Dort lernte er den damaligen Hegelianer und späteren Pragmatisten John Dewey kennen, mit dem er die Überzeugung teilte, daß Demokratie und Sozialismus nur auf kommunaler Basis errichtet werden könnten.[90] Jahrzehnte später wird ein später Erbe Deweys, Richard Rorty, für „Hoffnung statt Erkenntnis" in der Sozial- und Moralphilosophie plädieren und sich dabei auf die pragmatistische Theorie des Neuen beziehen. „Hoffnung" wird somit sowohl im Pragmatismus als auch im eigenwilligen Marxismus von Ernst Bloch zur zentralen Kategorie und dort, wo es ums Handeln geht, zur zentralen Tugend. In dieser Hinsicht sind Pragmatismus und Blochs Philosophie beinahe deckungsgleich. So liegt Blochs systematische Bedeutung als eines Ethikers der Hoffnung weder in seiner Theorie der Utopie noch in seiner Rolle als charismatischer Politphilosoph, sondern darin, eine handlungstheoretische Philosophie des Neuen als Lehre einer sich selbst nicht transparenten Subjektivität konzipiert zu haben. Unter dieser Prämisse löst sich der Blick von den konkreten Inhalten der menschlichen Wünsche, die Bloch wie kein anderer zu paraphrasieren wußte, und richtet sich auf die formale Struktur eines in der Zeit handelnden lebendigen Subjekts. Nicht anders als Philosophen wie Dilthey und Bergson, wie Husserl und der frühe Heidegger ist auch Bloch dem allgemeinen Programm der Lebensphilosophie verpflichtet. Im Unterschied zu den Vorgenannten und in großer sachlicher Nähe zum Pragmatismus George Herbert Meads unterzieht sich Bloch jedoch der Mühe, die Intransparenz des handelnden Subjekts nicht nur zu behaupten, sondern von innen, erfahrungsgesättigt zu entfalten und in ihrer Möglichkeit auszuweisen. Dazu wird eine bestimmte Theorie der Zeit erfordert, die Bloch zwar implizit beansprucht, aber nirgends entwickelt. Mead wiederum, der eine entsprechende Theorie der Zeit entworfen hat, bleibt in seinen Aussagen zur inneren Struktur der Subjektivität blasser als Bloch, trägt aber dafür eine Theorie der Intersubjektivität vor, die Bloch nicht einmal als Problem gesehen hat. Es war Hegel, der mit stupender Genauigkeit – auch an scheinbar peripheren Stellen – das hier anfallende Problem präzise lokalisiert hat.

Wenn er, wie oben zitiert, Amerika als Land der Zukunft die Aufgabe der Auseinandersetzung mit Gegenwart und Vergangenheit, der Philosophie aber die Befassung mit dem, was ist und ewig ist, zuweist, stellt er nicht nur fest, daß Amerika einer philosophischen Befassung weder würdig noch fähig ist, sondern trifft auch eine Aussage über die Philosophie der Zeit bzw. über die Zeit der Philosophie. Die ist demnach jene Macht, die sich zwar in der Zeit entfaltet, ihr aber in einem wesentlichen Sinn nicht angehört. Für Hegel liegt jedenfalls das systematische wie das zeitdiagnostische Problem der Philosophie in einer Theorie der Zeit als vernünftiger Gegenwart. Mead und Bloch und in ihrer Folge Rorty lösen die Theorie der Gegenwart aus ihrer Platonischen Erstarrung und holen sie aus dem Himmel der Ideen in die Niederungen des erfahrenden und erleidenden Subjekts zurück. Die neue, moderne Theorie der Gegenwart, wie sie Mead und Bloch vorlegen, verzichtet scheinbar auf ihre Anbindung an zeitlose Ideen und assoziiert sich deshalb einer nachmetaphysischen, sozialwissenschaftlichen Theorie der Erfahrungsweisen endlicher Menschen. Diese Theorien sind nachmetaphysisch, weil sie keinem Subjekt die Chance belassen, sich selbst in einen höheren, transzendentalen Status zu versetzen und dabei ein Mehr an Wissen über sich und die Welt zu beanspruchen, als ihnen aus der Perspektive endlicher Wesen überhaupt zukommen kann. Genau diese Endlichkeit aber ist es, im Unterschied zu

Hegels abschließender Vernunft, die verbürgt, daß in der Welt überhaupt noch Neues geschehen kann. Die Endlichkeit und Undurchdringlichkeit menschlichen Lebens stellt die Bedingung der Möglichkeit des Neuen ebenso dar wie die Motivation dazu, überhaupt zu handeln.

„Das Blut läuft, das Herz schlägt, ohne daß zu verspüren ist, was den Puls in Gang setzt. Ja, tritt keine Störung hinzu, so ist überhaupt nichts unter unserer Haut spürbar. Was in uns reizfähig macht, reizt sich selber nicht. Das gesunde Leben schläft, als in sich webend. [...] Daß man lebt, ist eben deshalb nicht zu empfinden. Gerade dieser unmittelbare Puls schlägt einsam. Akte wie Vollzug des Wollens, Vorstellens und so fort treten aus dem unmittelbaren Dunkel ihres Geschehens nicht heraus. Aber am meisten dunkel bleibt schließlich das Jetzt selber, worin wir als Erlebende uns jeweils befinden. Das Jetzt ist der Ort, worin der unmittelbare Herd des Erlebens überhaupt steht, in Frage steht; so ist das gerade Gelebte selber am meisten unmittelbar, also am wenigsten bereits erlebbar. Nur wenn ein Jetzt gerade vergangen ist oder wenn und solange es erwartet wird, ist es nicht nur gelebt, sondern auch erlebt. Als unmittelbar daseiend, liegt es im Dunkel des Augenblicks. Nur das gerade Heraufkommende oder das gerade Vergangene hat den Abstand, den der Strahl des Bewußtwerdens braucht, um zu bescheinen."[91]

Blochs Phänomenologie des Erlebnisses setzt materialistisch bei einer biologischen Eigenheit und Voraussetzung menschlicher Selbstreflexion an – Bewußtheit wird als Störung ansonsten im Gleichgewicht fungierender Regelkreise analysiert. Normal, d.h. gesund funktionierendes Leben wird damit zu einem in sich geschlossenen System: „Gerade dieser unmittelbare Puls schlägt einsam." Tiefsitzende intentionale Vollzüge wie Wollen und Vorstellen, die Bloch in der Tradition der Bewußtseinsphilosophie als Akte bezeichnet, gewinnen damit einen präreflexiven Charakter. Die Präreflexivität der intentional leiblichen Vollzüge beruht in ihrer unmittelbaren Zeitlosigkeit, der Abwesenheit jedweder Zeiterfahrung, während umgekehrt das Erleben erst dann möglich wird, wenn das Bewußtsein in sich Differenzen setzen kann, nämlich die Differenz zwischen dem erlebten „kurz zuvor" und dem erwarteten „bald danach". Reflexivität und Zeitlichkeit bedingen so einander. Meads Philosophie des sozialen Selbst – so bezeichnet er, was traditionell „Subjekt" genannt wird – setzt mit identischen Unterscheidungen ein: „Der Körper kann vorhanden und sehr intelligent operieren, ohne daß ein

Selbst darin verwickelt wäre. Das Selbst besitzt die Eigenschaft, daß es sich selbst Objekt ist, und diese Eigenschaft unterscheidet es von anderen Objekten und von seinem Körper. Es ist absolut wahr, daß das Auge die Füße sehen kann, aber nicht den ganzen Körper. Wir können unsere Rücken nicht sehen; wir können bestimmte Teile von ihnen, wenn wir beweglich sind, fühlen, aber wir können nicht das Ganze unseres Körpers erfahren.“[92]

Mead, der die Fähigkeit zur Reflexivität sofort aus der Gesellschaftlichkeit der Menschen ableitet, also aus ihrer Fähigkeit, sich über Symbole zu sich selbst gemäß der Erwartung zu verhalten, die andere an sie richten, hat an anderer Stelle den anspruchsvollen Versuch unternommen, die von ihm ebenfalls als konstitutiv angesehene Fähigkeit zur temporalen Gliederung des Erlebnisstroms aus der biologischen, systemischen Konstitution intelligenter Tiere abzuleiten. Reflexive Zeiterfahrung findet ihre Basis in der Fähigkeit von Tieren, sich in Form von Erwartungen auf ihre Umwelt zu verhalten: „Der Organismus sieht sich aufgrund seiner Verhaltensgewohnheiten und antizipatorischen Einstellungen auf das bezogen, was über seine unmittelbare Gegenwart hinausgeht. Die Eigenschaften von Dingen, die sich in der Aktivität des Organismus auf das beziehen, was jenseits der Gegenwart liegt, nehmen den Wert dessen an, worauf sie sich beziehen. Das Bewußtseinsfeld stellt also die größere Umwelt dar, derer die Aktivität des Organismus bedarf, die aber dafür zugleich die Gegenwart transzendiert.“[93]

Anders als Bloch, dessen teleologisches Weltbild mit der Biologie und zumal mit Darwins Evolutionstheorie nur wenig anfangen konnte, geht es Mead stets darum, die eigentümlichen Vermögen der menschlichen Gattung zu Sprache und Selbstreflexion nicht einfach als Faktum vorauszusetzen, sondern in ihrer Möglichkeit genetisch darzustellen. Zeit und Zeiterfahrung erweisen sich in dieser Perspektive nicht als unhintergehbare Voraussetzungen, sondern als Funktionen lebendiger Systeme, die sich ihrer Umwelt gegenüber gerade dadurch erfolgreich behaupten können, daß sie zwischen ihren inneren Zuständen unterscheiden, d. h. Erwartungen, Antizipationen und Hypothesen ausbilden können. Indem Mead das „Trial and Error“-Verhalten von Tieren als Paradigma des Zukunftsbezuges ausweist, fundiert er es jenseits von Sprache und Bewußtsein. Ein ekstatischer Zukunftsbezug, so ließe sich sagen, ist das allgemeinste Wesensmerkmal alles bewußt Lebendigen. Erklärungsbedürftig ist demnach weniger dieser Zukunftsbezug als die Fähigkeit, eine Vergangenheit zu haben bzw. sich in der Gegenwart zu situieren, d. h. handeln zu können. Das menschliche Selbst als Aktzentrum besteht nach Mead aus zwei nicht nur analytisch zu trennenden Aspekten, dem „I" und dem „Me", auf Deutsch würden wir vom „Ich" und vom „Mich" sprechen. Bewußtes Handeln ist möglich, weil jeder Mensch seine Handlungen ex post aus der Perspektive seiner Mitmenschen beurteilt; bewußtes Handeln kann indessen einen jeweils neuen Anfang in der Zeit nur setzen, weil seine Reaktionen auf die Erwartungen der anderen diesen nie ganz entsprechen: „Das 'Ich' liefert das Gefühl der Freiheit, der Initiative. Die Situation ist nun für uns gegeben, in selbstbewußter Weise zu handeln. Wir sind unserer selbst und der Situation gewahr, aber wie wir genau handeln werden, tritt niemals in die Erfahrung ein, bevor die Handlung nicht vollzogen ist."[94]

Das Entstehen des Neuen im gesellschaftlichen Prozeß beruht somit nach Mead auf zwei Voraussetzungen: auf den jeweils unerwarteten Überschüssen individuellen Handelns und den nicht vorhersagbaren kollektiven Deutungen, in denen eine Gesellschaft ihre Reaktionen auf ihre Umwelt, d. h. ihre eigene Vergangenheit je und je neu interpretiert: „Das biologische Individuum lebt in einem undifferenzierten Jetzt; das sozial bewußte Individuum nimmt dies in einen Fluß der Erfahrung auf, in dem eine fixierte Vergangenheit und eine mehr oder minder ungewisse Zukunft stehen. Das Jetzt der Erfahrung wird vor allem durch körperliche Impulse repräsentiert, während unsere ererbte Anpassung an die physikalische und soziale Welt ununterbrochen durch einen reflexiven sozialen Prozeß rekonstruiert wird. Diese Rekonstruktion findet durch Analyse und Auswahl im Bereich der Reize, nicht durch unmittelbare Steuerung und Kombination der Impulse statt."[95]

Die Unterscheidung von Reizen und Impulsen berührt die Differenz von Vorgängen im Inneren des Organismus und organismischen Verhaltensweisen, die das Verhalten anderer beeinflussen. Die internen, organismischen Motive individuellen Handelns sind sowohl den Akteuren als auch deren Beobachtern intransparent und unvorhersagbar – zu ihnen läßt sich immer nur wertend und ordnend Stellung nehmen, wenn es auf der Basis dieser Motive bereits zu Handlungen gekommen ist, die dann notwendigerweise Zeichencharakter tragen. Damit wird die Kategorie des Übergangs entscheidend: des Übergangs von der Innerlichkeit des körperlichen Impulses in die soziale Welt der Zeichen sowie des Übergangs von der Vergangenheit zurückliegender Verhaltensweisen zur Zukunft koordinierter Handlungen. Beides verklammert sich in der Gegenwart, die sich für Mead dadurch auszeichnet, daß sie mindestens zwei Klassen von Ereignissen umfaßt: die der eben geschehenen und jener der sich noch ereignenden. Die Zugehörigkeit der Handlung zu beiden Systemen macht das aus, was Mead in einer ungewöhnlichen Terminologie als „Sozialität" bezeichnet. Er überträgt damit eine Kategorie, die üblicherweise präsentisch verwendet wird – etwa so, daß man z. B. gleichzeitig unterschiedlichen Bezugsgruppen angehören kann –, auf die Zeit selbst. Dabei verändert sich die Perspektive auf die Objekte und Subjekte dieser Zeit. Während der präsentische Gebrauch der Kategorie der Sozialität die Subjekte, die gleichzeitig zwei Bezugssystemen angehören, als passiv ansieht, sind jene Subjekte, die gleichzeitig dem Bezugssystem der Vergangenheit und der Zukunft angehören, notwendig als aktive zu denken. Denn die gleichzeitige Zugehörigkeit zu Vergangenheit und Zukunft kann nur im Handeln vollzogen werden: „Den sozialen Charakter des Universums finden wir in jener Situation, in der sich ein Ereignis sowohl in der alten Ordnung als auch in der neuen befindet, das seine Ankunft verkündet. Sozialität ist die Fähigkeit, gleichzeitig verschiedene Dinge sein zu können."[96]

Diese Analyse des internen Zusammenhangs zwischen Handlung und präsentischer Zeit, die in der Auszeichnung lebender Wesen gipfelt, durch ihr Handeln Zeit zu vollziehen, entspricht in jeder Hinsicht Ernst Blochs Ansichten über die Zeitdimension menschlichen Seins. Bloch hat diese Überlegungen von Anfang an, vom *Geist der Utopie* über das *Prinzip Hoffnung*, bis zum Ende, dem *Experimentum Mundi*, nahezu ohne Veränderung durchgehalten: „Das stets noch unterbrechende Jetzt in ihr [der Zeit, M. B.] ist so wenig ein bloßes Produkt zeitfremder Analyse, daß es vielmehr das Zeitnächste selber ist und der sogenannte Zeitfluß überall noch diesen Quellstoß hat. Das Jetzt als immer wieder versuchter Augen-Blick des daß auf sich selbst ist in der Gegenwart verschlossen merkbar, im Erlebnis des nunc sogar durchschlagend präsent. Die Zeit ist derart in sich selbst differenziert und atomisiert; ja, wenn das Jetzt als dasjenige gefaßt wird, was, obwohl an sich selber noch auf der Stelle tretend, sich außer sich doch ebenso in den nächsten Zeitzustand, in die Bewegung der Zukunft hineinbegibt und damit den eigentlichen Zeitweg begründet, dann läßt sich sagen: Der Moment, unbefriedigt jeden Augenblick und als dieser, bringt die Zeitform erst in den Lauf, in das eigentliche Agendum darin."[97]

Wie Mead bestimmt Bloch die Gegenwart als jenen Punkt, der in andere Zeitzustände übergeht und doch bei sich bleibt. Eine genauere Lektüre offenbart einen verwirrenden Tatbestand. Während bei Mead das handelnde Lebewesen durch seine Antizipationen hindurch die Zeit gleichsam vollzieht, ist es bei Bloch die Zeit selbst, die sich ändert, von einem Zustand in den nächsten übergeht und dabei in sich verharrt. Diese Redeweise Blochs ist nicht nur einer Ungenauigkeit geschuldet, sondern weist auf ein grundsätzliches Problem hin. Genaugenommen entfalten ja Meads und Blochs handlungstheoretische Zeitkonzeptionen lediglich Immanuel Kants phänomenalistische Theorie der Zeit. Die Zeit als innerer Sinn, als eine Bedingung der Möglichkeit der Erfahrung von Erscheinungen wird bei Mead und Bloch naturalisiert – wo bei Kant die „Zeit“ eine Form der Anschauung ist, die jeder menschlichen Erfahrung notwendigerweise zugrunde liegt, zeigen Mead und Bloch, daß dieses Erfahrungsapriori der Dynamik eines sich selbst intransparenten Lebewesens unterliegt. Damit ist zwar einerseits ein bedeutender Schritt in der Aufklärung einer der schwierigsten Probleme der Kantischen Vernunftkritik getan, generiert aber andererseits ein neues Problem: Ist die Zeit, in der ein handelndes Lebewesen seinen Weltzugang schematisiert, ebenfalls nur ein phänomenales Konstrukt oder dann doch real? Setzt also nicht eine operationalistische Lösung des Problems der Zeiterfahrung wieder genau jenen realistischen Zeitfluß voraus, dessen Annahme von Kant als unnötig dargelegt werden sollte? Für Bloch jedenfalls war antizipierende Zeiterfahrung immer nur vor dem Hintergrund eines realen, in sich widersprüchlichen Zeitflusses möglich, dessen Offenheit und Unabgeschlossenheit selbst dem in sich offenen Handeln Raum gibt: „Und das Draußen, in das das Subjektive greift, muß wenigstens so liegen, daß sich nach ihm greifen läßt. Wäre um das Drängen nach dem, was ihm fehlt, nichts als lauter enge, erstickende, fest gewordene Mauer, dann wäre nicht einmal ein Drängen da. So aber ist ihm noch etwas offen, sein Drängen, Wünschen, Tun hat Platz. Was nicht ist, kann noch werden, was verwirklicht wird, setzt Mögliches in seinem Stoff voraus. Es gibt im Menschen dies Offene, und Träume wohnen darin. Das Offene ist ebenso in den Dingen, an ihrem vorderen Rand, dort, wo noch Werden möglich ist. Und das Drängen hat daran nicht nur den Auslauf oder das Freie, wo noch gegangen, noch gewählt, noch geschieden, Weg eingeschlagen, Weg gelegt werden kann, sondern außer dem Weg ist im objektiv Möglichen ein uns möglicherweise entsprechendes, woran das Drängen nicht endlos ungesättigt weitergeht.“[98]

Bloch, der sich in dieser Passage außergewöhnlich präzise mit den lebensphilosophischen Theorien der Handlung auseinandersetzt, die ja allesamt Theorien der Emergenz, der Notausgänge aus blockierten Strukturen sind, will über eine Handlungstheorie des Neuen hinausgehen. Dies ist seinen politischen und geschichtsphilosophischen Absichten zuzurechnen, die den Marxschen Gedanken der objektiven Affinität von Wirklichkeit und Gedanken einholen sollen. Der Preis dieser geschichtsphilosophischen Absicht ist hoch: Er zwingt den Theoretiker der geschichtlichen Tat zurück hinter Kants aufklärerische Kritik der Metaphysik und treibt ihn dazu, eine neue Ontologie zu erdenken. In seiner späten Schrift *Experimentum Mundi* hat Bloch versucht, diese Ontologie zu entfalten. Handelt es sich bei diesem oder bei anderen Entwürfen um einen einsamen Rückfall, dem in einem nachmetaphysischen Zeitalter bestenfalls ein mitleidiges Lächeln zukommt, oder um einen jeder Handlungstheorie inhärenten Schritt, der von den meisten Handlungstheoretikern lediglich aus Angst vor dem Metaphysikverdacht gemieden wird?

Mead stand vor ähnlichen Problemen und kam zu ähnlichen Ergebnissen. Die 1930 gehaltene Vorlesung *Philosophy of the Present* versucht eine objektiv-indeterministische Theorie der Zeit als Voraussetzung einer Theorie der Handlung darzulegen. Diese Überlegungen gehören zum Schwierigsten und Dunkelsten in Meads Werk. So kommt er nach einer Reihe erkenntnistheoretischer Überlegungen, die sich vor allem mit dem Umstand auseinandersetzten, daß jede Deutung der Vergangenheit diese schon allein deshalb als verändert und neu ansehen muß, weil das deutende Subjekt sich unterdessen selbst verändert hat, zu dem kühnen, auf der Basis der Einsteinschen Relativitätstheorie gewonnenen Schluß, daß das Entstehen von Neuem kein Deutungsphänomen, sondern ein genuines Merkmal der Realität sei. Wenn Mead sich schließlich die Frage stellt, ob es in der Natur etwas gibt, das den Transformationskategorien im Bewußtsein der Naturwissenschaftler entspricht, kommt er noch einmal auf das schon angesprochene Prinzip der Sozialität zurück, also der Fähigkeit der realen Dinge, gleichzeitig unterschiedlichen Systemen oder Zuständen anzugehören:

„Der Übergang von einem System in ein anderes ist also der Anlaß dafür, daß Neues entsteht, und zwar sowohl im Lebewesen als auch in der Umwelt. Die Entwicklung im tierischen Leben lief stetig darauf hinaus, daß immer größere Teile der Aktivität des Tieres in die Umwelt hineingeholt wurden, auf welche es reagiert, und zwar aufgrund der Fortentwicklung eines Nervensystems, vermittels dessen das Tier in seiner gesamten Lebensaktivität sowohl auf seine Reaktionen wie auf diese Wahrnehmungsprozesse reagieren konnte. Aber das Tier könnte niemals das Ziel erreichen, sich selbst Objekt zu werden, solange es nicht in der Lage wäre, in ein umfassenderes System einzutreten, in welchem es verschiedene Rollen spielen könnte, so daß, in dem es eine Rolle einnimmt, es sich stimulieren könnte, die andere Rolle zu spielen, welche diese erste Rolle hervorruft. Gerade diese Entwicklung hat eine Gesellschaft, deren Lebensprozeß durch Kommunikation vermittelt ist, möglich gemacht. Genau hier entsteht mentales Leben – mit diesem ständigen Übergehen von einem System in ein anderes, mit dem Einnehmen beider im Übergang und mit den systematischen Strukturen, welche jede enthält. Dies ist der Bereich kontinuierlichen Entstehens."[99]

An Meads Ausführungen zeigt sich, daß auch eine an den jeweils neuesten Entwicklungen der Naturwissenschaft orientierte Theorie des Neuen ohne scheinbar naive metaphysische Annahmen nicht auskommt. Die Differenz zu Blochs Theorie besteht aber darin, daß Mead nicht den Weg von der klassischen Metaphysik zur Lebensphilosophie geht, sondern umgekehrt auf der Basis naturwissenschaftlicher Annahmen zu einer neuen Metaphysik gelangt. Diese Differenz führt zu schon im Ansatz unterschiedlichen Metaphysiken, die auch unterschiedliche sozialphilosophisch-politische Implikationen haben. Es ist kein – etwa biographischer – Zufall, daß Blochs beeindruckende Metaphysik des Werdens eine Wahlverwandtschaft zu totalitären politischen Konzepten aufweist, während Meads Metaphysik der Sozialität in eine Theorie der Demokratie mündet. „Impliziert ist das Eingedenken", heißt es im *Experimentum Mundi*, „in dem langen Atem, den jede Philosophie hat, wenn sie eine ist. Worin die Invariante eines Überhaupt in der Gebietskategorie Mensch und ihrer Solidarität das letzte anthropologische Licht mit der geringsten unserer Handlungen verbindet. Die ja selber nicht allein stehen, in ihrer allemal sozial merkbaren Verbindung, in jener Umwelt, die sich von der subjektgeladenen menschlichen Front schließlich bis zur objektchiffrierten kosmischen Umwölbung erstreckt."[100]

Zwar sieht auch Bloch in menschlichen Handlungen, in jeder Handlung ein Bindeglied zwischen intersubjektiv menschlichem Tun und einem kontinuierlichen kosmogonischen Prozeß. Im Unterschied zu Meads Metaphysik der Sozialität, die das je und je

Neue aus dem gleichzeitigen Zusammentreffen unterschiedlicher Ereignisse und Dinge im Übergang zu unterschiedlichen Zuständen erklären wollte, ist Blochs Metaphysik der Hoffnung indessen intern nicht dezentriert. Blochs an Hegels Dialektik und Spinozas Ethik gewonnene Metaphysik eines sich prozessierenden Prinzips, das sich im Weltexperiment allmählich und widersprüchlich entfaltet, bleibt einer monistischen Ontologie verhaftet. Monistische Ontologien stehen seit Platon, Spinoza und Hegel vor dem Problem, Ziel, Inhalt und Weg des unterstellten gottgleichen Seins *erkennen* und es damit in gewisser Weise beherrschen zu wollen. Was aber in einer Geschichtsontologie wie jener Hegels, die konsequent vom Ende her dachte, in sich noch schlüssig ist, wandelt sich bei einer Metaphysik von Anfang und Aufbruch, die Neues soll denken können, in einen schlichten Selbstwiderspruch. Eine Metaphysik des Neuen kann nicht mehr als Metaphysik eines sich teleologisch entfaltenden Substrats gedacht werden, weil damit schon im Ansatz das emphatisch Neue des Neuen in die Idee eines bereits existierenden Philosophen eingeschlossen wird. Meads dezentrierte Metaphysik der Sozialität kann im Unterschied dazu nur noch die Logik und Strukturen des Prozesses, aber nicht mehr dessen Zielrichtung angeben und realisiert damit die Maxime der Offenheit auch im eigenen Verfahren. Die Differenz von Mead und Bloch läßt sich so vielleicht als eine Differenz der Perspektiven darstellen: Während Mead einer intersubjektiven Handlungstheorie treu bleibt und deren teilnehmer- und situationszentrierte Orientierung in die Metaphysik ausweitet, bleibt Bloch einem Modell subjektiv-teleologischen Handelns verhaftet, das nicht an den Kontingenzen der Intersubjektivität, sondern an Vorsatz, Willen und Blindheit eines *einzelnen* Akteurs gebunden ist. Bloch – so zeigt sich im Kontrast zu Mead – ist Hegel, auch noch trotz der Bedenken, die er gegen ihn in seinem späten Werk erhoben hat, treu geblieben. Gewiß lehnt Bloch im Unterschied zu Hegel einen bereits bekannten Sinn der Geschichte ab, ebenso gewiß denkt er jedoch von einem sich aus sich herausentwickelnden Weltgrund aus. In diesem Prozeß weist der Philosoph von außen dem, was er den subjektiven Faktor nennt, einen festen Ort zu, der dem Gang des metaphysischen Prozesses entsprechend zu bilden sei. Blochs Neigung zum Totalitarismus hat hier ihre letzte Spur hinterlassen: „Es bleibt in menschlicher Geschichte wie in außermenschlicher Natur das Meer weiterer, offener Möglichkeit, gerade erst als partiale Bedingtheit für Verwirklichung, offen in Tendenz und Latenz. Die währende Kraft des subjektiven Revolutionsfaktors muß darüber belehrt und geführt werden nicht nur durch neue Bedingungsfindung zur Verwirklichung eines konkret-utopisch geforderten Zustands, letzthin eines Seins wie einer Utopie."[101]

Bloch hat der spontanen Vernunft des menschlichen Handelns nicht getraut und bis zuletzt daran festgehalten, daß der offenlatente Prozeß der Geschichte gleichsam von außen mitgesteuert wird – muß doch die Kraft des subjektiven Faktors belehrt und geführt werden. Darin erweist sich Bloch als der vielleicht letzte Vertreter einer metaphysischen Tradition, die mit Platon anhob und mit Marx endete, einer Tradition, die bei aller Begeisterung erst für Gerechtigkeit, dann für für Freiheit und Demokratie als Ziel der Geschichte nicht in der Lage war, diese Kategorien mutatis mutandis in die Grundlagen einer Theorie des Neuen einzubauen. Blochs Appell ans Offene jedenfalls ging bei der Behauptung des Hoffens nur den halben Weg, indem er – wie abgeschwächt auch immer – an einem ontologischen Substrat festhielt; damit verliert seine Überlegung an Überzeugungskraft.

Mead hingegen beschließt seine *Philosophy of the Present* mit der Feststellung, daß der moderne Mensch in der Gegenwart einer Gesellschaft lebt, die auf die Vorgabe von Zielen nicht mehr angewiesen ist – eine Feststellung, die nicht zufällig auf die biblische Tradition anspielt und dem zugrunde liegt, was die frühen Pragmatisten als „social gospel" bezeichneten. „Dieser Blick befreit uns", resümiert Mead seine Überlegungen, „von der Fessel der Vergangenheit oder der Zukunft. Wir sind weder die Geschöpfe der Notwendigkeit einer unwiderruflichen Vergangenheit noch irgendeiner auf einem Berge verkündeten Vision. Unsere Geschichte und unsere Prognosen werden mit den Unternehmungen, in denen wir leben und uns bewegen und die unser Sein umgreifen, in Einklang stehen. Unsere Werte liegen in der Gegenwart, Vergangenheit und Zukunft können uns allenfalls Anweisungen für den Einsatz von Mitteln geben. [...] Diese Gegenwart ist die Bühne jenes Neuentstehenden, das immer einen neuen Himmel und eine neue Erde stiftet, eines Neuen, dessen Sozialität die wahre Struktur unseres Geistes ausmacht."[102]

Sehr viel weniger emphatisch, aber dafür methodisch um so bewußter hat der Neopragmatismus vor allem in Gestalt von Richard Rorty zu zeigen versucht, daß der Wunsch nach Veränderung politischer Verhältnisse und das Programm einer universalistischen Moral eine essentialistische Begründung überhaupt nicht benötigt, daß es überall dort, wo Menschen sich im Bewußtsein ihrer Kränkbarkeit und Hinfälligkeit um die Ausdehnung dieser Einsicht auf weitere Gruppen von Menschen bemühen, einer Erkenntnis des Wesens des Menschen oder gar der Materie überhaupt nicht bedarf.[103] Tatsächlich können Menschen auch ohne begründende Moralphilosophie durch literarische und andere Zeugenschaft menschlichen Leides eines sich stetig ausweitenden Solidaritätsgefühls teilhaftig werden. Die Fähigkeit, im Hinblick auf Schmerz und Demütigung die herkömmlichen Unterschiede zwischen Menschen verlernen zu können, ist denn auch das, was von einem metaphysischen Prinzip Hoffnung übriggeblieben ist. In letzter Instanz sind es wiederum die moralischen Gefühle, die den Fortschritt motivieren: „In der Vorstellung der Ironikerin ist Solidarität unter den Menschen keine Sache der allen gemeinsamen Wahrheit oder eines gemeinsamen Ziels, sondern nur einer von allen geteilten, selbstsüchtigen Hoffnung, der Hoffnung, daß die eigene Welt – die kleinen Dinge ringsum [...] nicht zerstört werde."[104]

Die Tradition der Tugendlehre nahm an, daß die Vermittlung von Selbstinteresse und Altruismus jedenfalls nicht so entmischt werden kann, wie Rorty es vorschlägt. Daß moralische Lernprozesse gelingen können und mithin eine wirkliche Einsicht in die Nöte anderer als Motiv des Handelns wirksam werden können, dazu bedarf es tieferer Überzeugungen. Die Tradition sprach hier von Glauben. Rortys Hoffnung ist jedoch eine andere als die Blochs und erst recht als die der klassischen Lehre. Sowohl Bloch als auch der jüdische und christliche Glaube und die sie beerbende Scholastik indes mochten sich eine ungegründete und unbegründete Hoffnung nicht vorstellen: „Der Satz, die Hoffnung sei Tugend nur als theologische Tugend, besagt also dieses: Die Hoffnung ist nur dann unbeirrbare Hinwendung auf die wahre Wesenserfüllung, das ist, auf das Gute, wenn sie aus der Gnadenwirklichkeit im Menschen ihren Ursprung nimmt und sich richtet auf die übernatürliche Glückseligkeit in Gott."[105]

Wenn das zutreffen sollte, scheint das Verfahren einer sozialwissenschaftlichen Rekonstruktion unwiderruflich an ihr Ende gekommen zu sein. In Frage steht jedenfalls, ob jene Kategorien, die traditionellerweise die Hoffnung, die Tugend der Hoffnung trugen, nämlich „Glaube" und „Liebe", in einem normativ gehaltvollen Sinn jenseits des kodifizierten jüdischen und christlichen Glaubens ausweisbar sind.

Glaube

Hoffnung ist als gelebter Zukunftsbezug ebenso auf Vertrauen angewiesen wie darauf, daß dieser Zukunftsbezug in einem für die Individuen nachvollziehbaren, verstehbaren Kontext steht. Nicht erst die neuere Soziologie seit Durkheim, sondern schon die abendländische Tradition, namentlich Judentum und Christentum, haben daher die Auffassung vertreten, daß die Hoffnung ihrerseits im „Glauben“ wurzelt, wobei über das, was als „Glauben“ gelten soll, erhebliche Differenzen bestehen. Seit Martin Buber „zwei Glaubensweisen“,[106] nämlich die aus der Hebräischen Bibel bekannte „emuna“ von der der hellenistischen Popularphilosophie entstammenden, im Neuen Testament prominenten „pistis“ unterschieden hat, scheinen sich zwei Kernbedeutungen des Begriffs herausgeschält zu haben. „Glaube“ gilt einmal – in Form der „pistis“ – als das epistemische Fürwahrhalten möglicher (metaphysischer) Sachverhalte, während „emuna“ als vertrauender, bestätigender Nachvollzug eines vorgegebenen und akzeptierten göttlichen Willens angesehen wird. Alltagssprachlich entfaltet sich diese Differenz in der unterschiedlichen Bedeutung von „etwas glauben“, „an etwas glauben“ und „jemandem etwas glauben“. In Frage steht also das Verhältnis von Vertrauen und Wahrheit, von Glaubensakt und Glaubensinhalt. Beides ist weder aufeinander reduzierbar noch voneinander lösbar, weshalb eine rein formale Bestimmung von „Glauben“, z. B. als Sinnvollzug, nach Maßgabe von Durkheims Anomietheorie nicht zureicht. Eine rein formale Bestimmung reicht aus zwei Gründen nicht zu: Erstens wird sie dem immer noch vorherrschenden religiösen Bedeutungsgehalt des Begriffs nicht gerecht; das praktische Vollziehen einer menschenfeindlichen Ideologie mag zwar einem individuellen Leben Halt geben, unterschlägt aber die in den meisten hochkulturellen religiösen Systemen vorhandenen ethischen Gehalte. Zweitens jedoch würde die systematische Ineinssetzung von „Sinn“ und „Glauben“ nicht nur den Begriff des „Glaubens“ seiner Gehalte berauben, sondern auch den Begriff des „Sinns“ als eines Horizonts von Verweisungszusammenhängen unnötig einengen. Zwar setzt die Erfahrung der Sinnhaftigkeit der Welt ein basales Vertrauen in die Stabilität derartiger Verweisungszusammenhänge bzw. ihre zukünftige Möglichkeit voraus, doch bedarf es dazu in aller Regel nicht eines bestimmten kognitiven Weltbildes bzw. des grundlosen Vertrauens in eine bestimmte personale Konstellation. Die Annahme, daß alle menschlichen Weltbezüge, weil sie sich letzten Endes kognitiv nicht beweisen lassen, deshalb bereits religiöse Züge trügen, inflationiert den Begriff des „Religiösen". Ohnehin ist schon die Identifizierung von „Glaube" und „Religion" zumal vor dem Hintergrund der in Westeuropa prominenten reformatorischen Theologie problematisch genug. Karl Barths kritisch auf den Theologen und Philosophen Friedrich Daniel Schleiermacher bezogenes Wort „Religion ist Unglauben"[107] will das Bekenntnis zum gekreuzigten und auferweckten Jesus von Nazareth gegen Formeln wie jene verteidigen, daß Religion „Sinn und Geschmack fürs Unendliche"[108] bzw. die Frömmigkeit ein „Gefühl schlechthinniger Abhängigkeit"[109] sei. Unter diesen, an die jeweiligen Inhalte des Glaubens bzw. der Religionen gebundenen Voraussetzungen scheint es schwierig, den bisher eingeschlagenen Weg einer sozialwissenschaftlich-psychologischen Rekonstruktion des abendländischen Tugendkanons fortzusetzen. Freilich hat die empirisch verfahrende Religionspsychologie, besonders in entwicklungspsychologischer Perspektive, hierzu Ansätze vorgelegt, die in diesem Kontext um so mehr interessieren müssen, als sie ebenfalls auf dem Paradigma des genetischen Strukturalismus beruhen. So hat der Entwicklungspsychologe Fritz Oser in Auseinandersetzung mit eher inhaltsbezogenen Überlegungen christlicher Religionsdidaktik eine „Logik der religiösen Entwicklung" theoretisch konzipiert und empirisch validiert, die der Theorie der Entwicklung des moralischen Urteils weitgehend folgt. Oser unterscheidet die folgenden fünf Stufen, die jeweils in einer typischen, systematisch abfragbaren Meinung nach dem Vorbild von Kohlbergs Moraldilemmata bestehen:

„Stufe 1: Es gibt ein Ultimates (Gott), das dich beschützt oder dir etwas Schlechtes schickt, dir Gesundheit und Krankheit sendet, Freude oder Verzweiflung. Das Ultimate beeinflußt dich (und alle anderen Lebewesen) direkt. Der Wille des Ultimaten muß immer getan werden, sonst zerbricht die Beziehung.

Stufe 2: Der Wille des letztgültigen Seins (Gott) kann durch Gebete, Opfergaben, das Befolgen religiöser Regeln usw. beeinflußt werden. Wenn man sich um das Letztgültige bemüht und die Prüfungen, die es schickt, besteht, dann handelt es wie ein vertrauender und liebender Vater, und der Mensch wird glücklich, gesund, erfolgreich usw. sein. Der Mensch kann das Ultimate beeinflussen oder nicht, je nach Bedürfnis und freiem Willen.

Stufe 3: Das menschliche Wesen ist unabhängig von einem letztgültigen Sein (Gott). Es hat die volle Verantwortung für sein Leben und für die Dinge dieser Welt. Freiheit, Sinn, Hoffnung sind an die eigenen Entscheidungen gebunden. Das Ultimate (Gott) ist davon getrennt. Es hat vielleicht seinen eigenen Tätigkeitsbereich. Freiheit, Hoffnung und Sinn, die in der Ganzheit des Ultimaten ruhen, sind verschieden von den entsprechenden menschlichen Begriffen. Transzendentes ist außerhalb der Freiheit des Individuums, stellt aber dort eine fundamentale Ordnung von Welt und Leben dar.

Stufe 4: Eine indirekt vermittelte Beziehung mit dem Letztgültigen (Gott) ist entstanden. Das Individuum ist weiterhin selbst verantwortlich, aber es fragt sich, welches die Bedingungen der Möglichkeit für die Übernahme von Verantwortung und Handlungsmöglichkeiten sind. Es sieht sein Engagement als einen Weg an, Mangel an Sinn und Hoffnung sowie Absurdität zu überwinden. Die Transzendenz ist jetzt teilweise ins Innere des Menschen verlegt (Immanenz). Das Letztgültige wird zur Bedingung der Möglichkeit menschlicher Freiheit, Unabhängigkeit usw. dank des göttlichen Plans. Die Grenzen aller menschlichen Autonomie werden neu bedacht und an das Letztgültige zurückgebunden.

Stufe 5: Das Letztgültige (Gott) scheint in jedem menschlichen Engagement auf, geht aber gleichzeitig über es hinaus. Das Leben mit allen Grenzen und Möglichkeiten wird zum Symbol für die Gegenwart des Ultimaten. Das Ultimate ist in Geschichte und Offenbarung. Transzendenz und Immanenz sind in vollkommener Wechselwirkung. Diese totale Durchdringung ermöglicht die vollständige Solidarität mit allen Menschen, dies auch in den schwersten Stunden des Lebens. Das Gottesreich wird eine Chiffre für ein um Frieden ringendes und engagiertes menschliches Potential, das Sinn nicht in weltfernen Optionen, sondern in einer wahrhaft sozialen Perspektive schafft."[110]

Oser will seine Logik der religiösen Entwicklung interaktionstheoretisch einführen und seine Stufen anhand der zunehmenden Autonomie und Reziprozität von „Individuum" und „Ultimatem" (Gott) konstruieren. Dabei scheint die religiöse Entwicklung nach den üblichen Meßverfahren in einigen Fällen im selben Individuum weiter fortgeschritten zu sein als eine moralische Entwicklung, was der Logik der Sache nach deshalb eigentümlich ist, da die Stufen der religiösen Entwicklung offensichtlich die jeweiligen moralischen Stufen implizieren. Darüber hinaus ist einmal mehr die Universalität, d.h. formale Struktur des entsprechenden Urteils nicht gesichert. Was ist eigentlich mit jenen Religionen, die einen Begriff vom allseits solidarisch miteinander verbundenen Gottesreich nicht kennen – befinden sie sich auf einer niedrigeren Entwicklungsstufe?

Und wenn nicht – erweist sich das religiöse Urteil denn nicht doch als abhängige Variante des moralischen Urteils bzw. der ihm unterliegenden Reziprozitätsbeziehungen? Überdies vernachlässigt diese Konstruktion – dem Konstrukt des moralischen Urteils in der Kohlbergschule nicht unähnlich – die affektive Dimension des Glaubens, die mindestens dort zu berücksichtigen ist, wo von Vertrauen die Rede ist. Hat es Sinn, ein religiöses Wissen, das nicht von einem entsprechenden religiösen Gefühl getragen ist, zu isolieren? Empirische Untersuchungen zu religiösen Emotionen bei Jugendlichen haben ergeben, daß spezifisch religiöse Emotionen wie Vertrauen und Geborgenheit, Dankbarkeit und Freude, Angst, Zweifel und Stolz von den Befragten durch ihren Ausschließlichkeitscharakter, die Schwierigkeit ihrer sprachlichen Mitteilbarkeit sowie durch Innerlichkeit und Intensität ausgezeichnet sind.[111] Die Frage nach der Spezifizität dieser Emotionen als religiöser Emotionen wird gleichwohl nicht gelöst. Ist es vorstellbar, daß eine Person zwar zu ihren Mitmenschen tiefes Vertrauen ausgebildet hat, dem von ihr geglaubten Gott gegenüber jedoch mißtraut? All diese Haltungen scheinen nicht so weit spezifiziert, als daß wirklich von einer eigenen psychischen Domäne mit eigener Logik gesprochen werden kann. Auch die religiösen Urteile und Gefühle erweisen sich – ähnlich wie die moralischen – als spezifische semantische Einbettungen basaler Interaktionserfahrungen. Diese Semantik betrifft jedoch nicht nur die lebensweltlichen Erfahrungen von Menschen, sondern bestimmt auffälligerweise auch noch jene Wissenschaft, die sich mit der Frage von Bildsamkeit und Erziehung auseinandersetzt. In gewisser Hinsicht tangieren jene Fragen, die den individuellen Glauben umtreiben, auch die Fundierung einer Wissenschaft vom menschlichen Lebenslauf. So spielt die theologisch-gläubige Tradition auch und gerade in der modernen Pädagogik eine wesentliche Rolle – wenn auch nicht als entwicklungspsychologisch wünschenswerter Zustand, als Tugend, sondern als systematischer Ort, von dem aus sich erst entwickeln läßt, warum in zulässiger Weise auch unter einer wissenschaftlichen Perspektive noch vom Menschen und seinen Charakterzügen gesprochen werden darf und gesprochen werden muß.

Der Begriff der Bildung – darüber ist sich die Begriffsgeschichte der Pädagogik weitgehend einig – besitzt eine zwar fast unkenntlich gewordene, aber doch unverkennbar theologische Wurzel. Wenngleich die Philosophie der Frühaufklärung – etwa bei Moses Mendelssohn – den Begriff als einen Neuankömmling in der zeitgenössischen Bildungs- und Büchersprache ansah, ist doch seine Herkunft aus der Mystik des Hochmittelalters nicht zu übersehen. Es darf inzwischen als gesichert gelten, daß diese unscheinbar gewordenen Quelle über Pietismus und Empfindsamkeit spätestens bei Herder, geschichtsphilosophisch gewendet, und dann bei Pestalozzi, pädagogisch konkretisiert, Eingang in das Deutsch der Moderne gefunden hat.[112]

„Bildung“, so wurde in einem historischen Rückblick behauptet, weist hinter ihren klassischen subjekttheoretischen Formulierungen eine ältere Tradition auf, die auf hochmittelalterliche Mystik und die christliche, die jüdisch-christliche, biblische Tradition verweist. So sehr nun die idealistische Theorie des Subjekts der Systemtheorie assimilierbar zu sein scheint, so wenig ist dies offensichtlich bei ihren christlich vermittelten Traditionsbeständen der Fall. „Wir wissen, was Moses saget, daß Gott habe den Menschen nach seinem Gleichnis in ein Bildnis nach ihm geschaffen. Verstehe also, daß sich Gott, der ein Geist ist, in einem Bildnis sähe als in einem Gleichnis.“[113]

In Jakob Böhmes mystischer Theologie, die in einer uns heute fremd gewordenen Sprache die Welt und vor allem die Menschen als vorläufiges, auf sein späteres Zerbrechen angelegtes (Selbst)Bildnis Gottes versteht, klingt eine Tradition nach, die schon bei Eckart in der Annahme gipfelte, daß die Idee des Menschen Gott von allem Anfang an notwendig innewohnte, diese Idee also nicht geschaffen, er also – der Mensch – von allem Anfang an ein eingeborener Sohn und das heißt notwendiger Bestandteil Gottes war.[114] Das konnte im Umkehrschluß nichts anderes bedeuten, als daß die Menschen, so sie denn von Gott realisiert sind, Gott in sich haben, mehr noch: daß sie Gott gebären: „Darum gebiert sich Gott ganz und gar in mich, damit ich ihn niemals verliere, denn alles, was mir angeboren ist, dies verliere ich nicht. Gott hat all seine Lust in der Geburt, und darum gebiert er seinen Sohn in uns, auf daß wir all unsre Lust darin haben und wir denselben Sohn mit ihm gebären. Denn Gott hat all seine Lust in der Geburt, und darum denn gebiert er sich in uns, damit er all seine Lust in der Seele habe und damit wir all unsere Lust in ihm haben.“[115]

Daß dieser später als häretisch verurteilten Spekulation komplizierte intellekttheoretische Überlegungen zugrunde liegen und sie gewiß nicht unmittelbar wörtlich genommen werden darf, ist das eine; daß sie gleichwohl in den eher volkstümlich gehaltenen *Deutschen Predigten* vorkommt, das andere. Auf jeden Fall war für die frühen Vorläufer der Bildungstheorie unzweifelhaft, daß Gott und Menschen eine unauflösliche psychisch-intellektuelle Korrelation bilden. Diese in den biblischen Religionen angelegte unauflösliche Korrelation von Gott und Mensch durchzieht dann auch die neueren, nicht im engeren Sinn religionspädagogisch angelegten,[116] sondern theologisch inspirierten Bildungstheorien. In den historisch besonders bewußt und normativ besonders radikal argumentierenden Bildungstheorien bezieht sich diese Korrelation – nach den Katastrophen des zwanzigsten Jahrhunderts, vor allem dem Holocaust – auf eine Theologie des Kreuzes, auf die Rede vom Tod Jesu, die ihren letzten Sinn nur gewinnt, „wenn sie sich in der unbedingten Anerkennung des anderen hier und jetzt bewährt. Kommunikatives Handeln, in dem Menschen sich aus dieser Erfahrung eine Existenz in nicht beschränkbarer Solidarität zumuten, ist dann für christliche Existenz, die in einer konkreten Gesellschaft für deren Transformation arbeitet, konstitutiv."[117]

Spätere Überlegungen zu einer Pädagogik nach Auschwitz, die sich nach Adorno auf Levinas beziehen, entfalten dieses Motiv.[118] Bei einem anderen, auch theologisch inspirierten Bildungstheoretiker, bei Heinz Joachim Heydorn, ist es ebenfalls der gekreuzigte Jesus, der neben Sokrates als Bürge für eine skeptisch wiederholte, unverkürzte Idee der Bildung steht: „Unter dem ungeheueren Schatten des geschlachteten Gottes, seiner Selbstschlachtung, sucht der Mensch das Licht, das er in sich trägt. Findung ist ungewiß; dies ist mehr als nur spätbürgerliche Skepsis. Die Gewißheit, daß es gelingen wird, ist letztlich eine Frage des Glaubens. [...] Es ist der Glaube an die Gewißheit an die Verheißung des Menschen. [...] Imago und Realität sind unversöhnt. Aber der Mensch soll das Verhängstsein hinter sich lassen, das Licht wahrhaft erfahren, das in ihm ist, sinnlich, greifbar, als verwandelte Welt. Den Weg, der beleuchtet werden soll, der aus dem Dunkeln in das Helle führt, hat Amos Comenius bezeichnet. Bildung ist 'educatio', Hinausführung."[119]

Es sind genau diese theologisch inspirierten bildungstheoretischen Figuren, die die Systemtheorie in aller Nüchternheit verabschiedet. Ob ihrer Gottesebenbildlichkeit könnten sich die Menschen der imago dei annähern, eine Annahme, die nach dem Ende der Metaphysik, also nach dem Tode Gottes nicht einmal mehr für die Codierung eines Lebenslaufs tauge: „Mit Gottes Tod ist der Erwachsene virtuell gestorben. Er kann als Schöpfer/Erzieher auf lange Sicht nicht mehr in Erscheinung treten."[120]

Ein vorläufiges Resümee ergibt, daß erstens in auffälliger Weise die stärksten normativen Bildungstheorien ebenso wie ihre schärfsten Kritiker die Frage nach der Menschlichkeit des Menschen von seiner Sterblichkeit her angehen. Zweitens zeigt sich, daß dementsprechend die in diesen Bildungstheorien thematisierte Korrelation von Gott und Mensch wesentlich von der Sterblichkeit Gottes, also von einer christlichen Kreuzestheologie her gedacht wird. Drittens ist festzuhalten, daß nach dem Ende der Metaphysik zwar vielleicht noch ein skeptischer Glaube übrigbleiben mag, aber keine gläubige Gewißheit mehr – jedenfalls nicht in einer wissenschaftlich begründeten Bildungstheorie. Damit scheint nun ein Endpunkt erreicht, an dem eine normative, auf jeden Fall theologisch inspirierte Bildungstheorie nur noch verstummen oder allenfalls appellieren kann. Aber womöglich lassen sich dann, wenn man einen Schritt zurücktritt, noch einmal neue Ausgangspositionen gewinnen: Theologie in der abendländischen Kultur verdankt sich Judentum und Christentum und damit einem Gottesgedanken, der unauflöslich an den Menschen gebunden ist. Wer also von Gott spricht, hypothetisch, skeptisch, gläubig oder auch nur analytisch, spricht in diesem Fall auch immer vom Menschen. Damit übernimmt die Theologie – selbst wenn ihr sonst gar nichts mehr übrigbleibt – wenigstens eine Verweisungsfunktion. Womöglich ist sie, gerade weil sie so intensiv von Gott spricht, die letzte Disziplin, die noch in einer unverkürzten Weise vom Menschen, von den Menschen sprechen kann. Das wäre angesichts der geschilderten Ausgangslage nicht wenig.

Die Art und Weise, wie theologisch inspirierte Bildungstheorien vom Menschen sprechen, weisen ein systematisches Ungleichgewicht auf. Ihre implizite Kreuzestheologie mit ihrem Zentrum der Sterblichkeit vernachlässigt den Beginn des Lebens, seine Geburtlichkeit. Folgt man Hannah Arendts Intuition, die bekanntlich Heideggers Theorie der Mortalität eine Theorie der Natalität entgegenstellte,[121] gewinnt man – auch und zumal bei der Thematisierung des Lebenslaufs – eine andere Perspektive, eine Perspektive, die die Menschlichkeit des Menschen in seiner Abhängigkeit, nämlich von seiner Mutter, seinen Eltern, und seiner Fähigkeit, je und je einen neuen Anfang zu setzen, sieht. Damit – es wird deutlich geworden sein – ist die Perspektive einer zu erneuernden pädagogischen Anthropologie gewonnen, die sich, wenn sie überhaupt eine theologische Inspiration reklamiert, eher auf die Schöpfung denn die Kreuzigung, eher auf die Geburt von Menschen denn auf den Tod des Gottes am Kreuz beziehen wird. Ob von derart ausgewechselten begrifflichen Grundentscheidungen noch einmal ein Weg in eine wissenschaftliche Bildungsteorie zurückführt, ist indes mehr als ungewiß; und wer nun glauben sollte, daß er über eine mit Begriffen wie Geburtlichkeit, Erziehung und Bildsamkeit operierende pädagogische Anthropologie den massiven Einwänden der Systemtheorie schon etwas entgegenzusetzen hat, dürfte sich gründlich getäuscht haben. Mit derart ausgewechselten Grundbegriffen hören die Schwierigkeiten nicht etwa auf, vielmehr beginnen sie jetzt erst richtig. Derzeit läßt sich nur soviel sagen, daß eine humanwissenschaftlich verfahrende Pädagogik sich jetzt – nachdem Gott aus der Bildungstheorie vertrieben wurde – der überaus schwierigen Aufgabe stellen muß, den verbliebenen Begriff des Menschen zu einem theoriefähigen Grundbegriff auszubauen. Es könnte scheinen, als ob über den grundsätzlichen Erwägungen zur Rolle des Glaubens in der Konstitution der Pädagogik als Bildungstheorie die Frage nach dem Glauben als individueller Tugend einer Person verlorengegangen ist. Die Zweifel, die sich gegen eine restlose Übersetzung von „Glauben" in „Sinnerfahrung" erhoben, sind in keiner Weise zurückzunehmen. Wohl aber ließe sich im Sinne der anfangs ins Spiel gebrachten Theorie einer narrativen Identität und einer Lehre vom guten, glücklichen Leben die Behauptung wagen, daß sich „Glaube" – jenseits der theologischen Tradition von Judentum und Christentum – als kollektiv ermöglichte und individuell realisierte „Überzeugung von und Wunsch nach einem sinnvollen Leben" erläutern läßt. Wenn es zutrifft, daß die „Hoffnung" auf „Glaube" beruht, auf der Überzeugung von einem sinnvollen Leben, so steht dieser Glaube wiederum unter Voraussetzungen, die nicht aus ihm stammen: der Liebe. Die theologische Tradition des Abendlandes war schließlich der Überzeugung, daß die Ermöglichungsbedingungen des Glaubens in der Liebe liegen. Der Apostel Paulus hat diesem Gedanken in seinem Brief an die Korinther seine klassische Form gegeben: „Nun aber bleibt Glaube, Hoffnung, Liebe, diese drei – aber die Liebe ist die größte unter ihnen." (1. Kor. 13,13)

Liebe

Die Liebe als Tugend hat ihre Wurzeln – jedenfalls in der abendländischen Tradition – im Neuen Testament, namentlich im Korintherbrief des Apostel Paulus. Die dort vorgezeichneten Linien verweisen sowohl auf die in der Hebräischen Bibel geprägte solidarische Nächstenliebe als auch auf die in der Platonischen Philosophie angelegte Metaphysik seelischer Vereinigung. Darüber hinaus zeugt der Paulinische Liebesbegriff von lebensweltlichen Erfahrungen, die dem Kontext der Familie entstammen. In der klassischen Definition der Liebe als Tugend, nämlich bei Thomas von Aquin, ist die Liebe als Liebe zu Gott bestimmt, als ein Verhältnis, das Thomas auch als Freundschaft von Gott und Mensch versteht.[122] Glaube, Liebe und Hoffnung gelten ihm als theologische Tugenden, also als jene Tugenden, die das Verhältnis der Menschen zu Gott bestimmen. Dieses Gottesverhältnis entfaltet sich in drei Aspekten: in der Liebe der Menschen zueinander, der Liebe Gottes zu sich selbst und seiner Schöpfung sowie der Liebe der Menschen zu Gott. Thomas versteht die Liebe unter den Menschen als ein auf Gott verweisendes Streben nach Einheit. Zu lieben ist demnach eine dreistellige Relation, in der eine Person, die liebt, für die Person, die sie liebt, das Gute will. Damit unterscheidet sich der scholastische Begriff der Liebe vom dem uns geläufigen Begriff der Liebe, der im wesentlichen eine unmittelbare Subjekt-Objekt- bzw. Subjekt-Subjekt-Beziehung aufruft. Dabei wäre es ein Fehler, das Gute, das hier als vermittelnde Größe eingeführt wird, als das moralisch Gute im modernen Sinn zu verstehen. Das Gute, von dem hier die Rede ist, sind Strebungen und Wünsche, die subjektive Güter darstellen. Einer Liebesbeziehung in dieser Einstellung geht es nicht um die Person, an der etwas geliebt wird, sondern um deren beliebige Eigenschaften.[123] Diese Liebe findet ihre Erfüllung im Genießen des anderen Menschen. Die Zuneigung zu einem anderen Menschen um seiner selbst willen aber beschreibt Thomas als Freundschaft. Entsprechend findet er vier Umschreibungen oder Aspekte der Liebe, nämlich amor, also die Vereinigungskraft, die dilectio, das Schätzen, die caritas, also das solidarische Wohlwollen, und die amicitia, die Freundschaft. Amor selbst, daran läßt Thomas keinen Zweifel, ist eine Leidenschaft, über die die Menschen nicht spontan, freiwillig und vernünftig verfügen können. Tatsächlich lassen sich diese Aspekte retrospektiv auch in die zugrundeliegenden Formulierungen bei Paulus hineinlesen, wobei offen bleiben muß, auf welche denkerischen Traditionen sich der Apostel bezogen hat – ob es strikt nur die Quellen des Judentums waren oder ob bei dem hellenistisch geprägten Pharisäer nicht auch Bezüge zur griechischen Popularphilosophie vorlagen.

„Wenn ich mit Menschen- und mit Engelszungen redete, und hätte der Liebe nicht, so wäre ich ein tönend Erz oder eine klingende

Schelle. Und wenn ich weissagen könnte und wüßte alle Geheimnisse und alle Erkenntnis und hätte allen Glauben, also daß ich Berge versetzte, und hätte der Liebe nicht, so wäre ich nichts. Und wenn ich alle meine Habe den Armen gäbe und ließe meinen Leib brennen, und hätte der Liebe nicht, so wäre mirs nichts nütze. Die Liebe ist langmütig und freundlich, die Liebe eifert nicht, die Liebe treibt nicht mutwillen, sie blähet sich nicht, sie stellt sich nicht ungebärdig, sie sucht nicht das Ihre, sie läßt sich nicht verbittern, sie rechnet das Böse nicht zu, sie freut sich nicht der Ungerechtigkeit, sie freut sich aber der Wahrheit; sie verträgt alles, sie glaubt alles, sie hofft alles, sie duldet alles. Die Liebe hört nimmer auf, so doch die Weissagungen aufhören werden und die Sprachen aufhören werden und die Erkenntnis aufhören wird. Denn unser Wissen ist Stückwerk, und unser Weissagen ist Stückwerk. Wenn aber kommen wird das Vollkommene, so wird das Stückwerk aufhören. Da ich ein Kind war, da redete ich wie ein Kind und war klug wie ein Kind und hatte kindische Anschläge; da ich aber ein Mann ward, tat ich ab, was kindisch war. Wir sehen jetzt durch einen Spiegel in einem dunkeln Wort; dann aber von Angesicht zu Angesicht. Jetzt erkenne ich stückweise; dann aber werde ich erkennen, gleichwie ich erkannt bin. Nun aber bleibt Glaube, Hoffnung, Liebe, diese drei – aber die Liebe ist die größte unter ihnen." (1. Kor. 13,1–13)

Nach dieser Liebe – so die Aufforderung des Apostels – sollen die Menschen streben. Sie ist also – anders als das etwa Luther sah[124] – nicht nur frei von Gott Geschenktes, dem Menschen unverdient Zukommendes, sondern etwas, das Menschen erwerben sollen und können. Am Begriff der Liebe hat schon immer, bereits bei Thomas, irritiert, daß die unterschiedlichsten Ebenen, einschließlich des Begehrens und der Leidenschaft, mit Sorge und selbstlosem Wohlwollen zusammenfließen.

Diese philosophische Irritation gerät indes zum sozialwissenschaftlichen Vorteil: Die von der Tradition festgestellten vielfältigen Aspekte lassen sich als genau jene Dimensionen identifizieren, mit denen ein schillerndes empirisches Phänomen analysiert werden kann. Bevor nun anhand dreier Pasagen aus der klassischen Literatur, nämlich aus dem Hohen Lied, aus Platons *Symposion* und aus Augustinus' *Bekenntnissen* drei zentrale Aspekte verdeutlich werden sollen, ist es unumgänglich – schließlich soll es um eine sozialwissenschaftliche Rekonstruktion gehen – die Möglichkeit einer sozialwissenschaftlichen Theorie der Liebe zu umreißen.

Ein klassisches Beispiel hierfür ist die psychoanalytische Theorie Sigmund Freuds, die auf spätere, pädagogisch und sozialisationstheoretisch interessierte Psychoanalytiker wie Erich Fromm und Erik H. Erikson gewirkt hat. Der Bezug auf Freud erweist sich hier nicht so sehr seiner theoretischen Stimmigkeit, sondern seiner Beispielhaftigkeit eines sozialwissenschaftlichen Zugangs wegen als angemessen. „Libido", so führt Freud in seiner 1921 erschienenen sozialpsychologischen Schrift über *Massenpsychologie und Ich-Analyse* aus, „ist ein Ausdruck aus der Affektivitätslehre. Wir heißen so die als quantitative Größe betrachtete – wenn auch derzeit nicht meßbare – Energie solcher Triebe, welche mit all dem zu tun haben, was man als Liebe zusammenfassen kann. Den Kern des von uns Liebe Geheißenen bildet natürlich, was man gemeinhin Liebe nennt und was die Dichter besingen, die Geschlechtsliebe mit dem Ziel der geschlechtlichen Vereinigung. Aber wir trennen davon nicht ab, was auch sonst an dem Namen Liebe Anteil hat, einerseits die Selbstliebe, andererseits die Eltern- und Kindesliebe, die Freundschaft und die allgemeine Menschenliebe, auch nicht die Hingebung an konkrete Gegenstände und an abstrakte Ideen. Unsere Rechtfertigung liegt darin, daß die psychoanalytische Untersuchung uns gelehrt hat, alle diese Strebungen -seien der Ausdruck der nämlichen Triebregungen, die zwischen den Geschlechtern zur geschlechtlichen Vereinigung hindrängen, in anderen Verhältnissen zwar von diesem sexuellen Ziel abgedrängt oder in der Erreichung desselben aufgehalten werden, dabei aber noch immer genug von ihrem ursprünglichen Wesen bewahren, um ihre Identität kenntlich zu erhalten (Selbstaufopferung, Streben nach Annäherung). Wir meinen also", resümiert Freud seine Argumentation, „daß die Sprache mit dem Wort 'Liebe' in seinen vielfältigen Anwendungen eine durchaus berechtigte Zusammenfassung geschaffen hat, und daß wir nichts Besseres tun können, als dieselbe auch unseren wissenschaftlichen Erörterungen und Darstellungen zugrunde zu legen. Durch diesen Entschluß hat die Psychoanalyse einen Sturm von Entrüstung entfesselt, als ob sie sich einer frevelhaften Neuerung schuldig gemacht hätte. Und doch hat die Psychoanalyse mit dieser 'erweiterten' Auffassung der Liebe nichts Originelles geschaffen. Der 'Eros' des Philosophen Platon zeigt in seiner Herkunft, Leistung und Beziehung zur Geschlechtsliebe eine vollkommene Deckung mit der Liebeskraft der Libido der Psychoanalyse. [...] Und wenn der Apostel Paulus in dem berühmten Brief an die Korinther die Liebe über alles andere preist, hat er sie gewiß im nämlichen, erweiterten Sinn verstanden, woraus nur zu lernen ist, daß die Menschen ihre großen Denker nicht immer ernst nehmen, auch wenn sie sie angeblich sehr bewundern."[125]

Im Hohen Lied, in Platons *Gastmahl* und in Augustinus' *Konfessionen* wird „Liebe" einmal als Verhältnis von Schönheit, Begehren und Ewigkeitsversprechen, dann als Sehnsucht nach ursprünglicher Einheit und endlich als komplexes, sich selbst verstärkendes Interaktionsgeschehen gedeutet: „Wer ist", so fragt das hymnische Lied am Ende, „die da heraufkommt von der Wüste, hängend an ihrem Geliebten? Unter dem Apfelbaume weckte ich dich, dort gebar dich mit Wehen deine Mutter, dort entwand sich deiner, die dich gebar. O lege mich wie einen Siegelring an deinen Arm, denn gewaltig wie der Tod ist Liebe, hart wie das Grab ist Eifer, ihre Gluten Feuergluten, Gottesflamme. Mächtige Wasser vermögen nicht zu löschen die Liebe und Ströme überfluten sie nicht."[126]

Dieses Lied, aller Wahrscheinlichkeit nach ein kanaanäisch-israelitisches Hochzeitslied, stellt einen Hymnus körperlicher, sinnlicher Liebe zwischen einem weißen Mann und einer schwarzen Frau dar, ein Lied, dem auf den ersten Blick nichts, aber auch gar nichts Religiöses eignet. Daß es sich trotzdem in der Bibel findet, ist vermutlich einer rabbinischen Entscheidung zu verdanken, die in der glühenden Liebe zwischen Hirte und Hirtin eine Allegorie von Gottes Liebe zu Israel sah.[127] Das Verhältnis von Liebe und Sexualität stellt sich in der Hebräischen Bibel jedoch wesentlich voraussetzungsvoller dar, als im Hohen Lied angedeutet: „Und Adam erkandte sein Wein Heua / Und sie ward schwanger / und gebar den Kain / und sprach. Ich habe den Man des Herrn. Und sie fur fort / und gebar Habel seinen Bruder / Und Habel ward sein Schefer / Kain aber ward ein Ackermann."

In diese Worte übersetzte Martin Luther 1514 die beiden ersten Perikopen des vierten Kapitels des Buches Genesis, das seinerseits wahrscheinlich Ende des sechsten Jahrhunderts vor der christlichen Zeitrechnung im babylonischen Exil verfaßt wurde. Die jüdischen Religionsphilosophen Martin Buber und Franz Rosenzweig verdeutschten die Worte der Schrift in den zwanziger Jahren und kamen zur folgenden Übersetzung: „Der Mensch erkannte Chawwa sein Weib, sie wurde schwanger und sie gebar den Kajin. Da sprach sie Kaniti – Erworben habe ich mit ihm einen Mann. Sie fuhr fort zu gebären, seinen Bruder den Habel. Habel wurde Schafhirt, Kajin wurde ein Diener des Ackers."

So sehr Namen und Berufsbezeichnungen in diesen beiden Übersetzungen voneinander abweichen, so sehr bleibt die Bezeichnung für die zur Schwangerschaft führende sexuelle Aktivität Adams, des Menschen, des „Erdlings" (das hebräische Adama bedeutet nichts anderes als „Erde") die gleiche: Adam erkannte Eva. Diese Bezeichnung – jedenfalls für den männlichen Anteil am Geschlechtsakt steht kulturhistorisch einzigartig da. Luther übersetzt die entsprechenden Sätze der Hebräischen Bibel lakonisch: „Und der Mensch wußte Chawwa sein Weib. („We haadam jada ischto.") Die hebräische Verbalwurzel jda findet im Buch Genesis schon im Vorlauf zu dieser Erzählung an zwei zentralen Stellen Verwendung. In Kapitel 2, Vers 9 läßt Gott den Baum der Erkenntnis des Guten und Bösen wachsen, in Kapitel 3, Vers 5 verführt die Schlange Eva mit dem Worten: „... und ihr werdet sein wie die Götter, die Gutes und Böses erkennen". Während der Begriff jda im Zusammenhang mit einem moralischen Wissen offensichtlich eine kriteriale Bedeutung annimmt – moralisches Wissen beinhaltet die Kenntnis einer Unterscheidung von Gut und Böse –, bleibt bis jetzt unklar, ob diese kognitive Lesart auch in bezug auf die männliche Aktivität im heterosexuellen, zur Schwangerschaft führenden Geschlechtsakt gelten soll. Was wird hier gewußt, was unterschieden, was erkannt?

Eine Möglichkeit, sich einem wenn schon nicht unmittelbar zeitgenössischen, so doch wenigstens epochal angemessenen Verständnis zu nähern, besteht darin, auf die früheste griechische Übersetzung der Bibel zurückzugreifen, auf die etwa drei Jahrhunderte nach der Abfassung des hebräischen Originals im ägyptischen Alexandria entstandene sogenannte Septuaginta. Daß diese Übersetzung den Geist der Hebräischen Bibel deckungsgleich wiedergibt, ist nicht zu vermuten, gleichwohl läßt sich dieser Übersetzung entnehmen, wie ein vom Platonismus und von der hellenistischen Popularphilosophie beeinflußtes Judentum diese Passagen der Bibel verstanden hat. So heißt es denn in Kapitel 4, Vers 1 der Septuaginta, die etwas anders zählt, als der hebräische, masoretische Text; „Adam de egno Evan ten gynaika autou" – „Adam erkannte seine Frau Eva", während vorher vom „Xylon tou eidenai gnoston kalou kai ponerou", also vom „Baume des Wissens der Erkenntnis des Schönen und des Schlechten" die Rede ist. Das verführerische Angebot der Schlange lautet: „Kai esesthe hos theoo gignoskontes kalon kai poneron" – „Ihr werdet sein wie die Götter: Erkennende des (moralisch) Schönen und des Schlecht-Lästigen". Die konsistente Verwendung des Verbums gignoskein überall dort, wo die hebräische Verbalwurzel jda in der kognitiven Bedeutung von „Erkennen“ verwendet wird, bestätigt die Vermutung, daß die Hebräische Bibel den vom Mann ausgeführten Geschlechtsakt gegenüber der Frau als eine Erkenntnistätigkeit deutet. Was wird hier erkannt, welche neue Information gewonnen, die nicht schon vorher verfügbar war? Auf jeden Fall sieht das Buch Genesis sexuelles Handeln, moralisches Wissen und sündiges Tun in einem engen Zusammenhang, der die Sexualität eben nicht als natürlichen Vollzug, sondern als reflektiertes Tun deutet. Dies reflektierte Tun ist der Abschluß einer Reihe von Handlungen, in denen der Mensch im Zweiten Schöpfungsbericht und in der Geschichte vom Sündenfall (Gen. 2,4–4,1) auf die ihm von Gott geschaffene und ihm beigesellte Frau Bezug nimmt. Nachdem er der aus der Rippe geschaffenen Frau ansichtig wurde, äußerte er: „Das ist endlich Bein von meinem Bein und Fleisch von meinem Fleisch. Diese soll Weib (im Wortlaut „Männin“) heißen, weil sie vom Mann genommen ist.“ (Gen. 2,23) In Kapitel 3,20, nachdem Adam und Eva die Verstoßung aus dem Paradies mit der Androhung harter Arbeit, schmerzhafter Geburten und der Unwiderruflichkeit des Sterbens angekündigt wurde, wird endlich festgehalten, daß der Mensch seinem Weib den Namen Eva gab, da sie die Mutter alles Lebendigen wurde. Damit stellt der jahwistische Schöpfungsbericht die ursprüngliche Interaktionsbeziehung zwischen Mann und Frau als einen dreistufigen Prozeß dar:

Auf einer ersten Stufe identifiziert der männliche Mensch die Frau als seinesgleichen, als Stoff von seinem Stoff und verleiht ihr eine Bezeichnung: „Männin“ – ältere Übersetzungen schreiben entsprechend: „Diese soll Männin heißen, weil sie vom Manne genommen ist.“ Zudem prognostiziert dieser männliche Mensch aus der Beobachterperspektive, daß der Mann Vater und Mutter verlassen werde, um seinem Weibe anzuhangen und zu einem Fleisch zu werden. Anlaß und Grund dieses Verhaltens, vom Willen zur Familiengründung und zu heterosexuellem Begehren, ist der Umstand, daß die Frau Fleisch vom Fleisch des Mannes ist – er sich also in ihr wiederfinden wird. In dieser Phase ist der narzißtische Wunsch nach Selbstfindung im anderen noch durch keinerlei moralische Ansprüche gestört: „Sie schämten sich nicht voreinander...“ (Gen. 2,25) Hier, wo Scham nicht herrscht, wird auch noch keine Grenze überschritten oder auch nur berührt. Auf der zweiten Stufe gibt der Mensch der von ihm als Teil seiner selbst identifizierten Frau, deren ihm selbst nicht gegebene Fähigkeit zum Gebären von Kindern er inzwischen verstanden hat, einen etymologisch begründeten

Namen. Unmittelbar vor dem Akt dieser Namensgebung hatte Gott dem Menschen den Tod verkündet, unmittelbar nach der Namensgebung Evas verfertigt derselbe Gott den Menschen Kleider. Sterblichkeit, Namensgebung und Empfangen des Namens sowie die kulturelle Bewältigung der nun eingetretenen Scham stehen in einem unmittelbaren Zusammenhang. Auf die Todesverkündigung folgt die Namensgebung im Blick auf die generative Fortpflanzung. Auf der darauf folgenden dritten Stufe schließlich, nachdem durch das Postieren der Engel mit dem Flammenschwert die Rückkehr in den Garten endgültig und unwiderruflich verstellt ist, *erkennt* der Mensch seine Menschin mit der Folge der Geburt zweier Söhne, weiß er sie.

Der dreistufige Prozeß von selbstbezogener Identifikation, von angesichts des Todes motivierter Namensgebung und zur Fortpflanzung der Gattung führender Erkenntnis legt ein Verständnis dieser Erzählung nahe, die in einer Hinsicht von der üblichen, ausschließlich erotischen Interpretation des Begriffs der Erkenntnis als eines intensiven Wahrnehmens der Partnerin in der sexuellen Begegnung abweicht. Der für moralisches, d. h. für unterscheidendes Wissen reservierte Begriff der Erkenntnis wird grammatisch gleichsinnig auf die Partnerin im Geschlechtsakt angewandt. Es scheint, daß ein Mann nach biblischer Lesart eine Frau gerade so erkennt, wie Frauen und Männer Gut und Böse erkennen, d. h. voneinander unterscheiden können. Was aber wird im Geschlechtsakt unterscheidend erkannt? Im körperlichen Vollzug – so ließe sich die biblische Erzählung lesen, die sich etwa zweihundert Jahre vor Platons *Symposion* mit der gleichen Frage, der Frage nach der Herkunft der sexuellen Liebe auseinandersetzt – wird tätig erst jene Unterscheidung beglaubigt, die weder die Identifikation der Eva als Menschin, als Männin, noch ihre Anerkennung als einzelne in ihrem etymologisch begründeten Namen erbringen konnte. Es lohnt sich, zur Verdeutlichung auf Platons später verfaßte Ursprungsgeschichte der Geschlechter näher einzugehen.

Platons *Gastmahl* enthält neben einer Reihe lebensnaher Beschreibungen der homosexuellen Liebe einen ebenso grausigen wie komischen Mythos. Ursprünglich habe die Menschheit aus drei Geschlechtern eigentümlicher Doppelwesen bestanden, aus Männern, Frauen und Androgynen. „Ferner war die ganze Gestalt eines Menschen rund, so daß Rücken und Brust im Kreis herumgingen. Und vier Hände hatte jeder und Schenkel ebenso viel wie Hände und zwei Angesichter auf einem kreisrunden Halse einander genau ähnlich und einen gemeinschaftlichen Kopf für beide einander gegenüberstehenden Angesichter und vier Ohren, auch zweifache Schamteile und alles übrige."[128]

Dieses Wesen bewegte sich nicht in Form des Gehens, sondern des Radschlagens fort. Auf ihre Geschöpfe eifersüchtige Götter, allen voran Zeus, die sich von diesen frevelhaften Wesen, die den Himmel erstürmen wollten, bedroht sahen, beratschlagten über mögliche Maßnahmen und kamen zu dem Schluß, den Übermut dadurch zu bestrafen, daß man die Wesen in zwei Teile zerschnitte, so daß sie künftig nur noch auf zwei Beinen, langsamer und ziemlicher gehen könnten – und zwar aufrecht: „Sobald er aber einen zerschnitten hatte, befahl er dem Apollon ihm das Gesicht und den halben Hals herumzudrehen. [...] Dieser also drehte ihm das Gesicht herum, zog ihm die Haut von allen Seiten über das, was wir jetzt den Bauch nennen, herüber, und wie, wenn man einen Beutel zusammenzieht, faßte er es in eine Mündung zusammen und band sie mitten auf dem Bauche ab, was wir jetzt den Nabel nennen."

Platon spinnt die drastische Komik dieser Szene, das elende Leben mühsam geflickter Wesen weiter aus, indem er ihnen eine unstillbare Sehnsucht nach ihrer ursprünglichen Hälfte zuspricht, so daß diese Wesen „über dem Begehren zusammenzuwachsen, aus Hunger starben." Der übrigbleibende Teil irrte umher, suchte eine andere Hälfte, und Teile des neuen Paares gingen ebenfalls zugrunde. Zeus, dem die elenden Wesen leid taten, half ihnen, indem er ihre Geschlechtsorgane nach innen verlegte, so daß sie von nun ab ineinander und miteinander Verkehr haben konnten und sich dazu nicht mehr wie die Grillen der Erde bedienen mußten. „Jeder von uns", so läßt Platon seine Figur Aristophanes sprechen, „ist also ein Stück von einem Menschen, da wir ja, zerschnitten wie die Schollen, aus einem zwei geworden sind."

Männer und Frauen, die aus ehemaligen Androgynen stammten, suchen das Weib und umgekehrt; Männer, die aus rein männlichen Doppelwesen stammen, suchen Männer; und Frauen, die aus rein weiblichen Doppelwesen stammen, suchen Frauen. Platon will das, was er für das Wesen der begehrlichen Liebe, des Eros hält, gerade an jenen Beziehungen demonstrieren, die nicht den seiner Meinung äußerlichen Zwecken der Zeugung dienen: „Wenn aber einmal einer seine wahre eigene Hälfte antrifft, ein Knabenfreund oder jeder andere, dann werden sie wunderbar entzückt zu freundschaftlicher Einigung und Liebe und wollen sozusagen nicht die kleinste Zeit voneinander lassen; und die ihr ganzes Leben lang miteinander verbunden bleiben, diese sind es, welche auch nicht einmal zu sagen wüßten, was sie voneinander wollen. Denn dies kann doch wohl nicht die Gemeinschaft des Liebesgenusses sein, daß um dessen Willen jeder mit so großem Eifer trachtete, mit dem andern zusammen zu sein, sondern offenbar ist, daß die Seele beider etwas anderes wollend, was sie aber nicht aussprechen kann, nur andeutet und zu raten gibt."[129]

Des Rätsels Lösung, das Wesen des Eros wird Platon später der Priesterin Diotima in den Mund legen, die hinter dem Eros die Sehnsucht nach Schönheit und im Streben nach Schönheit den Willen zum Guten und die Liebe zur Wahrheit erkennt. Auf diese Weise drückt sich auch und gerade in der körperlichen Liebe, in der sinnlichen Sehnsucht nach der schönen Gestalt eines anderen Menschen das Streben nach einem nicht personal gedachten Gott aus. Wo es dem Hohen Lied um den Widerstand gegen den Tod oder um mindestens eine Instanz ging, die dem Tod standhalten kann oder ihm doch mindestens ebenbürtig ist, geht es Platon um Unsterblichkeit und Ewigkeit. Sigmund Freud hätte das als Sublimation bezeichnet – schon früh in der Geschichte der menschlichen Kultur zeichnet sich ab, daß Menschen den oftmals überwältigenden Erfahrungen sexueller Liebe und erotischer Leidenschaft ohne weitere Sinngebung entweder nicht standhalten können oder daß diese Erfahrungen von sich aus an Grenzen der Transzendenz rühren. In der zuletzt präsentierten Passage stellt die Liebe die Partner vor ein Rätsel, vor eine Frage, die sie kaum stellen und erst recht nicht beantworten können – jedenfalls nicht mit den Mitteln der Sprache. Wo also der Göttervater Zeus durch Teilung von menschlichen Wesen mit je zwei auch körperlich fundierten Persönlichkeiten in drei Geschlechtskategorien zwei Geschlechter bildet, hatte der Gott der Hebräischen Bibel aus dem Fleisch des alleine erschaffenen Mannes ein zweites Geschlecht geformt. Wo der Gott der Hebräischen Bibel die Frau deshalb bildet, damit der Mann nicht allein sei, zerschneidet Zeus die Menschen, um diese unheimliche Gattung zu zähmen und aus demographischen Gründen zu vermehren. Wo die Menschen bei Platon aus Sehnsucht nach einer verlorengegangenen Einheit einander begehren, heterosexuell und homosexuell, erkannte in der Bibel Adam jenseits des Paradieses, angesichts der Not des Lebens und Sterbens die Frau, nachdem er sie als seinesgleichen identifiziert und sie in ihrem Namen als Mutter alles Lebendigen gerufen hatte. Walter Benjamin hat in seiner frühen Schrift *Über Sprache überhaupt und über die Sprache des Menschen* aus dem Jahr

1916 die Auffassung vorgetragen, daß die Eigennamen, die die Menschen einander verleihen, die Gemeinschaft der Menschen mit dem schöpferischen Worte Gottes stifteten: „Mit ihm [dem Namen, M.B.] wird jedem Menschen seine Erschaffung durch Gott verbürgt, und in diesem Sinne ist er selbst schaffend.“[130]

Während es also – sofern Benjamin recht hat – im biblischen Denken die Kraft Gottes ist, die im Eigennamen das Prinzip der Individualität beglaubigt, ist es bei Platon die Macht des Eros als einer Erinnerung an die verlorene Einheit, die die Menschen zueinander treibt. Bei Platon besteht der Sinn jeder geschlechtlichen Vereinigung in einer Wiederherstellung der verlorengegangenen Einheit, während die „Erkenntnis“ genannte Tätigkeit des Mannes in der Bibel der Bestätigung einer unwiderruflichen Endlichkeit nach der Vertreibung aus dem Garten dient. Wo Platon in der Gestalt des Komödiendichters (!) Aristophanes den Geschlechtsakt als Ausdruck einer unauslöschlichen Nostalgie deutet, sieht die Bibel den Geschlechtsakt als eine zukunftsgerichtete, generierende, Nachkommen erzeugende Tätigkeit an; von Nachkommen, deren künftige Existenz das factum brutum individueller Sterblichkeit ausgleicht. In diesem Sinn ist die Liebe, wie es im Hohen Lied heißt, stark wie der Tod. Geht es bei Platon um den Ausgleich des Verlusts der Einheit, so in der Bibel um den Ausgleich des Verlusts von Unsterblichkeit und Unschuld. Wo bei Platon die Macht des Eros alle Unterschiede und Differenzierungen auszulöschen trachtet, bestätigt der „Erkenntnis“ genannte Akt Unterscheidungen. Dabei basieren diese Unterscheidungen des biblischen Denkens auf Feststellungen substantieller menschlicher Einheit ebenso wie auf einer Lebensform individueller Anerkennung. Beides aber führt zu einer Erinnerung des Todes und deswegen zu einer an Fortpflanzung interessierten Praxis, anhand derer ein fundamentaler Unterschied – zwischen zeugenden Männern und gebärenden Frauen – beglaubigt, verstanden und damit erkannt wird. Ebenso wie Sterblichkeit und Moral deutet das Buch Genesis die heterosexuelle Liebe als Ausdruck einer unwiderruflich aus dem Paradies verbannten Menschheit. In dieser Perspektive wird das Begehren der Nostalgie des Eros entrissen und in den Dienst einer auf Erinnerung bauenden Einsicht in die conditio humana gestellt. Im Hohen Lied erscheint die Liebe ohne weiteres als eine beinahe objektive Macht, während sie im *Symposion* als eine Kraft erscheint, die sich auf das engste mit den Seelen der Handelnden verbindet und sich ihrer Subjektivität anschmiegt.

In den *Konfessionen* des Augustinus, mehr als siebenhundert Jahre nach Platon, mehr als dreihundert Jahre nach Paulus geschrieben, tritt zu diesen Bestimmungen ein neues, ein reflexives Moment hinzu. Im Rückblick auf seine ausschweifenden Jünglingsjahre in Karthago ist der Kirchenvater um ein möglichst getreues Urteil bemüht: „Noch liebte ich nicht und liebte doch Liebe, und aus tiefgeheimem Ungenügen haßte ich mich, daß mir zu wenig am Genügen lag; ich suchte, das Lieben liebend, was ich lieben könnte, und haßte den kummerfreien Weg, auf dem es keine Fallen gibt. [...] Lieben und geliebt zu werden, war mir erhöhte Lust, wenn ich auch des Liebenden Leib genoß. So vertrübte ich das Rinnsal freundschaftlicher Fühlung mit dem Schlamm sinnlichen Begehrens, und ihren reinen Glanz verwölkte ich durch die Dünste aus dem Unterreich der Lüstigkeit. Und gleichwohl, so häßlich und sittenlos ich war, kehrte ich in der Fülle des Dünkels doch den feinen Mann von Welt hervor. Ich stürzte mich auch in ein Liebesverhältnis, nach dessen Fessel mich verlangte. Mein Gott, mein Erbarmen, wieviel Galle – wie gut Du bist! – sprengtest Du mir diese Süße! Ja, ich ward geliebt, ich gelangte heimlich zur Vereinigung im Genuß, ich ließ mich vergnügt in die Bande von Not und Jammer schlagen, nur um gepeitscht zu werden mit den glühenden Eisenruten der Eifersucht, des Argwohns, des Befürchtens und des Zürnens und Zankens.“[131]

Wo Platon die sinnliche Liebe als den legitimen und in sich selbst wertvollen Weg zur göttlichen Weisheit sieht, gerät sie Augustinus vor dem Hintergrund christlichen Sündenbewußtseins zu einer Vertrübung, die Ziel und Inhalt der Liebe verunklart. Freilich steuert Augustinus zu einer Theorie der Liebe aber auch dort, wo es noch nicht um die Gottesliebe geht, Einsichten bei, die Platon übertreffen. Wegweisend ist Augustinus' Theorie, weil sie nicht nur eine systematische Analyse dieses Gefühls jenseits aller moralischen und religiösen Vorbehalte vorträgt, sondern vor allem, weil sie auf den eigentümlichen selbstbezüglichen Charakter dieses Gefühls, das allemal auch eine Leidenschaft ist, hinweist.

Hannah Arendt, die sich in ihrer 1929 bei Karl Jaspers geschriebenen Dissertation mit dem Liebesbegriff bei Augustinus auseinandergesetzt hat,[132] unterscheidet im Werk Augustinus' die Liebe als Streben nach einem Gut in ihrer allgemeinsten Bedeutung, dem appetitus, von der cupiditas, dem (falschen) Begehren, der Begierde, und diese wiederum von dem Wunsch nach dem ewigen Leben, der caritas, die sich als Nächstenliebe ausdrückt. Arendts Interesse besteht darin, die durchaus weltliche Liebe in all ihren Schattierungen der transzendierenden, außerweltlichen Liebe, die sie in Augustinus' theologischem Liebesbegriff sieht, zu konfrontieren. Ihrer Deutung nach kann die Geschwisterlichkeit der caritas, da sie eine gleichsam familiale, eine höchst intime Vergemeinschaftung motiviert, nichts zum Raum der Öffentlichkeit und der Politik beitragen und gilt ihr deshalb als spezifisch weltlos. Arendt, die sich in ihrer Dissertation wesentlich auf den *Gottesstaat* und weniger auf die *Bekenntnisse* stützt, hat sich aber mit ihrem früh vorausgesetzten normativen Interesse an der Politik der Möglichkeit begeben, die gesellschaftliche Bedeutung der Liebe voll auszuloten.

Augustinus selbst unterscheidet in den *Bekenntnissen* Liebe als allgemeines Streben nach einem Gut von der Liebe als dem Streben nach der Teilhabe an einer anderen Person sowie dem Streben danach, des Gefühls dieser Teilhabe innezuwerden. In seinem Geständnis, die Liebe selbst zu lieben, drückt sich sowohl Distanz zu den eigenen Gefühlen als auch die Möglichkeit aus, nicht nur Objekte, sondern auch Gefühlszustände selbst, gleichsam Güter zweiter Ordnung erstreben zu können. Damit ist ein Ausmaß an Reflexivität erreicht, das die klassischen Verhaltenslehren der Antike, denen es ja vor allem darum ging, die Autonomie des Selbst durch Verzicht aufs Begehren zu retten, deutlich übersteigt. Nunmehr kommt es nicht mehr nur darauf an, bestimmte Gefühle abzuwehren, sondern darauf, bestimmte Gefühle anzustreben. Damit wird eine Theorie der Affekte als persönlicher Güter aufgestellt und mit ihr verdeutlicht, daß ein geglücktes Leben nicht zuletzt in einer Kultivierung der eigenen Antriebsbasis besteht. Zugleich wird das Gefühl der Liebe aus der Immanenz des Selbstgenusses befreit und deutlich festgestellt, daß die Liebe – recht verstanden – immer die Liebe von jemandem zu jemandem ist, also eine affektive Haltung darstellt, die auf Anerkennung und Reziprozität angewiesen ist. Deshalb gilt Augustinus „Lieben und Geliebtwerden als erhöhte Lust". Das Gefühl der Liebe steht demnach unter Erfüllungsbedingungen und kann gegebenenfalls auch scheitern. „Ich haßte den kummerfreien Weg, auf dem es keine Fallen gibt." Liebe erweist sich so als ein Gefühl, dem die Erfahrung möglichen Scheiterns konstitutiv zugehört – Konsequenz ihrer intersubjektiven Verfaßtheit. Damit ist gewiß nicht ausgeschlossen, daß wahre Liebe einer Person zu einer anderen empirisch auch dann vorkommen kann, wenn diese Liebe der Erwiderung entbehrt. Das Gefühl der Liebe stellt den Menschen gleichwohl wie wenige andere Erfahrungen in einen Raum von Kontingenz und Unfreiheit, in ein Verhältnis, das aufgrund der unbedingten Leidenschaftlichkeit des Liebenden Spielräume des Handelns empfindlich einschränkt und behindert und ihn dabei doch bei sich – beinahe frei – sein läßt. Liebe wird als eine Form gleichsam autonomer Nötigung erfahren, als ein in das persönliche Selbstverständnis aufgenommener Zwang, sich ebenso selbstlos wie persönlich für das Wohl eines anderen Menschen einzusetzen.[133] Das an den Leib gebundene Begehren jedoch, das mit einer so definierten Liebe nicht identisch, aber, wie auch Freud sah, schwer von ihr zu trennen ist, erfährt die in der Liebe erfahrene Nichtkontrollierbarkeit anderer Subjektivität schon bei Augustinus als bedrohlich: „Ich gelangte heimlich zur Vereinigung im Genuß, ich ließ mich vergnügt in die Bande von Not und Jammer schlagen, nur um gepeitscht zu werden mit den glühenden Eisenruten der Eifersucht, des Argwohns, des Befürchtens und des Zürnens und Zankens."

Eifersucht, Argwohn, Befürchtungen sowie Zürnen und Zanken artikulieren den Umstand, daß Begehren und Vertrauen zweierlei sind, daß es schwierig wird, Verletzlichkeit zu akzeptieren, wenn der geliebte Partner so sehr begehrt wird, daß künftiges Handeln dadurch massiv eingeschränkt wird. Diese Schwierigkeit verortet Augustinus nicht im Gefühl der Liebe selbst, sondern in der sexuellen Liebe, die gemäß seiner Auffassung in besonderer Weise auf Reziprozität drängt – eine Auffassung, die schon die Stoa kannte.[134] Augustinus will die Erfahrung freiheitsberaubenden Reziprozitätsstrebens durch den Verweis auf eine autonome, nicht vernünftig steuerbare Leiblichkeit erklären und somit den Raum für einen Begriff der Liebe als Ausdruck freien, selbstlos wirkenden Wohlgefallens retten. Das gelingt ihm nur um den Preis, alle freiheitsberaubenden und Autonomie einschränkenden Elemente wie schon Paulus der menschlichen Leiblichkeit, in christlicher Sprache: der Erbsünde zuzuschreiben.[135] Dabei kommt in den Abhängigkeiten der erotischen Liebe lediglich die Erfahrung doppelter Kontingenz zum Ausdruck, die Erfahrung, daß das Vertrauen eben wirklich nur Vertrauen, also akzeptierte Verletzlichkeit bedeutet und daß das geliebte andere Ich diese Struktur genauso gut durchschaut wie der Liebende selbst. Das Wissen, daß „alter" jeweils die Neigung zeigen könnte, die Liebe aus Gründen der Reziprozitätsregelungen aufzukündigen, unterminiert „egos" Fähigkeit zum Vertrauen und damit zum Lieben. Wenn schließlich das Wissen um die doppelte Kontingenz schon die Einsicht gefördert haben sollte, daß eine dem Begehren adäquate Kontrolle des anderen unmöglich ist, bleibt immerhin noch die Möglichkeit, sich wenigstens selbst kontrollieren zu lassen. Der schmerzlich empfundene, mögliche Verlust des anderen soll dadurch überwunden werden, daß „ego“ sich selbst als zuverlässig zu kontrollierendes Wesen präsentiert. Der Wunsch, Kontrolle ausüben zu können, schlägt so in letzter Instanz auf den Liebenden selbst zurück, der den befürchteten Liebesverlust nur durch individuell getroffene Festlegungen konterkarieren kann. Freiheit als Preis der Liebe – Augustinus schlägt letzten Endes nichts anderes vor, als ein unkontrollierbares Gefühl kontrollierbar zu machen und damit autark zu werden. Anders noch als im Stoizismus besteht Autarkie hier nicht nur in der Abwehr unliebsamer Affekte, sondern in der bewußten Akzeptanz dessen, was ansonsten als Hindernis erfahren wird – manifeste Unfreiheit. Aus Angst vor der Unfreiheit durch begehrliche Affekte soll die entsprechende Freiheit durch bewußt inszenierte Akte der Unterwerfung in Kraft gesetzt werden. Aus dieser Konstellation wird klar, warum Augustinus, der die Einsicht in die doppelte Kontingenz allen Handelns in Beziehungen der Liebe mindestens geahnt hat, auf einen Weg gebracht wird, anstatt der Liebe zu einem Menschen einer Liebe nachzustreben, bei der die Regel der Reziprozität nicht mehr gilt, nämlich der Liebe zu Gott. Gott, so scheint es, läßt sich vertrauen, ohne darum den Preis der Unterwerfung zahlen zu müssen. Arendts Vermutung, der Begriff der Liebe bei Augustinus sei weltlos, griff zu kurz – wenn überhaupt, dann wird die Augustinische Liebe nicht durch Altruismus oder den Raum des Politischen vernachlässigende Gemeinschaftsbezüge in die Weltlosigkeit getrieben, sondern durch die vermeintliche Einsicht, daß weltliche Liebe unfrei macht.

Die Untersuchung der biblischen „Ahawa“, des Platonischen „Eros“ und des Augustinischen „Amor“ haben im geistesgeschichtlichen Rückblick den je unterschiedlich motivierten Wunsch nach zukunftsgerichteter, auf Dauer zielender Vergemeinschaftung, nach leib-seelischer Verschmelzung sowie nach einer ebenso reziproken wie kontingenten, durchs Begehren vermittelten, stets vom Scheitern bedrohten Interaktionsbeziehung deutlich werden lassen.

Beim Blick auf derlei strukturelle Eigenschaften der Liebe, die für ein vollständiges Bild in ihren ganz unterschiedlichen Bezügen – geschlechtliche Liebe, Gattenliebe, Eltern- und Kindesliebe, Nächstenliebe, Fernsten- und Feindesliebe, die Liebe zu Gott – zu analysieren wäre, scheint immer undeutlicher zu werden, in welchem Sinn gehaltvoll von der Liebe als Tugend gesprochen werden kann: Tugenden sind – so die anfangs gegebene Definition – individuelle

Charakterdispositionen, sich bezüglich der Wertzumutungen so verhalten zu können, daß ein im weitesten Sinne glückliches Leben möglich scheint. In welchem Sinn kann also Liebe als Tugend bezeichnet werden – zumal dann, wenn eine sozialwissenschaftlich ausweisbare Theorie der Tugend nicht ohne weiteres auf die im Glauben verheißene Glückseligkeit im Jenseits bauen kann?

Für eine Rekonstruktion der „Liebe" als Tugend in diesem Sinne ist Erich Fromms Essay *Die Kunst des Liebens* aus dem Jahr 1956 mit all seinen Stärken und Schwächen beispielhaft. In philosophischer Hinsicht nimmt Fromm – wie der späte Freud – die Platonische Ontologie der Liebe als „vis unitiva" auf, unterscheidet sich aber von Freud durch einen entschiedenen Einspruch gegen dessen vermeintlichen Reduktionismus, der vor allem die geschlechtliche Liebe nur als Triebspannung ansähe. Für Fromm ist Liebe jenes Streben, jene Macht, in der die Menschen danach trachten, ihre letzten Endes tödliche Vereinsamung zu überwinden. Daß Fromm die Liebe – und zwar genau – im hier definierten Sinn als Tugend ansieht, wird an einer Erläuterung deutlich, in der er sich gegen die landläufige Vermutung verwahrt, daß es bei der Liebe in erster Linie um eine wie auch immer geartete Bindung an eine Person ginge: „Sie ist eine Haltung, eine Charakterorientierung, welche die Bezogenheit eines Menschen zur Welt als Ganzem und nicht nur zu einem einzigen Objekt der Liebe bestimmt. Wenn jemand nur eine einzige andere Person liebt und ihm alle anderen Menschen gleichgültig sind, dann handelt es sich bei seiner Liebe nicht um Liebe, sondern um eine symbiotische Bindung oder einen erweiterten Egoismus."[136]

Liebe, reife Liebe wird in dieser normativen Sicht zu einer Vereinigung, bei der die Integrität und Individualität der Partner gewahrt bleibt und sie somit die Gestalt einer aktiven Kraft annimmt. Der Aktivitätscharakter der Liebe jedoch – darauf muß Fromm besonderen Wert legen – ist nicht so zu verstehen, daß es dabei um angestrengte Eingriffe in die äußere Welt geht, sondern um eine gesteigerte Form der Aufmerksamkeit, um eine Aktivität der Seele, wie sie in der Meditation zu finden ist, um eine Haltung bezüglich der dem Menschen innewohnenden Kräfte, „ohne Rücksicht darauf, ob damit eine äußere Veränderung bewirkt wird oder nicht."[137]

Mit diesem Erläuterungsvorschlag stellt sich Fromm – hier unter Rückgriff auf Spinozas Affektenlehre – in die stoische Tradition, der ja alles darauf ankam, nicht zum Sklaven der eigenen Affekte zu werden. Liebe wäre für Fromm als Leidenschaft – etwa im Platonischen Sinne – mißverstanden: „Sie ist etwas, das man in sich selbst entwickelt, nicht etwas, dem man verfällt.“[138] Liebe gerät so zur Bereitschaft zum Geben, zu einer Haltung, in der der Liebende seine Abhängigkeit, seine narzißtischen Größenphantasien, seine Kontrollbedürfnisse, den Wunsch, andere auszubeuten oder ihre Zuneigung zu horten, überwunden und damit zugleich eine Reihe von Charakterzügen entwickelt habe, die ethischer, ja geradezu moralischer Natur sind: Fürsorge, Verantwortungsgefühl, Respekt vor dem anderen und Erkenntnis. In einer ethischen, auf die Erläuterung des Tugendbegriffs zielenden Betrachtung muß insbesondere die Erkenntnis (womöglich im Sinne der „prudentia“ des Thomas) Interesse auf sich ziehen. Diese von Fromm postulierte „Erkenntnis“ ist jedoch nicht mit einem natur- oder sozialwissenschaftlichen Verfahren zur Sicherung wahrer Aussagen zu verwechseln, die notfalls auch durch Zerstörung oder Bedrängung einer Person zu erzielen wäre. Vielmehr stellt sich Fromm die Erkenntnis, die in der Liebe waltet, als einen Akt mystischer Erleuchtung dar, eine Deutung, die ihm eine angemessene Erläuterung des biblischen Liebesbegriffs zu erlauben scheint. „Im Akt der Vereinigung erkenne ich dich, erkenne ich mich, erkenne ich all die anderen, und ich ‘weiß’ doch nichts. Ich erkenne auf die einzige Weise, in welcher dem Menschen die Erkenntnis des Lebendigen möglich ist: im Erleben von Einheit und nicht aufgrund des Wissens, das mir mein Verstand vermittelt.“[139]

Die mystische Deutung der Liebe als Form höherer Erkenntnis erlaubt es schließlich, sie als eine ethische Charakterhaltung zu verstehen, die sich auf alle und nicht nur auf einen einzigen Menschen bezieht.[140] Von diesem Grundverständnis der Liebe als einer wesentlich altruistischen Haltung lassen sich dann Kindesliebe, Nächstenliebe und auch die Liebe zu Gott konsistent konstruieren, während bei der „Selbstliebe“, vor allem aber bei der erotischen Liebe charakteristische Schwierigkeiten entstehen. Während Nächstenliebe das fürsorgliche und verantwortliche Verhältnis nicht nur zu Gleichen benennt, geht es der Mutterliebe um die selbstlose Zuneigung zu einem heranwachsenden Kind. Während die erotische Liebe auf Einswerdung zielt, geht es der Mutterliebe gerade um die Bereitschaft zur Ent-Zweiung. Ob es sich bei der Mutterliebe um echte Liebe gehandelt hat, erweist sich für Fromm endlich daran, ob eine Mutter fähig ist, über ihre Kinder hinaus noch ihren Mann, ihre Nächsten, ja alle menschlichen Wesen angemessen zu lieben. Aus diesen Festlegungen wird klar, warum Fromms äußerstes Mißtrauen der erotischen Liebe gilt. Als das Verlangen nach vollkommener Vereinigung mit einer anderen Person kann sie nicht anders als exklusiv sein, womit sie sich als die „trügerischste Form der Liebe"[141] erweist. Als Kriterium für die Echtheit dieser trügerischsten aller Formen von Liebe schlägt Fromm die vorhandene oder eben fehlende Fähigkeit eines Menschen vor, aus innerstem Wesen heraus zu lieben und den anderen im innersten Wesen seines Seins zu erfahren[142] – womit ein zweites Mal eine nicht näher bestimmbare, nur metaphorisch ausdrückbare, eher mystische Qualität zur Lösung eines mit den traditionellen Mitteln der Psychologie offensichtlich nicht mehr lösbaren Problems aufgeboten wird. Das hier aufgestellte Kriterium für die Echtheit der Liebe kommt – sofern man an einer sozialwissenschaftlichen Aufklärung der Phänomene der Tugend interessiert ist – einer Bankrotterklärung gleich.

Fromms Begriff der Liebe ist mithin aktivistisch, universalistisch und mystisch – der entgegengesetzte, sowohl den Alltagserfahrungen als auch ihren literarischen Formungen entsprechende Begriff versteht Liebe als einen Zustand, der passiv und partikular ist und auf feststellende Wahrnehmung zielt: Liebe als Leidenschaft. Es scheint, als ob der Versuch, Liebe als Tugend zu verstehen, nur um den Preis möglich ist, ihre leidenschaftlichen Charakteristika für unwesentlich zu erklären. Diesem Einwand setzt sich auch der Fromm in vielem verwandte sprachanalytische Begriff der „Liebe" aus, wie Harry G. Frankfurt ihn vorgelegt hat.[143] Er versteht Liebe als einen mit ähnlicher Autorität wie die Moral, jedoch persönlich-partikular wirkenden Impuls, für das Wohlergehen eines anderen Sorge zu tragen. Der eigentümliche Zwang, den Liebe ausübt, ist jedoch nicht mit einem gewaltsamen äußeren oder – etwa neurotisch bedingten – inneren Zwang zu verwechseln: „Die Autorität der Ansprüche, die dem Liebenden gegenüber durch seine Liebe eingefordert werden, ist die Autorität seiner eigenen Wesensnatur als einer Person. Sie ist, anders gesagt, die ihm gebietende Autorität der Wesensnatur seines eigenen individuellen Willens."[144]

Damit scheidet die romantische Liebe – das sieht Frankfurt kaum anders als Fromm – als Kandidatin für eine deskriptiv angemessene und normativ gehaltvolle Rekonstruktion des Begriffs aus: Die Haltung romantisch Liebender gegenüber ihren Partnern ist „kaum interesselos, und die Aspekte ihrer Haltung, die wirklich interesselos sind, werden in der Regel von vordringlichen Belangen überschattet, die offen oder versteckt selbstbezogen sind."[145]

Das Problem der Validität einer solchen Begriffsbildung ist das eine, die Frage, ob sich Tugend und Leidenschaft überhaupt sinnvoll aufeinander beziehen lassen, das andere. Sollte sich nämlich zeigen lassen, daß Tugend und Leidenschaft anders als es die stoische Tradition bis hin zu Fromm und Frankfurt will, keine Gegensätze sein müssen, wäre der Boden dafür bereitet, „Liebe" in einem ebenso umfassenden wie der alltäglichen Erfahrung entsprechenden Sinn als Tugend zu verstehen. Dazu ist es jedoch unumgänglich, sich von einer rein psychologischen Betrachtungsweise zu lösen und die Liebe als ein – paradoxes – Interaktionsgeschehen in den Blick zu nehmen, was schon Augustinus intendierte: „... ich suchte, das Lieben liebend, was ich lieben könnte, und haßte den kummerfreien Weg, auf dem es keine Fallen gibt. [...] Lieben und geliebt zu werden, war mir erhöhte Lust, wenn ich auch des Liebenden Leib genoß."

In Fromms Perspektive läßt sich diese Haltung, die Augustinus selbst später zugunsten einer umfassenden Gottes- und Menschenliebe aufgab, kaum anders denn als eine masochistisch-symbiotische Einstellung kennzeichnen. Daran wird jedoch deutlich, daß Fromms Kritik am vermeintlichen Reduktionismus Freuds halbiert ist: Sein extrem moralischer Begriff der Liebe gipfelt in einem nicht mehr ausweisbaren Mystizismus, während alle Leidenschaften, die dieser Form der Liebe nicht entsprechen, als pathologisch gelten. Zudem läßt der aktivistische, anti-leidenschaftliche Begriff der Liebe, der sie ganz und gar auf eine zwar universalistische, aber doch subjektive Haltung verkürzt, die wohl wesentliche Erfahrung der Reziprozität offen. Daran ändert auch der Umstand nichts, daß nach Fromm in der reifen Liebe Integrität und Individualität der Partner erhalten bleiben. Fromm versucht die Liebe zu entparadoxalisieren: Die von ihm bevorzugte, wohlwollende und verantwortliche Haltung anderen gegenüber verbleibt ebenso stark einem Subjekt-Objekt-Schema verhaftet wie die von ihm als instrumentell abgelehnte Form einseitigen sexuellen Begehrens. Allerdings ist sogar Fromm nicht entgangen, daß es sich bei der mißtrauisch beäugten erotischen Liebe, ja sogar bei der menschlichen Natur insgesamt um paradoxe Größen handelt: „Wir alle sind eins – und trotzdem ist jeder von uns ein einzigartiges, nicht wiederholbares Wesen. In unserer Beziehung zu anderen wiederholt sich das gleiche Paradoxon. Insofern wir alle eins sind, können wir jeden auf die gleiche Weise im Sinne der Nächstenliebe lieben. Aber insofern wir auch alle voneinander verschieden sind, setzt die erotische Liebe gewisse spezifische, höchst individuelle Momente voraus, wie sie nur zwischen Menschen und keineswegs zwischen allen zu finden sind."[146]

Fromms Überlegungen enden mit dem beinahe resignativen Eingeständnis, daß beide Auffassungen der Liebe, diese, die sie als einen ethisch begründeten Willensakt ansieht, und jene, die in ihr eine hoch idiosynkratische Zuneigung vermutet, zutreffen – genauer: daß wohl beide Auffassungen nicht die ganze Wahrheit für sich beanspruchen können. Mit diesem sicherlich berechtigten Hinweis auf allseits vorfindliche Mischungsverhältnisse hat Fromm jedoch den eigenen Anspruch, eine ethisch begründete Theorie des Liebens zu entwerfen, aufgegeben: Der Wunsch oder die Hoffnung, daß aus der hochindividualisierten erotischen Liebe eine universalistische Haltung ableitbar ist, läßt sich in seiner Begrifflichkeit nicht einlösen und muß daher – unter dem Primat der Ethik – eher zu einer Last denn zu einer Hoffnung werden. Liebe als Leidenschaft entfällt damit als moralische Größe. Ob sie wenigstens eine ethische Rolle spielen kann – etwa so, daß sie Inbegriff des Lebensglücks ist und damit Beweggründe schaffen kann, sich für Verhältnisse einzusetzen, in denen Glück möglich wird –, wäre eine andere Frage. Auf diese Weise jedenfalls wäre die von Fromm angestrebte, aber nach eigener Auskunft nicht denkbare Verbindung zwischen partikularer erotischer Liebe und universeller Menschheitsliebe doch noch möglich. Liebe wirkt, sofern sie tatsächlich entsteht, auf ihre eigene Weise: Ohne moralisch motiviert zu sein, entfaltet sie doch – wie Harry Frankfurt gezeigt hat – eine eigene, ethische Autorität und kann somit, sofern von liebesfähigen Personen reflexiv angeeignet und verstanden, gerade ihrer autonomen Verankerung und partikularen Bezüge wegen jedenfalls moralisch wünschenswerte Folgen zeitigen.

Wenn überhaupt, dann wird sich eine Legitimation der Liebe als Leidenschaft nur aus einer genaueren Untersuchung ihrer eigenartigen, paradoxen Reziprozität und Intersubjektivität aufzeigen lassen. Einen anderen Versuch, den Paradoxien der erotischen Liebe auf die Spur zu kommen, hat Georg Simmel etwa dreißig Jahre vor Fromm, im Jahr 1921, in seinem *Fragment über die Liebe*[147] vorgelegt. Simmel unternimmt erst gar nicht den Versuch, „Liebe" jenseits der Individualität zu erläutern, sondern sieht gerade in dieser (reziproken) Individualität jene Eigenschaft, die für die Liebe als Affekt typisch ist – gebe es doch kein anderes Gefühl, „in dem die absolute Innerlichkeit des Subjekts sich so rein zu der Absolutheit seines Gegenstandes hinlebte, in dem der terminus a quo und der terminus ad quem sich, bei unüberwindlichem Gegenüber, so unbedingt einer Strömung fügten, die an keiner Stelle durch eine Zwischeninstanz verbreitert wird – gleichviel ob etwa solche ursprünglich die Strömung leitete und etwa akzidentell noch einen verbindenden Nebenkanal unterhält."[148]

Wo Fromm noch unklar vom „Innersten des Wesens" der Liebenden sprach, spekuliert Simmel auf eine im Grundsatz nicht weiter vermittel- und kommunizierbare, auf den ganzen Lebensvollzug eines Menschen bezogene Haltung, die ihn dazu führt, ganz und gar – und zwar gerade darin, daß er aufs Objekt hin bezogen ist – bei sich selbst zu sein und zu sich selbst zu werden. So sehr nämlich die Liebe auf ein anderes als auf das Subjekt gerichtet ist, so sehr gilt auch, daß das geliebte Gegenüber durch die Liebe überhaupt erst erschaffen wird, mehr noch: daß das Subjekt selbst sich durch die Liebe neu erschafft. Beides – die Neuerschaffung des geliebten Gegenübers und die Neuerschaffung des Liebenden – gründen in einem nicht weiter analysierbaren, ganzheitlichen Lebensvollzug, in einer „formalen Funktion des seelischen Lebens."[149] Liebe erweist sich dann als Idealtyp aller Affekte überhaupt – als spontane, einheitliche und kreative Haltung zur Welt, die von den Individuen als ein Wert in sich betrachtet, genauer gesagt: gefühlt wird: „Liebe ist immer eine sozusagen aus der Selbstgenügsamkeit des Innern sich erzeugende Dynamik, die durch ihr äußeres Objekt wohl aus dem latenten in den aktuellen Zustand übergeführt, aber nicht im genauen Sinn hervorgerufen werden kann; die Seele hat sie als eine letzte Tatsache oder hat sie nicht, wir können nicht hinter sie auf irgendein äußeres oder inneres Movens zurückgehen, das mehr als gleichsam ihre Gelegenheitsursache wäre. Das ist der tiefste Grund, aus dem es ganz sinnlos ist, sie auf irgendeinen Rechtstitel hin zu fordern."

Simmel ist sich unsicher, ob Liebe tatsächlich von einem Objekt abhängig, und nicht vor allem Ausdruck einer Sehnsucht nach der Sehnsucht sei: „das dumpfe gegenstandlose Drängen besonders der Jugend nach irgend etwas, was man lieben könnte – ob das nicht schon Liebe ist, die sich nur noch in sich selbst bewegt, gewissermaßen ein Leergang der Liebe."[150]

Daher auch wäre es in dieser Sicht verfehlt, Liebe als eine von außen kommende, ergreifende Leidenschaft zu verstehen. Als reinster Ausdruck von Subjektivität und damit von Spontaneität ist sich die Liebe selbst Zweck und der liebende Mensch einer, der sich aus jeder instrumentellen Beziehung herausgesprengt hat – egoistische, hedonistische und moralische Zwecke sind ihm in seiner

Liebe gleichermaßen fremd. Hier bricht auf, was Fromm als Paradox zu vermeiden suchte, die Spannung von idiosynkratischer Individualität und gattungsbezogener Fortpflanzungsfunktion. Simmel stellt sich diese Spannung als tragisch dar, „weil ein Widerspruch besteht zwischen dem unablösbaren Innebleiben des Gefühls in ihrem Träger und dem Umfassen des andern, dem Insicheinziehen und Verschmelzenwollen, in dem Prozesse zwischen dem Ich und dem Du, den selbst diese letzte Instanz nicht vor fortwährender Wiederaufnahme bewahren kann."[151]

Simmels Betrachtung scheint zu einer sozialwissenschaftlichen Betrachtung wenig beitragen zu können, da er einer ausdrücklich phänomenologisch, erklärtermaßen nicht-reduktionistischen Betrachtungsweise das Wort redet. Diese Perspektive, so scheint es vor allem im Vergleich mit der Psychoanalyse, kann zu einer Erklärung, Bewertung und damit auch Lehrbarkeit und Heilbarkeit der Liebe und von der Liebe wenig beisteuern.[152] Allerdings zeigt die normative Liebeslehre Erich Fromms, daß reduktionistische Ansätze entweder nicht weiterkommen oder nicht durchzuhalten sind und darüber hinaus aufgrund der Paradoxie des Gegenstandes diesen entweder verfehlen oder für unerheblich erklären müssen. Fromms Mißtrauen gegenüber der erotischen Liebe resultiert genauso aus ihrer vermeintlichen moralischen Schwäche, ihrem unüberwindlichen Partikularismus und ihrer Spontaneität, die überwunden werden soll. Simmel hingegen nimmt genau diese Eigenschaften zum Ausgangspunkt und kann daher zu gar keinem anderen Ergebnis kommen, als daß jedes Einfordern von (erotischer) Liebe ein Selbstwiderspruch ist. In einem sind sich Fromm und Simmel einig: daß die Liebe jene Züge, die ihr noch die antike Theorie des Eros zuschrieb, nicht besitzt, sie also keine passive Erfahrung oder Erfahrung der Passivität, des leidenschaftlichen Ergriffenwerdens darstellt. Für Fromm und Simmel ist die Liebe höchster Ausdruck der spontanen Aktivität des Individuums, bei Fromm in moralischer, bei Simmel in ästhetisch-existentieller Hinsicht. Mit dieser Perspektive läßt sich zwar noch – mit Augustinus – die Reflexivität dieses Affekts nachzeichnen, man kann das Lieben selbst lieben, aber so gut wie nichts mehr zur basalen Intersubjektivitätserfahrung aussagen, jenem „Lieben und Geliebtwerden", von dem Augustinus gesprochen hatte. Auf der Basis von Simmels Phänomenologie der erotischen Liebe läßt sich aber die Angemessenheit von Harry Frankfurts, eines analytischen Philosophen, Überlegung besser verstehen, für den der Zwang der Liebe Ausdruck des innersten Selbst eines

Menschen und damit seiner motivierten Autonomie ist. Wenn diese Perspektive zutrifft, wäre für eine Einordnung der Liebe in den Katalog der Tugenden einiges gewonnen. Gerade wenn man darauf beharrt, daß „Liebe" im vollen Sinn des Wortes das Streben nach dem Wohlergehen eines anderen Menschen ist, gilt: „Um unserer selbst willen müssen wir lieben, sonst würden wir schreckliche Entbehrungen erleiden. [...] Der scheinbare Widerspruch zwischen Selbstlosigkeit und Eigeninteresse verschwindet, sobald man begreift, daß die Selbstlosigkeit im Eigeninteresse des Liebenden liegt."[153]

Erst Luhmann ist es gelungen, in einer kontraintuitiven Analyse der Liebe als eines „symbolisch generalisierten Kommunikationsmediums" Selbstbezug und Fremdbezug jener Interaktions- und Erlebensform so zu sortieren, daß beides, Spontaneität und Ergriffensein, halbwegs gleichgewichtig auftritt. Dies wird dadurch ermöglicht, daß Liebe nicht mehr wie in der Tradition als Gefühl, sondern als Kommunikationscode angesehen wird, nach dessen Regeln Gefühle gebildet und ausgedrückt werden können. Nicht auf die Themen jener Kommunikationsweise, die wir als liebende Beziehung bezeichnen, kommt es an, sondern auf die Codierung dieser Beziehung. Daher wird Liebe in dieser Perspektive auch nicht mehr als ein ursprüngliches Gefühl, sondern als eine Semantik erläutert, mit der eine notwendigerweise paradoxe Form der Kommunikation in unterschiedlichen historisch-gesellschaftlichen Epochen unterschiedlich vertreten wird.

Das Interaktionsproblem, das sich nach Luhmann nicht vor der Herausbildung einer Semantik der Subjektivität in der Neuzeit stellen konnte, besteht im Verschmelzungsanspruch der Liebe, also in der Bewältigung der mit den Wahrnehmungen der Interaktionspartner entstehenden Probleme: Wird der Weltbezug höchstpersönlicher Individualität miteinbezogen, so „ist es nicht mehr möglich, sich als Kommunikationspartner auf die Anerkennung eines erfreulichen, nützlichen, noch akzeptablen oder sonstwie bewerteten Faktums zurückzuziehen, das in der Person des anderen mitgegeben ist. Gibt sich der andere als weltkonstituierende Individualität, ist jeder, der angesprochen wird, in dieser Welt immer schon untergebracht und damit unausweichlich vor die Alternative gestellt, den egozentrischen Weltentwurf des anderen zu bestätigen oder abzulehnen."[154]

Das Grundproblem besteht in einer Konstellation, in der die Kommunikationspartner jeweils darauf eingestellt sind, zu erleben, wie ihre Partner handeln, und den jeweils anderen handelnd erleben. Liebe ist damit eine Form des wechselseitigen Erlebens im Handlungsbereich, während z. B. das wechselseitige Erleben von Erlebnissen im Medium der Wahrheit oder der Wertbeziehung verarbeitet wird. „Erleben heißt, daß das System sich im Zurechnen von Tatbeständen und Ereignissen auf seine Umwelt bezieht.“[155] Sofern zu dieser Umwelt ein anderes erlebendes System gehört, entsteht eine Paradoxie dann, wenn das eigene und das Erleben der anderen nicht mehr als notwendige Wirkung, sondern als spontane Haltung verstanden wird. Dann orientiert sich das soziale Handeln der Individuen nicht mehr an den Eigenschaften der anderen, sondern an ihrer Liebe. Die Quelle der (romantischen) Liebeserfahrung ist demnach nicht der unmittelbare Wunsch nach Verschmelzung, sondern die Einsicht, daß es um den Wunsch nach Verschmelzung zwischen zwei Individuen geht, die voneinander wissen, jeweils Gegenstand des egozentrischen, unüberholbaren Selbstentwurfs des jeweils anderen zu sein. Luhmann teilt Simmels Annahmen über die absolute Subjektivität der Liebe, stattet jedoch das liebende Subjekt mit dem Wissen der doppelten Kontingenz aus. Die Erfahrung des Ergriffenwerdens und Ergriffenseins kann in dieser Perspektive kaum mehr als eine Strategie der Legitimation von Handlungen und Erfahrungen sein. Liebe als Passion erweist sich als ein vorzüglicher Entschuldigungsgrund dafür, sich außerhalb des Bereichs rationaler Kontrolle aufzuhalten. Dieser Entschuldigungsgrund bestätigt seine verhaltensstabilisierende Funktion insofern, als es unwahrscheinlich ist, daß zwei Personen sich seiner zugleich bedienen – je mehr Leidenschaft auf der einen Seite, desto mehr Umsicht und rationale Planung auf der anderen. Damit wandert die „Liebe“ gleichsam aus der Welt der Seele in die Welt der sozialen Systeme aus. Gerade die – vor allem im achtzehnten Jahrhundert als Leidenschaft verstandene Liebe wird damit zu einer Institution: „Passion ist keine Entschuldigung, wenn ein Jäger eine Kuh schießt. Die Lage wendet sich jedoch, wenn Passion als eine Art Institution Anerkennung findet und als Bedingung für die Bildung sozialer Systeme erwartet wird; wenn erwartet, ja gefordert wird, daß man einer Passion verfällt, für die man nichts kann, bevor man in eine engere Liebesbeziehung eintritt. Dann wird die Semantik der Passion verwendet, um institutionalisierte Freiheiten zu decken, das heißt abzuschirmen und zugleich zu verdecken. Passion wird zur Handlungsfreiheit, die weder als solche noch in ihren Wirkungen gerechtfertigt zu werden braucht. Aktivität wird als Passivität, Freiheit als Zwang getarnt.“[156]

Auch die Teilnahme an diesem Interaktionssystem, das durch eine bestimmte Semantik codiert wird – die Systemtheorie spricht von struktureller Koppelung – wird von den Individuen jeweils unterschiedlich vollzogen. Über diese Teilnahmebedingungen vermag Luhmanns Gesellschaftstheorie nur wenig zu sagen, sie näher zu erhellen, bedarf es Theorien mittlerer Reichweite mit empirischem Gehalt. Bildungstheoretische Überlegungen sind zudem daran gebunden, Voraussetzungen und Folgen glückender Liebesverhältnisse im Lebenslauf zu identifizieren.

Die empirische Untersuchung der Liebe als eines, durch unterschiedliches frühkindliches Bindungsverhalten entstandenen Ensembles von Stilen intimer Zuneigung ändert an diesen Einsichten nichts – vor allem dann nicht, wenn die einschlägige sozialpsychologische Forschung ihrerseits attributionstheoretisch verfährt. Daß die romantische Liebe nach wie vor als die stärkste glücksverheißende Erfahrung bewertet wird, entspricht der Theorie ebenso wie der Verweis, daß die Fähigkeit zu solchen Erfahrungen, wie vor allem Günter Dux gezeigt hat, in der Ontogenese, in der frühen Kindheit gelegt wird,[157] ihr nicht widerspricht. Allenfalls Theorien rationaler Wahl, die sich vor allem für die langanhaltende Stabilität entsprechender Beziehungen und damit für die Wahrnehmung mehr oder minder fair verteilter Ressourcen in Liebesbeziehungen interessieren, artikulieren hier deutliche Zweifel.[158] Das heißt aber nichts anderes, als daß Anbahnung und Aufrechterhalten intimer Beziehungen jeweils unterschiedlichen Interessen und einer unterschiedlich ordnenden Semantik folgen. Die Psychologie, so scheint es, kann gegenüber einem soziologischen Verständnis der Liebessemantik keine neuen Einsichten mehr beisteuern. Kann eine erweiterte Soziologie der Liebe die ja von Luhmann selbst im achtzehnten Jahrhundert verankerte Theorie der Liebe als Passion am Beginn des einundzwanzigsten Jahrhunderts erweitern?

Indem eine Soziologie der Liebe sich von der ausschließlichen Frage nach der Kommunikation von Gefühlen gelöst hat und sich der Frage nach ihrer Praxis zuwendet, kann sie über Simmel hinaus an Analysen aus Soziologie und Philosophie anschließen, die sich für die Funktion der Liebe im Rahmen menschlicher Gesellschaften interessieren – namentlich an Überlegungen von Arthur Schopenhauer und Max Weber. Während sich die Liebe für Schopenhauer als ein Epiphänomen erweist, als stärkster Ausdruck jenes Willens zum Leben, der der Gattung Mensch eignet und in dem sie sich und ihre Existenz in Form von Individualität affirmiert,[159] gilt sie Weber zwar auch als irrationale Größe. Sie erweist sich als größte Lebensmacht, als eine Macht, die in ihrer orgiastischen Asozialität nicht nur den Gegenpart zu allen selbstlosen Vergemeinschaftungsformen spielt, sondern darüber hinaus in ganz besonderer Weise geformt, gestaltet und geregelt werden muß.[160]

In der Tradition Schopenhauers, der die Liebe als jenes Phänomen ansieht, das aufgrund biologischer Wurzeln eine kulturelle Ausdrucksform für die Selbsterschaffung der Gattung darstellt, stehen die Arbeiten von Günter Dux, der sich für den internen Zusammenhang von Mutter-Kind-Beziehungen, von Sexualität, Intimität und Geschlechterverhältnis interessiert. Dabei hat die Sexualität die Funktion, die Grenze von Natur und Kultur zu überschreiten bzw. das Verhältnis zwischen einer angeblich sinnfreien Körpersphäre und den Sinnkontinua der Kultur zu regeln.[161] Vorrangig ist damit das polar verstandene Verhältnis der Geschlechter, das seinerseits Ausdruck eines anthropologisch tief verankerten Bindungsverlangens sei. Liebe – hier stimmt Dux mit Luhmann überein – erweist sich dann als die kulturell entstandene Bereitschaft, die eigenen intimen Erlebnissphären füreinander zu öffnen. Darüber hinaus kommt jedoch der Liebe nicht nur eine konstitutive Funktion bei der Ausbildung von Individualität, sondern auch und gerade bei der Stiftung sozialer Ordnung zu. Talcott Parsons, der in seinen analytischen Anstrengungen zwischen Weber und Luhmann steht, sieht Liebe noch nicht als ein Kommunikationsmedium, wohl aber als ein Ordnungsmuster, genauer: als einen Stimulus zur Ordnungsbildung. In erotischen Beziehungen, die als diffus und affektiv, d. h. als nicht rollengebunden und nicht kognitiv kontrolliert gelten, kommt anders als in anderen sozialen Beziehungen den Leibern der Interaktanten eine herausgehobene Bedeutung zu. Diese herausgehobene Bedeutung des Leibes besteht neben den unmittelbaren Gratifikationen durch somatische Stimulation vor allem in der expressiv-symbolischen Bedeutung sexueller Praktiken, in denen sich der spezifische Charakter einer Liebesbeziehung ausdrückt. Deren Stellung zum sozialen System als Ganzem kristallisiert sich in ihrer generischen Funktion bezüglich der Institutionen von Ehe, Familie und Elternschaft.[162] Spätestens hier stößt jedoch Parsons' Analyse an ähnliche Grenzen wie Schopenhauers Metaphysik der Geschlechtsliebe. Denn so richtig es ist, Liebe und Begehren als wesentliche Faktoren zur Reproduktion reproduktiver Institutionen zu analysieren, so wenig trifft es zu, daß diese Institutionen auf das Gefühl der „romantischen Liebe“ verwiesen sind. Offen bleibt, ob

Formen sexuell motivierter, langfristiger Zuneigung, die den Namen „Liebe“ verdienen, auch anders gefaßt werden können denn als „romantisch“.

Die „romantische Liebe“ entsteht unbestritten mit dem bürgerlichen Zeitalter und resultiert in Beziehungen, die durch den Anspruch auf Intimität, Exklusivität und Kontinuität ausgezeichnet sind. Wenn also Ehe und Familie nicht notwendig auf „romantische Liebe“ verwiesen sind und andererseits – das haben sowohl Parsons als auch Schopenhauer übersehen – Formen romantischer Liebe vorkommen, die entweder durch Kontrazeption oder die Gleichgeschlechtlichkeit der Partner nicht notwendig auf Fortpflanzung zielen, erweist sich die funktionale Bedeutung der Liebe für die Reproduktion der menschlichen Gesellschaft als noch kontingenter als angenommen und für eine umfassende Analyse als unzureichend. Bei noch stärkerer Abstraktion läßt sich vermuten, daß das Gefühl der Liebe eines der stärksten Motive zur Herausbildung menschlicher Ordnungen ist – wobei das definitorische Problem, nämlich die Frage danach, welches die notwendigen und zureichenden Bedingungen für die Definition dieses Affekts sind, ungelöst bleibt. Das Vorherrschen eines „romantischen“ Verständnisses erschwert diese Aufgabe. Ein Perspektivenwechsel vom Gefühl auf die interaktive Praxis schien zu ergeben, daß Liebe im Unterschied zu anderen Interaktionsformen höchstpersönlich und unspezifisch ist, daß in Liebesbeziehungen alles kommuniziert werden darf, während Sexualität eine conditio sine qua non zu sein scheint. Zudem scheinen alle Formen der Liebe exklusiv auf Zweierbeziehungen hinauszulaufen und mithin romantische Liebesbeziehungen immer auch eine Norm der Treue mitzugenerieren.[163] Daß die Fülle sexueller und erotischer Verhaltensweisen und Erfahrungen – angefangen von den zumal in der Literatur immer wieder mit besonderer Aufmerksamkeit vermerkten Fällen von Untreue, Scheidungen, „Platonischer“ Liebe bis hin zu bizarren Formen des Vertrauens bzw. des Mißtrauens, der Eifersucht[164] – diesen quasi-normativen Definitionen widerspricht, beweist nichts anderes, als daß hier, wie bei allen anderen genormten Verhaltenserwartungen, die soziale Wirklichkeit den je kulturell entstandenen und sanktionierten Erwartungen zuwiderläuft. Gerade die Literatur beweist, in welchem Ausmaß die romantische Liebe selbst einmal als Normbruch erfahren wurde – so sehr, daß es durchaus unwahrscheinlich ist, daß ausgerechnet dieses Verhaltensmuster als selbstverständliche und auch effiziente Norm gelten können soll. Das zeigt auch die neuere Debatte um die Liebe in Zeiten der Individualisierung,[165] die durch ein paradoxes Zugleich von Erfüllung und Niedergang des romantischen Liebesideals gekennzeichnet ist. Vor diesem Hintergrund erweist sich das romantische Liebesideal als nur eines von mindestens drei in gegenwärtigen Gesellschaften koexistierenden Mustern von Liebesbeziehungen, die ihren historischen Ort in letzten Ausläufern der Feudalgesellschaft bzw. der entstehenden bürgerlichen Gesellschaft hatten.[166]

In traditionalen Gesellschaften mit ihrer vergleichsweise rigiden Ausformung der Geschlechterrollen haben beide Geschlechter legitime Erwartungen an Verhaltensweisen und leibliche Repräsentanz im Horizont eines auf gemeinsames Haushalten bezogenen Lebensentwurfes. Treue wird als äußere Verhaltensnorm eingefordert, sexuelle – durchaus auch auf andere wirkende – Attraktivität jedoch nicht nur nicht verboten, sondern geradezu gefördert. Im Gegenzug spielt die jenseits der leiblichen Interaktion verlaufende verbale Kommunikation über die Intimsphäre im Sinne einer wechselseitigen Verschränkung von Erlebnissphären keine Rolle – entsprechende Wünsche werden in der Regel mit meist gleichgeschlechtlichen Freunden oder Verwandten eingelöst. Diesem „galanten" steht ein „biedermeierliches" Verhaltensmuster gegenüber, in dem die Partner sich gemäß dem romantischen Ideal von Exklusivität, Kontinuität und Sexualität aneinander mit dem Zweck binden, ihr gemeinsames Leben durch intime Kommunikation und das Aufziehen gemeinsamer Kinder zu erfüllen. Im Unterschied zur Galanterie, in der die Beziehung zwischen den Geschlechtern als eine im Grundsatz öffentliche Inszenierung mit entsprechender Bedeutung sichtbarer körperlicher Attraktivität gilt, fehlt der biedermeierlichen Beziehung jeder öffentliche Inszenierungscharakter. Das familiale Leben wird als insulares, als isoliertes Binnenleben geführt, das durch die gewollte Entwertung körperlicher Attraktivität und einer entsprechend emphatisch begrüßten „Natürlichkeit" auffällt. Krisen und Probleme, aber auch positiv erlebte Erfahrungen einschließlich wechselseitiger, intimer Weltverschränkung sollen sich zwischen den Partnern abspielen. Bei aller sonstigen Differenz werden „Galanterie" und „Biedermeier" als Verhaltensmuster jedoch dadurch geeint, daß sie von einer grundsätzlichen generischen Differenz und das heißt Komplementarität von Männern und Frauen ausgehen. Diese Voraussetzung wird erst mit der Herausbildung eines partnerschaftlichen Liebesideals zur Disposition gestellt, das auf der prekären Synthese von romantischem Ideal, gerechter

Ressourcenverteilung und argumentativ-diskursiver Intimkommunikation beruht. In diesen Beziehungen wird explizit, was nach Meinung einer ganzen Forschungsrichtung implizit in allen Liebesbeziehungen herrscht, nämlich eine auf Fairneßgrundsätzen beruhende Ökonomie von Gabe und Gegengabe, ohne daß die Währung der Verrechnung eindeutig identifizierbar wäre. Zudem ist jedenfalls nach Auskunft der empirischen Forschung davon auszugehen, daß Männer und Frauen in fast allen sozialen Schichten das Verhältnis von Zumutungen und Lasten grundsätzlich anders beurteilen. Obwohl beide Geschlechter großen Wert auf „Gerechtigkeit" legen, neigen Frauen eher dazu, eventuelle Negativerfahrungen zugunsten einer insgesamt als glücklich erfahrenen Beziehung zu vernachlässigen.[167] Theoretisch scheint nun ein partnerschaftliches Liebesideal – aber hier wäre immer der empirische Test auf die Scheidungsraten abzuwarten – deshalb krisenanfälliger zu sein, weil die in ihm waltende Logik distributiver Gerechtigkeit im Widerspruch zur Logik der romantischen Liebesbeziehung steht, ohne daß es – wie die galante oder bäuerlich traditionale Beziehung – durch ein Korsett äußerer Sanktionen abgestützt wäre. Während nämlich die Logik der romantischen Liebe genau darin besteht, im strengen Sinne grundlos zu sein – und zwar sowohl beim Schließen als auch beim Aufheben einer Beziehung –, folgt die Logik der partnerschaftlichen Beziehung einer Distributionsregel, wonach erfahrene und erbrachte Liebe sich anhand eines kommunizierbaren Kriteriums bemessen läßt. Dabei ist in empirischer Hinsicht auch und gerade für partnerschaftliche Liebesbeziehungen die Synchronizität einer leiblich diffusen, analogen und einer sprechsprachlich „eindeutigen", digitalen Kommunikation zu beachten.[168] Eine besondere Instabilität dürfte sich demnach immer dann ergeben, wenn die digitale Kommunikation nicht nur ausnahmsweise zur Metasprache der analogen Kommunikation wird, sondern das auf Dauer bleibt. Das wirft die weitere Frage auf, ob die leibgebundene analoge Kommunikation bzw. der über sie determinierte Kommunikationsmix überhaupt einer strikt partnerschaftlichen distributiven Handlungslogik unterworfen werden kann. Auf jeden Fall haben sich Prognosen aller Art am komplexen, im strikten Sinne überdeterminierten Gebilde intimer Beziehungen im Spannungsfeld ökonomischer und beruflicher Zwänge, von Erwartungen des guten Lebens, leiblicher Dispositionen, stadtökologischer Rahmenbedingungen und individueller biographischer Erfahrungen zu bewähren. Die Soziologie intimer Beziehungen weist jedoch allemal dort einen Bruch auf, wo sie gerade in bezug auf das romantische Liebesideal von der Einzigartigkeit wechselseitiger unbeschränkter Erlebnisverschränkung ausgeht bzw. von der Vorgabe, sich auf den egozentrischen Weltentwurf des jeweils anderen einzulassen, ohne dabei die nur mikrosoziologisch bzw. sozialpsychologisch zu beantwortende Frage aufzunehmen, ob und in welchem Ausmaße derartige Erlebnisverschränkungen überhaupt möglich sind. Zudem übersieht die Kritik des partnerschaftlichen Liebesideals die immer wieder konstatierte Möglichkeit, auch nach einer Trennung „Freunde zu bleiben". Wer Freund bleiben will oder Freund bleiben kann, muß es auch vorher schon gewesen sein.

Nun sind (romantische) Liebe und Freundschaft darin identisch, wechselseitige Weltverschränkung institutionalisiert zu haben. Sie unterscheiden sich indes dadurch, daß für Freundschaften die Grundlosigkeit der romantischen Liebe nicht gilt – ohne daß sie strikt gerechtigkeitsorientiert wären, kommen Freunde doch darin überein, auf gemeinsame Weltbezüge, die über das Erleben des jeweils anderen hinausgehen, gegründet zu sein. In Freundschaften ist ein gewisses Ausmaß an Respekt, Zuneigung und Treue über die Zeit hinaus moralisch einklagbar, in romantischen Liebesbeziehungen, die nur den Augenblick auf Dauer stellen wollen, jedoch nicht. Ohnehin fällt auf, daß die soziologische Betrachtung der Liebe unterschiedlichste Paradigmen unmittelbarer Beziehungsformen wie Partnerschaft, Kameradschaft und rollenbezogener Komplementarität in den Blick genommen hat, jedoch den Idealtyp intimer Kommunikation und Weltverschränkung, die Freundschaft, nicht.

Gleichwohl sollte es die Idee der romantischen Liebe, sogar von der Institution der Ehe entkoppelt, sein, die in der Moderne sowohl die Reformpädagogik inspirierte als auch mit ihr die antike Tugendethik und somit den philosophischen Perfektionismus erneuerte. Diese Wiederaufnahme wäre ohne einen radikalen Bruch mit der christlichen Moral ebensowenig möglich gewesen wie ohne eine Naturalisierung des Menschen im Zuge des Darwinismus. Indem Ellen Key ihr *Jahrhundert des Kindes* auf der Basis von Nietzsches Philosophie und Darwins Evolutionstheorie konzipierte, konnte sie die Liebe ebenso in ihr systematisches Recht einsetzen, wie den Gedanken einer repressionsfreien Erziehung wagen. In Ellen Keys Verbindung von der Antike nahem ethischem Perfektionismus, von Darwinismus und dem Ideal romantischer Liebe liegt ein Beispiel vor, wie „Liebe" sowohl als Ziel wie auch als Medium geglückter Charakterbildung verstanden werden kann. Daß sich Key positiv auf Nietzsche bezog, ist kein verschrobener Einzelfall – radikale Feministinnen, namentlich Helene Stöcker und Lily Braun, wußten dabei wohl, worauf sie sich einließen. Nietzsche, so Helene Stöcker, sei zu danken, daß „er die alte asketische Moral der Kirchenväter, die in der Liebe der Geschlechter zueinander etwas Sündhaftes und im Weibe etwas Niedriges, Unreines erblickte, daß er diese lebensverneinende Moral durch seine stolze, lebensbejahende ersetzte, die Menschen dadurch vom schlechten Gewissen befreit und ihre Liebe geheiligt hat. Er will nicht die Leidenschaften, die Instinkte ausrotten – das hieße ja, das Leben an der Wurzel ergreifen –, sondern er fragt immer: 'Wie verschönt, wie vergoldet, wie vergöttlicht man eine Begierde?' Und so hat er denn oft unsere 'vergeistigte' Sinnlichkeit, unsere 'Liebe' der 'Freundschaft' des Altertums entgegengestellt und sie als den schönsten Sieg über die Askese des Christentums bezeichnet. Die 'Liebe als Passion' gehört ihm zur aristokratischen Empfindungsweise."[169]

Nicht anders als auch im Fall von Key bestand hier eine Affinität zu eugenischen Vorstellungen, die im 1905 gegründeten „Bund für Mutterschutz" ihren Ausdruck fanden. Der Feminismus befindet sich seither in einem spannungsreichen Verhältnis zu Nietzsche.[170] Dabei steht der Befreier der Lust in einem ungeklärten Verhältnis zu dem, der sich durch ein altes Weib auffordern läßt, auf dem Weg zum Weibe die Peitsche nicht zu vergessen. Ob in Nietzsches zum Teil manischem Haß gegen die Frauenemanzipation schließlich der Nachfolger de Sades über den Troubadour siegt,[171] bleibt dabei ebenso offen, wie das nie aufgelöste Rätsel, was denn nun mit der Peitsche, die der Mann zum Weibe bringt,[172] tatsächlich geschehen soll. Wer wird hier wen peitschen? Wird überhaupt gepeitscht werden? Geht es um ein Erinnerungszeichen an die herrschaftsbezogenen Charakteristika der heterosexuellen Liebe?[173] Martin Heidegger hat in seinen Arbeiten zu Nietzsche[174] den Nachweis zu führen versucht, daß sich hinter Nietzsches Willen zur Macht letzten Endes ein nihilistischer, leerlaufender Wille zum Willen als letzter Stufe einer nur noch auf sich selbst bezogenen Subjektivität verbirgt. Ohne die negative Bewertung dieses Umstandes zu übernehmen, ist Heidegger in der Sache doch recht zu geben. Anders als es eine oberflächliche Ideologiekritik will, verbirgt sich hinter Nietzsches Programm vom Übermenschen jedoch kein rassistischer Größenwahn, sondern eine systematische Konsequenz der Moderne, die in einem von allen transzendenten Sinnentwürfen gelösten Individuum ihren letzten Dreh- und Angelpunkt gesehen hat und sehen muß.

Die pädagogischen Formeln, die dem entsprechen, reichen von Ellen Keys Recht des Kindes, seine Eltern zu wählen, über Janusz Korczaks Recht des Kindes auf den eigenen Tag und den eigenen Tod, der Programmatik der antiautoritären Erziehung und den Paradoxien der Antipädagogik bis zu den jüngsten Entwürfen einer reflexiven Erziehungstheorie auf der Basis einer Theorie autopoietischer Systeme. In dem Ausmaß, in dem unter Hinweis auf Sinn- und Transzendenzverlust jede Normativität brüchig wird, wird einerseits jede Erziehung willkürlich und rein konventionell. In dem Ausmaß jedoch, in dem der Kritik aller Metaphysik entsprechend die naturale Seite der Menschen im Signum ihrer Leiblichkeit wiederentdeckt wird, werden Strebungen und Einschränkungen deutlich, die Willkürlichkeit und Konventionalität von Erziehungsveranstaltungen einschränken bzw. eine menschlichem Maß entsprechende Pädagogik begründen. Daß diese weder elitistisch noch solipsistisch zu entfalten ist, hat Key klarer gesehen als Nietzsche.[175] Ellen Key hat den Solipsismus von Nietzsches Haltung zur sozialen Welt, die grundsätzlich von einem scharfen Gegensatz weniger, ihrer Existenz bewußter einzelner und einer bewußtlosen Herde ausgeht (in diesem Fall gilt Nietzsche Bewußtlosigkeit nicht als Tugend), nicht nur im Hinblick auf seine Unterrepräsentanz des Weiblichen verspürt. Und das seiner Beteuerungen bezüglich der Bedeutung von Kindlichkeit und Elternschaft zum Trotz.

Die Sozialistin, Demokratin und Feministin Ellen Key hat sich über die Konsequenzen einer Naturalisierung der Ethik niemals getäuscht. Gerade wenn man – mit Nietzsche und Kant – die Menschen als sich selbst ihre Zwecke setzende Wesen ernst nimmt, führt kein Weg an ihrer natürlichen Konstitution, an ihrer Zeitgestalt und ihrer konstitutiven Bedürftigkeit vorbei: „Das Kind muß Selbstzweck sein. Es bedarf der Liebe zu seinem Ursprung; es muß bei seiner Mutter das Verständnis der Liebe für die Eigenschaften finden, die es von seinem Vater geerbt hat, nicht erstaunte Kälte oder Abneigung gegen das ungeahnte und unwillkommene in seinem Wesen. Die Frau, die den Vater ihres Kindes niemals geliebt hat, wird diesem Kinde unfehlbar in irgendeiner Weise schaden – wenn schon nicht anders, so doch durch die Art, es zu lieben. Das Kind braucht die Fröhlichkeit eines Geschwisterkreises, und selbst die zärtlichste Mutterliebe kann diese nicht ersetzen. Und schließlich braucht das Kind den Vater, wie der Vater das Kind."[176]

Keys 1905 geäußerte Meinungen sind – das ist hier nicht im einzelnen zu belegen – durch die Ergebnisse der Sozialisationsforschung, der Psychoanalyse, der Bindungsforschung, der Familientherapie und der transgenerationellen Familienforschung eindrucksvoll belegt worden.[177] Key hat intuitiv richtig gespürt und auf der Basis ihrer Erkenntnisse in aller Schärfe gesehen und verstanden, daß der von Nietzsche über Freud bis Luhmann gepflogene methodische Solipsismus der Sozialtheorie gerade mit den jeweils beanspruchten naturalistischen, von Darwin überkommenen Einsichten nicht übereinstimmen konnte. Darwins Rezeption durch Key und die Pragmatisten diente niemals antidemokratischen und elitistischen Zwecken – im Gegenteil: Darwin selbst setzte, cum grano salis, zwar nicht auf eine Theorie der Liebe, wohl aber auf eine Theorie der Sympathie als wesentlicher Tugend.

„Die moralische Natur des Menschen hat ihre jetzige Höhe", so Darwin in seiner erstmals 1874 erschienen *Abstammung des Menschen*, „zum Theil durch die Fortschritte der Verstandeskräfte und folglich einer gerechten öffentlichen Meinung erreicht, besonders aber dadurch, daß die Sympathien weicher oder durch Wirkungen der Gewohnheit, des Beispiels, des Unterrichts und des Nachdenkens weiter verbreitet worden sind. Es ist nicht unwahrscheinlich, daß tugendhafte Neigungen nach langer Übung vererbt werden. [...] Nichtsdestoweniger liegt die erste Begründung oder der Ursprung des moralischen Gefühls in den socialen Instincten, mit Einschluß der Sympathie; und diese Instincte wurden ohne Zweifel ursprünglich wie bei den niederen Thieren durch natürliche Zuchtwahl erlangt."[178]

Die Umsetzung dieser Erkenntnisse, der Versuch, auf der Basis einer naturalistischen Anthropologie zugleich Normen für ein angemessenes menschliches Zusammenleben zu finden, die Anstrengung, nach Darwin und Nietzsche zu einer neuen Ethik zu kommen, wurde kaum zufällig in der Frauenbewegung der Jahrhundertwende zum zentralen Thema.

Hier läßt sich instruktiv illustrieren, in welchem Ausmaß eine perfektionistische Tugendethik, die einem auf Sympathie bauenden Naturalismus entsprechen wollte, mit den Normen einer konventionellen Moral in Konflikt geriet. Was für Georg Simmel, der sich von Nietzsche inspirieren ließ, gilt, gilt allemal für Lou Andreas-Salomé (1861–1937),[179] die mit Nietzsche sogar persönlich befreundet gewesen ist und sich in den Jahren von 1899 bis 1910 mit dem Phänomen der Erotik auseinandergesetzt hat. Andreas-Salomé argumentiert von – heute leicht als biologistisch kritisierbaren – Selbstverständlichkeiten natürlich-physiologischer Differenzen her, die sie bis ins Psychische weiterführt, und entwirft auf dieser Basis eine Theorie des natürlichen Perfektionismus, gerade so, als ob die ethische Theorie des Perfektionismus eine physiologische Basis habe: „Die weibliche Tendenz, auch mit allen möglichen geistigen Entwicklungsbestrebungen im Grunde nur sich selbst zu breiterer, reicherer Seinsentfaltung zu bringen, anstatt dies eigene Sein in sachlicher Umgebung an ein Einzelziel zu setzen, hat den Frauen oft den Vorwurf des Dilettantismus, der Inkonsequenz und der Oberflächlichkeit eingebracht. In der Tat ist es der Frau schwer, eine immer weiter geradeaus laufende Linie zu verfolgen, nicht abzuspringen, nicht einen plötzlichen Impuls zur Geltung zu bringen, nicht am Wechsel Freude zu haben. [...] Daher auch im Weibe das Verständnis für Dinge, die dem Verstand als solche nicht plausibel zu machen sind; sie kann viel mehr Widersprüche in sich aufnehmen und organisch verarbeiten, wo der Mann dieselben erst theoretisch ausmerzen muß, um zur Klarheit zu kommen. Dem Manne stellt sich Wahrheit am zwingendsten als das dar, womit man auch logisch zurecht kommen muß und was demnach eine Mehrheit geistig normal entwickelter Gehirne bejahen würde; dem Weibe ist eine zwingende Wahrheit immer nur das Lebenserweckende, wozu vielleich in einem besonderen Fall nur sie, aber sie mit ihrem ganzen, tiefsten, ungeteilten Wesen ja sagen kann. Daß das Wesen der Dinge letzten Endes nicht einfach und logisch, sondern vielfach und alogisch ist – für diese Wahrheit hat das Weib besondere Resonanz, und denkt unwillkürlich individuell, von Fall zu Fall, auch wenn sie logisch geschult ist."[180]

Eine solche Ausgangslage sollte – ganz unabhängig davon, ob man nun die biologistischen Annahmen Andreas-Salomés kritisiert, die sich, sozialisationstheoretisch gemildert, durchaus an das von Gilligan vertretene Programm einer kontextuellen Ethik anschließen ließe – in besonderer Weise dazu prädisponieren, die ohnehin durch Paradoxien gekennzeichnete Struktur von Liebe und Erotik zu analysieren. Die von Andreas-Salomé begonnene, schließlich von Simmel ohne Bezug auf ihr Werk weitergeführte Analyse sollte schließlich in den zwanziger Jahren zu einer grundsätzlichen Debatte in der bürgerlichen deutschen Frauenbewegung führen, nachdem die radikale Frauenbewegung schon zur Jahrhundertwende, zur gleichen Zeit wie Lou Andreas-Salomé, unter dem Einfluß Friedrich Nietzsches einer neuen Liebesmoral das Wort redete.[181]

Als Marianne Weber in der Ausgabe der *Frau* von 1920/21 zu strafrechtlichen Fragen der Prostitution Stellung nahm und das

Faktum der Prostitution vor allem unter dem Gesichtspunkt der Selbsterniedrigung erörterte, votierte sie zugleich für ein Leben ethischer Ideale, das in einer „Zeit des Sich-Auslebens“[182] innere Autonomie verleihen sollte. Gertrud Bäumer, die im Jahr 1926 ähnlich wie Weber zur Frage der „Frau und der sexuellen Krisis“ Stellung bezog, machte nicht wie Weber bei einer Metaphysizierung der Liebe halt, sondern bildete sie ins Ontologische fort. Der Versuch, die Paradoxien der Liebe durch Sistierung in Institutionen oder natürlichen Ordnungen stillzustellen, endet so in der Selbstaufgabe der Individuen: Die Erotik – so Gertrud Bäumer – sei nicht als bürgerliche Ordnung zwingend und endgültig autoritativ, „sondern als Wesensgestalt der in sich und im kosmischen Zusammenhang vollendeten Geschlechtsliebe. In dieser ihrer Bedeutung als einer tatsächlich mit Strömen von Blut und Tränen erkämpften seelischen Eroberung der Menschheit fordert sie unbedingte Ehrfurcht; es gibt vor ihr kein Recht des einzelnen Menschen – Staubkorn in der unabsehbaren Zahl derer, die an dieser Entwicklung Anteil haben mit ihrem heißesten Herzblut und ihren bittersten und erhabensten Schicksalen – sein individuelles Glück und sein bewegliches Herz gegen die Geltung dieser Norm auszuspielen.“[183]

Dies war ein Thema, das die bürgerliche Frauenbewegung und zumal Marianne Weber nicht mehr loslassen sollte. Ihr 1926/27 ebenfalls in der *Frau* erschienener „Beitrag zur Sexualethik“ unternimmt schließlich den notwendigen Versuch, die in ihren anfänglichen Einlassungen noch getrennt verhandelten Themen ethischer Lebensführung, von Liebe hier und Sexualität dort, systematisch aufeinander zu beziehen und auch der Sexualität ihren angemessen Platz zuzuweisen. Dabei hält sie gegen den Strom der Zeit daran fest, daß die intensive Liebesbeziehung zwischen Männern und Frauen zwar ein Ergebnis christlicher Askese gewesen sei, die Verwirklichung dieser Emotion jedoch nur dann möglich sei, wenn über die christliche Lehre hinaus der Leib nicht nur die Fessel der Seele, „sondern ihr Werkzeug und herrliches Gefäß“ bedeute.[184] Die Form jedoch, die diese auch leiblich codierte Beziehung ihrer eigenen Logik nach annehmen müsse, sei die Ehe, da nur sie den in der Liebe enthaltenen „Ewigkeitswert“ in eine Gemeinschaft überführen könne. Der Eros allein biete keine Gewähr für menschliche Dauer. Weber stand als einer Beobachterin ihrer Zeit die Brüchigkeit dieser Institution wohl vor Augen: „Daß es den Menschen selten gelingt, die Idee der Ehe dauernd zu verwirklichen, besagt nichts über ihren Wert.“[185] Damit verschiebt Weber die Paradoxie der

Liebe in die Paradoxie einer Institution, der Ehe. Auf der einen Seite kann allein der staatlich und kirchlich besiegelte sowie beglaubigte Wille zur Ewigkeit dem gerecht werden, worauf die Liebe letzten Endes zielt, andererseits ist nicht zu übersehen, daß das Motiv, sich auf eine derartige Lebensgemeinschaft einzulassen, in aller Regel eben diesem Wunsch gerade nicht entspringt. Zudem scheint jede Scheidung den mit der Ehe verbundenen Wunsch nach Ewigkeit der Liebe zu dementieren, womit schließlich nicht nur die Institution, sondern auch die Idee der Liebe selbst in die Krise gerät. Diesem Problem, daß nämlich auch der Wunsch nach Ewigkeit nur eine zeitbedingte Leidenschaft sein kann, versucht Weber durch Externalisierung zu entgehen. Wer unter dem Zwang der Leidenschaft im Augenblick das Ewige erlebe und bereit sei, darum jede Gefahr auf sich zu nehmen, sei im „metaphysischen Sinne gerecht, auch wenn er ethisch schuldig" werde. Überethisches aber sei, da es ohnehin nicht verallgemeinert werden könne, im Grunde für die Beurteilung kein Problem – solange nur jeder Versuch unterbleibe, die Spannung zwischen metaphysischem Vereinungswunsch und ethischem Gemeinschaftsleben zu mildern, und das heißt für Weber an die Stelle dramatischer Ehebrüche leichtlebige Verhältnisse zu institutionalisieren: „Nur was nicht weniger kostet als den Einsatz der ganzen Existenz gegen eine Welt innerer und äußerer Schwierigkeiten, besitzt seine fraglose eigengesetzliche Würde; in dem Aufbranden des individuellen Lebens an dem unerschütterlichen Fels der allgemeinen Verantwortlichkeiten ist Großartigkeit. Sobald dagegen im Individuum die Spannung zwischen den verschiedenen Wertsphären zwischen Eros und Ethos, Schuld und Schicksal nachläßt, verflacht das normentbundene Liebesleben zu einem Wellengekräusel an der Oberfläche der Seele. An die Stelle der großen Leidenschaft tritt dann die kleine 'Passion', das Bedürfnis nach immer neuen erotischen Erlebnissen, an die Stelle der Ekstase: das Abenteuer."[186]

Daneben können weitere Formen des außerehelichen Verhältnisses, wie der nur hygienisch betriebene Geschlechtsakt, bloß noch als ein Abgleiten ins „Untermenschliche" gewertet werden, während das „freie Verhältnis auf Zeit" mit dem Sinn „erotischer Beglückung, solange die Zuneigung währt, ohne Willen zur Elternschaft" den Ewigkeitswert der Liebe verspiele und letztlich zu einer „Schädigung ihrer Wesenssubstanz"[187] führe. Webers abschließender Aufruf, dem Gesetz weiblicher Bestimmung, d. h. der Liebe, nicht unbedingt der Geschlechtsliebe zu folgen und diese gegebenenfalls in die allgemein menschliche Aufgabe der Erfüllung und Bewährung des Sachlichen zu überführen, kann dann nicht nur als Artikulation jener zumal in der Sozialarbeit geforderten „sozialen Mütterlichkeit“ verstanden werden, sondern zugleich als ein Einfallstor für einen Verzicht auf Individualität, wie ihn Gertrud Bäumer befürwortet hatte. In Webers und Bäumers Versuchen, den Eigenwert der Liebe angesichts der Emanzpation der Erotik hier durch die Institution und dort durch kosmische Ordnungen zu retten, gerät jenes prekäre Gleichgewicht zwischen individuellem Glücksanspruch und Naturalismus, das etwa Ellen Key noch forderte, aus dem Lot.

Ein kritischer Rückblick auf die nietzscheanischen Theoretikerinnen der Jahrhundertwende könnte ergeben, daß es von allem Anfang an schon die naturalistische Wende der Philosophie war, die diese Entwicklung vorbereitet hatte und damit letztlich zu einer Rücknahme der romantischen Liebe führte. Damit scheint jener Befund bestätigt, den Hannah Arendt in ihrer Auseinandersetzung mit Augustinus schon früh getroffen hatte, daß nämlich die Liebe bzw. die Tugend der Liebesfähigkeit zur Weltlosigkeit und damit zur Politikferne und letzten Endes zum Verzicht auf öffentliche Gerechtigkeit führen müsse, während umgekehrt eine Abwertung der Liebe bzw. ihre rechte Verortung im privaten Leben das Verständnis für Öffentlichkeit und Politik stärken könnte.

Die unbesehene Übernahme dieses Befundes würde freilich dazu führen, daß alle Vorstellungen eines politischen Gemeinwesens, das über negative Freiheiten und ein sozialstaatlich solidarisches Prinzip bei der Streuung von Lebensrisiken hinausgeht, von Anfang an hinfällig wäre. Die Idee der Stadt oder des Staates als einer den Menschen besonders gemäßen Lebensform, wie sie Aristoteles postulierte, eines Gemeinwesens, in dem die Bürger einander freund sind, erwiese sich als Schimäre. Womöglich ist es aber gerade die Freundschaft, die eine Möglichkeit bietet, den scheinbar unheilbaren Privatismus der Liebe mit dem Freiheits- und Gerechtigkeitsprinzip der Öffentlichkeit zu verbinden und gar zu universalisieren.[188]

X. Freundschaft

Womöglich kann eine sozialpsychologische Theorie der Freundschaft eine Reihe von Fragen klären, die die Soziologie der Liebe unbefragt akzeptiert oder vorausgesetzt hat, vor allem die Frage nach der wechselseitigen Verschränkung von Welt und ihrem Erleben, die in einer empirisch gehaltvollen Theorie der Freundschaft mit einem zentralen Begriff jeder Mikrosoziologie als die Frage nach den individuellen Fähigkeiten zur Perspektivenübernahme erscheint. Zumal aus der Theorie des symbolischen Interaktionismus und seinen Fortentwicklungen sind die Begriffe der Rollenübernahme und der doppelt kontingenten Erwartungserwartung bekannt. Bekannt ist aber auch die inzwischen beinahe triviale Einsicht, daß es für Menschen unmöglich ist, sich restlos unter Absehen und Überspringen der eigenen Lage und der eigenen Erfahrungen in jemanden anderen hineinzuversetzen. Gleichwohl scheinen Näherungen möglich: Kognitiver Nachvollzug fremder Erfahrungen scheint ebenso wirklich wie somatisch motivierte, einfühlsame Stellungnahmen auf der Basis früh ansozialisierter oder genetisch übetragener Empathie. Freundschaften erweisen sich als hoch ausdifferenzierte und voraussetzungsvolle Formen sozialer Beziehungen, die von Menschen, um überhaupt als soziale Beziehungen verstanden werden zu können, in mindestens zwei Hinsichten thematisiert werden:

Um soziale Beziehungen als soziale Beziehungen zu verstehen, sind Gerechtigkeits- und Reziprozitätsregeln ebenso unerläßlich wie Konzepte der Person. Beider Ausprägung unterliegt einer für die Ontogenese rekonstruierbaren Entwicklungslogik, die von einer einfachen präkonventionellen „do ut des"-Logik bis zu einer entfalteten, auf die individuellen Bedürfnisse der jeweils anderen Person bezogenen universalistischen Gerechtigkeitsnorm reichen. Zugleich lassen sich Personenkonzepte nachzeichnen, die von der Person als einem organischen Gegenstand mit erkennbaren Strebungen und Reaktionen über einen Menschen mit eigenen Interessen bis zu einem achtenswerten menschlichen Individuum mit einem eigenen Lebenskonzept und einer hochindividuellen Wunschstruktur reichen. Die Lebensform der Freundschaft spielt in einer sozialwissenschaftlich rekonstruierenden Theorie der Tugenden nicht nur eine zentrale Rolle, weil von ihr zu erwarten ist, einige Paradoxien der Liebe aufzulösen oder doch besser zu verstehen. Sie ist auch deshalb bedeutsam, weil an ihr die eigentümliche Struktur einer Aristotelischen Theorie klar wird: „Freundschaft" ist Selbstzweck eines guten Lebens, zugleich aber auch das Mittel, diesem Zweck nahezukommen. Ohne selbst eine Tugend zu sein, ist „Freundschaft" doch jene Lebensweise, in der sich Tugenden erfüllen.[1]

Der Begriff der Freundschaft ist in der praktischen Philosophie Europas spätestens seit Aristoteles' *Nikomachischer Ethik* von zentraler Bedeutung, erfreut sich jedoch weder in der heutigen Soziologie noch gar in einer modernen Theorie des Politischen besonderer Prominenz.[2] Um so auffälliger ist es, daß ausgerechnet in der kognitivistischen Entwicklungspsychologie dieses Thema, das doch auf den ersten Blick eher einer Theorie der Affekte oder Emotionen zuzurechnen ist, intensiv behandelt wird. Um diese kognitive Wende zu verstehen, ist es unerläßlich, sich noch einmal der antiken Ursprünge zu vergewissern.

Freundschaft gilt Aristoteles wenn schon nicht als Tugend, so doch als eine der Tugend verbundene notwendige Beziehung: „Denn keiner möchte ohne Freunde leben, auch wenn er alle übrigen Güter besäße."[3] Aristoteles interpretiert Freundschaft als funktional notwendigen Bestandteil eines gelingenden Lebens und weist dabei lebensabschnittsspezifische Leistungen aus. Freunde sind nötig, um erreichten Wohlstand und erreichte Macht zu sichern, Freundschaft hilft, Armut durchzustehen, jungen Menschen hilft Freundschaft, gesellschaftlichen und technischen Anforderungen zu genügen, Freundschaft kompensiert die Schwäche alter Menschen. Freundschaft erweist sich endlich als eine allen Lebewesen innewohnende Neigung zur gegenseitigen Solidarität und Hilfe, eine Neigung, die insbesondere auch zwischen biologisch Verwandten ersten Grades aller Arten herrsche – Aristoteles spricht von Erzeugern und Erzeugten. Als umfassende Verhaltensbereitschaft fungiert Freundschaft auch als innerstaatliches Integrationsmedium, das eine bedeutendere Rolle spielt als auf Gerechtigkeit beruhende Legitimität. Dabei bleibt offen, ob innerstaatlicher Konsens – also Eintracht – mit der Freundschaft identisch oder ihr nur ähnlich ist: „Und wo Freunde sind, da bedarf es keiner Gerechtigkeit, aber die Gerechten brauchen die Freundschaft dazu, und beim Gerechten ist das Gerechteste dasjenige unter Freunden."[4]

Daß es sich hierbei um eine Kernaussage zur politischen Ethik handelt, liegt ebenso auf der Hand wie der Umstand, daß hier der

Freundschaft eine Scharnierfunktion zwischen privatem und öffentlichem Leben zugeschrieben wird. Im privaten Leben gilt jedenfalls, daß „Freundschaft“ nicht nur unter einer funktionalen, sondern auch unter einer perfektionistischen Perspektive zu betrachten ist. Sie ist für Aristoteles nicht nur das Notwendige, sondern auch das Schöne. Er unterscheidet drei Formen zwischenmenschlicher Beziehungen, die wiederum in zwei prinzipiell verschiedenen Beziehungstypen vorliegen können. „Freundschaftliche“ Beziehungen im weitesten Sinne können zwischen an Rang und Macht Gleichen sowie zwischen Ungleichen bestehen und nach Maßgabe der jeweils zugrundeliegenden Interessen durch Nützlichkeitserwägungen, erotische Lust und wechselseitige personale Hochschätzung motiviert sein. Aristoteles läßt keinen Zweifel daran, daß freundschaftliche Beziehungen, die sich nur einem wechselseitigen Nutzenmehrungsprinzip bzw. einem erotischen Interesse an der äußeren Gestalt des anderen verdanken, langfristig keine Stabilität aufweisen. Opportunitätsorientierte und erotische Freundschaften werden als privative Formen jener höchsten, wahren Freundschaft dargestellt, die als Inbegriff vollkommener menschlicher Beziehung gelten kann: „Vollkommen ist die Freundschaft der Tugendhaften und an Tugend Ähnlichen. Diese wünschen einander gleichmäßig das Gute, sofern sie gut sind, und sie sind gut an sich selbst. Jene aber, die den Freunden das Gute wünschen um der Freunde willen, sind im eigentlichen Sinn Freunde; denn sie verhalten sich an sich so, und nicht zufällig. Ihre Freundschaft dauert, solange sie tugendhaft sind. Die Tugend ist aber beständig, und jeder von beiden ist an sich gut und gut für den Freund.“[5]

Diese Erläuterung von „Freundschaft“ scheint auf den ersten Blick einer vollständig entfalteten Theorie der Intersubjektivität und Reziprozität zu genügen. Allerdings: Indem die Freundschaft als Lebensform eine, wenn nicht die wesentliche Realisierung des Guten ist, wird dann das Interesse der Freunde zueinander letzten Endes nicht vor allem durch ihr Interesse am Guten – und eben nicht am anderen Menschen – motiviert?

„Denn als liebens- und wünschenswert gilt das schlechthin Gute und Angenehme, für den Einzelnen aber, was für ihn so ist. Der Tugendhafte ist dies für den Tugendhaften aus beiden Gründen. Die Zuneigung scheint eine Art von Leidenschaft zu sein, die Freundschaft ein Verhalten. Denn Zuneigung gibt es nicht weniger dem Unbeseelten gegenüber, gegenseitige Freundschaft aber beruht auf einer Willensentscheidung, und die Willensentscheidung kommt von einem Verhalten; auch wünscht man den Freunden das Gute um ihretwillen, nicht aus Leidenschaft, sondern aufgrund eines Verhaltens. Und indem man den Freund liebt, liebt man, was einem selbst gut ist. Denn der Tugendhafte, der zum Freund geworden ist, wird zu einem Gute für den, dessen Freund er geworden ist. Also liebt jeder von beiden das, was für ihn gut ist, und gibt das gleiche zurück durch die Gesinnung und indem er dem andern angenehm ist. Denn Freundschaft gilt als Gleichheit. Dies gilt am meisten von der Freundschaft der Tugendhaften."[6]

Freundschaftliche Beziehungen tragen ihren Wert in sich, Freunde gelten Freunden als höchste Zwecke und nicht als Mittel. Was Kant später als Grundsatz einer universalistischen Moral für alle Menschen postulieren wird, wird hier als Faktizität im zwischenmenschlichen Nahbereich festgestellt. Fraglich ist allein, ob wirklich der andere als der andere dieser Selbstzweck ist und nicht ein an und für sich existierendes Gutes, das sich in der Freundschaft lediglich realisiert. Zudem scheinen Freundschaften hier noch nicht voll als Beziehung zweier absolut unverwechselbarer Individuen verstanden zu werden. Ein präziser Begriff inkompatibler Individualität, wie ihn erst die Romantik entwickelt, läßt sich bei Aristoteles nicht voraussetzen. Damit entfällt auch das Programm einer Verschränkung dieser inkompatiblen Perspektiven in romantischer Liebe und schwärmerischer Freundschaft wie im Sturm und Drang.

Das Problem einer Vermittlung von Gleichheit und Differenz in privilegierten zwischenmenschlichen Beziehungen stellt sich den antiken Theoretikern der Freundschaft im Gegenteil in bezug auf handfeste, lebensnahe Probleme: ob Freundschaften zwischen Herren und Sklaven, oder auch zwischen Menschen, die nicht zusammenleben, möglich sind; wie man sich verhalten soll, wenn Freundschaften in die Jahre kommen und die Partner sich einander entfremden; ob und in welchem Ausmaß Freundschaften im politischen Bereich wünschenswert oder auch nur möglich sind. Es sind in allen Fällen Differenzen: Differenzen im Sozialen – der Status; Differenzen im Zeitlichen – das Altern; Differenzen im Räumlichen – die fehlende gemeinsame Lebenswelt; sowie Differenzen im Mentalen – einander entgegengesetzte politische Haltungen, die das reziproke, wechselseitig zweckbezogene Verhältnis gefährden oder beeinträchtigen können. Mit Ausnahme der Problematik von nicht zusammenlebenden Freunden, die Aristoteles durch eine semantische Konvention einfach auflöst, bietet die antike Theorie der Freundschaft – sei es bei Aristoteles selbst oder seinen stoischen oder epikuräischen Erben, die in diesen Fragen weitgehend ähnliche Ansichten vertreten – in jedem Fall eine konkrete Weisung und damit zugleich die Auflösung eines sachlichen Dilemmas. Zugleich bemißt sich jedenfalls für den Aristoteles der *Nikomachischen Ethik* die Güte eines politischen Systems daran, welche Freundschaftsformen in ihm ungehindert gelebt werden können. Da Freundschaften nach Maßgabe der vertretenen Güterethik neben der kontemplativen Schau der Theorie die höchste Erfüllung eines gelingenden Lebens ausmachen, ist damit zugleich ein Kriterium zur Bewertung politischer Herrschaftsorganisation gewonnen, das über die Institutionalisierung von Gerechtigkeitsvorstellungen hinausgeht, ohne doch bestimmte Lebensformen vorzuschreiben.

Freilich zeigt sich bald, daß es die Lebensweise der Freundschaft ist, die bestehenden Strukturen der Ungerechtigkeit gegenüber kritisch wirkt. In einer Notiz zur Tyrannis geht Aristoteles, der bekanntermaßen sonst ein eher nüchternes Verhältnis zur Sklaverei hatte, auf mögliche Beziehungen zwischen Herren und Sklaven ein: „Wo es nämlich zwischen Regierendem und Regiertem nichts Gemeinsames gibt, da gibt es keine Freundschaft und auch keine Gerechtigkeit. Sondern da verhalten sie sich wie der Handwerker zum Werkzeug, die Seele zum Leib und der Herr zum Sklaven. Denn dieses alles erfährt zwar Fürsorge durch den, der es benutzt; aber dem Leblosen gegenüber gibt es keine Freundschaft und keine Gerechtigkeit; und so auch nicht dem Pferd, Rind oder Sklaven gegenüber, sofern er Sklave ist. Denn da gibt es nichts Gemeinsames: der Sklave ist ein beseeltes Werkzeug und das Werkzeug ein unbeseelter Sklave. Sofern er also Sklave ist, gibt es keine Freundschaft zu ihm, sondern nur sofern er Mensch ist. Denn es scheint eine Gerechtigkeit zu geben für jeden Menschen gegenüber jedem, der fähig ist, an Gesetz und Vertrag teilzunehmen, und so auch eine Freundschaft, sofern er ein Mensch ist.“[7]

Aristoteles führt als grundlegende Unterscheidung zum Verständnis der Sklaverei die Differenz zwischen leblosen Dingen hier sowie Lebewesen dort ein und reserviert die Begriffe Freundschaft und Gerechtigkeit allein für die Beziehung zwischen lebenden Wesen, womit er sich deutlich von den kosmologischen Spekulationen der Vorsokratiker abhebt. Die basale Beziehung zwischen leblosen Dingen und Lebewesen – zumal Menschen – kennzeichnet Aristoteles als instrumentelles Verhältnis. Das allgemeine Schema dieses Verhältnisses läßt sich auch in einem privativen Sinne auf die Beziehung zwischen lebenden Wesen mit der Folge anwenden, daß damit das – etwa als Sklave – benutzte Wesen nun als leb- und damit als rechtlos zu gelten hat. Die schwierige Frage nach dem Status von Tieren bleibt hier unerörtert. Festgehalten sei jedoch, daß es einem anderen Paradigma ethischer Urteilsbildung – dem biblischen – gelungen ist, die bei Aristoteles aufbrechenden Aporien dadurch zu vermeiden, daß Tiere, Sklaven, ja sogar die fruchtbare Ackerbauerde mit Rechtstiteln ausgestattet werden. Da dem Aristotelischen Denken diese Möglichkeit nicht zur Verfügung stand, muß nun – sowohl auf der Basis allgemeiner Lebenserfahrung als auch aus kategorialen Gründen – eine weitere, gleichsam rollentheoretische Unterscheidung eingeführt werden, die – auf das Verhältnis von Herren und Sklaven bezogen – schließlich zu einem schwachen Universalismus führt. Die soziale Rolle des Sklaven ist einer gehaltvollen menschlichen Beziehung weder fähig noch würdig, während der Mensch, der den Sklavendienst vollzieht, in seiner Eigenschaft als Mensch durchaus in eine derartige Beziehung eintreten kann. Läßt sich näher angeben, welches die wesentlichen Eigenschaften eines Menschen als Menschen im Unterschied zu seiner sozialen Funktion sind? Neben gleichsam naturwissenschaftlichen Überlegungen zum Verhältnis von Händen, Hirn, aufrechtem Gang und Vernünftigkeit sieht Aristoteles den Menschen vor allem als handlungs- und nachahmungsfähiges Wesen, sowie – in einer berühmt gewordenen Formulierung – als das „politische Lebewesen", das „Zoon politikon".[8] Es sei klar, „daß der Staat zu den naturgemäßen Gebilden" gehöre und der Mensch „von Natur aus ein nach der politischen Gemeinschaft strebendes Lebewesen" sei. Dabei ist das politische Zusammenleben nur eine, wenn auch die höchste Form des menschlichen Lebensvollzugs, dem das basalere Familienleben vorgeordnet ist: „Denn der Mensch ist von Natur noch mehr zum Beisammensein zu zweien angelegt als zur staatlichen Gemeinschaft, sofern die Familie ursprünglicher und notwendiger ist als der Staat und das Kinderzeugen allen Lebewesen gemeinsam ist."[9]

Das menschliche, auf Intersubjektivität und Handeln ausgelegte Leben spannt sich so zwischen seiner notwendigen reproduktiven Voraussetzung, der Familie, die die Menschen mit allen anderen animalischen Lebewesen verbindet, bis zum Leben in der Stadt, das die *natürliche* Vollendung menschlicher Möglichkeiten darstellt. Die antike Unterscheidung zwischen Physis und Nomos, zwischen „Natur" und „Satzung" hält fest, daß Dinge und Verhältnisse, die von „Natur" aus existieren, dazu keines Beschlusses und keiner Satzung bedürfen, sondern einer innewohnenden Tendenz zur Entfaltung ihres Wesens folgen. Die Angehörigen der Gattung Mensch sind demnach nicht nur darauf angewiesen, in einem städtischen Verband zusammenzuleben, sondern sind mit einem intuitiven Wissen darüber begabt, daß nur diese – und keine andere – Lebensform ihnen als den handelnden Wesen, die sie sind, entspricht. Nur in der Polis ist es möglich, jene wahrhaft menschlichen Beziehungen einzugehen, die den Kriterien von Gerechtigkeit und Freundschaft genügen.

Den Sklaven in seiner Menschlichkeit zu betrachten, kann demnach nichts anderes heißen, als ihn als ein Lebewesen anzusehen, das in irgendeiner Weise Bewohner der Stadt und ihrer Regeln ist oder werden kann. Der offene Widerspruch zwischen dem Charakter des Sklaven als eines rechtlosen Dings und einem möglichen Menschen und Bürger führt Aristoteles in der *Politik* dazu, die offensichtlich bestehende Legitimationslücke im Fall der Sklaverei zunächst durch ein Theorem über ein je und je angeborenes Herren- bzw. Sklavennaturell zu schließen, sodann durch die Vermutung, daß auch in einem Herrenkörper eine Sklavenseele sowie in einem Sklavenkörper eine Herrenseele stecken könne. „Tatsächlich tritt auch oft das Gegenteil ein, daß manche nur die Leiber von freien Männern haben und andere nur die Seelen.“[10] Derlei Vermutungen waren angesichts des Umstandes, daß freie Männer durch Kriegshandlungen zu Sklaven werden konnten, gar nicht zu vermeiden. Wollte man nicht von vornherein festschreiben, daß die physisch schwächeren, im Kampf unterlegenen in jedem Fall verdientermaßen zu Sklaven werden, war das Postulieren einer psychophysischen Differenz unvermeidlich. Sklaven als Menschen zu begegnen, kann dann nur heißen, Personen, die von Status und Körpergestalt Sklaven[11] sind, im Hinblick auf ihre Seele von gleich zu gleich zu begegnen, und das heißt, sie nicht nur in bezug auf ihre Tätigkeiten anzuerkennen, sondern auch im Hinblick auf ihr Wissen, wie ihre Fertigkeiten anzuwenden seien. Schließlich hat diese aufwendige Theorie hinsichtlich der „Freundschaft“ die Funktion, die „logische“ Voraussetzung aller Freundschaft, nämlich die wesensmäßige Gleichheit der Freunde zu retten.

Diese entfaltete Form von Intersubjektivität wird durch die Kontingenzen des Lebens in nicht wenigen Fällen erschwert oder verunmöglicht. Zu diesen beinahe notwendigen Kontingenzen gehört der menschliche Lebenslauf. Wie soll man sich zu Menschen verhalten, mit denen man einst befreundet war und die sich – sogar bei geographischer Nähe – charakterlich zu ihrem Nachteil verändert haben? In welchem Verhältnis stehen biographische Loyalität – wie sie etwa Verwandten zukommt – zum perfektionistischen Ideal einer entfalteten Freundschaft? Vor allem: Wie soll man sich zu (ehemaligen) Freunden verhalten, die sich zwar nicht zu ihrem Nachteil verändert haben, von denen man sich aber deshalb entfremdet hat, weil man selbst eine Entwicklung durchlaufen hat? Aristoteles' Antworten zeugen von Lebensklugheit: „Soll man aber gleich abbrechen? Oder nicht mit allen, sondern nur mit den unheilbar Schlechten? Den Besserungsfähigen muß man eher zu ihrem früheren Charakter als zu ihrem Vermögen verhelfen, da dies auch besser und der Freundschaft angemessener ist. Allerdings tut der, der abbricht, offenbar auch nichts Unvernünftiges. Denn mit einem solchen Menschen war man nicht befreundet; und wenn man den, der sich verändert hat, nicht zurückholen kann, so verzichtet man."[12]

Damit sind sowohl Probleme personaler Selbstachtung als auch lebensgeschichtlich gewachsener Loyalität und ihre Gründe angesprochen, ohne daß damit „Freundschaft" im Aristotelischen Sinne auf jeden Fall als ein moralisches Phänomen partikularistischer Art im engeren Sinne zu untersuchen wäre.[13] Vielmehr steht wiederum die Frage nach der personalen Identität der Freunde, ihrer Gleichheit oder Gemeinsamkeit und Ungleichheit zur Diskussion – wenn man so will, das Verhältnis von Identität und Differenz. Freundschaft, soviel dürfte klar geworden sein, ist eine Lebensform, die sich in der gelebten Gegenwart vollzieht, weswegen gemeinsames Leben in Zeit und Raum eine notwendige Bedingung für ihren Vollzug darstellt. Damit wird Freundschaft bei Aristoteles zum Oberbegriff für eine Reihe ganz unterschiedlicher Beziehungen, zwischen Mann und Frau, zwischen Vätern und Söhnen, unter Brüdern sowie zwischen Gleichaltrigen, zwischen peers. In allen Beziehungen ist im Idealfall eine auf Seelen- oder Charaktergleichheit beruhende, auf den je anderen zweckhaft bezogene Haltung möglich und wünschenswert, ohne daß die Spezifizität leiblicher Interaktion, die die (erotische) Liebe ausmacht, dabei eine besondere Rolle spielte. Für spätere Theoretiker, etwa Luhmann, unterscheidet sich ja Liebe von „Freundschaft" dadurch, daß in ihr der koordinierende symbiotische Mechanismus, die Interpenetration durch die differenzierende Kraft der Sexualität, fehlt. Der Vorrang der Liebe vor der Freundschaft in der von der Romantik geprägten Moderne erklärt sich daraus, „daß die Freundschaft trotz aller Privatisierung und aller Unterscheidung täglicher und absonderlicher Freundschaft sich als nicht abgrenzbar erwies."[14]

Gerade diese leibliche Askese disponiert Freundschaft jedoch zur idealen Lebensform. Freundschaft selbst ist demnach keine Tugend; aber in der Fähigkeit, Freundschaften zu schließen und aufrechtzuerhalten, findet ein tugendhaftes Leben deshalb seine Erfüllung, weil die Freundschaft weniger stark als die Liebe von Leidenschaften ins Ungleichgewicht gebracht wird und nicht an strukturellen Paradoxien laboriert. Die Fähigkeit, Freundschaften eingehen zu können, ist darum auch die ontogenetische Voraussetzung für ein tugendhaftes Leben. In einer anderen Terminologie ist die kognitive Entwicklungspsychologie zu genau diesem Schluß gekommen.

In den Arbeiten von Selman und William Damon wird „Freundschaft“ als eine bestimmte Form der Interaktion dargestellt, deren Funktion und Bedeutung im Sozialisationsprozeß erheblichen Wandlungen unterliegt. Freundschaft wird in dieser Theorietradition als eine auf Zuneigung, Kooperation und wechselseitiger Perspektivenübernahme beruhende Beziehung erläutert, die in der Entwicklung des interpersonalen Verstehens von Individuen eine dynamische Funktion einnimmt. Strukturell betrachtet unterscheiden sich Freundschaften von Eltern-Kind-Beziehungen dadurch, daß sie nicht von der selbständigen Herstellung von Sozialbeziehungen entlastet sind, sondern im Gegenteil, daß diese Konstruktion in der Verantwortung der Akteure liegt. *Freundschaften sind* – mit anderen Worten – *Sozialbeziehungen, die nicht als bereits geleistete Vorgabe lediglich abgerufen werden müssen, sondern einem risikobehafteten Prozeß ihrer Herstellung durch Sozialkoordination unterliegen.* Dazu sind die Individuen jedoch von frühester Kindheit darauf angewiesen, ihre soziale Empathie zu schärfen, d. h. ihren Egozentrismus je und je zu überwinden und darüber hinaus die Erwartungen und Intentionen anderer wenigstens tentativ mit in Rechnung zu stellen.

Selman unterscheidet fünf Stufen sozialer Perspektivenübernahme, wobei für jede Stufe noch einmal getrennt a) die Vorstellungen von Personen und b) die Vorstellung von Beziehungen unterschieden werden. Auf diese Weise lassen sich vier Niveaus erschließen: vom Niveau 0 der undifferenzierten und egozentrischen Perspektivenübernahme über das Niveau 1 (differenzierte und subjektive Perspektivenübernahme), das Niveau 2 (selbstreflexive und reziproke Perspektivenübernahme) zum Niveau 3, das in der Regel im Alter von zehn bis fünfzehn Jahren erreicht ist, bis zum Niveau 4, der „tiefenpsychologisch und gesellschaftlich-symbolischen Perspektivenübernahme“. Da gerade die beiden zuletzt genannten

Niveaus für das hier behandelte Problem einschlägig sind, seien sie in den Worten Selmans wiedergegeben: „Auf Niveau 3 denkende junge Adoleszente sehen Personen nun als Systeme über längere Zeit hinweg konsistenter Einstellungen und Werte. Der entscheidende Fortschritt liegt in der Fähigkeit, eine Dritte-Person-Perspektive zu beziehen, d. h. nicht nur aus der unmittelbar eigenen Perspektive, sondern aus dem Selbst als System oder Totalität herauszutreten. [...] Auf diesem Niveau denkende Personen sehen die Notwendigkeit, reziproke Perspektiven miteinander zu koordinieren, und glauben, daß soziale Befriedigung, Verständnis und Miteinander-Auskommen notwendigerweise gegenseitig sein müssen, um wirklich realisiert zu werden. Zwischenmenschliche Beziehungen werden als zeitlich überdauernde Systeme betrachtet, innerhalb derer Gedanken und Erfahrungen miteinander geteilt werden. Der Übergang zu so wünschenswerten und doch so seltenen Haltungen wie Mut und Zivilcourage wird als solcher stets mehr als nur die unbedingte Loyalität innerhalb zwischenmenschlicher Beziehungen sein, sondern darüber hinaus eine weitergehende Perspektive einschließen, die nicht nur auf das zeitübergreifende Teilen von Erfahrungen mit konkreten Anderen, sondern auf die tentative Teilhabe aller bezogen ist."

Voll entfaltete intersubjektive Wahrnehmung ensteht freilich erst auf der nächsten Stufe: „Zwei Vorstellungen charakterisieren die Auffassung von Personen auf Niveau 4. Erstens werden Handlungen, Gedanken, Motive und Gefühle als psychologisch determiniert, nicht aber notwendigerweise zugleich von der Person selbstreflexiv erfaßt verstanden. [...] So können wir auf Niveau 4 das Entstehen eines Begriffs des Unbewußten beobachten. [...] Zweitens entsteht auf Niveau 4 ein Begriff von Persönlichkeit als dem Produkt von Eigenschaften, Meinungen, Werten und Einstellungen, als ein System mit seiner individuellen Lebensgeschichte. [...] Auf diesem Niveau kann der Heranwachsende von vielfältigen, miteinander geteilten Perspektiven (generalisierter Anderer) gesellschaftliche, konventionelle, legale oder moralische Perspektiven abstrahieren, die alle Personen miteinander teilen können. Von jedem Individuum wird angenommen, es könne diesen gemeinsamen Blickwinkel des generalisierten Anderen bzw. des sozialen Systems in Betracht ziehen, um so eine Verständigung zu ermöglichen."[15]

Für Freundschaften und ihre Wahrnehmung korrespondieren dieser allgemeinen Dynamik der Perspektivenübernahme wiederum vier Stufen, die jeweils definieren, als was Freundschaft gerade angesehen wird. Anfangs gilt Freundschaft als ein System einseitiger Hilfestellungen, sodann als eine Form der „Schön-Wetter-Kooperation", um auf der dritten Stufe als intimer gegenseitiger Austausch und schließlich als eine Form der Autonomie und Interdependenz beschrieben zu werden. Diese Freundschaftskonzepte beeinflussen auch das, was dann jeweils in Gruppenbeziehung erfahren wird – Beziehungen, in denen ein Neben- und Miteinander von gemeinsamer Solidarität im Geist der dritten Stufe und einer hochgradig komplexen und individualisierten Beziehungsform im Sinne der vierten Stufe zusammen existieren. Nicht zuletzt durch zunehmend differenzierte zweiseitige Beziehungen wird auch die Gruppe auf der vierten Stufe nicht mehr als ein normen- und wertekonformer Verband erfahren, sondern als „ein pluralistisches kollektives System, in dem individuelle Differenzen nicht um der Homogenität der Wertvorstellungen willen unterdrückt werden. Es herrscht ein explizites oder implizites 'demokratisches Prinzip', wonach unterschiedliche Interessen und Standpunkte nicht nur toleriert, sondern auch unterstützt werden. [...] Das einigende Element sind gemeinsame Zielsetzungen, die die unabhängigen Individuen um eines gemeinsamen Vorhabens willen zusammenführen. Der Gruppenzusammenhalt wird als ein Prozeß definiert, der durch gemeinschaftliche Anstrengung entsteht; individuelle Differenzen können daher im Bewußtsein des Gruppenziels bewältigt werden."[16]

Die Untersuchungen von Damon, Selman und Youniss[17] sind zuletzt vor allem von Keller überprüft und erweitert worden. Freundschaften tragen demnach nicht nur zur Entwicklung soziomoralischer Sensibilität, sondern auch zur Ausbildung eines entfalteten moralischen Selbst bei.[18] „In einem weiteren Entwicklungsschritt der Koordination von Perspektiven beginnt das Selbst zu realisieren, daß die eigenen Handlungen und deren Auswirkungen auf andere zugleich Bewertungen des Selbst seitens anderer bewirken. Die Person wird sich bewußt, daß diese Bewertungen nicht auf die moralische Qualität der Handlungen beschränkt blieben, sondern die moralische Qualität des Selbst als Person einschließen. So entwickelt sich ein selbst-evaluatives System, das Voraussetzung für die moralischen Gefühle der Schuld und Scham ist, wenn Verpflichtungen und Verantwortungen gegenüber anderen verletzt wurden."[19]

Freundschaften können daher als ein besonders bedeutsamer Erfahrungskontext gelten, der zumal in der Adoleszenz die Grundlage für ein entwickeltes postkonventionelles Moralbewußtsein liefern kann. Damit ist die Frage nach idealen bzw. förderlichen Interaktionsformen in der Adoleszenz und ihren Auswirkungen auf das moralische und sogar politische Bewußtsein gestellt. Eine Theorie der Freundschaft und eine entsprechende Pädagogik der Förderung freundschaftlicher Beziehung zwischen Kindern und Jugendlichen in außerschulischen Gruppen und Klassen kann zugleich ein zentrales Rätsel der politischen Bildung lösen, nämlich die Frage, welche Art der Gemeinschaftsbildung für das Fördern demokratischer Haltungen geeignet ist. Das verweist aufs neue auf die Bedeutung von Gemeinschaften, die der Ausbildung von Wechselseitigkeit in der Perspektivenübernahme soviel Raum zollen, daß sie eine überzeugende Alternative zu den durch Atomisierung und normative Verunsicherung hervorgerufenen Formen gewalttätiger Delinquenz darstellen können. Gemeinwesen, Gemeinschaften sind nicht dasselbe wie Gesellschaften. Sie werden – anders als diese – nicht durch Kommunikationen bzw. abstrakte Kommunikationsmedien integriert, sondern durch Formen der Sozialintegration, die die leibhafte Präsenz einander bekannter und miteinander handelnder Individuen vorausssetzt: face-to-face-Interaktionen, Erwartungserwartungen und unmittelbare Affekte. Perspektivenübernahme ist damit ausschließlich an Prozesse glückender Sozialintegration gebunden – die symbolisch generalisierten Kommunikationsmedien allein können zur Ausbildung dieser Kompetenzen nichts beitragen.

So scheinen hochindividuierte, unter Gleichheits- und Reziprozitätsbedingungen stehende, das Element des Begehrens und damit der diffusen leiblichen Interaktion aussparende intime Beziehungen, nämlich Freundschaften, einen systematischen Vorrang bei der Ausbildung von Empathie und universalistisch-dezentrierten Perspektiven zu besitzen. Andererseits haben Entwicklungspsychologie und Bindungstheorie erwiesen, daß nur eine stark akzeptierende und anerkennende, aber nicht rigide Qualität elterlicher Zuwendung jene affektiven psychischen Dispositionen befördert, die spätestens in der Adoleszenz sowohl zur Aufnahme von Freundschaften als auch von Liebesbeziehungen vonnöten sind.

Die entwicklungsbezogene, spannungsreiche Interaktion zwischen den ihrer sozialen Logik nach unkündbaren, sich selbst tragenden, aber hierarchischen Eltern-Kind-Beziehungen und den zwar nicht in jedem Fall kontraktuellen, aber doch auf aktive Konstruktion verwiesenen Freundschaftsbeziehungen sind inzwischen gründlich empirisch untersucht worden und lassen sich in einer Kreuztabelle abtragen. Demnach sind vier logische Typen möglich, je nachdem ob positive oder negative Beziehungen im Elternhaus mit positiven oder negativen Erfahrungen in Freundes- und Gleichaltrigengruppen kombiniert sind. Dabei überrascht wenig, daß zumal in der Dimension selbstgefährdenden Risikoverhaltens jene Jugendlichen am schlechtesten abschneiden, die in Distanz zu ihren Eltern leben und kaum oder nur wenige Freunde haben. Jugendliche, die in der Gleichaltrigengruppe intensive Beziehungen pflegen, aber eine negative Beziehung zu ihren Eltern aufweisen, besitzen ein größeres Ausmaß an Selbstachtung, weisen aber dafür besonders im Leistungsbereich Schwächen sowie ein deutliches Risikoverhalten auf. Stark elternzentrierte, in der peer group wenig integrierte Jugendliche weisen umgekehrt weniger Selbstachtung auf, intensivieren aber demgegenüber ihre Anstrengungen im Leistungsbereich. Daß schließlich jene Jugendlichen, die in beiden Kontexten gut integriert sind, insgesamt eine hohe Zufriedenheit mit ihrem Leben demonstrieren und sowohl im Leistungs- als auch im Sozialverhalten gute Mittelwerte an den Tag legen, erstaunt dann nur noch wenig. Es scheint, als habe die Empirie bruchlos bestätigt, was sozialphilosophisch zu prognostizieren war: „Ausschließlich unter dem Einfluß der Eltern könnte die Entwicklung des Menschen lediglich als Linie dargestellt werden, sie wäre lediglich ein Pfad in eine bestimmte Richtung. Unter dem Einfluß von Altersgleichen kommt eine neue Entwicklungslinie hinzu, die in eine andere Richtung zeigen kann und zusammen mit der Linie der Eltern zu einer flächigen Entwicklungsgestalt führt. Der gemeinsame Einfluß erzeugt diese zweidimensionale Flächigkeit, die jedoch erst dann zu einer schönen dreidimensionalen Gestalt wird, wenn eine dritte Entwicklungslinie hinzukommt, die den Entwicklungsprozeß erweitert: die distanzierungsfähige Autonomie des Adoleszenten, die es ihm erlaubt, möglichen Zwängen aus dem Elternhaus, aber auch solchen aus dem Freundeskreis zu widerstehen und mündig mit guten und problematischen Angeboten umzugehen."[20]

Woraus, so läßt sich im Anschluß an diese treffende Metapher fragen, resultiert die im Idealfall erwartbare „distanzierungsfähige Autonomie" des Adoleszenten? Auch an diesen Forschungsergebnissen fällt indes auf, daß der für Freundschaft und Eltern-Kind-Beziehungen doch so wichtige emotionale Bereich, also das Thema affektiver Solidarität und emotionaler Individualisierung unberücksichtigt bleibt. Tatsächlich hat sich die Sozialisationsforschung erst in allerletzter Zeit der Frage der Emotionen unter dem Gesichtspunkt der Bedeutungszuschreibung von kindlichen Ereignissen und Zuständen zugewandt.[21] Als Ergebnis sozialisatorischer Interaktionen bilden die Individuen psychische Repräsentationen, d. h. emotionale Schemata, also „dynamische, generative Strukturen mit Leerstellen, deren ereignisabhängige Ausfüllung das konkrete Gefühlserlebnis ausmacht."[22] Derartige Gefühlstypen beziehen auch normative Überzeugungen mit ein und tragen damit dazu bei, das moralische Band innerhalb menschlicher Gruppen zu festigen. Als explanatives Modell hat die neuere Sozialisationsforschung – unter Aussparung der kognitiven Entwicklungspsychologie – Psychoanalyse und die Theorie identifikatorischen Lernens durch die Bindungstheorie Bowlbys ersetzt. Es ist demnach die schon aus der empirischen Erforschung von Liebesstilen bekannte einmalige und besondere Bindungsbeziehung eines kleinen Kindes zu seiner relevanten Bezugsperson, die sowohl sein späteres Selbstbild als auch seine spätere Beziehungsfähigkeit prägt. Beides – Bindung und Selbstbild – gelten nach den neuesten Einsichten der Bindungstheorie[23] als „internale Arbeitsmodelle", die so miteinander verknüpft werden, daß die jeweils akzeptierte Repräsentation der Beziehung zugleich das Selbstbild prägt. Das Schema der Bindung selbst wird als emotionaler Zustand erfahren. Die funktionale Bedeutung von Emotionen als spontane, holistische Stellungnahmen zu Ereignissen in der physischen und sozialen Umwelt bzw. als ebenso spontane kommunikativ wirksame Expressionen ist – in sozialisationstheoretischer Perspektive – auf den Lebenslauf im ganzen und nicht auf einzelne, zeitlich begrenzte Zustände hin zu betrachten. Dann zeigt sich, daß auch die Fähigkeit, Emotionen zu haben und zu zeigen, als Kompetenz analysierbar ist, nämlich als die Kompetenz zur Emotionsregulation, die bereits im vierten Monat beginnt. „Emotionsregulation ist die Fähigkeit, mit emotionsauslösenden Situationen umzugehen und das emotionale Geschehen im Einklang mit anderen Persönlichkeitsaspekten und den Anforderungen der sozialen Umwelt zu integrieren."[24]

Welches sind vor diesem Hintergrund die Funktionen von (erotischer) Liebe und Freundschaft? Welcher Art ist die Kompetenz zur Emotionsregulation – kognitiver oder affektiver Art? Läßt sich überhaupt von affektiven Kompetenzen sprechen? Etwa mit Erikson von der „Liebesfähigkeit"? Also doch – Liebe, allen Paradoxien zum Trotz, als Tugend?

Das Verhältnis von Liebe und Freundschaft wurde ins Spiel gebracht, um eine scheinbar ausweglose Dialektik partnerschaftlicher Liebesbeziehungen zu mildern. Die Unverträglichkeit unbegründeter Zuneigung und auf Gerechtigkeitsprinzipien begründeter, argumentativ einklagbar Pflichten schien sich durch einen genaueren Blick auf die in Freundschaften vorfindlichen, auf Perspektivenübernahme und Wahrnehmung individueller Befindlichkeiten bestehenden Formen von Empathie lockern zu lassen. Auf die Frage nach dem Ort des Entstehens von Empathie verwies die klassische Sozialisationstheorie wiederum auf die Familie, auf elterliche Liebe, die – psychoanalytische Betrachtungen ausgeklammert – keine erotische Liebe ist. Wenn aber verständnisvoll akzeptierende Elternschaft und gehaltvolle Freundschaften die wesentlichen Kontexte zur Ausbildung von Empathie sind und außerdem gezeigt werden kann, daß in universalhistorischer Perspektive Elternschaft keineswegs an romantische Liebe gebunden ist, dann stellt sich die Frage, ob die weitgehend als Idealtyp aller Liebe wahrgenommene „romantische Liebe" überhaupt eine mindestens in dieser Kultur spezifische Funktion hat oder „nicht mehr" als nur eine Eigensemantik darstellt, die zwar ihre eigenen Probleme hervorbringt, aber ansonsten ebenso überflüssig ist, wie es etwa die Künste sind. Luhmann hatte die Funktion der romantischen Liebessemantik darin gesehen, doppelte Kontingenz zu verarbeiten und mit ihr gekoppelte physiologische Zustände kommunikabel zu machen. Darüber hinaus sei hier die These vertreten, daß die Fähigkeit, eine Liebessemantik zu verwenden, und die Fähigkeit, sich auf entsprechend codierte Interaktionen einzulassen, also zu lieben und nicht nur von Liebe zu sprechen, vor allem die Funktion der Individuierung hat. Diese Behauptung beansprucht anthropologische Geltung und steht damit im Widerspruch zu allen Thesen, die die Liebe und ihre Ausprägung kontextualistisch deuten. Gewiß kann die in der Moderne zum Durchbruch gekommene romantische Liebe nicht auf beliebige andere Gesellschaften projiziert werden. Ist es nicht dennoch denkbar, daß „Liebe" und „Individuation" in allen Gesellschaften aufeinander verweisen, auch und gerade dann, wenn Konzepte von Individualität oder Personalität nicht individualistisch gefaßt werden? Zumal eine paläoanthropologische, eine sowohl phylogenetisch als auch ontogenetisch argumentierende Theorie der Individuation kommt an der zentralen Rolle früher intimer Beziehungen nicht vorbei, sondern muß sie sogar zum Zentrum ihrer Bemühungen machen.[25] Sie steht damit im Widerspruch zu einer individualistischen Theorie der Individualität.

Individualistische Indvidualitätskonzepte gehen davon aus, daß Individualität sich in der Moderne nicht mehr in vorgegebenen Strukturen entfaltet, sondern ihre Lebenswege selbst gestalten muß.

Aus dieser – eben zutreffenden oder unzutreffenden – Beobachtung läßt sich jedoch im Umkehrschluß nicht annehmen, daß menschliche Personen in stark traditionalistischen, in Familie, Beruf, Religion und Gemeinschaftszugehörigkeit rigiden Kontexten keine Individualität entfalteten und bloße Rollenträger wären. Dies zugestanden, wäre die Frage nach den dynamischen Faktoren jenes nur als Sozialisation faßbaren Individuationsprozesses zu stellen. Könnte es sein, daß hier die in allen menschlichen Gesellschaften bekannte – affektiv diffuse, leiblich codierte, von sexuellem Begehren gespeiste – intime Interaktion von zwei Menschen die Schrittmacherfunktion derart übernommen hat, daß gilt: *je intensiver und häufiger derartige Interaktionen ontogenetisch und im Rahmen einer Gesellschaft vorkommen, um so wahrscheinlicher wird das Auftreten ausdifferenzierter, ihrer selbst als Individualität bewußter Individuen, so daß es dann doch die Liebe – und nicht die Freundschaft – wäre, die jenes Grundschema „distanzierter Autonomie" befördert, die neben familialen und Freundesbeziehungen auf ihre Gesellschaft bezogen mündige Menschen fördert?*

Damit rückt die mit der Liebe fast immer in der einen oder anderen Weise verbundene Sexualität in den Mittelpunkt der Betrachtung. An ihr, ihrer fundamentalen Funktion, ihren Variationen und Sublimationen muß sich letztlich erweisen, ob eine Theorie moralischer Gefühle in systematischer Absicht gelingen wird. Eine anthropologische Perspektive kann dann gar nicht anders, als die Spezifizität leiblicher Interaktion ins Zentrum der Aufmerksamkeit zu stellen. Individualität erweist sich dann als eine bestimmte Form exzentrischer Positionalität,[26] eine Form exzentrischer Positionalität, die sich zumal in der leiblichen Interaktion mit signifikanten Anderen herausbildet.

Daß die Liebe – gerade auch in ihrer auf ihre körperlichen Komponenten rückbezogenen Elemente – besonders in der modernen Pädagogik, der Reformpädagogik eine wesentliche Rolle gespielt hat, wurde bei Ellen Key deutlich. Daß Freundschaft und romantische Liebe als Schrittmacher der menschlichen Individuation, von kommunitaristischen Programmen hochgepriesen, damit zugleich das Problem schaffen, das – als Mangel an Gemeinsinn, als Überwiegen eines vereinzelnden Privatlebens – seit Arendts Studie zu Augustinus beklagt wird, ist bisher nicht aufgefallen. In Frage steht, ob im Gegensatz zu einer Theorie der Liebe als abschließender Tugend menschlicher Vergemeinschaftung Aristoteles' Programm einer Bürgerschaft, die mit sich selbst freund ist, unter modernen

Bedingungen überhaupt eine Chance hat. An dieser Frage entscheidet sich auch, ob das von Rousseau begründete Konzept einer modernen Demokratie, die notwendig auf Bürgertugenden beruht, Bestand hat oder ob als pädagogische Theorie der Demokratie, als Blaupause einer Theorie politischer Bildung nur ein anspruchsloser besitzindividualistischer Liberalismus übrigbleibt.

XI. Tugend und demokratischer Charakter

Um die gesellschaftliche und politische Rolle von Freundschaft und Liebe beurteilen zu können, ist es unumgänglich, sich noch einmal der Problematik des Kommunitarismus zuzuwenden. Tatsächlich scheint zwischen Tugendethik und Kommunitarismus eine besonders enge, begriffliche und sachliche Beziehung zu herrschen.[1]

Im Mittelpunkt einer wünschenswerten Umorientierung angesichts der Krisen gegenwärtiger Gesellschaft müsse, so meinen die konservativen Sozialforscher Meinhard Miegel und Stefanie Wahl, eine Neubestimmung des Verhältnisses von Individuum und Gemeinschaft stehen: „Das Individuum wäre der Gemeinschaft nicht mehr über-, sondern gleichgeordnet, wobei im Konfliktfall seine Interessen denen der Gemeinschaft sogar nachgeordnet wären. Die Rechte des Individuums müßten im Vergleich zu individualistischen Kulturen ab-, die der Gemeinschaft zunehmen. Der Grad individualistischer Emanzipation von der Gemeinschaft würde erheblich vermindert."[2]

Die hier beanspruchte kommunitaristische Haltung, die in den vergangenen zwanzig Jahren als intellektuelle Gegenbewegung zur politischen Theorie des linken Liberalismus, etwa von John Rawls und Ronald Dworkin, sowie als programmatischer Einspruch wider die deregulierende, monetaristische Politik der Reagan- und Bush-Administration artikuliert wurde, beerbt Elemente der plebiszitären Demokratie ebenso, wie er sozialdemokratische Prinzipien hochzuhalten versucht. Als Ausgangspunkt dient der in den USA nach wie vor hochgeschätzte Begriff der „Community", ein Begriff, der als „Gemeinschaft" hierzulande durch den Nationalsozialismus diskreditiert ist. Obwohl die Siedlungsgründungen der aus England geflohenen Puritaner nach innen hin von einem hohen moralischen Druck gekennzeichnet waren, beinhaltet der Begriff der „Community" im US-amerikanischen Denken von Anfang an und unablösbar den Gedanken einer Identität von „Gemeinschaft" und „Demokratie". Von diesem Kredit zehrt der „Kommunitarismus", dessen aufklärungs- und liberalismuskritische Argumente sich auf einer philosophischen, politischen und soziologischen Ebene bewegen. So versucht der kanadische Philosoph Charles Taylor zu zeigen, daß unsere tiefsitzenden Grundüberzeugungen einer autonomen Subjektivität und einer vernünftigen, weil gewaltfreien, toleranten und vertraglich besiegelten Form menschlichen Zusammenlebens keineswegs letzte, unbezweifelbare Prinzipien darstellen, sondern lediglich historisch geronnene, starke Wertungen sind.[3] In Ergänzung zu dieser Historisierung versuchte Alasdair MacIntyre zu zeigen, daß alle neueren Versuche, zu einer verbindlichen und Orientierungen gewährenden Ethik zu gelangen, unter den modernen Bedingungen nicht mehr geschlossener Lebensgemeinschaften widersprüchlich sind. Ethos und Ethik bedingen einander – moderne Gesellschaften können aber ihrer Dezentriertheit wegen kein Ethos mehr ausbilden.[4] Im Gegensatz dazu kritisiert der ob seiner formalen Bestimmung von Gerechtigkeit als eines Distributionsprinzips schon erwähnte Politologe Michael Walzer die anfangs genannten liberalen Grundhaltungen mit dem Hinweis, daß sie zu Formen unterschiedsloser Gleichheit führten, während es doch darauf ankäme, unterschiedlichen Lebensbereichen wie Staat, Ökonomie, Familie, Kunst und Religion ihre je eigenen Gerechtigkeitsprinzipien einzuräumen.[5] Unter dieser Bedingung wäre dann eine Ethik der öffentlichen Angelegenheiten denkbar, die die Würde[6] der Staatsbürger in ihrer Verschiedenheit ebenso gewährleistet wie ein vergleichsweise hoch angesetztes Minimum sozialer Sicherheit. So geht es um mindestens drei – philosophische, soziologische und politische – Fragen:

Die philosophische Debatte weist nicht nur auf die Geschichtlichkeit unserer aufklärerischen Grundüberzeugungen hin, sondern fragt darüber hinaus, ob individualistische, an allgemeinen Gerechtigkeitsprinzipien und prozeduraler Rationalität orientierte Ethiken schlüssig konstruierbar und widerspruchsfrei lebbar sind.

Die soziologische Debatte nimmt die klassische Frage nach den Bedingungen sozialer Ordnung unter den Bedingungen der Moderne auf. Spätestens seit Emile Durkheim geht es dabei um die Bedingungen, unter denen am Markt, am Selbst und an der eigenen Familie orientierte Individuen so zusammenleben können, daß zur Koordination ihrer Handlungen gewaltsame Repression überflüssig ist.

Die politische Debatte nimmt nach dem Ende des Marxismus als eines praktischen Gesellschaftsprojektes die schon vom liberalen Hegelianismus gestellte Aufgabe an, der Anomie der bürgerlichen Gesellschaft eine verbindliche, allgemeine Lebensform, eine Sittlichkeit einzufügen, ohne dabei den Preis eines Rückfalls auf Lebensformen ohne autonome Individualität zu zahlen.

In systematischer Hinsicht zielt die Kritik des Kommunitarismus insbesondere auf die *Theorie der Gerechtigkeit* von Rawls. Grundsätzliche Einwände des unter die Kommunitaristen gezählten Autors Walzer richten sich gegen Rawls' Differenzprinzip, wonach Ungleichheiten in einer Gesellschaft nur dann zulässig sind, wenn sie den am schlechtesten Gestellten nützen. Aus ihm lassen sich nämlich Maximen ableiten, die nach Walzers Meinung die Effizienz des gesamten politischen und ökonomischen Systems mit unübersehbaren Einbußen für alle stillegen würden. Schlimmer noch: In ihrer abstrakten Form – so suggeriert Walzer – scheint die Rawlssche Theorie nahezulegen, politisch in unterschiedliche Lebensbereiche (Ökonomie, Bildung, Ehe und Familie, Freizeit und Religion) durchzugreifen und damit totalitär den Eigensinn der gesellschaftlich ausdifferenzierten Subsysteme zu zerstören. Um die Versuchung einer derartigen Praxis bereits im Ansatz zu widerlegen, bietet Walzer zwei Argumente auf: Er versucht zu zeigen, daß alle Probleme einer besseren und gerechteren Gesellschaftsordnung nur auf der Basis einer politischen Theorie gerechter Verteilung zu lösen sind. Auf dieser Basis wird zudem eine hermeneutische Kritik an Rawls' Begründungsverfahren möglich.

Bekanntermaßen hatte Rawls in seiner *Theorie der Gerechtigkeit* seine beiden Grundsätze mit einer methodologischen Fiktion begründet. Rawls fragte sich stellvertretend für alle Mitglieder moderner westlicher Gesellschaften, was für ein Verfassungs- und Verteilungsmodell sie wählen würden, wenn sie nicht wüßten, welche Position sie in einer Gesellschaft tatsächlich haben. Menschen, die weder wissen, ob sie reich oder arm, jung oder alt, Mann oder Frau, krank oder gesund sind, die also unter einem „Schleier des Nichtwissens" leben, würden – so vermutet Rawls – die realiter in vielen westlichen Verfassungen verankerten demokratischen und sozialstaatlichen Prinzipien wählen, da genau sie ein Optimum für alle möglichen Fälle darstellen. Die wesentliche Schwäche dieses Modells besteht nach Meinung seiner Kritiker darin, daß sich aus einem fiktiv und advokatorisch geschlossenen Gesellschaftsvertrag keine realistischen Prinzipien für Menschen entwickeln lassen, die sehr wohl eine Lebensgeschichte mit bestimmten Vorlieben und Interessen haben und zweitens in ihrem täglichen Leben in einer parlamentarischen Demokratie unter den Bedingungen einer ausdifferenzierten Industriegesellschaft einen de facto bestehenden Gesellschaftsvertrag immer wieder bekräftigen. Deshalb tritt für Walzer, Sandel[7] und andere Kommunitaristen methodisch an die

Stelle der Rekonstruktion eines fiktiven Vertrages die Kritik oder Bekräftigung jener Lebensformen und Verfassungen, denen die Mitglieder politisch verfaßter Gemeinschaften tatsächlich folgen. Demnach ließe sich die „kommunitaristisch" inspirierte Debatte wie folgt charakterisieren: Der Kommunitarismus ist eine politische Ethik, die sich von einem soziologischen und politischen Problem, dem Problem sozialer Integration leiten läßt. Daher geht es den Kommunitaristen darum, eine Ethik zu entwerfen, die vom Vorrang gemeinschaftlichen Lebens vor individueller Selbstbestimmung ausgeht und die vor der methodologischen Herausforderung steht, eine materiale Wertethik gegenüber prozedural-prinzipienorientierten Pflichtethiken auszuweisen.

„Eine gemeinschaftsorientierte Perspektive", so heißt es in den einleitenden Bemerkungen des 1994 von Amitei Etzioni und anderen publizierten *Kommunitaristischen Manifests*, „schreibt keine besondere Politik vor; eher lenkt sie die Aufmerksamkeit auf das, was in den heutigen politischen Debatten häufig keine Beachtung findet: die soziale Seite der menschlichen Natur; die Verantwortung, die Staatsbürger individuell und kollektiv in einer Rechtsordnung übernehmen müssen; auf die zerbrechliche Ökologie der Familie und der Gemeinschaften, die sie unterstützen; auf die kurzzeitigen Auswirkungen und langfristigen Folgen gegenwärtiger Entscheidungen."[8]

Über solche allgemeinen Forderungen hinaus haben einige Kommunitaristen durchaus striktere Vorstellungen von gesellschaftlichen Pflichten: Die Forderung nach einem Arbeitsdienst etwa, die lange vor Etzioni schon von Walzer erhoben wurde, resultiert bei diesem aus der Einsicht, daß bestimmte Typen der Arbeit entwürdigend und erniedrigend sind und daß diejenigen, die derlei Arbeiten für Geld übernehmen, ihre Entwürdigung notgedrungen fortschreiben. Das Vorhandensein entwürdigter Mitglieder in einem staatlichen Gemeinwesen verletzt aber Walzers Grundintuition allen politischen Zusammenlebens: die wechselseitige Anerkennung aller Bürger als Anerkennender – würdelose Menschen sind nicht nur in sich selbst verletzt, sondern gefährden darüber hinaus die Würde anderer. Indem in einem Arbeitsdienst stigmatisierte Tätigkeiten ohne Rücksicht auf Verdienst oder Einkommen allen gleichermaßen aufgenötigt werden, wird das soziale Stigma aufgehoben. Schließlich sei – so Walzer – der Kampf gegen die Übermacht des Geldes, gegen die Verquickung von Reichtum und Macht, möglicherweise der subtilste und vornehmste Ausdruck von Selbstachtung in unserer Zeit. Die soziale Natur der Menschen, soziale Pflichten und soziale Lebensformen als Fokus des kommunitaristischen Interesses verweisen in dieser Perspektive nicht nur auf ihr direktes Komplement, nämlich die menschliche Fähigkeit zur Individualität und Freiheit, sondern auch auf soziale und individuelle Pflichten. Dort, wo sich der Kommunitarismus als Korrektiv zu individualistischen Tendenzen erklärt, weist er also darauf hin, welche Themen der liberale Diskurs überstrapaziert. Die von Kommunitaristen hervorgehobene Bedeutung sozialer Pflichten impliziert demgegenüber, daß gegenwärtig die in individuellen Rechten verankerten Ansprüche von Individuen eine Ursache nicht nur der faktischen Anomie, sondern auch der schwindenden Integration der Gemeinwesen sind. Die Betonung von Pflichten und der sozialen Natur des menschlichen Wesens setzt nicht nur voraus, daß beides von materiellen Bedingungen relativ unabhängig ist, sondern auch, daß die starke Ausrichtung liberaler Gesellschaften an Gleichheit und Gleichberechtigung womöglich eine der Ursachen ihres Verfalls ist. Insofern erweist sich der Kommunitarismus nicht nur als eine Ethik aus dem Geist der Soziologie, sondern darüber hinaus als eine politische Ethik, die den Bestand des Gemeinwesens den Ansprüchen der in ihm lebenden Individuen überordnet. Wie chancenreich ist eine politische Ethik, die ein deskriptives soziologisches Argument – die funktionale Differenzierung – in ein moralisches Argument ummünzt und glaubt, Differenzen in den sogenannten Verteilungsfragen auf sich beruhen lassen zu können, wenn nur Gemeinsamkeit in der Integrationsfrage bestehen und diese Integrationsfrage zudem durch die stärkere Betonung sozialer Pflichten gelöst werden soll? Vor allem aber steht folgende Frage zur Beantwortung an: Läßt sich normative Integration eher durch Orientierung an gemeinschaftlichen oder individualistischen Werten erzielen? Lassen sich überhaupt Alternativen auch und gerade pädagogischer Art aufweisen, die auch unter modernen Umständen – jenseits des wertkonservativen Appellierens der Kommunitaristen – zur Bildung von Citoyens führen könnten? Läßt sich auf moderne, liberale Gesellschaften das Programm tugendhafter Bürger, wie Rousseau es anstrebte, überhaupt anwenden?[9]

Vor diesem Hintergrund scheint zumindest klarzuwerden, warum eine am soziologischen Interessen- und Konfliktbegriff orientierte Emanzipationspädagogik systematisch scheitern mußte. Die Einübung in das Wahrnehmen von Interessen im Rahmen einer mit marxistischen Kategorien als prinzipiell widersprüchlich beurteilten Gesellschaft fördert Haltungen, die das Vertreten ureigenster Interessen, sei es als Arbeiter, als Frau, als Mitglied einer Partei mit der Durchsetzung vernünftiger Verhältnisse kurzschließt und damit den gleichen Fehler begeht, dem schon Marx erlegen war, als er die kontingente historische Größe der europäischen Arbeiterbewegung geschichtsphilosophisch als das Subjekt einer menschheitlichen Emanzipation auswies. Aus der Geschichte der Arbeiterbewegung läßt sich in vielfacher Hinsicht lernen, welchen Gefahren der Kurzschluß von Emanzipation und Interesse unterliegt. Nicht nur tendiert diese Haltung dazu, kontingente Interessen auf Kosten anderer, noch Schwächerer zu verabsolutieren, sie fördert darüber hinaus einen schleichenden Prozeß der Entpolitisierung. In dem Ausmaß nämlich, in dem jene Organisationen, die strategisch zur Durchsetzung des Interesses aufgebaut wurden, erfolgreich sind, also Prämien auf Mitgliedschaften aussetzen, wird die Bereitschaft der Mitglieder zur Investition von Zeit und Geld schon deshalb sinken, weil damit das Input-Output-Verhältnis für den einzelnen Interessenten immer günstiger wird. Nur auf Interessen aufgebaute Organisationen, das haben die Theorien des „rational choice" gezeigt, bringen zwangsläufig das sogenannte „free rider-", das „Trittbrettfahrersyndrom" hervor und befördern damit zugleich die Schwächung der Interessentenorganisation durch Motivationsentzug.[10]

Nun hat der Emanzipationsbegriff der neueren politischen Bildung nie versäumt, auf beides, auf Interessen und auf normative Ziele hinzuweisen, nämlich auf das Ziel der Mündigkeit. Dieses Ziel der Mündigkeit wurde unter anderem im Rückgriff auf Kants Maxime der Aufklärung, als der Fähigkeit, sich mutig und entschlossen seines Verstandes ohne Leitung anderer zu bedienen,[11] definiert. In unserem Zusammenhang ist aber darauf hinzuweisen, daß diese Definition nur der erste Schritt eines umfassenderen Aufklärungsprojekts darstellt, dessen Zentrum für Kant im öffentlichen, d. h. politischen Gebrauch des Verstandes liegt, einem öffentlichen Gebrauch, der nicht anders als frei gedacht werden kann. Die Freiheit dieses öffentlichen Gebrauchs aber bedarf – zu ihrer Ausbreitung und Bewahrung – der Gesetze, d. h. der öffentlichen Institutionen. Wenn also Mündigkeit ihre Erfüllung und Entfaltung nur in ihrem gesetzlich geschützten öffentlichen Gebrauch findet, dann mündet jede Theorie der Emanzipation mit begrifflicher Notwendigkeit in eine Theorie der Politik als sich selbst aufklärenden Öffentlichkeit, während umgekehrt jede liberale Theorie der Politik den Gedanken einer autonomen Person voraussetzt.

Es ist dieses wechselseitige Verweisungsverhältnis, das den Inhalt einer „Theorie politischer Bildung" ausmacht. Auch an diesem Problem bewährt sich der genetische Strukturalismus in besonderer Weise. Während sich die an Freud und Marx orientierte Kritische Theorie der Gesellschaft vor allem mit den kognitiven Beeinträchtigungen, die den Subjekten durch die kapitalistische Vergesellschaftung, durch Warenförmigkeit der Interaktionen und entsprechende neurotische Sexualunterdrückung angetan wurde, beschäftigte, weisen normative Theorien der liberalen Gesellschaft auf die grundlegende Rolle hin, die die Unterstellung einer rationalen und autonomen Person für das Konzept einer gerecht geordneten Gesellschaft spielt. So wollte sich Rawls in ergänzenden Arbeiten zu seiner *Theorie der Gerechtigkeit* daran erinnern, „daß in einer kantischen Auffassung die Parteien als freie und gleiche moralische Personen betrachtet werden. Sagt man von ihnen, sie seien moralische Personen, so heißt dies, daß sie eine Konzeption des Guten (ein System letzter Ziele) und die Fähigkeit haben, eine Gerechtigkeitskonzeption zu verstehen und ihr zu folgen. Nun kann die Freiheit moralischer Personen unter zwei Rubriken gefaßt werden: Erstens nehmen sie als freie Personen an, daß sie ein höchstrangiges Interesse daran haben, alle ihre anderen Interessen, selbst ihre grundlegenden, durch Vernunft zu regulieren, das heißt durch rationale und vernünftige Grundsätze, die Ausdruck ihrer Autonomie sind. Überdies sehen sich freie Personen nicht als unlösbar mit einem Ziel oder einer Gruppe von Zielen verbunden, sondern sie betrachten sich als jederzeit in der Lage, ihre Ziele im Lichte vernünftiger Überlegungen zu bewerten und zu ändern. Zweitens nehmen wir an, daß freie Personen für ihre Interessen und Ziele verantwortlich sind. Sie sind in der Lage, ihre Bedürfnisse und Wünsche zu kontrollieren, zu revidieren und gegebenenfalls für sie die Verantwortung zu übernehmen."[12]

Nach dieser Auffassung genügt für eine funktionierende liberale Gesellschaft die Persönlichkeitseigenschaft, die Tugend rationalen Abwägens. Es scheint, als habe Rawls das Element affektiver Solidarität, das sich als eine Theorie wechselseitiger Anerkennung zwanglos in die Theorie moralischer Urteilsentwicklung und -ausübung einbetten läßt,[13] in dieser Konzeption nicht vorgesehen. Dieses Problem, die Konstruktion der autonomen Person, wird unten im Zuge der Erörtrung dessen, was ein „demokratischer Charakter" sein könnte, noch einmal aufgenommen. Lassen sich gegenüber Rawls' „dünner" Theorie der autonomen Person hinaus Charaktereigenschaften und Persönlichkeitsprofile benennen, die Menschen in besonderer Weise dazu befähigen, an demokratischen Prozessen teilzunehmen und demokratische Lebens- und Herrschaftsformen aufrechtzuerhalten? Oder lassen sich zumindest jene Charaktereigenschaften benennen, die dieser Teilhabe entgegenstehen?

Auf der Basis der klassischen Psychoanalyse Sigmund Freuds haben Horkheimer und andere bereits zu Beginn der dreißiger Jahre *Studien zu Autorität und Familie*[14] veröffentlicht, in denen sie eine bestimmte Form triebversagender und repressiver Erziehung in der Familie durch Väter, die in der Gesellschaft des verwalteten Kapitalismus ihre Eigenständigkeit nicht bewahren können, zur Ursache „autoritärer“ Einstellungen vor allem bei den männlichen Kindern erklärten. Die durch Triebversagung und mangelnde Anerkennung gekennzeichnete Sozialisation läßt ein rigides Über-Ich und ein schwach entwickeltes, wenn nicht beinahe ganz fehlendes Ich entstehen, das bei den entsprechenden Personen Unterwürfigkeit sowie den Wunsch nach Unterwerfung anderer auslöst und es ihnen zudem unmöglich macht, bei normativen Konflikten Ambivalenzen auszuhalten. Die *Studien zu Autorität und Familie* haben Anstoß zu einer weiterführenden „Theorie der autoritären Persönlichkeit“ mit entsprechend ausgearbeiteten Meßinstrumenten geführt, die zum Gegenstand vieler Kritiken und Weiterentwicklungen wurde. Wurde ursprünglich noch angenommen, daß „autoritäre“ Einstellungen eine besondere Affinität zu faschistischen und rechtsextremen Haltungen aufweisen, so zeigte sich später, daß „Autoritarismus“ gleichermaßen mit linken Haltungen einhergehen konnte. Neben einer Kritik an den Konstruktionsprinzipien, der Validität und Reliabilität der sogenannten „F-Skala“ (Faschismusskala) wurde der auf eine mißglückte oder geglückte Familiensozialisation abstellenden Theorie vor allem entgegengehalten, sich lediglich auf – möglicherweise verzerrtes – anamnetisches Material bezogen zu haben und keine wirklich aufschlußreichen Längsschnittstudien präsentieren zu können. Die zwar plausiblen, aber empirisch im strengen Sinne nicht haltbaren Annahmen der autoritären Persönlichkeit[15] haben folgerichtig die Untersuchungsperspektive in Richtung positiv-demokratischer Persönlichkeitsmerkmale bzw. den ihnen zugrundeliegenden kognitiven Kompetenzen geführt. Vor allem neuere Untersuchungen[16] bedienen sich hierzu der Theorie der moralischen Urteilsentwicklung mit der Vermutung, daß ein wesentlich an existierenden gruppenbezogenen oder auch institutionellen Normen orientiertes konventionelles Bewußtsein zu autoritären Haltungen neigt, während postkonventionelle Bewußtseinsformen, die sich nicht an vorgegeben Normen, sondern an abstrakt-prozeduralen Prinzipien orientieren, zugleich Ambivalenztoleranz, Konfliktfähigkeit und eine gewisse Normenflexibilität sowie die Fähigkeit, sich empathisch auf die Interessen anderer einzulassen, an den Tag legen.

Was aber sind demokratische Lebensformen, was ist „Demokratie“? Ist sie jene Lebensform, die es ermöglichen würde, die Aristotelische Lehre vom „Zoon politikon“ und seinen Tugenden mit einer Theorie der Moderne zu verbinden?

Der Vorschlag, „Demokratie“ als Inbegriff aller Lebensformen zu verstehen, ist von dem US-amerikanischen Philosophen John Dewey nicht nur in seinem pädagogischen Hauptwerk unterbreitet worden.[17] Demokratie ist für Dewey nicht eine beliebige unter mehreren Lebensformen, sondern Inbegriff jeden sozialen Lebens überhaupt. Als Inbegriff des sozialen Lebens verkörpert sie eine Tendenz und Dynamik aller sozialen Beziehungen derart, daß sie keinen je erreichbaren Zustand, sondern einen Prozeß beschreibt, dessen Ziele – z. B. Brüderlichkeit, Freiheit und Gleichheit – vom Vollzug gemeinschaftlichen Lebens nicht zu trennen sind. Damit steht John Dewey tatsächlich in jener Aristotelischen Tradition, die den Menschen als ein – auch biologisch konstituiertes – politisches Wesen sieht. Dewey überbietet diese Perspektive freilich dadurch, daß er die anthropologische Grundlage auf wechselseitige Kooperation und damit auf „Demokratie“ umstellt. Die Institutionen etablierter demokratischer Systeme erscheinen so als temporäre, jederzeit revidierbare und optimierbare Einrichtungen zur Weiterentwicklung menschlicher Persönlichkeiten und Beziehungen. 1927, als sich in den USA eine erste große Modernisierungskrise abzuzeichnen begann, verfaßte John Dewey, der Begründer der amerikanischen Reformpädagogik, ein Buch über die „Probleme der Öffentlichkeit“. Als Idee, so plädiert er, sei die Demokratie keine Alternative zu anderen Formen des sozialen Lebens. Nein, die Idee der Demokratie sei letztlich mit der Idee der Gemeinschaft identisch. Das klare Bewußtsein gemeinschaftlichen Lebens begründe mit all seinen Auswirkungen die Idee der Demokratie. Wahre Gemeinschaft wirkt nur dort, wo Demokratie herrscht, wo sich alle anerkannt sehen, wahre Demokratie nur dort, wo alle durch ein gemeinsames Bewußtsein, dem gleichen Gemeinwesen angehörig und ihm verantwortlich zu sein, geprägt sind. Dieses Bewußtsein, das mehr ist als nur ein Wissen, nämlich ein grundsätzliches Lebensgefühl, ist auf das Zusammenwirken der Generationen, die Erfahrung der einen und den Erneuerungswillen der anderen angewiesen. Vor allem aber – so John Deweys tiefste Überzeugung – hängt eine demokratische Lebensform von einer ungehinderten und sich soweit wie möglich transparenten Öffentlichkeit ab, also davon, daß alles, was das demokratische Gemeinwesen bewegt und angeht, allen seinen interessierten und engagierten Mitgliedern offensteht. Gemeinschaftliches, auf Reziprozität, wechselseitige Anerkennung und gemeinsame Problemlösung ausgerichtetes Leben ist diejenige evolutionär erworbene Form, in der allein die menschliche Gattung ihre Intelligenz, ihre Problemlösungskapazitäten ausbilden konnte. Undemokratische Lebensformen vermindern damit zugleich die Entfaltung und Entfesselung menschlicher Erfahrungs- und Erkenntnismöglichkeiten.

Ob die Hoffnungen, die John Dewey mit dieser demokratischen und lernbezogenen Anthropologie in den späten zwanziger Jahren hegte, dem Test nüchterner politikwissenschaftlicher Analyse standhalten, ist fraglich. Ob die Kultivierung und Ermutigung demokratischer Lebensformen tatsächlich dazu beitragen kann, hochkomplexe Gesellschaften wie die USA in eine „große Gemeinschaft“[18] zu verwandeln, ist zumindest dann zweifelhaft, wenn man wie Dewey an eine Erneuerung gemeinschaftlichen Lebens durch die Demokratisierung von Familie und Heimatgemeinde glaubt.[19] Lassen sich verselbständigte soziale Superstrukturen so in den Horizont der Akteure zurückholen? Vermögen noch so freundschaftlich strukturierte Sozialisationsverläufe jene Verluste an legislatorischem Einfluß, die mit der Auflösung des Nationalstaats einhergehen, mittelfristig zu kompensieren? Dies sind offene, empirisch zu klärende Fragen, bei denen aber eines feststehen dürfte: Ohne eine weitergehende Entfaltung demokratischer Lebensformen im Bereich der Sozialisation ist an eine auch nur begrenzte Kontrolle politischer Institutionen gar nicht zu denken. Insoweit stellt Bildung zur Demokratie auf jeden Fall eine notwendige, gewiß keine hinreichende Bedingung verfaßter Freiheit dar.

Indem Dewey die „Demokratie“ in diesem Sinn als eigene Lebensform thematisiert, folgt er einer Intuition, die schon in der Antike prominent war und sich in den klassischen Werken der antiken Theorie der Politik deutlich ausgesprochen hat: „Das meiste davon haben jedoch wir selbst hier, die jetzt noch Lebenden, in unseren reifen Jahren ausgebaut und die Stadt in allem so ausgestattet, daß sie zu Krieg und Frieden sich völlig selber genügen kann. [...] Aber aus welcher Gesinnung wir dazu gelangt sind, mit welcher Verfassung, durch welche Lebensform wir so groß wurden, das will ich darlegen, bevor ich dann zum Preis unsrer Gefallenen mich wende [...]. Die Verfassung, nach der wir leben, vergleicht sich mit keiner der fremden [...]. Mit Namen heißt sie, weil der Staat nicht auf wenige Bürger, sondern auf eine größere Zahl gestellt ist, Volksherrschaft. Nach dem Gesetz haben in den Streitigkeiten der Bürger alle ihr gleiches Teil, der Geltung nach aber hat im öffentlichen Wesen den Vorzug, wer sich irgendwie Ansehen erworben hat, nicht nach irgendeiner Zugehörigkeit, sondern nach seinem Verdienst; und ebenso wird keiner aus Armut, wenn er für die Stadt etwas leisten könnte, durch die Unscheinbarkeit seines Namens verhindert. Sondern frei leben wir miteinander im Staat und im gegenseitigen Verdächtigen des alltäglichen Treibens, ohne dem lieben Nachbar zu grollen, wenn er einmal seine Laune lebt, und ohne jenes Ärgernis zu nehmen, das zwar keine Strafe, aber doch kränkend anzusehen ist. Bei soviel Nachsicht im Umgang von Mensch zu Mensch erlauben wir uns doch im Staat, schon aus Furcht, keine Rechtsverletzung, im Gehorsam gegen die jährlichen Beamten und gegen die Gesetze, vornehmlich die, welche zu Nutz und Frommen der Verfolgten bestehen, und gegen die ungeschriebenen, die nach allgemeinem Urteil Schande bringen."[20]

In dieser Rede gewinnt Kontur, was Aristoteles später – persönlich durchaus ein Skeptiker in bezug auf die Demokratie – als deren mögliches höchstes Gut ausgewiesen hatte: eine gemeinsame, unter gemeinsam beschlossenen Gesetzen stehende tolerante Lebensweise, die sich in besonderer Weise den Verfolgten zuwendet. Diese Lebensweise ist zugleich dadurch ausgezeichnet, daß die Bürger miteinander – ohne Rücksicht auf Rang und Namen – darum wetteifern, sich für das der Stadt Beste einzusetzen. Schon die Antike ahnte also oder wußte, daß die Stadt oft als Fremde erfahren wird, daß sie aber durch die Form der Familie zur Heimat werden kann, daß sie dem menschlichen Wesen besonders gemäß ist, weil sie einen Raum der gesetzlich garantierten Freiheit und der Toleranz, eine Lebensweise darstellt, die sich den Schutz der Verfolgten ebenso auf ihre Fahnen geschrieben hat wie den Glauben, daß diese Lebensweise nur dann funktioniert, wenn sich alle Bürger in besonderer Weise für sie einsetzen. Gleichwohl: Das klassische Athen war eine Stadt, die in keinem Fall mehr Aktivbürger zählte als eine beliebige Kleinstadt. Die soziale Situation der Antike ist – nicht nur wegen der Sklaverei und der Unterdrückung von Frauen – in keiner Hinsicht mit unserer Lage zu vergleichen. Die griechische Gesellschaft war wesentlich weniger differenziert als unsere Gesellschaft, soziale Ungleichheit bei materiellen Gütern wurde grundsätzlich akzeptiert. Die damals vorherrschende Demokratie kannte weder Gewaltenteilung noch Minderheitenschutz.[21] Vor allem aber war der griechischen Antike der Gedanke eines Wertepluralismus fremd. Zwar war den Sophisten klar, daß alle Werte und Überzeugungen einzig und allein den Menschen zuzurechnen sind, zwar glaubten die Menschen nicht an einen, sondern an mehrere Götter – dennoch wäre es ihnen undenkbar erschienen, sich ihrem gemeinsamen Leben, ihren Normen und Werten gegenüber skeptisch zu verhalten. Ein attischer Bürger wußte, was das Leben lebenswert machte – der Gedanke, daß man auch ganz anders leben könne, sich etwa dem Kriegsdienst verweigern, die jährlichen Theaterfestspiele auslassen oder gar die sexuellen Sitten kritisieren könne, war ihnen unvorstellbar. Die durch und durch moderne, liberale Vorstellung gar, daß der Bürger den Gesetzen Folge zu leisten und Steuern zu zahlen habe, ansonsten aber seine Ruhe vor den öffentlichen Angelegenheiten beanspruchen dürfe, wäre ihnen als ein Mißverständnis ihrer Lebensform vorgekommen. Es ist daher zu fragen, ob der Gedanke einer verpflichtenden Aktivbürgerschaft überhaupt in einer modernen Gesellschaft, die sehr grundsätzlich durch einen nicht behebbaren Wertepluralismus gekennzeichnet ist, wiederholbar ist. Die Totenrede des Perikles artikuliert präzise, worin ein demokratisches Lebensgefühl bestehen könnte, ohne indes eine Theorie dieser Lebensform zu entwerfen. Wenn überhaupt, dann wurde „Demokratie“ vor allem als eine unter mehreren Herrschaftsformen verstanden – in systematischer Hinsicht zuerst bei dem Philosophen Aristoteles. Als politisch verfaßte Lebensform ist die Demokratie in der griechischen Antike, vor allem in Athen, entstanden. Aristoteles ging so weit, den Menschen überhaupt durch seine Fähigkeit zum Stadtleben zu definieren: Der Mensch sei das „Zoon politikon“, das politische Lebewesen, wobei unter „politisch“ hier in erster Linie nicht die Entscheidungsfindung über den Einsatz von Geldern oder das Verabschieden von Gesetzen verstanden wurde, sondern das Leben in einer städtischen im Unterschied zum Leben in einer dörflichen Gemeinschaft. Die mittelalterlichen Übersetzer des Aristoteles, die den Begriff „Zoon politikon“ mit dem lateinischen „animal sociale“ übersetzten, haben ihn mißverstanden: In einer Stadt zu leben, ist nicht dasselbe, wie in einer Gemeinschaft zu leben: „Alles, was Staat, was Polis heißt“, so beginnt Aristoteles Buch über die Politik, „ist ersichtlich eine Art von Gemeinschaft, und jede Gemeinschaft besteht zu dem Zweck, irgendein Gut zu erlangen. Denn um dessentwillen, was ihnen ein Gut zu sein scheint, tun überhaupt alle, was sie tun. Wenn aber eine Gemeinschaft irgendein Gut zu erreichen strebt, so tut dies offenbar ganz vorzugsweise und trachtet nach dem vornehmsten aller Güter diejenige Gemeinschaft, die die vornehmste von allen ist und alle anderen in sich schließt. Dies ist aber die Stadt und die städtische Gemeinschaft."[22]

Haben wir nicht allen Grund, derlei Lobgesängen zu mißtrauen? Ist es nicht so, daß – Aristoteles war, wie oben gezeigt, unfähig, die Frage nach der Möglichkeit von Freien und Sklaven zu lösen – das vielgerühmte demokratische Athen eine Art Zwangsgemeinschaft ohne Menschenrechte war, in der die Frauen zu Hause eingesperrt, die Sklaven drangsaliert wurden und die Ausländer rechtlos gestellt waren? War die Stadt nicht stets mehr Ideologie als Wirklichkeit? Kam sie jemals ihrer eigenen Idee nach?

Ist es heute nicht als Fortschritt anzusehen, daß der Staat sich bei der Durchsetzung von Werten Zurückhaltung auferlegt? Diese Zurückhaltung staatlicherseits zu wahren, ist gewiß ein Fortschritt, hinter den nicht zurückzufallen ist. So kennt die Moderne – anders als die Antike – das Auseinandertreten von Staat, Kultur und Gesellschaft. Nichts spricht dagegen, den Staat in seiner relativen Neutralität und Zurückhaltung zu belassen, aber – ganz ohne Zwang – es der Gesellschaft und ihren pluralen Gruppen zu ermöglichen, auf der Basis ihrer je unterschiedlichen Überzeugungen für allgemein verbindliche Werte einzutreten, sie vorzuleben und damit für sie zu werben. Gemeinsame Werte dürften im Zeitalter des Pluralismus kaum noch möglich sein – anstatt sich aber auf die hoffnungslose Suche nach einem einigenden inhaltlichen Band zu begeben, könnte man sich klarmachen, daß das einigende Band in nichts anderem bestehen kann, als in der Organisation des gleichberechtigten Dialogs unterschiedlicher Perspektiven. Wir könnten verstehen, daß das einigende Band, das gemeinsame Gut des politischen Gemeinwesens nicht etwas ist, das bereits vorliegt und nur entdeckt werden muß, sondern als etwas, das sich je und je herstellt. Dazu bedarf es institutioneller und persönlicher Rahmenbedingungen. Institutionen, in denen alle gleichberechtigt sind und in denen jede Sicht- und Erfahrungsweise eine faire Chance hat, zum Ausdruck und zur Wirksamkeit zu kommen, sind demokratische Institutionen.

Von Aristoteles, der diese Form politischer Herrschaft zum ersten Mal systematisch untersucht hat, stammt die Feststellung, daß die Grundlage der demokratischen Verfassung die Freiheit sei: „Von der Freiheit nun aber ist zunächst ein Stück, daß das Regieren und

Regiertwerden reihum geht. Denn das demokratische Recht ist die Gleichheit nach der Zahl und nicht nach der Würdigkeit. Daraus folgt aber, daß in den Demokratien die Armen größere Gewalt besitzen als die Reichen, denn sie bilden die Mehrzahl, und was diese beschließt, hat die bindende Gewalt über alle. Das ist denn das eine Merkmal der Freiheit [...]; das zweite aber ist, leben zu können, wie man will. Sie behaupten nämlich, dies sei die wirkliche Aufgabe der Freiheit, wenn es die Eigentümlichkeit des Sklaven ist, nicht leben zu können, wie er will. Aus dieser Bestimmung der Freiheit folgt nun aber wieder, daß man sich nicht regieren läßt, und zwar am liebsten von niemandem, soweit dies aber unmöglich ist, nur abwechslungsweise, und so trifft denn hierin dies zweite Merkmal der Freiheit mit dem ersten, nämlich der Gleichheit zusammen."[23]

In Aristoteles' Erläuterung sind alle Eigentümlichkeiten und Probleme dieser Form staatlichen Zusammenlebens enthalten. Demokratische Lebensformen zeichnen sich dadurch aus, daß sich ihre Teilhaber qualitativ nicht voneinander unterscheiden und sie daher allen gleiche Rechte (isonomia) einräumen. Ihr Ziel ist die Freiheit aller Rechtsgenossen beim Führen eines Lebens, das keinem höheren Prinzip als dem eigenen Willen unterworfen sein soll. Funktional unumgängliche Herrschaft im Rahmen der Gesetze ist durch Mehrheitsherrschaft auf Zeit sowie durch eine weder durch Geburt noch durch Verdienst, sondern allein durch Wahl oder Los gesteuerte Rekrutierung der Staatsbeamten geregelt. Gleichwohl entspricht der griechische Begriff der Demokratie nicht der Demokratie moderner Verfassungsstaaten: Auf Dauer gestellte persönliche Freiheitsrechte gegenüber der Herrschaft der jeweiligen Mehrheit sind ihnen trotz einiger mythischen Stiftern zugeschriebenen „Grundgesetze" ebenso unbekannt wie der Gedanke einer unabhängigen Justiz. Zudem kann die griechische Demokratie das Inklusionsproblem nicht lösen: Der systematische Ausschluß von Frauen, Sklaven und Beisassen aus der Gemeinschaft der Rechtsgenossen wird zwar festgestellt, aber nur von ausgesprochen undemokratischen Denkern wie Platon kritisiert.

In der Neuzeit tritt neben den Gedanken der Gleichheit der Rechtsgenossen und die Mehrheitsregel das Prinzip einer Herrschaft der Gesetze sowie die Frage nach einer letztlich verbürgenden Legitimationsquelle, kurz: die Frage nach der Souveränität. Indem das politische Denken der Neuzeit den Gedanken der Volkssouveränität in seinen Mittelpunkt stellt, begründet es das demokratische Prinzip anders, als die Antike dies vermochte. Während es der

Antike auf Gerechtigkeit und verbindliche politische Partizipation ankam, sie sich aber gleichwohl noch Prinzipien unterwarf, die sich einem sinnvollen Kosmos und nicht der Willkür der Bürger verdankten, löst sich das demokratische Denken der Moderne von dieser Voraussetzung und erkennt, daß auch die Prinzipien politischen Zusammenlebens auf nichts anderem beruhen können als auf dem Willen der Bürger und daß es hinter diesem Willen nichts anderes gibt, das ihn in sein Recht einsetzen könnte. Im siebten Kapitel des ersten Buches des *Contrat social* schreibt Rousseau über jenen demokratischen Souverän, der sich durch einen Entäußerungsvertrag aller mündigen Bürger eines gegebenen Territoriums gebildet hat: „Darüber hinaus muß beobachtet werden, daß der öffentliche Beschluß, der alle Untertanen gegenüber dem Souverän verpflichten kann, aufgrund der zwei unterschiedlichen Beziehungen, unter denen jeder von ihnen gesehen werden muß, aus dem entgegengesetzten Grund den Souverän nicht gegen sich selbst verpflichten kann und daß es infolgedessen gegen die Natur der politischen Körperschaft ist, daß sich der Souverän ein Gesetz auferlegt, das er nicht brechen kann. Da er sich nur in ein und derselben Beziehung sehen kann, ist er dann in der Lage eines Einzelnen, der einen Vertrag mit sich selbst schließt: daraus sieht man, daß es für den Volkskörper keinerlei verpflichtendes Grundgesetz gibt noch geben kann, welcher Art auch immer, nicht einmal den Gesellschaftsvertrag."[24] Doch war Rousseau fest davon überzeugt, daß dieses Souveränitätsmodell nur dann funktionieren würde, wenn die Bürger dieses Gemeinwesens, den Römern der Antike gleich, patriotische Tugenden entwickeln würde.[25]

Für das, was eine Gemeinschaft von Staatsbürgern ihrem Wesen nach ist, hat die neuere politische Theorie die Auffassung geprägt, daß sie sich vorstaatlichen Vertragsschlüssen der Bürger über ihr Zusammenleben verdankt.[26] Die neuzeitliche Theorie der Volkssouveränität in ihrer vertragstheoretischen Lesart zeichnet sich dadurch aus, daß sie eine auf Gleichheit und Freiheit beruhende Lebensform nicht nur material anstrebt, sondern zugleich für deren einziges Legitimitätsprinzip hält. Die zwischen Rousseau und Locke, zwischen den Prinzipien der US-amerikanischen und französischen Revolution zu Tage tretenden Unterschiede verweisen freilich auf eine Differenz, die die Frage nach dem Wesen der Demokratie bis heute bestimmt: die Frage nach dem Verhältnis von Demokratie und Liberalismus, also nach dem Verhältnis eines über Abstimmungen je und je entstehenden allgemeinen Willens zu einer

Reihe unbedingt geltender Menschen- und Eigentumsrechte bzw. danach, ob beides miteinander identisch oder – wenn unterschiedlich – überhaupt miteinander verträglich ist. Ist, so der liberale Einwand, der Gedanke eines rechtsförmig auf Zeit über Mehrheiten in Kraft gesetzten allgemeinen Willens nicht immer von der Gefahr einer „Tyrannei der Mehrheit" bedroht? Unterhöhlt umgekehrt nicht eine Politik der Grundrechte, die zu massiven Privilegierungen eines Teils der Bevölkerung auf Kosten des anderen Teils hinausläuft, die eigenen liberalen Ansprüche?

Die Theorien der Demokratie im neunzehnten und zwanzigsten Jahrhundert haben sich in diesem Sinn vor allem dem Verhältnis von Demokratie und Gesellschaft gewidmet und dabei die Frage nach ihrer Funktion gestellt. Während Marx in seinen politischen Schriften eine verabsolutierte Ausrichtung auf die Grundrechte für den Inbegriff einer aufs Eigentum und damit auf den Egoismus gerichteten Grundeinstellung und darüber hinaus das republikanische und konstitutionelle Frankreich seiner Zeit für eine „Diktatur der Bourgeoisie" hält,[27] vertritt sein Zeitgenosse Alexis de Tocqueville in seinem ein Jahrzehnt zuvor verfaßten Werk *Über die Demokratie in Amerika*[28] die Auffassung, daß demokratische Regierungsformen welthistorisch unaufhaltsam seien, aber in der anhebenden Massengesellschaft durch ungeeignete Elitenauswahl und mangelnde Kontrolle bei der Durchsetzung des Mehrheitswillens von innen bedroht seien. Entsprechend lassen sich die im neunzehnten und zwanzigsten Jahrhundert entwickelten Theorien der Demokratie in realistische und normative Theorien einteilen. Während dort demokratische Regierungsformen vor allem als Ausdruck von Gruppeninteressen bzw. in ihrer Funktion zur Aufrechterhaltung gesellschaftlicher Ordnung betrachtet werden, gelten sie hier als Medium individueller oder kollektiver Freiheit bzw. als Inbegriff einer idealen Lebensform, die in einem stets fruchtbaren Spannungsverhältnis zu den jeweils existierenden Institutionen steht. In diesem Sinn läßt sich „Demokratie" als Regierungssystem, als Legitimationssystem, als Herrschaftsform sowie als „Verhaltensprinzip" erläutern.

Von den italienischen Elitetheoretikern des neunzehnten Jahrhunderts, vor allem Vilfredo Pareto, zieht sich über den deutschen Parteiensoziologen Robert Michels bis zu dem österreichischen Ökonomen und Soziologen Joseph Schumpeter sowie dem deutschen Staatsrechtler Carl Schmitt eine Argumentationslinie, die die Bedeutung demokratischer Lebensformen und Verfahren gegenüber massenhafter Herrschaftslegitimation mittels einer charismatisch hergestellten Identität von Herrschern und Beherrschten bzw. einer auf Zeit gestellten Elitenselektion im Rahmen unvermeidlich bürokratischer Herrschaft abwertet. Demgegenüber haben sowohl liberale als auch republikanische Vertreter des demokratischen Prinzips seine befreienden und erfüllenden Züge hervorgehoben. Von Mills Betonung der nur im Rahmen einer Demokratie möglichen Meinungsfreiheit über Tocquevilles Prinzip einer nowendigen Förderung und Verbesserung der Demokratie bis zu John Deweys Beharren auf der Demokratie als der einzigen Lebensform, die dem menschlichen Wesen entspricht, wird der Gedanke hervorgehoben, daß eine auf gleichen Partizipationschancen und wechselseitiger Anerkennung aller Bürger beruhende Lebensform das einzige Mittel ist, die komplexen Probleme ausdifferenzierter Gesellschaften erfolgreich zu lösen. Unabhängig davon, ob man die Tradition der Vertragstheorie erneuert oder – wie Jürgen Habermas vom bürgerlichen Begriff der Öffentlichkeit ausgehend – die kommunikativen und auf Reziprozität drängenden Züge menschlicher Sprache in den Blick nimmt[29] und von dort aus die gemeinsame Begründung von Rechtsverhältnissen als Motor der politisch-gesellschaftlichen Fortentwicklung des demokratischen Rechts- und Sozialstaats annimmt.

In pädagogischer Hinsicht bleibt indes zu fragen, über welche Eigenschaften Bürger verfügen müssen, um an demokratischen Institutionen und den ihnen entsprechenden Öffentlichkeiten erfolgreich teilnehmen zu können. Man kann diese Frage auch umgekehrt stellen: Welches sind die sozialisatorischen Bedingungen, unter denen demokratische Gesellschaften stehen? Die Frage jedenfalls, ob bestimmten Regierungs- und Herrschaftssystemen auch bestimmte Charaktertypen entsprechen, hat schon Platon im *Staat*, beschäftigt und war seither ein klassisches Thema der Erziehungs- und Sozialphilosophie bis hin zu Tocqueville. Erst die moderne sozialwissenschaftliche Forschung jedoch konnte diese Fragen empirisch zu beantworten suchen.

Unabhängig von theoretischen Überlegungen hat sich der Gedanke einer Erziehung zur Demokratie durch demokratische Lebensformen seit Beginn dieses Jahrhunderts, spätestens aber seit der Reformpädagogik in den verschiedensten pädagogischen Experimenten mit wechselndem Erfolg durchgesetzt. Dabei glichen sich die organisatorischen Prinzipien dieser Experimente bei aller sonstigen Verschiedenheit in den Grundzügen: der Satzungshoheit von

Kindern und Jugendlichen in ihrem Bereich, der Wahl von Leitern, die ermächtigt waren, die Satzungen durchzusetzen, das Einsetzen von Rechtsprechungsinstanzen, die über eventuelle Normbrüche zu befinden hatten, sowie die den Kindern und Jugendlichen zugesprochene Sanktionsgewalt im Falle einer Verurteilung der Normbrecher. Darüber hinaus fanden sich in den meisten, nicht in allen Experimenten Formen kindlicher und jugendlicher Öffentlichkeit wie Zeitungen, allgemeine Vollversammlungen, informatorische Theateraufführungen und in Einzelfällen auch das Radio.

So führte Korczak in seinem Warschauer Kinder- und Waisenheim nicht nur Formen demokratischer Selbstbestimmung ein, sondern ließ auch eine eigene Zeitung einrichten, die ein so großes Echo hervorrief, das sogar Kinder und Jugendliche von außerhalb des Heims an ihr mitwirkten. Piaget, der sich im Jahre 1932 in seinen Studien zur moralischen Entwicklung des Kindes mit der Möglichkeit autonomer kindlicher Regelkompetenz auseinandergesetzt hatte, korrespondierte mit Korczak und propagierte seine Erziehungsmethoden. In den von dem sowjetischen Pädagogen A. S. Makarenko gegründeten Kolonien wählten die Jugendlichen ihre Anführer selbst und verfügten über eine eigene, wenn auch bisweilen drastisch urteilende Sanktionsinstanz, deren Urteile und Maßnahmen immer wieder Gegenstand von Makarenkos Interventionen wurden.[30] Sozialistische Pädagogen der Weimarer Republik und des Österreichs der Zwischenkriegszeit setzten in ihren Bewegungen auf starke Elemente von Selbstbestimmung und Selbstregulierung.[31] Insbesondere das psychoanalytische Einsichten aufnehmende Experiment Siegfried Bernfelds im Wiener Kinderheim Baumgarten, das 1920 abgebrochen werden mußte, basierte auf der Voraussetzung, daß die Aufhebung repressiver Triebbeschränkung, verbunden mit erheblichen Partizipationsmöglichkeiten zum Typus eines neuen Menschen führen müsse. Bernfeld zog aus dem Scheitern des Experiments die Konsequenz, daß die Erziehung niemals demokratischer sein könne, als es die sie umgebenden gesellschaftlichen und politischen Strukturen zuließen.

Von einem wesentlich optimistischeren Geist waren die demokratischen Experimente der vor allem von Dewey getragenen Projekte der US-amerikanischen „progressive education“, die im Bereich der Erwachsenenbildung von Jane Addams initiiert, von Dewey in seiner 1897 auf dem Gelände der Universität von Chicago gegründeten Versuchsschule (Laboratory School) umgesetzt wurden. Auch Dewey war 1904 gezwungen, sein Experiment aufgrund bürokratischer Obstruktion abzubrechen.[32] Anders als Bernfeld jedoch gab Dewey, der jede geschichtsdeterministische Theorie als metaphysisch ablehnte, das Prinzip einer Affinität, ja geradezu wechselseitigen Verwiesenheit von Demokratie und Erziehung niemals auf. Lawrence Kohlberg, der in seinem theoretischen und praktischen Werk die Impulse Piagets und Deweys miteinander verband, initiierte erste demokratische Schulexperimente in den frühen achtziger Jahren des zwanzigsten Jahrhunderts in einer Reihe von High Schools für deviante Jugendliche im New Yorker Stadtteil Bronx.[33] Das Modell der „Just Community" in Schulen, Jugendheimen und auch in Jugendstrafanstalten beruhte auf dem Gedanken einer partizipatorischen Demokratie, an der jeder Beteiligte: Schüler, Lehrer und sonstige Kräfte je eine Stimme sowie eine vor den jeweils anderen zu legitimierende Verantwortung hatte. Moralisches Lernen sollte hier – anders als in entsprechenden Experimenten auf den High Schools für Kinder wohlhabenderer Familien – nicht anhand theoretischer, aus der Literaur gewonnener, sondern realer Dilemmata des alltäglichen Zusammenlebens stattfinden. Die von Kohlberg initiierten „Just Community"-Schulen beruhten auf vier Prinzipien: Auf offenen, institutionalisierten Debatten über Fairneß, Gemeinschaft und Moral, auf dem Gedanken, daß der stimulierte kognitive Konflikt zur Steigerung der moralischen Urteilsfähigkeit führt, auf vollständiger Partizipation aller bei der Erörterung, Einsetzung und Umsetzung aller betreffender Regeln sowie auf der Entwicklung hochrangiger Gruppensolidarität.

Der historische Rückblick zeigt, daß radikaldemokratischen Schulexperimenten meist nur eine begrenzte Lebensdauer beschieden war. Liegt dies an einem internen Widerspruch zwischen dem Prinzip schulisch organisierten Lernens und dem Prinzip eines selbstbestimmten Lebens von Menschen, die nach den Gesetzen der Staaten, in denen sie leben, zu demokratischer Teilhabe noch nicht fähig sind? Das Problem einer Bildung in und zur Demokratie hat sich vor allem als die Frage nach spezifischen Kompetenzen zur Teilhabe an mehr oder minder komplexen Prozeduren gestellt und dabei bestimmte – vor allem autoritäre – Charakterzüge ausschließen sowie andere – vor allem kognitive Fähigkeiten und ein wachsendes Regelverständnis – auszeichnen wollen. Bei alledem ist die Einsicht, daß allen Institutionen bestimmte Lebensformen entgegenkommen müssen, noch nicht systematisch berücksichtigt und die Unterscheidung von Demokratie als Institutionensystem und als

Lebensform noch nicht scharf genug gezeichnet worden. In pädagogischer Hinsicht sollte die Frage nach der Demokratie als Lebensform schon deshalb im Zentrum stehen, weil die formellen und informellen Situationen, in denen Kinder und Jugendliche in Familie, Schule, peer group und außerschulischen Kontexten aufwachsen, sich nur in den wenigsten Fällen so regeln lassen, wie das in „Just community"-Projekten der Fall ist.

So viele Fragen noch empirisch zu klären sind, so dürfte aber eines feststehen: Ohne eine weitergehende Entfaltung demokratischer Lebensformen im Bereich der Sozialisation ist an eine auch nur begrenzte Kontrolle politischer Institutionen nicht zu denken. Insoweit stellt Bildung zur Demokratie auf jeden Fall eine notwendige, gewiß keine hinreichende Bedingung verfaßter Freiheit dar. Und ein weiteres ist an den genannten pädagogischen Experimenten bemerkenswert: Sie alle orientieren sich nicht an der Vorstellung von einem „souveränen Individuum", sondern an der einer „autonomen Person".

Dieser Begriff ist in der neueren politischen Theorie von Rawls entfaltet worden, weshalb noch einmal auf ihn zurückzukommen ist. Dabei artikuliert der Begriff einer autonomen Person in systematischer Absicht weniger als eine entfaltete psychologische Theorie und doch mehr als nur eine ungeprüfte philosophische Annahme. Rawls versucht zu verdeutlichen, was wir eigentlich meinen, wenn wir in der politischen Philosophie von Autonomie sprechen und kommt zu drei Schlußfolgerungen: Von autonomen Personen gilt, daß sie oder er wissen, worum es ihnen bei der Verwirklichung ihres Lebens geht, wie man das Prädikat „gerecht" auf Institutionen, Rechtssysteme oder ganze Gesellschaften jeweils sinnvoll anwendet und daß man im Lichte solcher Gerechtigkeitsgrundsätze auch noch die eigenen Konzeptionen eines guten Lebens verändern kann. Es ist aufschlußreich, daß unter Bezug auf diese oder ähnliche Theorien die genetische Entwicklungspsychologie der Schule Lawrence Kohlbergs nachweisen konnte, wie diese Konzeption der Person, die ja den modernen Verfassungen zugrunde liegt, sich auch in der Realität auffinden ließen.[34]

Der von Rawls für liberale Gesellschaftskonzeptionen vorausgesetzte Begriff der autonomen Person entspricht dem, was Kohlberg als die beiden Stufen der postkonventionellen Moralentwicklung angenommen hat, nämlich den Stufen fünf und sechs, gemäß derer das Kriterium für institutionelle Gerechtigkeit von den befragten Individuen entweder als Prinzip der Treue zu freiwillig eingegangenen politischen Vereinbarungen oder als Übernahme eines abstrakten, rationalen Grundsatzes angesehen wird. Damit erwiese sich formale Bildung als wesentlicher Faktor, um eine Struktur des moralischen Urteilsvermögens zu entwickeln, das auch nur annähernd den hochabstrakten Prinzipien moderner Verfassungen und das heißt: der modernen Demokratie entsprechen.[35] Die empirische Forschung zum Zusammenhang von Bildungsniveau und postkonventionellem Idealismus hat das auch und gerade bei deutschen Schülern eindrucksvoll bestätigt.[36]

Doch stehen auch postkonventionell und damit eventuell demokratisch urteilende Personen mitsamt ihren Prinzipien und ihrer Regelkenntnis unter alles andere als beliebigen sozialisatorischen Voraussetzungen, die ihrerseits kulturelle Wurzeln haben. Zumindest in unserer Kultur steht auch noch die politische Lebensform der Demokratie unter einem organisierenden Prinzip, der „Würde des Menschen". „Würde" ist ein Begriff, der in bezug auf Menschen im Unterschied zur Würde – und das heißt Unantastbarkeit und Erhabenheit – Gottes erstmals in der italienischen Renaissance, im Humanismus auftaucht und dort durch die völlige menschliche Freiheit, das eigene Leben zu bestimmen, analysiert wird. „Wir haben dich", heißt es etwa bei Pico della Mirandola, „geschaffen, damit du als dein eigener, vollkommen frei und ehrenhalb schaltender Bildhauer und Dichter dir selbst die Form bestimmst, in der du zu leben wünschst."[37]

Hier ist der intime Zusammenhang von Würde und Freiheit erstmals angesprochen. Hier ist es die Vernunft, die als Grund der Würde gilt. Die Philosophie der Aufklärung läßt schließlich die Bezüge auf das jüdische und christliche Erbe der Gottesebenbildlichkeit bzw. der Menschwerdung Gottes ganz hinter sich und bestimmt die menschliche Würde selbstgenügsam, als jenes Prinzip, wonach Angehörige der Gattung Mensch als der Vernunft teilhaftig werdende Wesen Zwecke in sich sind. Als Zweck in sich selbst und damit Moral als eine Reihe von Verhaltensanweisungen, wonach Menschen andere Menschen niemals nur als Mittel, sondern immer auch als Zwecke zu behandeln sind. Als oberstes Prinzip der Tugendlehre weist Kant in der *Metaphysik der Sitten* folgendes aus: „Nach diesem Prinzip ist der Mensch sowohl sich selbst als andern Zweck und es ist nicht genug, daß er weder sich selbst noch andere bloß als Mittel zu brauchen befugt ist, sondern den Menschen überhaupt sich zum Zwecke zu machen, ist des Menschen Pflicht."[38]

Einen Menschen derart als Zweck seiner selbst zu betrachten, bedeutet, ihn in mindestens drei wesentlichen Dimensionen nicht nur zur Kenntnis zu nehmen, sondern auch anzuerkennen, d. h. ihn in diesen drei Dimensionen zu bejahen: den Dimensionen körperlicher Integrität, personaler Identität und soziokultureller Zugehörigkeit.[39] Dieser positiven Anerkennung – und aus ihr besteht das, was wir als „Würde" bezeichnen – korrespondiert ein Demütigungsverbot. „Würde" in ihren drei Dimensionen von körperlicher, personaler und soziokultureller Integrität ist – wie der israelische Philosoph Avishai Margalit gezeigt hat[40] – der äußere Ausdruck der Selbstachtung, also jener Haltung, die Menschen ihrem eigenen Menschsein gegenüber einnehmen; und die Würde ist die Summe aller Verhaltensweisen, die bezeugen, daß ein Mensch sich selbst tatsächlich achtet. Diese Würde wird nach Margalit dann verletzt, wenn Menschen die Kontrolle über ihren Körper genommen wird, wenn sie als die Person, die sie sprechend und handelnd sind, nicht beachtet oder ernst genommen werden bzw. wenn die Gruppen oder sozialen Kontexte, denen sie entstammen, herabgesetzt oder verächtlich gemacht werden. Mit dem Begriff der „Würde des Menschen" ist also lediglich ein Minimum angesprochen, gleichsam der kleinste gemeinsame Nenner nicht von Gesellschaften, sondern von politischen Gemeinwesen, die wir jener Welt zurechnen, die wir als „zivilisiert" bezeichnen würden. Dabei kann kein Zweifel daran bestehen, daß die Trenn- und Bruchlinie durch alle Gesellschaften und Staaten geht, wir uns hier aber mit der Frage befassen, in welchen politischen Gemeinwesen die menschliche Würde auch institutionell geschützt wird.[41] Dabei ist die Einsicht in die Würde des Menschen nicht allein auf eine kognitive, intellektuelle Operation beschränkt, mehr noch oder gar anders: Das Verständnis für die Würde des Menschen wurzelt in einem moralischen Gefühl. Dieses Gefühl ist *moralisch*, weil es Beurteilungsmaßstäbe für Handlungen und Unterlassungen bereitstellt, es ist indes ein *Gefühl*, weil es sich bei ihm nicht um einen kalkulatorischen Maßstab, sondern um eine umfassende, spontan wirkende, welterschließende Einstellung handelt. Wer erst lange darüber nachdenken muß, ob einem oder mehreren Menschen die proklamierte Würde auch tatsächlich zukommt, hat noch nicht verstanden, was „Menschenwürde" ist. Mit anderen Worten: Es handelt sich um ein moralisches Gefühl mit universalistischem Anspruch, das unter höchst voraussetzungsreichen Bedingungen steht. Wenn es richtig ist, daß sich das Verständnis für Menschenwürde am Verständnis für die körperliche, personale und soziokulturelle Integrität anderer bemißt, dann gilt – wenn wir uns für die lebensweltlichen Voraussetzungen dieser Haltung interessieren – dreierlei:

Die Anerkennung der Integrität anderer ist an die Erfahrung eigener Integrität und Anerkennung, die sich in Selbstgefühl, Selbstrespekt und Selbstachtung artikuliert, gebunden.

Niemand kann Selbstgefühl, Selbstrespekt und Selbstachtung entfalten, der nicht seinerseits in allen wesentlichen Bezügen toleriert, akzeptiert und respektiert worden ist.

Selbstgefühl, Selbstrespekt und Selbstachtung sind die logischen und entwicklungsbezogenen Voraussetzungen dafür, Einfühlung, Empathie in andere entfalten zu können.

Daraus folgt, daß das Empfinden für Menschenwürde unter den Voraussetzungen des Akzeptiertseins des Kindes im Sinne des von Erikson ausgesprochenen Urvertrauens[42] bzw. des von der Psychoanalyse in den Blick genommenen „Glanzes im Auge der Mutter“[43], also unter Bedingungen einer nicht als fragmentarisch erfahrenen vorsprachlichen Sozialisation ebenso steht wie unter der Bedingung von „peer group“-bezogenen Sozialisationsformen, die Individuierung und Anerkennung ermöglichen: gehaltvolle Freundschaften und individualisierte, romantische Liebe.[44] Damit ist indes noch nicht gesichert, daß auch ein Verständnis für Menschenwürde im allgemeinen gegeben ist; unter diesen Bedingungen ist nicht auszuschließen, daß ein Gefühl der Würde und Integrität partikularer Gruppen entwickelt wird, das Grundgefühl des Respekts also partikularistisch verengt ist. Um zu einem Verständnis für Menschenwürde im allgemeinen zu kommen, bedarf es darüber hinaus noch einer kognitiven Einsicht, die alles andere als trivial ist, nämlich der Einsicht, daß alle Wesen, die zur biologischen Gattung Mensch gehören, zum Kreis jener gehören, die unbedingt zu respektieren sind.

XII. Toleranz – Tugend der Citoyens?

Beim Übergang vom zweiten zum dritten Jahrtausend christlicher Zeitrechnung scheinen Intoleranz und Gewalt weltweit ihre Erscheinungsform geändert zu haben. An die Stelle mörderischer Konflikte zwischen Staaten, die die erste Hälfte des zwanzigsten Jahrhunderts geprägt haben, scheint sich eine Konstellation wiederherzustellen, die in Europa vor mehr als dreihundert Jahren mit dem Dreißigjährigen Krieg vermeintlich beendet war: daß die Politik von blutigen Kämpfen zwischen religiösen und politischen Gruppierungen innerhalb einzelner Staatswesen bestimmt wird.

Ein Ergebnis der verheerenden Bürgerkriege des sechzehnten und siebzehnten Jahrhunderts war die Entmachtung der Religion von einer alles umgreifenden Lebensmacht zu einer das persönliche Heil stiftenden Religion, von einer verbindlichen öffentlichen Macht zu einer beliebig wählbaren und damit letztlich unverbindlichen Privatangelegenheit. Die Formel für das auskömmliche Neben- und Miteinander in konfessionell mehr oder minder neutralen Staaten lautete „Toleranz". „Toleranz" bezeichnet zunächst nicht mehr als die Fähigkeit, alle Handlungen und Äußerungen anderer, sofern sie nicht ausdrücklich verboten sind, gegebenenfalls zähneknirschend hinzunehmen. Das tiefer liegende Problem hat der in den damals noch nicht so toleranten, aber doch weitgehend weltoffenen Niederlanden lebende Philosoph Baruch de Spinoza in seinem *Theologisch-politischen Traktat* präzise geschildert: „Die Menschen sind in der Regel so beschaffen, daß ihnen nichts so unerträglich ist, als wenn Ansichten, die sie für wahr halten, als Verbrechen gelten und wenn ihnen das, was sie zur Frömmigkeit in ihrem Verhalten gegen Gott und die Menschen bewegt, als Missetat angerechnet wird. Dann verabscheuen sie die Gesetze und erlauben sich alles gegen die Behörden, und sie halten es nicht für schimpflich, sondern für höchst ehrenvoll, um dieser Ursache willen Empörungen anzustiften und jeden möglichen Frevel zu versuchen. Da die menschliche Natur zweifellos so beschaffen ist, so treffen denn die Gesetze über die Meinungen nicht die Bösen, sondern die Edlen."[1]

Gesetze, und wir können anfügen, Maßnahmen, die Meinungen betreffen, wirken – das sah schon Spinoza – nicht friedensstiftend, sondern heuchlerisch und konfliktfördernd. Aus dieser Einsicht heraus konnte er bereits 1670 auf den inneren Zusammenhang von Toleranz und Demokratie verweisen: „Soll also nicht Kriecherei, sondern Treue geachtet werden und sollen die höchsten Gewalten die Regierung in festen Händen halten und nicht gezwungen sein, sie Aufrührern zu überlassen, so muß die Freiheit des Urteils notwendig gewährt und die Menschen müssen so regiert werden, daß sie, trotz offenbar verschiedener, ja entgegengesetzter Meinungen doch in Eintracht miteinander leben. Es kann kein Zweifel sein, daß diese Regierungsweise die beste ist und die wenigsten Mißstände im Gefolge hat, denn sie steht mit der Natur der Menschen am meisten im Einklang. Denn bei der demokratischen Regierung (die dem Naturzustand am nächsten kommt) verpflichten sich, wie ich gezeigt habe, alle, nach gemeinsamem Beschluß zu handeln, nicht aber so zu urteilen und zu denken."[2]

Am Beginn des einundzwanzigsten Jahrhunderts, nach einem Jahrundert des Weltbürgerkriegs und zunehmender innerstaatlicher Kriege müssen wir uns aber fragen, ob Spinoza nicht zu optimistisch gewesen ist und ob wir nicht besser beraten sind, uns mit den anspruchsloseren Vorschlägen seines Zeitgenossen, des englischen Philosophen Thomas Hobbes zufriedenzugeben. Hobbes wollte zwar wie Spinoza die verderbliche Kraft religiösen Heilswissens entmachten, begnügte sich dafür aber mit einer nicht-demokratischen, sondern absolutistischen und rechtsstaatlichen Ordnung und war entsprechend zurückhaltend mit eventuellen Wünschen, Menschen in ihrem Charakter zu bilden. Was heute in der Theorie selbstverständlich erscheint, daß Toleranz und Demokratie innerlich miteinander zusammenhängen, ist nämlich alles andere als selbstverständlich. Diese Spannung wird in Spinozas Zitat deutlich, der zwei – jedenfalls auf den ersten Blick – gegensätzliche Annahmen über die Natur des Menschen für wahr hält: Einerseits seien die Menschen so beschaffen, daß ihnen nichts so unerträglich ist, als wenn das, was sie für ihr Verhältnis zu Gott und den Menschen für wesentlich halten, als Missetat angerechnet wird, andererseits käme die demokratische Regierung ihrer Natur am Nächsten. Der vermeintliche Widerspruch löst sich dann auf, wenn man von einer menschlichen Natur ausgeht, die einerseits auf Achtung und Anerkennung sowie andererseits vom Wunsch nach Partizipation gekennzeichnet ist.

Aussagen über die menschliche Natur – die uns ja nicht anders zugänglich ist als durch den Filter unserer Kultur in ihren wissenschaftlichen, moralischen und religiösen Brechungen – sind, auch das hat die Geschichte des zwanzigsten Jahrhunderts mit ihren wissenschaftlichen Weltanschauungen, mit Sozialdarwinismus und vulgärmarxistischer Milieutheorie erwiesen, von hoher, katastrophenträchtiger Irrtumsanfälligkeit. Bezüglich der menschlichen Natur haben wir – wie in aller Wissenschaft – nicht mehr als bestenfalls fehlbare, bisher noch nicht widerlegte, mehr oder minder gut mit dem empirischen Material übereinstimmende Hypothesen. Wenn Spinoza recht hat, geht es um zwei tatsächlich vorfindbare Grundimpulse, die zu achten und zu kultivieren wären:

Dabei dürfte der Drang nach Selbstachtung noch weitgehend unstrittig sein – die Schwierigkeiten beginnen erst dort, wo es um die geistige und gefühlsmäßige Einsicht geht, daß die Selbstachtung von Menschen sich einander wechselseitig bedingt, daß ich also die gleiche Selbstachtung, von der ich erwarte, daß sie mir entgegengebracht wird, auch anderen entgegenbringe. Ebenso problematisch wirkt die Frage zur Bereitschaft nach Kooperation und Teilhabe. Daß Menschen um ihres Überlebens willen aufeinander angewiesen sind, ist wiederum unstrittig, ob sie es gerne tun, wieder eine ganz andere Frage. Ist am Ende des zwanzigsten Jahrhunderts nicht doch Sigmund Freud recht zu geben, der 1930 in seiner Schrift *Das Unbehagen in der Kultur* meinte: „Das gern verleugnete Stück Wirklichkeit hinter alledem ist, daß der Mensch nicht ein sanftes, liebebedürftiges Wesen ist, daß sich höchstens, wenn angegriffen, auch zu verteidigen mag, sondern daß er zu seinen Triebbegabungen auch einen mächtigen Anteil von Aggressionsneigung rechnen darf. Infolgedessen ist ihm der Nächste nicht nur möglicher Helfer und Sexualobjekt, sondern auch eine Versuchung, seine Aggression an ihm zu befriedigen, seine Arbeitskraft ohne Entschädigung auszunützen, ihn ohne seine Einwilligung sexuell zu gebrauchen, sich in den Besitz seiner Habe zu setzen, ihn zu demütigen, ihm Schmerzen zu bereiten, zu martern und zu töten.“[3]

Aber womöglich ist die Frage, die sich mit Freuds ebenso zutreffenden wie bestürzenden Aussagen aufdrängt, einfach falsch gestellt. Womöglich, so vermutete jedenfalls Freuds Zeitgenosse John Dewey, der bezüglich der menschlichen Natur minder pessimistische Ansichten als Freud hegte, ist es gar nicht sinnvoll, einen so scharfen Schnitt zwischen menschlichem Verhalten im allgemeinen und Moralität im besonderen zu hegen: „There is a peculiar inconsistency“, so Dewey im Jahr 1922, „in the current idea, that morals ought to be social. The introduction of the moral 'ought' into the idea contains an implicit assertion that morals depend upon something apart from social relations. Morals are social. The question of ought, should be, is a question of better and worse in social affairs."[4]

Wenn Dewey recht hat, dann ist die herkömmliche Gegenüberstellung von eigensüchtigen Wesen hier und einer sie bezähmenden, ihnen gleichsam von außen auferlegten Moral dort sinnlos – entscheidend ist statt dessen die Frage nach der Qualität ihrer wechselseitigen sozialen Beziehungen. Der moderne Toleranzgedanke, entstanden als Reaktion auf die europäischen Religionskriege, verweist moralische und religiöse Überzeugungen in den Privatbereich und verlangt den Individuen den Verzicht auf die allgemeinverbindliche Durchsetzung ihrer tiefsten Überzeugungen ab. Dieser Verzicht scheint in dem Ausmaß erträglich zu sein, wie die Individuen sich dessen sicher sein können, daß ihre Überzeugungen geachtet werden und sie selbst in der Lage sind, andere zu achten. Zudem werden sie um so eher sich selbst und anderen Achtung entgegenbringen, indem sie in möglichst vielen Lebensbereichen die Chance haben, zu kooperieren und damit ihre Sichtweisen zu artikulieren. Daraus resultiert zweierlei:

Zum ersten hat sich die Tugend der Toleranz doch als anspruchsvoller erwiesen als vermutet, in der Sache scheint Spinoza gegenüber Hobbes recht zu behalten. Toleranz beinhaltet nicht nur das zähneknirschende Ertragen anderer Menschen und ihrer Meinungen, sondern erfordert die Akzeptanz wenn schon nicht anderer Meinungen, so doch zumindest anderer Personen. Toleranz fordert zweitens als weiteren Preis für den Verzicht auf die unbedingte Durchsetzung eigener Heils- und Glücksansprüche eine Garantie auf Teilhabe, auf die unverbrüchliche Chance, das Gemeinwesen nach Maßgabe der eigenen Überzeugungen mitgestalten zu können. Die Bereitschaft, sich für Aufbau, Ausgestaltung und Verteidigung eines solchen Gemeinwesens einzusetzen, setzt indes Erfahrungen des Akzeptiert- und Anerkanntseins sowie gerechter, weil partizipierender Umgangsformen voraus. Damit besteht eine demokratische Kultur aus zwei Komponenten, die sich wechselseitig stützen und beeinflussen: Zum einen aus einem demokratischen Rechts- und Institutionensystem, das als seine Funktionsvoraussetzung auf demokratische Charaktere verweist, zum anderen auf demokratische Charaktere, die sich ihrerseits in großer Anzahl wohl nur in demokratischen Gesellschaften herausbilden können.

Die erste deutsche Demokratie ist nicht nur an außen- und wirtschaftspolitischen Schwierigkeiten, auch nicht nur an Fehlern ihres

Institutionensystems gescheitert, sondern wohl vor allem daran, daß die übergroße Zahl jener Bürger, die vor mehr als achtzig Jahren eine Republik gründeten und in Zukunft tragen sollten, im Tiefsten ihres Herzens, in ihrem Verstand und in ihren Gefühlen, demokratischen Verfahren ebenso mißtrauten, wie sie von der Kraft ihrer eigenen Heilsgewißheiten überzeugt waren. Darüber hinaus teilten beinahe alle den Glauben, daß wenige, herausgehobene Experten letzten Endes doch besser wüßten, was für den Rest gut ist, als die breite Masse, zu der sie sich selbst jeweils nicht zählten. Gewiß hätte die Weimarer Republik weder wie bekannt zugrunde gehen noch in Nationalsozialismus und Holocaust münden müssen. Aber auch wenn das Institutionensystem der Weimarer Republik klüger entworfen und einige historische Zufälle nicht eingetreten wären, hätte diese Gesellschaft einen schweren Weg vor sich gehabt. Eine Demokratie ohne Demokraten und eine Republik nur mit Republikanern der Vernunft, d. h. des kühlen, beinahe zynischen Hinnehmens, aufzubauen, dürfte mehr oder minder chancenlos bleiben. Demokratie und Toleranz als stets gefährdete Bestandteile einer demokratischen Kultur können sich nur als Ausdruck einer gewachsenen Tradition tiefsitzender affektiver und intellektueller Haltungen entfalten, von Haltungen, die irgendwann so selbstverständlich geworden sind, daß sie zwar jederzeit einer kritischen Überprüfung standhalten, aber eben nicht mehr jederzeit begründungspflichtig sind. Das ist im Deutschland des zwanzigsten Jahrhunderts nach den vierzehn Jahren der unglücklichen Weimarer Republik, nach zwölf Jahren der weltgeschichtlich einmalig bösartigen nationalsozialistischen Diktatur, nach inzwischen fünfzig Jahren Bundesrepublik, vierzig Jahren DDR und zehn Jahren des vereinten Deutschland unterdessen mehr oder minder der Fall. Allerdings: Wie fragil auch unter solchen Bedingungen die massenhafte Durchsetzung von Demokratie und Toleranz ist, zeigt der Blick nicht nur auf die ostdeutschen Länder, wo wir es gegenwärtig mit der Verfestigung einer intoleranten, rassistischen und fremdenfeindlichen Jugendkultur zu tun haben. Zehn Jahre vereintes Deutschland haben offensichtlich nicht ausgereicht, die sozialen, psychischen und moralischen Schäden zu beheben, die beinahe fünfzig Jahre Diktatur im Leben von etwa vier Generationen hinterlassen haben.

Gleichwohl bleibt uns keine Alternative. John Dewey artikulierte das Paradox: „The only cure for the shortcomings of democracy is more democracy." Die Citoyens einer toleranten Gesellschaft sind einander freund.

Bibliographische Notiz

Dieses Buch ist in einem Zeitraum von vier Jahren aus zwei Vorlesungen entstanden. In seinem Text sind diverse, zum Teil an entlegener Stelle veröffentlichte Vorarbeiten, wesentlich überarbeitet, zusammengewachsen:

„Die Geburt der Pädagogik aus der Verbannung der Mythen", in: H. G. Herrlitz/C. Rittelmeyer (Hg.), *Exakte Phantasie*, Weinheim/München 1993, S. 37–53; „George Herbert Mead und Ernst Bloch als Theoretiker des Neuen", in: K. Rohrbacher (Hg.), *Jahrbuch der Ernst Bloch Gesellschaft 1992/93*, Ludwigshafen 1994, S. 167–181; „Anerkennung und Erkenntnis in der geschlechtlichen Liebe", in: *BABYLON* 13–14/1994, S.112–118; „Das Programm einer anthropologischen Basis universalistischer Moral", in: W. Lütterfelds/Th. Mohrs (Hg.), *Eine Welt – Eine Moral*, Darmstadt 1997, S. 19–35; „Freuds Religionskritik und die Theorie der Moral", in: A. Ebrecht/A. Wöll (Hg.), *Psychoanalyse, Politik und Moral*, Tübingen 1998, S. 113–126; „Moralische Gefühle – Vertrauen und Scham", in: L. Winterhager-Schmid (Hg.), *Erfahrung mit Generationendifferenz*, Weinheim 2000, S. 195–207; „Auf dem Weg zu einer pädagogischen Theorie der Tugenden – 'Education sentimentale'", in: E. Liebau (Hg.), *Die Bildung des Subjekts*, Weinheim/München 2001, S. 73–100.

Anmerkungen

Vorbemerkung

1 M. Brumlik, *Der symbolische Interaktionismus und seine pädagogische Bedeutung*, Frankfurt a. M. 1973, S. 137.

2 M. Brumlik, *Gemeinsinn und Urteilskraft*, Unveröffentliche Dissertation, Frankfurt a. M. 1977, S. 225.

3 M. Brumlik, *Advokatorische Ethik*, Bielefeld 1992, S. 9.

4 M. Brumlik, *Gerechtigkeit zwischen den Generationen*, Berlin 1995, S. 64–82.

Einleitung: Moralische Gefühle und Die Leichtigkeit des Seins

1 A. Mitscherlich/M. Mitscherlich, *Die Unfähigkeit zu trauern*, München 1968.

2 Brumlik, *Gerechtigkeit zwischen den Generationen*, a.a.O.

3 M. Wittmeier, *Internationale Jugendbegegnungsstätte Auschwitz. Zur Pädagogik der Erinnerung in der politischen Bildung*, Frankfurt a. M. 1998.

4 W. Benjamin, „Über den Begriff der Geschichte", in: ders., *Gesammelte Schriften* I,2, Frankfurt a. M. 1980, S. 695 f.

5 H. Sutter u. a., „Demokratieerziehung und Moralentwicklung – Kohlbergs Just Community Modell unter den Bedingungen des Jugendstrafvollzugs", in: W. Stark (Hg.), *Moralisches Lernen in Schule, Betrieb und Gesellschaft*, Bad Boll 1996, S. 168–183; H. Sutter u. a., „Die demokratische Gemeinschaft als Ort sozialen und moralischen Lernens", in: *Neue Praxis* 4/1998, S. 383–401.

6 G. Nunner-Winkler, „Zum Verständnis von Moral – Entwicklungen in der Kindheit", in: F. Weinert (Hg.), *Entwicklung im Kindesalter*, Weinheim 1998, S. 133–152.

7 R. L. Selman, *Die Entwicklung des sozialen Verstehens*, Frankfurt a. M. 1984.

8 M. Keller/W. Edelstein, „Die Entwicklung eines moralischen Selbst von der Kindheit zur Adoleszenz", in: W. Edelstein u. a. (Hg.), *Moral und Person*, Frankfurt a. M. 1993, S. 307–334.

9 Vgl. Sutter, „Demokratieerziehung und Moralentwicklung", a.a.O.; Sutter, „Die demokratische Gemeinschaft", a.a.O.

10 D. Horster (Hg.), *Weibliche Moral – ein Mythos?*, Frankfurt a. M. 1998.

11 G. Nunner-Winkler, „Gibt es eine weibliche Moral?“, in: dies. (Hg.), *Weibliche Moral. Die Kontroverse um eine geschlechtsspezifische Ethik*, München 1995, S. 147–161.

12 Zusammenfassend: D. Kiesel, *Das Dilemma der Differenz*, Frankfurt a. M. 1996.

13 A. Holzbrecher, „Anerkennung und interkulturelle Pädagogik“, in: B. Hafeneger u. a. (Hg.), *Pädagogik der Anerkennung. Grundlagen, Konzepte, Praxisfelder*, Schwalbach 2002, S. 168–176.

14 M. Brumlik, „Selbstachtung und nationale Kultur. Zur politischen Ethik multikultureller Gesellschaften“, in: W. Reese-Schäfer (Hg.), *Identität und Interesse – Der Diskurs der Identitätsforschung*, Opladen 1999, S. 45–64.

15 M. Brumlik, „Nationale Erziehung oder weltbürgerliche Bildung: Moralischer Universalismus als pädagogisch-praktische Theorie“, in: *Zeitschrift für Pädagogik*, 29. Beiheft, Weinheim/Basel 1992, S. 45–58.

16 H. Krämer, *Arete bei Platon und Aristoteles*, Amsterdam 1967.

17 B. Brecht, *Flüchtlingsgespräche*, Frankfurt a. M. 1998, S. 122.

18 Vgl. J. Pieper, *Das Viergespann. Klugheit, Gerechtigkeit, Tapferkeit, Maß*, München 1991, S. 17 f.

19 W. Reese-Schäfer, *Was ist Kommunitarismus?*, Frankfurt a. M./New York 1994. Zum politischen Programm des Kommunitarismus: C. Offe, „Wessen Wohl ist das Gemeinwohl?“, in: L. Wingert/K. Günther (Hg.), *Die Öffentlichkeit der Vernunft und die Vernunft der Öffentlichkeit*, Frankfurt a. M. 2001, S. 459–488.

20 A. Giddens, *Jenseits von links und rechts*, Frankfurt a. M. 1999.

21 Aristoteles, *Die Nikomachische Ethik*, übersetzt und hg. von O. Gigon, München 1972, 1102a14 f.

22 M. Seel, *Versuch über die Form des Glücks*, Frankfurt a. M. 1995; A. Gewirth, *Self-Fulfillment*, New Jersey 1998; H. Steinfath (Hg.), *Was ist ein gutes Leben?*, Frankfurt a. M. 1998; M. C. Nussbaum, *Gerechtigkeit oder Das gute Leben*, Frankfurt a. M. 1999; U. Wolf, *Die Philosophie und die Frage nach dem guten Leben*, Reinbek 1999; H. Steinfath, *Orientierung am Guten*, Frankfurt a. M. 2001.

23 M. Kundera, *Die unerträgliche Leichtigkeit des Seins*, München 1985.

24 K. Hartung, „Untergang einer Jugend“, in: *Kursbuch* 113 (1993), S. 155.

25 H. M. Enzensberger, *Aussichten auf den Bürgerkrieg*, Frankfurt a. M. 1993, S. 77 f.

26 Ebd., S. 87.

27 W. Schmidbauer, *Die hilflosen Helfer*, Reinbek 1973.

28 Brumlik, *Advokatorische Ethik*, a.a.O.

29 S. Gaschke, *Die Erziehungskatastrophe*, Stuttgart 2001; P. Gerster, *Der Erziehungsnotstand*, Reinbek 2002.

30 Zuletzt: Deutsches PISA Konsortium (Hg.), *Basiskompetenzen von Schülerinnen und Schülern im internationalen Vergleich*, Opladen 2001; dies., *PISA 2000 – Die Länder der Bundesrepublik Deutschland im Vergleich*, Opladen 2002.

31 M. Brumlik, „Autorität, Arbeitsdienst, Vaterland – Die neuen Erziehungsbefürworter", in: K. Beutler/D. Horster (Hg.), *Pädagogik und Ethik*, Stuttgart 1996, S. 259–267.

32 U. Oevermann u. a., „Beobachtungen zur Struktur der sozialisatorischen Interaktion", in: M. Auwärter/E. Kirsch (Hg.), *Seminar. Kommunikation, Interaktion, Identität*, Frankfurt a. M. 1976; T. Allert, *Die Familie*, Tübingen 1996.

33 H. Joas, *Die Entstehung der Werte*, Frankfurt a. M. 1998.

34 Deutsches PISA Konsortium (Hg.), *PISA 2000*, a.a.O.

35 H. v. Hofmannsthal, „Der Rosenkavalier", in: ders., *Gesammelte Werke. Dramen V*, Frankfurt a. M. 1979, S. 41.

I. Menschliche Natur und Tugendethik

1 J. McDowell, „Zwei Arten von Naturalismus", in: ders., *Wert und Wirklichkeit – Aufsätze zur Moralphilosophie*, Frankfurt a. M. 2002, S. 30–73.

2 Aristoteles, *Nikomachische Ethik*, a.a.O., 1103a23 ff.

3 *Die Vorsokratiker*, Auswahl, Übersetzung und Erläuterung J. Mansfeld, Stuttgart 1987, S. 603.

4 Cicero, *De finibus*, V,25, 74.

5 J.-J. Rousseau, „Über den Ursprung der Ungleichheit unter den Menschen", in: ders., *Schriften zur Kulturkritik*, Hamburg 1971, S. 105, 107.

6 McDowell, „Zwei Arten von Naturalismus", a.a.O., S. 75.

7 Ebd., S. 78.

8 G. Flaubert, *Lehrjahre des Herzens – L'éducation sentimentale*, München 1996.

9 J.-J. Rousseau, *Emile oder Von der Erziehung*, München 1997, S. 288.

10 Ebd.

11 Zit. nach R. Spaemann, *Rousseau – Bürger ohne Vaterland*, München 1980, S. 29.

12 J. Cousin, „Rousseau als Interpret der römischen Traditionen", in: R. Brandt/K. Herb (Hg.), *Jean-Jacques Rousseau 'Vom Gesellschaftsvertrag'*, (Reihe Klassiker auslegen), Berlin 2000, S. 189–212.

13 J. Rawls, *Eine Theorie der Gerechtigkeit*, Frankfurt a. M. 1975, S. 166; O. Höffe, „Kritische Einführung in Rawls' Theorie der Gerechtigkeit, in: ders., *Über John Rawls' Theorie der Gerechtigkeit*, Frankfurt a. M. 1977, S. 11–42; kritisch zu Rawls: J. Habermas, „Politischer Liberalismus – Eine Auseinandersetzung mit John Rawls", in: ders., *Die Einbeziehung des Anderen*, Frankfurt a. M. 1996, S. 65–127.

14 E. F. Paul u. a. (Hg.), *Self–Interest*, Cambridge 1997.

15 S. Cavell, *Conditions Handsome and Unhandsome – The Constitution of Emersonian Perfectionism*, Chicago 1990.

16 R. W. Emerson, *Essays*, Zürich 1983.

17 Rawls, *Theorie der Grechtigkeit*, a.a.O., S. 433 f.; W. Kymlicka, *Multicultural Citizenship – A Liberal Theory of Minority Rights*, Oxford 1995.

18 Gewirth, *Self–Fulfillment*, a.a.O.

19 D. Thomä, *Erzähle dich selbst – Lebensgeschichte als philosophisches Problem*, München 1998.

20 K. Baier, „Der moralische Standpunkt", in: G. Grewendorf/G. Meggele (Hg.), *Seminar: Sprache und Ethik*, Frankfurt a. M. 1974, S. 285–316.

21 Rawls, *Theorie der Gerechtigkeit*, a.a.O., S. 360 f.

22 F. Nietzsche, *Also sprach Zarathustra*, München 1988, S. 16.

23 I. Kant, *Die Metaphysik der Sitten*, in: ders., *Werke* 7, Darmstadt 1956, S. 526.

24 B. Macintyre, *Vergessenes Vaterland. Die Spuren der Elisabeth Nietzsche*, Leipzig 1994; M. Z. Galindo, *Triumph des Willens zur Macht. Zur Nietzsche-Rezeption im NS-Staat*, Hamburg 1995.

25 E. Key, *Das Jahrhundert des Kindes*, Berlin 1905, S. 2.

26 Ebd., S. 3.

27 Ebd., S. 5.

28 Ebd., S. 6, 305, 316.

29 Ebd., S. 11.

30 Ebd., S 184.

31 Ebd., S. 272.

32 Ebd., S. 110 f.

33 Ebd., S. 119, 122 f.

34 Ebd., S. 123.

35 I. Kant, *Anthropologie in pragmatischer Hinsicht*, in: ders., *Werke*, Akademieausgabe, Bd. VII, Berlin 1968, S. 119.

36 E. Key, *Über Liebe und Ehe*, Berlin 1905, S. 54.

37 Key, *Jahrhundert des Kindes*, a.a.O., S. 59.

38 Key, *Liebe und Ehe*, a.a.O., S. 59.

39 A. MacIntyre, *Der Verlust der Tugend*, Frankfurt a. M. 1987; M. Slote, *From Morality to Virtue*, Oxford 1992; R. Hursthouse u.a. (Hg.), *Virtues and Reasons – Philippa Foot and Moral Theory*, Oxford 1995; R. Crisp (Hg.), *How Should One Live – Essays on the Virtues*, Oxford 1996; O. O'-Neill, *Tugend und Gerechtigkeit*, Berlin 1996; P. Foot, *Die Wirklichkeit des Guten*, Frankfurt a. M. 1997; D. Statman (Hg.), *Virtue Ethics – A Critical Reader*, Edinburgh 1997; N. Sherman, *Making a Necessity of Virtue*, Cambridge 1997; E. F. Paul u. a. (Hg.), *Virtue and Vice*, Cambridge 1998; K. P. Rippe/P. Schaber (Hg.), *Tugendethik*, Stuttgart 1998; S. Seubert, *Gerechtigkeit und Wohlwollen – Bürgerliches Tugendverständnis nach Kant*, Frankfurt a. M. 1999; P. Berkowitz, *Virtue and the Making of Modern Liberalism*, Princeton 1999; M. Rhonheimer, *Die Perspektive der Moral. Philosophische Grundlagen der Tugendethik*, Berlin 2001.

40 Kritisch zur neuen Tugendethik : D. Borchers, *Die neue Tugendethik – Schritt zurück im Zorn?*, Paderborn 2001.

41 H. Münkler, *Machiavelli. Die Begründung des politischen Denkens der Neuzeit aus der Krise der Republik Florenz*, Frankfurt a. M. 1990, bes. S. 313–337.

42 U. Schreiber, *Opernführer für Fortgeschrittene. Eine Geschichte des Musiktheaters. Von den Anfängen bis zur französischen Revolution*, Kassel 1988, S. 1–63.

43 P. Hadot, *Wege zur Weisheit oder Was lehrt uns die antike Philosophie*, Berlin 1995.

44 J. Annas, *The Morality of Happiness*, Oxford 1993; M. Hossenfelder, *Antike Glückslehren. Quellen in deutscher Übersetzung*, Stuttgart 1996.

45 J. Kaltschmid, „Sozialisationstheorie, Sozialwissenschaften und Didaktik der Erwachsenenbildung", in: R. Arnold/J. Kaltschmid (Hg.), *Erwachsenensozialisation und Erwachsenenbildung*, Frankfurt a. M. 1986, S. 218; vgl. aber auch: J. Oelkers, „Tugend", in: C. Wulf (Hg.), *Vom Menschen. Handbuch Historische Anthropologie*, Weinheim/Basel 1997, S. 756–767 sowie neuestens M. Dietenberger, *Moral, Bildung, Motivation. Eine Theorie moralischer Handlungskompetenz und ihre schulpädagogischen Bezüge*, Weinheim/Basel 2002.

46 Platon, *Menon*, in: ders., *Werke* 2, Darmstadt 1990, 70.

47 Ebd., 100.

48 Aristoteles, *Nikomachische Ethik*, a.a.O., 1100b11 ff.

49 Annas, *The Morality of Happiness*, a.a.O.

50 H. Marcuse, *Triebstruktur und Gesellschaft*, Frankfurt a. M. 1971, S. 233.

51 Th. W. Adorno, *Minima Moralia – Reflexionen aus dem beschädigten Leben*, Frankfurt a. M. 1968.

52 J. McDowell, „Die Rolle der eudaimonia in der Aristotelischen Ethik“, in: ders., *Wert und Wirklichkeit*, Frankfurt a. M. 2002, S. 107–133.

53 Vgl. J. Rawls, *Geschichte der Moralphilosophie*, Frankfurt a. M. 2002, S. 34 f.

54 MacIntyre, *Der Verlust der Tugend*, a.a.O.; E. Tugendhat, *Vorlesungen über Ethik*, Frankfurt a. M. 1993, S. 226–263.

55 Rousseau, *Emile*, a.a.O.

56 M. Foucault, *Überwachen und Strafen*, Frankfurt a. M. 1972; J. Butler, *Psyche der Macht. Das Subjekt der Unterwerfung*, Frankfurt a. M. 2001.

57 J.-J. Rousseau, *Die Bekenntnisse*, München 1996, S. 12.

58 Ebd., S. 111.

59 Foot, *Die Wirklichkeit des Guten*, a.a.O.

60 M. Brumlik/H. Brunkhorst (Hg.), *Gemeinschaft und Gerechtigkeit*, Frankfurt a. M. 1993.

61 C. Taylor, *Sources of the Self*, Cambridge 1989.

62 H. Nagl-Docekal/H. Pauer-Studer (Hg.), *Jenseits der Geschlechtermoral*, Frankfurt a. M. 1993; H. Pauer-Studer, *Das Andere der Gerechtigkeit*, Berlin 1996; Horster, *Weibliche Moral*, a.a.O.

63 O'Neill, *Tugend und Gerechtigkeit*, a.a.O.

64 Z. B. M. Seel, *Versuch über die Form des Glücks*, Frankfurt a. M. 1995; J. Früchtl, *Ästhetische Erfahrung und moralisches Urteil*, Frankfurt a. M. 1996, A. Comte-Sponville, *Ermutigung zum unzeitgemäßen Leben*, Hamburg 1996, Steinfath, *Was ist ein gutes Leben?*, a.a.O.

65 J. Moß (Hg.), *The Later Foucault*, London 1998, W. Detel, *Macht, Moral, Wissen*, Frankfurt a. M. 1998.

66 Baier, „Der moralische Standpunkt“, a.a.O.

67 I. Kant, *Grundlegung der Metaphysik der Sitten*, in: ders., *Werke* 6, Darmstadt 1956, S. 187 f. (A 121).

68 Ebd., S. 204 (A 146).

69 I. Kant, „Triebfedern des Willens – Texte zur Moralphilosophie aus dem handschriftlichen Nachlaß“, in: R. Bittner/K. Cramer (Hg.), *Materialien zu Kants „Kritik der praktischen Vernunft“*, Frankfurt a. M. 1975, S. 101.

70 Kant, *Grundlegung*, a.a.O., S. 199 (A 139).

71 I. Kant, *Über Pädagogik*, in: ders., *Werke* 10, Darmstadt 1956, S. 753 f. (A 128 f.).

72 Ebd., S. 754 (A 129).

73 P. Singer, *Praktische Ethik*, Stuttgart 1984, S. 273 f.

74 J. Habermas, „Eine genealogische Betrachtung zum kognitiven Gehalt der Moral“, in: ders., *Die Einbeziehung des Anderen*, a.a.O., S. 45.

75 Kant, *Grundlegung*, a.a.O., S. 49 (B 49).

76 Kant, *Metaphysik der Sitten*, a.a.O., S. 601 (A 141).

77 K.-O. Apel, „Das Apriori der Kommunikationsgemeinschaft", in: ders., *Transformation der Philosophie*, Bd. 2, Frankfurt a. M. 1973, S. 405 f.; J. Habermas, „Diskursethik – Notizen zu einem Begründungsprogramm", in: ders., *Moralbewußtsein und kommunikatives Handeln*, Frankfurt a. M. 1983, S. 53–126.

78 M. Brumlik, „Anerkennung als pädagogische Idee", in: B. Hafeneger u. a., *Pädagogik der Anerkennung*, Schwalbach 2002, S. 13–25; A. Honneth, *Kampf um Anerkennung. Zur moralischen Grammatik sozialer Konflikte*, Frankfurt a. M. 1992.

79 Borchers, *Die neue Tugendethik*, a.a.O., S. 228 f.

80 F. Nietzsche, *Jenseits von Gut und Böse*, München 1988, S. 152.

81 R. Hursthouse, „Normative Virtue Ethics", in: Crisp, *How Should One Live*, a.a.O., S. 19–36.

82 V. Weber, *Tugendethik und Kommunitarismus*, Würzburg 2002, S. 83 f.

83 Vgl. zur neuen Debatte um eine Gattungsethik: J. Habermas, *Die Zukunft der menschlichen Natur*, Frankfurt a. M. 2001; ders., „Replik auf Einwände", in: *Deutsche Zeitschrift für Philosophie*, 2/2002, S. 283–298 sowie A. MacIntyre, *Die Anerkennung der Abhängigkeit. Über menschliche Tugenden*, Hamburg 2001.

84 Slote, *From Morality to Virtue*, a.a.O., S. 159 f.

85 M. Nussbaum, „Menschliches Tun und soziale Gerechtigkeit. Zur Verteidigung des aristotelischen Essentialismus", in: Brumlik/Brunkhorst, *Gemeinschaft und Gerechtigkeit*, a.a.O., S. 323–363.

86 M. Walzer, *Sphären der Gerechtigkeit*, Frankfurt a. M. 1992.

87 O'Neill, *Tugend und Gerechtigkeit*, a.a.O., S. 250.

88 Brecht, *Flüchtlingsgespräche*, a.a.O., S. 16.

II. Skizze einer Theorie des Lasters

1 P. Foot, „Tugenden und Laster", in: dies., *Die Wirklichkeit des Guten*, a.a.O., S. 108–127.

2 Vgl. E. Drewermann, *Ein Mensch braucht mehr als nur Moral. Über Tugenden und Laster*, Düsseldorf 2001.

3 D. Hume, *Ein Traktat über die menschliche Natur. III: Über Moral*, Hamburg 1978, S. 327 f.

4 Ebd.

5 Kant, *Metaphysik der Sitten*, a.a.O., S. 562 (A 83 f.).

6 Ebd., S. 566 (A 89 f.).

7 Ebd., S. 570 (A 95 f.).

8 G. Sissa, *Die Lust und das böse Verlangen – Die Philosophie der Sucht*, Stuttgart 1999.

9 Vgl. aber P. Bieri, *Das Handwerk der Freiheit*, München 2001, S. 84.

10 M. Foucault, *Die Sorge um sich. Sexualität und Wahrheit 3*, Frankfurt a. M. 1989, S. 305; vgl. Früchtl, *Ästehetische Erfahrung*, a.a.O.; Moß, *The Later Foucault*, a.a.O.; Detel, *Macht, Moral, Wissen*, a.a.O. Daß Foucaults auf die griechische Antike bezogenen schwach normativen Ableitungen aus vermeintlichen Üblichkeiten männlicher Homosexualität historisch evtl. nicht zutreffen, dafür J. N. Davidson, *Kurtisanen und Meeresfrüchte*, München 1999, S. 2 ff., 376 f.

11 H. P. Duerr, *Nacktheit und Scham. Der Mythos vom Zivilisationsprozeß*, Frankfurt a. M. 1988; ders., *Intimität*, Frankfurt a. M. 1990; ders., *Obszönität und Gewalt*, Frankfurt a. M. 1993.

12 M. Horkheimer/Th. W. Adorno, *Dialektik der Aufklärung*, Frankfurt a. M. 1981, S. 74 f.

13 D.-A.-F. de Sade, *Die Philosophie im Boudoir*, Köln 1995, S. 238 f.

14 Ebd., S. 58.

15 Rousseau, *Bekenntnisse*, a.a.O., S. 21.

16 Ebd., S. 90 f.

17 Ebd., S. 22.

18 De Sade, *Philosophie im Boudoir*, a.a.O., S. 21.

19 D.-A.-F. de Sade, *Juliette oder die Wonnen des Lasters*, Teil 1, Köln 1995, S. 46.

20 De Sade, *Philosophie im Boudoir*, a.a.O., S. 71.

21 Ebd., S. 389.

22 Ebd., S. 59.

23 Ebd., S. 297.

24 Ebd.

25 D.-A.-F. de Sade, *Justine oder die Leiden der Tugend*, Köln 1995, S. 9.

26 De Sade, *Juliette*, a.a.O., S. 59.

27 Rousseau, *Bekenntnisse*, a.a.O., S. 22.

III. Vertrauen und Scham – Grundzüge einer Theorie moralischer Gefühle

1 Rousseau, *Emile*, a.a.O., S. 125.

2 Key, *Jahrhundert des Kindes*, a.a.O.

3 S. Andresen/M. S. Baader, *Wege aus dem Jahrhundert des Kindes*, Neuwied 1998.

4 A. C. Shaftesbury, *An Inquiry Concerning Virtue*, Farnborough 1968, S. 28.

5 D. Hume, *Enquiries Concerning the Human Understanding*, Oxford 1963, S. 283.

6 Vgl. Brumlik, *Gemeinsinn und Urteilskraft*, a.a.O.

7 K. Schneider, „Emotionen", in: H. Spada (Hg.), *Lehrbuch Allgemeine Psychologie*, Bern 1992, S. 434.

8 H. Schmitz, „Gefühle als Atmosphären und das affektive Betroffensein von ihnen", in: H. Fink-Eitel/G. Lohmann (Hg.), *Zur Philosophie der Gefühle*, Frankfurt a. M. 1993, S. 33–56.

9 L. Ciompi, *Die emotionalen Grundlagen des Denkens*, Göttingen 1997; A. R. Damasio, *Ich fühle, also bin ich*, München 1999; J. Gerhards, *Soziologie der Emotionen*, München/Weinheim 1988; Th. Hülshoff, *Emotionen*, München 1999; A. Ortony u. a. (Hg.), *The Cognitive Structure of Emotions*, Cambridge 1988.

10 D. Hume, *Ein Traktat über die menschliche Natur. II: Über die Affekte*, Hamburg 1978.

11 Vgl. D. Dennett, *Darwins Dangerous Idea*, London 1995, S. 29.

12 Hume, *Traktat III: Über Moral*, a.a.O., S. 233.

13 Hume, *Traktat II: Über die Affekte*, a.a.O., S. 223.

14 *Bücher der Kündung*, verdeutscht von M. Buber gemeinsam mit F. Rosenzweig, Bd. 3, Darmstadt 1985, S. 225.

15 „Die Lehre des Ptahotep", in: H. Brunner (Hg.), *Die Weisheitsbücher der Ägypter*, Zürich/München 1991, S. 129 f.

16 J. Assmann, *Ma'at. Gerechtigkeit und Unsterblichkeit im Alten Ägypten*, München 1990, S. 58 f.

17 Brumlik, *Gerechtigkeit zwischen den Generationen*, a.a.O.; ders., „Zeitgenossenschaft. Eine Ethik für die Generationen", in: J. Ecarius (Hg.), *Was will die jüngere mit der älteren Generation? Generationsbeziehungen in der Erziehungswissenschaft*, Opladen 1998, S. 139–158.

18A. Baier, „Hume, the Womens Moral Theorist", in: dies., *Moral Prejudices*, Harvard 1995, S. 51–75; E. Conradi, *Take Care. Grundlagen einer Ethik der Achtsamkeit*, Frankfurt a. M. 2001; H. Nagl-Docekal, *Feministische Philosophie*, Frankfurt a. M. 1999; M. C. Nussbaum, *Konstruktion der Liebe, des Begehrens und der Fürsorge*, Stuttgart 2002; Pauer-Studer, *Das Andere der Gerechtigkeit*, a.a.O.

19 H. Landweer, *Scham und Macht – Phänomenologische Untersuchungen zur Sozialität eines Gefühls*, Tübingen 1999; A. Baier, „Trust and Antitrust", in: dies., *Moral Prejudices*, a.a.O., S. 95–129; dies., „Trust and, its Vulnerabilities", in: ebd., S. 130–151; dies., „Sustaining Trust", in: ebd., S.

152–182; dies., „Trusting people“, in: ebd., S. 183–202; vgl. auch M. Hartmann/C. Offe (Hg.), *Vertrauen. Die Grundlage des sozialen Zusammenhalts*, Frankfurt a. M. 2001.

20 Baier, „Trust and Antitrust“, a.a.O., S. 99.

21 N. Luhmann, *Vertrauen. Ein Mechanismus der Reduktion sozialer Komplexität*, Stuttgart 1989.

22 A. Baier, „Vertrauen und seine Grenzen“, in: Hartmann/Offe, *Vertrauen*, a.a.O., S. 37–85.

23 M. Brumlik, „Universalistische Moral ohne Gott? Emmanuel Levinas' Ethik der Asymmetrie“, in: Forum für Philosophie (Hg.), *Nachmetaphysisches Denken und Religion*, Würzburg 1996, S. 99–114.

24 W. Kamlah, *Philosophische Anthropologie – Sprachliche Grundlegung und Ethik*, Mannheim 1973, S. 95.

25 MacIntyre, *Anerkennung der Abhängigkeit*, a.a.O.

26 H. Arendt, *Vita activa oder Vom tätigen Leben*, München 1981, S. 15 f.

27 Vgl. B. Williams, *Shame and Necessity*, London 1993.

28 M. Brumlik, „Messiansicher Blick oder der Wille zum Glück. Die Kryptotheologie der Walser-Bubis-Debatte“, in: *Text+Kritik* 144, Literatur und Holocaust, Göttingen 1999, S. 59–66.

29 Duerr, *Nacktheit und Scham*, a.a.O.; ders., *Intimität*, a.a.O.; ders., *Obszönität und Gewalt*, a.a.O.

30 H. Plessner, *Die Stufen des Organischen und der Mensch*, Frankfurt a. M. 1981; ders., „Lachen und Weinen. Eine Untersuchung der Grenzen menschlichen Verhaltens“, in: ders., *Gesammelte Schriften* VII, S. 201–388.

31 H. Schmitz, *Leib und Gefühl. Materialien zu einer philosophischen Therapeutik*, Paderborn 1992; ders., *System der Philosophie. Der Raum. Erster Teil*, Bonn 1998.

32 Vgl. A. Margalit, *Politik der Würde. Über Achtung und Verachtung*, Berlin 1997.

33 Rawls, *Theorie der Gerechtigkeit*, a.a.O., S. 479.

34 R. Laing, *Das Sein und das Nichts*, München 1970.

35 E. H. Erikson, *Identität und Lebenszyklus*, Frankfurt a. M. 1968; Laing, *Das Sein und das Nichts*, a.a.O.; H. Kohut, *Die Heilung des Selbst*, Frankfurt a. M. 1979.

36 K. Gröning, *Entweihung und Scham – Grenzsituationen in der Pflege alter Menschen*, Frankfurt a. M. 1998.

37 W. Frankena, „Der naturalistische Fehlschluß“, in: Grewendorf/Meggele, *Seminar: Sprache und Ethik*, a.a.O., S. 83–99.

38 Kamlah, *Philosophische Anthropologie*, a.a.O., S. 95.

39 M. Brumlik, „Pflicht zu Dankbarkeit und Fortpflanzung", in: ders., *Advokatorische Ethik*, a.a.O., S. 47–81; vgl. auch MacIntyre, *Anerkennung der Abhängigkeit*, a.a.O., S. 141 f.

40 Kant, *Metaphysik der Sitten*, a.a.O., S. 395.

41 Vgl. D. Thomä, *„Eltern" – Kleine Philosophie einer Lebensform*, München 1994.

42 Frankena, „Der naturalistische Fehlschluß", a.a.O.

43 Baier, „Trust and Antitrust", a.a.O., S 100.

44 Nagl-Docekal/Pauer-Studer, *Jenseits der Geschlechtermoral*, a.a.O.; Pauer-Studer, *Das Andere der Gerechtigkeit*, a.a.O.; Horster, *Weibliche Moral*, a.a.O.

45 Zuletzt G. Nunner-Winkler, „Moralische Bildung", in: Wingert/Günther, *Die Öffentlichkeit der Vernunft*, a.a.O., S. 314–343.

46 E. Conradi, *Take Care. Grundlagen einer Ethik der Achtsamkeit*, Frankfurt a. M. 2001.

47 Baier, „Der moralische Standpunkt", a.a.O:

48 L. Wingert, *Gemeinsinn und Moral*, Frankfurt a. M. 1993.

IV. Evolution, Altruismus und Moral

1 C. Darwin, *Der Ausdruck der Gemütsbewegungen*, Stuttgart 1901.

2 R. Dawkins, *Das egoistische Gen*, Berlin/Heidelberg 1978.

3 A. Gehlen, *Der Mensch*, Heidelberg 1997; K. Lorenz, *Die Rückseite des Spiegels*, München 1973 muß, da er über keinen Begriff der Handlung verfügt, willkürliche und nicht weiter erklärliche, emergente Sprünge – von ihm als „Fulguration" bezeichnet – beanspruchen, um die Brücke von der Verhaltensbiologie zur Anthropologie schlagen zu können.

4 C. Darwin, *Die Abstammung des Menschen*, Dreieich 1986, S. 119 f.

5 A. Smith, *Theorie der ethischen Gefühle*, Hamburg 1994; C. L. Griswold, *Adam Smith and the Virtues of Enlightenment*, Cambridge 1999, aber auch Tugendhat, *Vorlesungen über Ethik*, a.a.O., S. 282 f.

6 Darwin, *Abstammung des Menschen*, a.a.O., S. 117.

7 Vgl. die umfangreiche Fußnote zur US-amerikanischen Frauenbewegung in Key, *Liebe und Ehe*, a.a.O., S. 405.

8 Ebd., S. 282.

9 C. H. Seigfried, *Pragmatism and Feminism*, Chicago 1996.

10 Key, *Jahrhundert des Kindes*, a.a.O., S. 378.

11 S. Gosepath/G. Lohmann (Hg.), *Philosophie der Menschenrechte*, Frankfurt a. M. 1998; H. Brunkhorst u. a. (Hg.), *Recht auf Menschenrechte*, Frankfurt a. M. 1999.

12 A. Gehlen, *Moral und Hypermoral*, Frankfurt a. M. 1969.

13 Enzensberger, *Aussichten auf den Bürgerkrieg*, a.a.O., S. 79.

14 R. Rorty, *Kontingenz, Ironie und Solidarität*, Frankfurt a. M. 1989, S. 310.

15 A. Leist, „Mitleid und universelle Ethik“, in: Fink-Eitel/Lohmann, *Philosophie der Gefühle*, a.a.O., S. 157–187.

16 J. Habermas, „Eine genealogische Betrachtung“, a.a.O., S. 25.

17 Vgl. R. S. Dillon (Hg.), *Dignity, Character and Self-Respect*, New York/London 1995.

18 E. Voland, *Grundriß der Soziobiologie*, Stuttgart 1993.

19 K. Lorenz, „Über das Töten von Artgenossen“, in: *Jahrbuch der Max-Planck-Gesellschaft*, Göttingen 1955, S. 105 f.

20 C. Vogel, *Vom Töten zum Mord – Das wirkliche Böse in der Evolutionsgeschichte*, München 1989, S. 63 f.

21 M. Daly/M. Wilson, *Homicide*, New York 1988; D. Russell, *The Secret Trauma*, San Francisco 1992.

22 Dawkins, *Das egoistische Gen*, a.a.O., S. 43.

23 Ebd., S. 105 f.

24 Vgl. dazu die Beiträge zu einer feministischen Soziobiologie: D. Bischof-Köhler, *Von Natur aus anders. Die Psychologie der Geschlechtsunterschiede*, Stuttgart 2002; D. Haraway, *Primate Visions, Gender, Race and Nature in the World of Modern Science*, New York 1989; S. Blaffer Hrdy, *Mutter Natur. Die weibliche Seite der Evolution*, Berlin 1999.

25 C. Levine/A. Hewer, „Zum gegenwärtigen Stand der Theorie der Moralstufen“, in: L. Kohlberg, *Die Psychologie der Moralentwicklung*, Frankfurt a. M. 1995, S. 325.

26 Selman, *Die Entwicklung des sozialen Verstehens*, a.a.O.; Keller/Edelstein, „Die Entwicklung eines moralischen Selbst“, a.a.O.

27 Zur Debatte über die Rolle familialer Sozialisation in ihrem Verhältnis zu genetischen Faktoren der Persönlichkeitsenetwicklung vgl. auch Beiträge, die die Bedeutung geteilter familialer Umwelten für unerheblich halten: D. Rowe, *Genetik und Sozialisation – Die Grenzen der Erziehung*, Weinheim 1997.

28 J. Piaget, *Das moralische Urteil beim Kinde*, Frankfurt a. M. 1973.

29 K. Durkin, *Developmental Social Psychology*, Cambridge 1995, S. 486 f.

30 J. R. Snarey, „Cross Cultural Universality of Social-moral Development: A Critical Research of Kohlbergian Research“, in: *Psychological Bulletin*

97, S. 549–565; R. A. Shweder, *Thinking through Cultures: Expeditions in Cultural Psychology*, Cambridge 1991; W. Edelstein/G. Nunner-Winkler (Hg.), *Moral im sozialen Kontext*, Frankfurt a. M. 2000.

31 Zusammenfassend: Nunner-Winkler, „Moralische Bildung", a.a.O., S. 322.

32 Vgl. Studer-Pauer, *Das Andere der Gerechtigkeit*, a.a.O.

33 L. Kohlberg/D. Candee, „Die Beziehung zwischen moralischem Urteil und moralischem Handeln", in: Kohlberg, *Psychologie der Moralentwicklung*, a.a.O., S. 373 f., bes. S. 408 f.

34 K. B. MacDonald, „Sociobiology and the Cognitive-Developmental Tradition in Moral Development Research", in: ders. (Hg.), *Sociobiological Perspectives on Human Development*, New York/Berlin/Heidelberg, 1988, S. 140–167.

35 V. Sommer, *Lob der Lüge. Täuschung und Selbstbetrug bei Tier und Mensch*, München 1992.

36 R. D. Alexander, „Biologie und moralische Paradoxa", in: M. Gruter/M. Rehbinder (Hg.), *Der Beitrag der Biologie zu Fragen von Recht und Ethik*, Berlin 1983, S. 169.

37 Dawkins, *Das egoistische Gen*, a.a.O., S. 227.

38 Selman, *Entwicklung des sozialen Verstehens*, a.a.O.; P. L. Harris, *Das Kind und die Gefühle – Wie sich das Verständnis für die anderen Menschen entwickelt*, Bern 1992.

39 Vgl. Tugendhat, *Vorlesungen über Ethik*, a.a.O.

40 P. Ekman, *The Face of Man*, New York/London 1980.

41 H. Brunkhorst, *Solidarität unter Fremden*, Frankfurt a. M. 1997.

42 Rawls, *Theorie der Gerechtigkeit*, a.a.O.

43 Bieri, *Handwerk der Freiheit*, a.a.O.

44 Vgl. auch J. Elster, *Alchemies of the Mind. Rationality and the Emotions*, Cambridge 1991.

45 M. Stocker/E. Heggeman, *Valuing Emotions*, Cambridge 1996.

V. Die Leidenschaft der Pädagogik

1 W. Keckeisen, *Pädagogik zwischen Kritik und Praxis*, Weinheim/Basel 1984.

2 Rorty, *Kontingenz, Ironie und Solidarität*, a.a.O., S. 84 f.

3 Platon, *Politeia*, Darmstadt 1999, 378c.

4 Ebd., 595b.

5 Ebd., 378d.

6 Ebd., 379c.

7 Ebd., 382e.

8 W. Burkert, *Antike Mysterien*, München 1990.

9 K. J. Dover, *Homosexualität in der griechischen Antike*, München 1983; E. C. Keuls, *The Reign of the Phallus – Sexual Politics in Ancient Athens*, London 1985; A. K. Siems (Hg.), *Sexualität und Erotik in der Antike*, Darmstadt 1988; M. Foucault, *Sexualität und Wahrheit 2. Der Gebrauch der Lüste*, Frankfurt a. M. 1989, S. 235 f.; ders., *Sexualitat und Wahrheit 3*, a.a.O., S. 241 f.; C. Reinsberg, *Ehe, Hetärentum und Knabenliebe im antiken Griechenland*, München 1989; W. A. Percy III, *Pederasty and Pedagogy in Archaic Greece*, Illinois 1996; Detel, *Macht, Moral, Wissen*, a.a.O.; Davidson, *Kurtisanen und Meeresfrüchte*, a.a.O., S. 184 f.; Nussbaum, *Konstruktion der Liebe*, a.a.O., S. 163 f.

10 M. Nussbaum, *The Fragility of Goodness*, Cambridge 1986.

11 Aristoteles, *Politik*, Reinbek 1965, 1261a16 ff.

12 K. Mollenhauer/M. Brumlik/H. Wudtke, *Die Familienerziehung*, München 1975.

13 F. C. Power u. a., *Lawrence Kohlbergs Approach to Moral Education*, New York 1989.

14 Zusammenfassend immer noch: W. Welsch, *Unsere postmoderne Moderne*, Weinheim 1987.

15 J. Rawls, *Die Idee des politischen Liberalismus*, Frankfurt a. M. 1992; L. Siep, „Rawls politische Theorie der Person“, in: Philosophische Gesellschaft Bad Homburg/W. Hinsch (Hg.), *Zur Idee des politischen Liberalismus*, Frankfurt a. M. 1997, S. 380–395.

16 Rawls, *Theorie der Gerechtigkeit*, a.a.O., S. 104.

17 Rawls, *Idee des politischen Liberalismus*, a.a.O., S. 192.

18 O. Flanagan/A. O. Rorty (Hg.), *Identity, Character and Morality*, Cambridge 1990; Dillon, *Dignity, Character and Self-Respect*, a.a.O.; R. Audi, *Moral Knowledge and Ethical Character*, New York 1997; P. Chazan, *The Moral Self*, London/New York 1998.

VI. Glück und Lebenslauf

1 Seneca, *Vom glückseligen Leben und andere Schriften*, Stuttgart 1984, S. 70 f.

2 Ebd., S. 79.

3 Ebd., S. 70.

4 Ebd., S. 91.

5 Vgl. H. Arendt, *Über Revolution*, München 1974, S. 147 f.

6 Vgl. Annas, *The Morality of Happiness*, a.a.O.

7 Aristoteles, *Nikomachische Ethik*, a.a.O., 1100a4 f.

8 Vgl. die aktuelle Reformulierung des Programms: Gewirth, *Self-Fulfillment*, a.a.O.

9 Vgl. Annas, *The Morality of Happiness*, a.a.O.

10 M. Csikszentmihalyi, *Flow – Das Geheimnis des Glücks*, Stuttgart 1990; M. Csikszentmihalyi/I. Csikszentmihalyi (Hg.), *Die außergwöhnliche Erfahrung im Alltag*, Stuttgart 1995.

11 Csikszentmihalyi, *Flow*, a.a.O., S. 62.

12 Ebd., S. 15.

13 Ebd.

14 M. Polanyi, *Personal Knowldege*, London 1958, S. 69 f.; J. Searle, *The Discovery of the Mind*, Cambridge 1992, S. 175 f.

15 C. Horn, *Antike Lebenskunst*, München 1998; Hossenfelder, *Antike Glückslehren*, a.a.O.

16 Erikson, *Identität und Lebenszyklus*, a.a.O., S. 124 f.; D. Parfit, *Reasons and Persons*, Oxford 1984.

17 A. Danto, *Analytische Philosophie der Geschichte*, Frankfurt a. M. 1968.

18 A. Hahn, „Identität und Selbstthematisierung", in: A. Hahn/V. Kapp (Hg.), *Selbstthematisierung und Selbstzeugnis: Bekenntnis und Geständnis*, Frankfurt a. M. 1987, S. 9–24; zuletzt: D. Thomä, *Erzähle dich selbst*, a.a.O.

19 W. Schapp, *In Geschichten verstrickt*, Wiesbaden 1976, S. 1 f.

20 Danto, *Analytische Philosophie der Geschichte*, a.a.O.

21 S. Granzow, *Das autobiographische Gedächtnis*, Berlin/München 1994.

22 M. Proust, *In Swanns Welt*, Frankfurt a. M. 1969, S. 11.

VII. Humanontogenese und der Sinn des Lebens

1 K. E. Schorr, „Das Verstehensdefizit der Erziehung und die Pädagogik", in: N. Luhmann/K. E. Schorr (Hg.), *Zwischen Intransparenz und Verstehen. Fragen an die Pädagogik*, Frankfurt a. M. 1986, S. 11–39; ders., „'Peter stört'. 'Sicht' und 'Einsicht' in erzieherische Situatioen", in: D. Baecker u. a. (Hg.), *Theorie als Passion*, Frankfurt a. M. 1987, S. 669–693.

2 J. Oelkers/H. E. Tenorth (Hg.), *Pädagogik, Erziehungswissenschaft und Systemtheorie*, Weinheim/Basel 1987

3 N. Luhmann, „Theoriesubstitution in der Erziehungswissenschaft: Von der Philanthropie zum Neuhumanismus", in: ders., *Gesellschaftsstruktur und Semantik*, Bd. 2, Frankfurt a. M. 1981, S. 105–194.

4 N. Luhmann/K. E. Schorr (Hg.), *Zwischen Technologie und Selbstreferenz. Fragen an die Pädagogik*, Frankfurt a. M. 1982; dies., *Reflexionsprobleme im Erziehungssystem*, Frankfurt a. M. 1988; dies., *Zwischen Absicht und Person. Fragen an die Pädagogik*, Frankfurt a. M. 1992; dies., *Zwischen System und Umwelt. Fragen an die Pädagogik*, Frankfurt a. M. 1996.

5 N. Luhmann, „Das Kind als Medium der Erziehung", in: ders., *Soziologische Aufklärung* 6, Opladen 1995, S. 204–228.

6 D. Lenzen, „Lebenslauf oder Humanontogenese", in: D. Lenzen/N. Luhmann (Hg.), *Bildung und Weiterbildung im Erziehungssystem*, Frankfurt a. M. 1997, S. 228–247.

7 J. Kade, „Vermittelbar/nicht-vermittelbar", in: ebd., S. 30–37.

8 N. Luhmann, *Das Erziehungssystem der Gesellschaft*, Frankfurt a. M. 2002.

9 Ebd., S. 47.

10 N. Luhmann, „Die Soziologie und der Mensch", in: ders., *Soziologische Aufklärung* 6, a.a.O., S. 265–274.

11 P. Fuchs/A. Göbel (Hg.), *Der Mensch – das Medium der Gesellschaft*, Frankfurt a. M. 1994.

12 C. Menze, „Bildung", in: D. Lenzen (Hg.), *Enzyklopädie Erziehungwissenschaft*, Bd.1, Stuttgart 1983, S. 353.

13 D. Lenzen, „Lösen die Begriffe Selbstorganisation, Autopoiesis und Emergenz den Bildungsbegriff ab?", in *Zeitschrift für Pädagogik* 43/1997, S. 965.

14 Lenzen, „Lebenslauf oder Humanontogenese", a.a.O., S. 237 f.

15 H. Peukert, *Wissenschaftstheorie, Handlungstheorie, Fundamentale Theologie*, Frankfurt a. M. 1978, S. 352.

16 Lenzen, „Lebenslauf oder Humanontogenese", a.a.O., S. 240.

17 H. Peukert, „Kommunikatives Handeln, Systeme der Machtsteigerung und die unvollendeten Projekte Aufklärung und Theologie", in : E. Arens (Hg.), *Habermas und die Theologie*, Düsseldorf 1989, S. 62.

18 Lenzen, „Lebenslauf oder Humanontogenese", a.a.O., S. 246.

19 N. Luhmann, *Soziale Systeme*, Frankfurt a. M. 1984, S. 370 f.

20 N. Luhmann, „Die Tücke des Subjekts und die Frage nach dem Menschen", in: Fuchs/Göbel, *Der Mensch*, a.a.O., S. 42.

21 N. Luhmann, „Jenseits von Barbarei", in: M. Miller/H. G. Soeffner (Hg.), *Modernität und Barbarei*, Frankfurt a. M. 1996, S. 229 f.

22 Luhmann, „Die Tücke des Subjekts", a.a.O., S. 42.

23 Ebd., S. 42.

24 Luhmann, „Die Soziologie und der Mensch", a.a O., S. 274.

25 Luhmann, „Jenseits von Barbarei“, a.a.O., S. 229 f.

26 N. Luhmann, *Die Wissenschaft der Gesellschaft*, Frankfurt a. M. 1990, S. 362 f.

27 Ebd., S. 451.

28 N. Luhmann, „Intersubjektivität oder Kommunikation – Unterschiedliche Ausgangspunkte soziologischer Theoriebildung“, in: ders., *Soziologische Aufklärung* 6, a.a.O., S. 177.

29 D. Geulen, *Das vergesellschaftete Subjekt*, Frankfurt a. M. 1977.

30 N.Luhmann, *Das Erziehungssystem der Gesellschaft*, Frankfurt a. M. 2002, S. 28

31 Ebd., S. 52.

32 Ebd., S. 5.

33 Ebd., S. 198.

34 Ebd., S. 77.

35 Ebd., S. 79.

36 Ebd., S. 82.

37 Ebd., S. 202.

38 Lenzen, „Lebenslauf oder Humanontogenese“, a.a.O.

39 N. Luhmann, „Die Autopoiesis des Bewußtseins“, in : Hahn/Knapp, *Selbstthematisierung und Selbstzeugnis*, a.a.O., S. 25 f.

40 Ebd., S. 48.

41 Ebd.

42 U. Oevermann, „Theoretische Skizze einer revidierten Theorie professionellen Handelns“, in: A. Combe/W. Helsper (Hg.), *Pädagogische Professionalität*, Frankfurt a. M. 1996, S. 70–182.

43 Ebd., S. 40.

VIII. Tugend und Charakter

1 Aristoteles, *Nikomachische Ethik*, a.a.O., 1103a3 ff.

2 Zum Verhältnis von Identität und Tugend vgl. Flanagan/Rorty, *Identity, Character and Morality*, a.a.O.; G. Nunner-Winkler/G. Noam (Hg.), *Moral und Person*, Frankfurt a. M. 1993; Tugendhat, *Vorlesungen über Ethik*, a.a.O., S. 226 f.

3 Vgl. Bieri, *Handwerk der Freiheit*, a.a.O.

4 Vgl. Drewermann, *Ein Mensch braucht mehr als Moral*, a.a.O.

5 M. Honecker, „Schwierigkeiten mit dem Begriff der Tugend“, in : K. P. Rippe/P. Schaber (Hg.), *Tugendethik*, Stuttgart 1998.

6 K. E. Nipkow u. a. (Hg.), *Glaubensentwicklung und Erziehung*, Gütersloh 1988.

IX. Die Tugenden

1 Taylor, *Sources of the Self*, a.a.O.

2 B. G. Rosenthal, *Von der Armut der Psychologie – und wie ihr abzuhelfen wäre* , Stuttgart 1971; G. Jüttemann (Hg.), *Die Geschichtlichkeit des Seelischen*, Weinheim 1986.

3 Tugendhat, *Vorlesungen über Ethik*, a.a.O., S. 235.

4 R. Klibansky u. a., *Saturn und Melancholie*, Frankfurt a. M. 1990; R. Lambrecht, *Melancholie. Vom Leiden an der Welt und den Schmerzen der Reflexion*, Reinbek 1994; W. Lepenies, *Melancholie und Gesellschaft*, Frankfurt a. M. 1969; Drewermann, *Ein Mensch braucht mehr als Moral*, a.a.O., S. 9–222.

5 Zum Verhältnis von Scham und Depression vgl. M. Lewis, *Scham. Annäherung an ein Tabu*, Hamburg 1993, S. 186 f.

6 Vgl. dazu Borchers, *Die neue Tugendethik,* a.a.O., S. 149 f.

7 Vgl. Pieper, *Das Viergespann*, a.a.O., S. 36 f.

8 Kohlberg, *Psychologie der Moralentwicklung*, a.a.O.; A. Colby/L. Kohlberg, *The Measurement of Moral Judgement*, Vol. I. & II, Cambridge 1987.

9 Selman, *Entwicklung des sozialen Verstehens*, a.a.O.

10 Power, *Lawrence Kohlbergs Approach to Moral Education*, a.a.O.

11 Ebd., S. 99 f.

12 A. Higgins, „The Just Community Approach to Moral Education“, in: W. M. Kurtines/J. L. Gewirtz (Hg.), *Handbook of Moral Behavior*, Vol. 3, Hillsdale 1991, S. 130.

13 M. Keller/W. Edelstein, „The Development of Sociomoral Meaning Making ...“, in: W. M. Kurtines/J. Gewirtz, *Handbook of Moral Behavior and Development*, Vol. 2, New Jersey 1991, S. 89–114.

14 J. Rest, „Morality“, in: P. H. Mussen (Hg.), *Handbook of Child Psychology* III, New York 1983, S. 559 f.

15 Walzer, *Sphären der Gerechtigkeit*, a.a.O.

16 C. Gilligan, *Die andere Stimme*, München 1993.

17 J. Habermas, *Moralbewußtsein und kommunikatives Handeln*, Frankfurt a. M. 1993; K. Günther, *Der Sinn für Angemessenheit*, Frankfurt a. M. 1988.

18 Günther, *Sinn für Angemessenheit*, a.a.O.

19 Baier, „Der moralische Standpunkt“, a.a.O.

20 S. Benhabib, „Der verallgemeinerte und der konkrete Andere“, in: dies., *Selbst im Kontext*, Frankfurt a. M. 1995, S. 161–191.

21 M. Slote, *Moral from Motives*, Oxford 2001.

22 A. Grünbaum, *Die Grundlagen der Psychoanalyse*, Stuttgart 1988; K. Grawe u. a., *Psychotherapie im Wandel*, Göttingen 1994; A. Parsons, „Besitzt der Ödipuskomplex universelle Gültighkeit?“, in: W. Muensterberger (Hg.), *Der Mensch und seine Kultur*, München 1974, S. 206 f.

23 T. Parsons, *Family, Socialization and Interaction Process*, Glencoe 1955.

24 C. L. Emde, „Die endliche und die unendliche Entwicklung. Angeborene und motivationale Faktoren aus der frühen Kindheit“, in: *Psyche* 45 (1991), S. 745–779.

25 J. Benjamin, *Die Fesseln der Liebe*, Frankfurt a. M. 1990.

26 Kohlberg, *Psychologie der Moralentwicklung*, a.a.O., S. 19 f.

27 Vgl. G. E. M. Anscombe, „Moderne Moralphilsophie“, in: Grewendorf/Meggele, *Seminar: Sprache und Ethik*, a.a.O., S. 217–243.

28 S. Freud, *Das Unbehagen in der Kultur*, in: ders., *Gesammelte Werke* XIV, Frankfurt a. M. 1972, S. 365.

29 Ebd., S. 378.

30 S. Freud, *Die Traumdeutung*, in: ders., *Gesammelte Werke* II/III, Stockholm 1942, S. 547; vgl. auch. P. Gay, *Freud. Eine Biographie für unsere Zeit*, Frankfurt a. M. 1995, S. 614.

31 S. Freud, *Neue Folge der Vorlesungen zur Einführung in die Psychoanalyse*, in: ders., *Gesammelte Werke* XV, Stockholm 1944, S. 144.

32 N. Chodorov, *Das Erbe der Mütter*, München 1985.

33 Vgl. auch: Benhabib, „Der verallgemeinerte und der konkrete Andere“, a.a.O.

34 Pieper, *Das Viergespann*, a.a.O., S. 172.

35 H. D. Schmalt/H. Heckhausen, „Motivation“, in: Spada, *Lehrbuch Allgemeine Psychologie*, a.a.O., S. 459 f.

36 Ebd., S. 462.

37 Bieri, *Handwerk der Freiheit*, a.a.O.

38 Pieper, *Das Viergespann*, a.a.O., S. 174.

39 Ebd., S. 171.

40 Baier, „Trust and Antitrust“, a.a.O., S. 99.

41 Pieper, *Das Viergespann*, a.a.O., S. 207.

42 K. Mollenhauer, *Theorien zum Erziehungsprozeß*, Weinheim 1972, S. 84.

43 Luhmann, *Soziale Systeme*, a.a.O., S. 81.

44 Kant, *Über Pädagogik*, a.a.O., S. 691 f.

45 Zit. n. I. H. Fichte (Hg.), *Fichtes Werke* III, Berlin 1971, S. 39; Brumlik, „Anerkennung als pädagogische Idee“, a.a.O.

46 F. W. J. Schelling, *Das System des transzendentalen Idealismus*, Hamburg 1957, S. 225.

47 M. Theunissen, *Der Andere – Studien zur Sozialontologie der Gegenwart*, Berlin 1965.

48 Brumlik, *Der symbolische Interaktionismus*, a.a.O.

49 Gallese/Rizzolati, in: *New Scientist* vom 27.1.2002; S. Pinker, *Der Sprachinstinkt*, München 2001; W. Enard u. a., „Intra- and Interspecific Variation in Primate Gene Expression Patterns“, in: *Science* vom 11.4.2002.

50 M. Buber, *Das dialogische Prinzip*, Heidelberg 1965.

51 P. L. Berger/Th. Luckmann, *Die gesellschaftliche Konstruktion der Wirklichkeit*, Frankfurt a. M. 1970.

52 Foucault, *Überwachen und Strafen*, a.a.O., S. 41 f.

53 Adorno/Horkheimer, *Dialektik der Aufklärung*, a.a.O., S. 33.

54 J. Butler, *Das Unbehagen der Geschlechter*, Frankfurt a. M. 1991.

55 F. Nietzsche, zit. nach Artikel „Leib“ in: J. Ritter u. a. (Hg.), *Historisches Wörterbuch der Philosophie*, 5, Darmstadt 1980, S. 183.

56 Ebd.

57 Foucault, *Überwachen und Strafen*, a.a.O., S. 42.

58 Butler, *Unbehagen der Geschlechter*, a.a.O.

59 S. Benhabib u. a., *Der Streit um Differenz*, Frankfurt a. M. 1993.

60 Brumlik/Brunkhorst, *Gemeinschaft und Gerechtigkeit*, a.a.O.

61 M. Sandel, *Liberalism and the Limits of Justice*, Cambridge 1982, S. 62.

62 Rawls, *Idee des politischen Liberalismus*, a.a.O., S. 86 f.

63 M. J. Parsons, *How We Understand Art – A Cognitive Developmental Account*, Cambridge 1987.

64 P. Roth, *Gegenleben*, München 1988, S. 392.

65 Ebd.

66 T. Parsons, *The Social System*, Ontario 1951.

67 H. Garfinkel, „Das Alltagswissen über soziale und innerhalb sozialer Strukturen“, in: *Arbeitsgruppe Bielefelder Soziologen* 1973, S. 189–261.

68 E. Goffman, *Wir alle spielen Theater. Die Selbstdarstellung im Alltag*, München 1969.

69 A. Strauss, *Spiegel und Masken*, Frankfurt a. M. 1971.

70 H. P. Dreitzel, *Das gesellschaftliche Leiden und das Leiden an der Gesellschaft*, Stuttgart 1968; L. Krappmann, *Soziologische Dimensionen der Identität*, Stuttgart 1971.

71 J. Habermas, „Stichworte zur Theorie der Sozialisation", in: ders., *Kultur und Kritik*, Frankfurt a. M. 1973, S. 118–194; ders., „Notizen zum Begriff der Rollenkompetenz", in: ebd., S. 195–231.

72 E. A. Weinstein, „The Development of Interpersonal Competence", in: D. A. Goslin (Hg.), *Handbook of Socialization Theory and Research*, Chicago 1969, S. 753–778.

73 K. Heinrich, *Versuch über die Schwierigkeit nein zu sagen*, Frankfurt a. M. 1964.

74 Zit. nach C. H. Cooley, *Human Nature and the Social Order*, New York 1964, S. 116.

75 S. Shoemaker, *Self-Knowledge and Self Identity*, London 1963; H. Ishiguro, „A Persons Future and the Mind-Body Problem", in: W. Mays/S. C. Brown (Hg.), *Linguistic Analysis and Phenomenology*, London 1972, S. 163–178;. P. Bieri, *Zeit und Zeiterfahrung*, Frankfurt a. M. 1972; A. O. Rorty (Ed.), *The Identity of Persons*, Berkeley 1976; B. Williams, „The Self and the Future", in: ders., *Problems of the Self*, Cambride 1974, S. 46–63; Parfit, *Reasons and Persons*, a.a.O.; C. Taylor, „The Concept of a Person", in: ders., *Human Agency and Language*, Cambridge 1985, S. 97–114.

76 D. Borchers, *Der große Graben – Heidegger und die analytische Philosophie*, Frankfurt a. M. 1997.

77 E. Tugendhat, *Selbstbewußtsein und Selbstbestimmung*, Frankfurt a. M. 1979; Borchers, *Die neue Tugendethik*, a.a.O. S. 324 f.

78 Tugendhat, *Selbstbewußtsein und Selbstbestimmung*, a.a.O., S. 225.

79 E. Bloch, *Werke* 9, Frankfurt a. M. 1965, S. 385.

80 R. Rorty, *Hoffnung statt Erkenntnis*, Wien 1994.

81 Ebd., S. 34.

82 Ebd., S. 66.

83 Baier, „Vertrauen und seine Grenzen", a.a.O.

84 Rorty, *Hoffnung statt Erkenntnis*, a.a.O., S. 76.

85 Ebd., S. 89.

86 Zit. nach P. Zudeick, *Der Hintern des Teufels*, Bühl 1985, S. 186.

87 E. Bloch, *Subjekt – Objekt. Erläuterungen zu Hegel*, Frankfurt a. M. 1972, S. 243.

88 Ebd., S. 193; E. Bloch, *Das Prinzip Hoffnung*, Frankfurt a. M. 1967, S. 339.

89 Ebd., S. 1297.

90 H. Joas, *Praktische Intersubjektivität. Die Entwicklung des Werkes von G. H. Mead*, Frankfurt a. M. 1980.

91 Bloch, *Prinzip Hoffnung*, a.a.O., S. 334.

92 G. H. Mead, *Mind, Self and Society*, Chicago 1962, S. 136.

93 G. H. Mead, *Philosophie der Sozialität*, Frankfurt a. M. 1969, S. 255.

94 Mead, *Mind, Self and Society*, a.a.O., S. 177 f.

95 Ebd., S. 351.

96 G. H. Mead, *Philosophy of the Present*, Chicago 1980, S. 49.

97 E. Bloch, *Experimentum Mundi*, Frankfurt a. M. 1985, S. 101 f.

98 Bloch, *Prinzip Hoffnung*, a.a.O., S. 315.

99 Mead, *Philosophy of the Present*, a.a.O., S. 85.

100 Bloch, *Experimentum Mundi*, a.a.O., S. 185.

101 Ebd., S. 65, 124.

102 Mead, *Philosophy of the Present*, a.a.O., S. 39 f.

103 Rorty, *Hoffnung statt Erkenntnis*, a.a.O.

104 Rorty, *Kontingenz, Ironie und Solidarität*, a.a.O., S. 158.

105 J. Pieper, *lieben – hoffen – glauben*, München 1986, S. 204.

106 M. Buber, *Zwei Glaubensweisen*, Zürich 1950.

107 K. Barth, *Die protestantische Theologie im 19. Jahrhundert*, Zürich 1981, S. 377–424.

108 F. D. Schleiermacher, *Reden über die Religion*, Hamburg 1958, S. 30.

109 F. D. Schleiermacher, *Der christliche Glaube 1821–1822*, Berlin/New York 1984, S. 31.

110 F. Oser, „Genese und Logik der Entwicklung des religiösen Bewußtseins: Eine Entgegnung auf Kritiken“, in : Nipkow, *Glaubensentwicklung und Erziehung*, a.a.O., S. 52 f.

111 H. Beile, *Religiöse Emotionen und religiöses Urteil*, Ostfildern 1998, S. 224.

112 E. Lichtenstein, „Bildung“, in: J. Ritter u. a. (Hg.), *Historisches Wörterbuch der Philosophie* 1, Darmstadt 1971, S. 921–937.

113 J. Böhme, *Von der Menschwerdung Jesu Christi*, Frankfurt a. M. 1995, S. 40.

114 K. Flasch, „Meister Eckart“, in: P. Koslowski (Hg.), *Gnosis und Mystik in der Geschichte der Philosophie*, München 1988, S. 109.

115 Meister Eckhart, *Deutsche Predigten*, Zürich o. J., S. 248.

116 Vgl. dazu K. E. Nipkow, *Bildung in einer pluralen Welt*, 2 Bde., Gütersloh 1998.

117 Peukert, „Kommunikatives Handeln", a.a.O., S. 62.

118 H. Peukert, „Unbedingte Verantwortung für den Anderen", in: H. Schreyer u. a., *„daß Auschwitz nicht noch einmal sei..."*, Hamburg 1995, S. 233–246.

119 H. J. Heydorn, *Über den Widerspruch von Bildung und Herrschaft*, Frankfurt a. M. 1970, S. 337.

120 Lenzen, „Lebenslauf oder Humanontogenese", a.a.O., S. 233.

121 Arendt, *Vita activa*, a.a.O., S. 14 f.

122 Thomas von Aquino, *Summe der Theologie* 1, hg. von J. Bernhart, Stuttgart 1985, S. 169.

123 Thomas von Aquino, *Summe der Theologie* 2, a.a.O., S. 181 f.

124 M. Luther, „Acht Sermone", in: K. Aland (Hg.), *Die Werke Luthers in Auswahl* 4, Stuttgart 1990, S. 67 f.

125 S. Freud, *Massenpsychologie und Ich-Analyse*, in: ders., *Gesammelte Werke* XIII, Frankfurt a. M. 1972, S. 98 f.

126 Hohes Lied, 8,5–6.

127 *Encyclopedia Judaica*, Bd. 15, S. 145 f.

128 Platon, *Das Gastmahl*, in: ders., *Werke* 3, Darmstadt 1990, 189e.

129 Ebd., 190c–192c.

130 W. Benjamin, „Über Sprache überhaupt und die Sprache des Menschen", in: ders., *Gesammelte Schriften* II,1, Frankfurt a. M. 1980, S. 150.

131 Augustinus, *Bekenntnisse*, Frankfurt a. M. 1987, S. 97.

132 H. Arendt, *Love and Saint Augustine*, Chicago 1996 (Berlin 1929).

133 H. Frankfurt, „Autonomie, Nötigung und Liebe", in: ders., *Freiheit und Selbstbestimmung*, Berlin 2001, S. 166–183.

134 H. Cancik-Lindemaier, „Ehe und Liebe. Entwürfe griechischer Philosophen und römischer Dichter", in: A. K. Siems (Hg.), *Sexualität und Erotik in der Antike*, Darmstadt 1988, S. 232–262.

135 H. Tiedemann, *Die Erfahrung des Fleisches. Paulus und die Last der Lust*, Stuttgart 1998; S. Maasen, *Genealogie der Unmoral. Zur Therapeutisierung sexueller Selbste*, Frankfurt a. M. 1998.

136 E. Fromm, *Die Kunst des Liebens*, Zürich 1993, S. 66.

137 Ebd., S. 35.

138 Ebd.

139 Ebd., S. 46.

140 Ebd., S. 67.

141 Ebd., S. 75.

142 Ebd., S. 79.

143 Frankfurt, „Autonomie, Nötigung und Liebe“, a.a.O.

144 Ebd., S. 178.

145 Ebd., S. 214.

146 Fromm, *Kunst des Liebens*, a.a.O., S. 80.

147 G. Simmel, „Fragment über die Liebe“, in: ders., *Das Individuum und die Freiheit*, Frankfurt a. M. 1993, S. 19–28.

148 Ebd., S. 22 f.

149 Ebd., S. 20.

150 Ebd., S. 21.

151 Ebd., S. 28.

152 M. S. Bergmann, *Eine Geschichte der Liebe – Vom Umgang der Menschen mit einem rätselhaften Gefühl*, Frankfurt a. M. 1991; E. Bornemann, *Die Zukunft der Liebe*, Frankfurt a. M. 1997.

153 H. G. Frankfurt, „Vom Sorgen oder: woran uns liegt“, in: ders., *Freiheit und Selbstbestimmung*, a.a.O., S. 224.

154 N. Luhmann, *Liebe als Passion – Zur Codierung von Intimität*, Frankfurt a. M. 1982, S. 25.

155 Ebd., S. 27.

156 Ebd., S. 73.

157 G. Dux, *Geschlecht und Gesellschaft. Warum wir lieben*, Frankfurt a. M. 1994, bes. S. 62 f.

158 Vgl. dazu insgesamt H. W. Bierhoff/I. Grau, *Romantische Beziehungen – Bindung, Liebe, Partnerschaft*, Bern 1999.

159 A. Schopenhauer, „Metaphysik der Geschlechtsliebe“, in: ders., *Die Welt als Wille und Vorstellung* II, Zürich 1977, S. 621–664.

160 M. Weber, „Zwischenbetrachtung“, in: ders., *Gesammelte Aufsätze zur Religionssoziologie* I, Tübingen 1988, S. 556–563.

161 Dux, *Geschlecht und Gesellschaft*, a.a.O.

162 Parsons, *The Social System*, a.a.O., S. 390.

163 G. Burkart, „Auf dem Weg zu einer Soziologie der Liebe“, in : K. Hahn/G. Burkart (Hg.), *Liebe am Ende des 20. Jahrhunderts*, Opladen 1998, S. 40.

164 P. V. Matt, *Liebesverrat*, München 1991.

165 U. Beck/E. Beck-Gernsheim, *Das ganz normale Chaos der Liebe*, Frankfurt a. M. 1990; A. Giddens, *Wandel der Intimität. Sexualität, Liebe und Erotik in modernen Gesellschaften*, Frankfurt a. M. 1993; K. Lenz, „Romantische Liebe – Ende eines Beziehungsideals“, in : Hahn/Burkart, *Liebe am Ende des 20. Jahrhunderts*, a.a.O., S. 65–86.

166 M. S. Maier, „'Ländliche Galanterie' oder 'Biedermeier-Liebe' , in: ebd., S. 111–130.

167 Bierhoff/Grau, *Romantische Beziehungen*, a.a.O., S. 104–123, bes. S. 118 f.

168 P. Watzlawick u. a., *Menschliche Kommunikation. Formen, Störungen, Paradoxien*, Bern 1969, aber auch: H. Schmitz, *Die Liebe*, Bonn 1993.

169 Zit. nach S. Aschheim, *Nietzsche und die Deutschen – Karriere eines Kults*, Stuttgart 1996, S. 91. Soweit ich sehe, erwähnt Luhmann, dessen Buch exakt den Titel „Liebe als Passion" trägt, Stöcker nicht.

170 K. Oliver/M. Pearsall (Hg.), *Feminist Interpretations of Friedrich Nietzsche*, Pennsylvania 1998.

171 H. Schlüpmann, *Abendröte der Subjektphilosophie – Eine Ästhetik des Kinos*, Frankfurt a. M. 1998, S. 157 f.

172 F. Nietzsche, *Also sprach Zarathustra*, in: ders., *Kritische Studienausgabe* 4, München 1993, S. 86.

173 S. Kofman, „Baubo: Theological Perversion und Fetishism", in: Oliver/Pearsall, *Feminist Interpretations*, a.a.O., S. 21–49; J. Derrida, „The Question of Style", in: ebd., S. 50–65; T. Lorraine, „Nietzsche and Feminism", in: ebd., S. 119–129.

174 V. a. M. Heidegger, *Nietzsche*, Pfullingen 1961.

175 Vgl. dazu: C. Niemeyer, *Nietzsche, die Jugend und die Pädagogik*, Weinheim/München 2002.

176 Ebd., S. 192.

177 R. Oerter u. a. (Hg.), *Klinische Entwicklungspsychologie*, Weinheim 1999; F. Petermann u. a. (Hg.), *Entwicklungspsychopathologie*, Weinheim 1998.

178 Darwin, *Abstammung des Menschen*, a.a.O., S. 693.

179 L. Andreas-Salomé, *Lebensrückblick*, Frankfurt a. M. 1968.

180 L. Andreas-Salomé, *Die Erotik – Vier Aufsätze*, Berlin 1992, S. 25 f.

181 Aschheim, *Nietzsche und die Deutschen*, a.a.O., S. 87 f.

182 Ebd., S. 197.

183 G. Bäumer, „Die Frau und die sexuelle Krisis", in: *Die Frau*, 33. Jg., August 1926, S. 646.

184 M. Weber, „Ein Beitrag zur Sexualethik", in: *Die Frau*, 34. Jg., 1926/27, S. 459.

185 Ebd., S. 461.

186 Ebd., S. 465.

187 Ebd., S. 466.

188 Dazu kritisch: Brunkhorst, *Solidarität unter Fremden*, a.a.O.

X. Freundschaft

1 L. A. Blum, „Freundschaft als moralisches Problem“, in: *Deutsche Zeitschrift für Philosophie*, 2/1997, S. 217–234; M. Friedman, „Freundschaft und moralisches Wachstum“, in: ebd., S. 235–248; K. D. Eichler (Hg.), *Philosophie der Freundschaft*, Leipzig 1999.

2 Vgl. aber J. Derrida, *Politik der Freundschaft*, Frankfurt a. M. 2000.

3 Aristoteles, *Nikomachische Ethik*, a.a.O., 1155a5.

4 Ebd., 1155a27 f.

5 Ebd., 1156b7 ff.

6 Ebd., 1157b26 ff.

7 Ebd., 1161a32 ff.

8 Aristoteles, *Politik*, a.a.O., 1253a1.

9 Aristoteles, *Nikomachische Ethik*, a.a.O., 1162a17 ff.

10 Aristoteles, *Politik*, a.a.O., 1254b32.

11 N. Brockmeyer, *Antike Sklaverei*, Darmstadt 1979; G. E. M. de Ste. Croix, *The Class Struggle in the Ancient Greek World*, Ithaca 1981, S. 409 f.

12 Aristoteles, *Nikomachische Ethik*, a.a.O., 1165b17 ff.

13 Blum, „Freundschaft als moralisches Phänomen“, a.a.O.; Friedman, „Freundschaft und moralisches Wachstum“, a.a.O.

14 Luhmann, *Liebe als Passion*, a.a.O., S. 105.

15 Selman, *Entwicklung des sozialen Verstehens*, a.a.O., S. 54.

16 Ebd., S. 161–168.

17 W. Damon, *Die soziale Welt des Kindes*, Frankfurt a. M. 1990, S. 160 f.; J. Youniss, *Soziale Konstruktion und psychische Entwicklung*, Frankfurt a. M. 1994, S. 39 f.

18 M. Keller, *Moralische Sensibilität: Entwicklung in Freundschaft und Familie*, Weinheim 1996; M. Keller, „Moral und Beziehung: eine entwicklungspsychologische Perspektive“, in: *Deutsche Zeitschrift für Philosophie*, 2/1997, S. 249–265.

19 Ebd., S. 260 f.

20 H. Fend, *Eltern und Freunde – Soziale Entwicklung im Jugendalter*, Bern 1998, S. 222.

21 D. Ulich u. a., „Sozialisation von Emotionen: Erklärungskonzepte“, in: *Zeitschrift für Soziologie der Erziehung und Sozialisation*, 1/99, S. 7–19; R. Pekrun, „Sozialisation von Leistungsemotion“, in: ebd., S. 20–34; W. Friedlmeier, „Sozialisation der Emotionsregulation“, in: ebd., S. 35–51.

22 Ulich, „Sozialisation von Emotionen“, a.a.O., S. 13.

23 I. Bretherton, „Internal Working Models of Attachment Relationships as Related to Resilient Coping“, in: G. Noam u. a. (Hg.), *Development and Vulnerability in Close Relationships*, New Jersey 1996, S. 3–27.

24 Friedlmeier, „Sozialisation der Emotionsregulation“, a.a.O., S. 38.

25 Dux, *Geschlecht und Gesellschaft*, a.a.O., S. 62 f.; C. O. Lovejoy, „The Origin of Man“, in: *Science* 211 (1981), S. 341–350.

26 Plessner, *Die Stufen des Organischen*, a.a.O., S. 288 f.

XI. Tugend und demokratischer Charakter

1 Weber, *Tugendethik und Kommunitarismus*, a.a.O.

2 M. Miegel/S. Wahl, *Das Ende des Individualismus*, München 1993.

3 Taylor, *Sources of the Self*, a.a.O.

4 MacIntyre, *Verlust der Tugend*, a.a.O.

5 Walzer, *Sphären der Gerechtigkeit*, a.a.O.

6 Margalit, *Politik der Würde*, a.a.O.

7 Sandel, *Liberalism and the Limits of Justice*, a.a.O.

8 A. Etzioni u. a., „Das kommunitaristische Manifest“, in: *FAZ* vom 8. März 1994.

9 Berkowitz, *Virtue and the Making of Modern Liberalism*, a.a.O.; W. Kersting, *Recht, Gerechtigkeit und demokratische Tugend*, Frankfurt a. M. 1997, S. 353 f.; S. Seubert, *Gerechtigkeit und Wohlwollen*, a.a.O., bes. S. 178 f.

10 M. Olson, *Die Logik kollektiven Handelns*, Tübingen 1985.

11 I. Kant, *Beantwortung der Frage: Was ist Aufklärung?*, in: ders., *Werke* 9, Darmstadt 1964, S. 53.

12 J. Rawls, „Die Grundstruktur als Gegenstand“, in: ders., *Idee des politischen Liberalismus*, a.a.O., S. 70.

13 Vgl. dazu: M. Brumlik, „Politische Kultur des Streits im Lichte sozialisationstheoretischer Überlegungen“, in: ders., *Advokatorische Ethik*, a.a.O., S. 289–301.

14 M. Horkheimer u. a., *Studien zu Autorität und Famile*, Frankfurt a. M. 1987.

15 D. Oesterreich, *Autoritäre Persönlichkeit und Gesellschaftsordnung*, Weinheim 1993; R. Geißler, „Politische Sozialisation in der Familie“, in: B. Claussen (Hg.), *Die Politsierung des Menschen. Instanzen politischer Sozialisation*, Opladen 1996, S. 51–70.

16 C. Hopf/W. Hopf, *Familie, Persönlichkeit, Politik. Eine Einführung in die politische Sozialisation*, Weinheim/München 1997.

17 J. Dewey, *Demokratie und Erziehung*, Weinheim 1993.

18 J. Dewey, *The Public and its Problems*, Ohio 1954, S. 184.

19 Ebd., S. 212 f.

20 Thukydides, *Der peloponnesische Krieg*, München 1993, II,36 f.

21 C. Meier/P. Veyne, *Kannten die Griechen die Demokratie?*, Berlin 1988.

22 Aristoteles, *Politik*, a.a.O., 1252a1 ff.

23 Ebd., 1317b1 ff.

24 J.-J. Rousseau, *Vom Gesellschaftsvertrag*, Stuttgart 1977, S. 19 f.

25 Cousin, „Rousseau als Interpret der römischen Traditionen", a.a.O.

26 W. Kersting, *Die politische Philosophie des Gesellschaftsvertrages*, Darmstadt 1994.

27 Artikel „Demokratie", in: W. F. Haug u.a. (Hg.), *Historisch-Kritisches Wörterbuch des Marxismus* 2, Berlin 1995, S. 528–533.

28 A. de Tocqueville, *Über die Demokratie in Amerika*, München 1976.

29 Zuletzt: J. Habermas, *Strukturwandel der Öffentlichkeit*, Neuauflage, Frankfurt a. M. 1990.

30 A. S. Makarenko, *Ein pädagogisches Poem* 1– 3, Stuttgart 1976.

31 S. Bernfeld, „Sozialpädagogik", in: ders., *Sämtliche Werke* 11, Weinheim 1996; O. F. Kanitz, *Das proletarische Kind in der bürgerlichen Gesellschaft*, Frankfurt a. M. 1925, K. Löwenstein, *Sozialismus und Erziehung*, Bonn/Berlin 1976.

32 R. B. Westbrook, *John Dewey and American Democracy*, Ithaca 1991, S. 11 f.

33 Higgins, *The Just Community Approach*, a.a.O., S. 111–142.

34 Rawls, *Theorie der Gerechtigkeit*, a.a.O., S. 472 f.; ders., „Gerechtigkeit als Fairneß", in: ders., *Idee des politischen Liberalismus*, a.a.O., S. 255–292.

35 Kohlberg, *Psychologie der Moralentwicklung*, a.a.O.; kritisch dazu: „The Cross Cultural Expansion of Moral Development Theory", in: Kurtines/Gewirtz, *Handbook of Moral Behavior*,.a.a.O., S. 395–424.

36 K. Hurrelmann/M. Albert, *Jugend 2002. 14. Shell Jugendstudie*, Frankfurt a. M. 2002, S. 91 f.

37 G. Pico della Mirandola, *Über die Würde des Menschen*, Zürich o. J., S. 11.

38 Kant, *Metaphysik der Sitten*, a.a.O., S. 526.

39 Honneth, *Kampf um Anerkennung*, a.a.O., S. 256 f.

40 Margalit, *Politik der Würde*, a.a.O.

41 Ebd., S. 143 f.

42 Erikson, *Identität und Lebenszyklus*, a.a.O.

43 H. Kohut, *Narzißmus*, Frankfurt a. M. 1975.

44 H. Fend, *Eltern und Freunde. Soziale Entwicklung im Jugendalter*, Göttingen 1998.

XII. Toleranz – Tugend der Citoyens?

1 B. de Spinoza, *Theologisch-politischer Traktat*, Hamburg 1984, S. 305.

2 Ebd., S. 306.

3 Freud, *Unbehagen in der Kultur*, a.a.O., S. 470 f.

4 *The Moral Writings of John Dewey*, hg. von J. Gouinlock, New York 1994, S. 184 f.

Ebenfalls im Philo-Verlag erschienen

Micha Brumlik
Vernunft und Offenbarung
Religionsphilosophische Versuche
247 Seiten, kt.
ISBN 3- 8257-0189-1

In Vernunft und Offenbarung setzt sich Micha Brumlik mit dem zentralen Thema neuzeitlichen jüdischen Philosophierens sowie der Weise auseinander, mit der sich nichtjüdische Philosophen auf das Judentum bezogen haben.
In der Auseinandersetzung mit jüdischen Philosophen des 19. Jahrhunderts, vor allem aber mit Denkern wie Steinheim, Rosenzweig, Benjamin, Adorno, Jonas und Levinas werden Konturen einer Philosophie sichtbar, die die moralischen Weisungen des biblischen Gottes für unhintergehbar hält, ohne dabei naiv zu bleiben und eine vernünftige Moral blindem Glauben zu überlassen. Nach der Erfahrung der Massenvernichtung ist eine an der Tradition interessierte Moral gehalten, die Theodizeefrage ernst zu nehmen, ohne doch an ihr zu verzweifeln.

Micha Brumlik
Die Gnostiker
247 Seiten, kt.
ISBN 3- 8257-0207-3

Micha Brumlik spricht über Philosophen und Gläubige, die der Trennung von Religion und Wissenschaft, von Glaube und Wissen skeptisch bis ablehnend gegenüberstanden und in immer neuen Anläufen nach einem Wissen suchten, das ihnen den Weg zum Heil wies. Das Denken der Gnostiker läßt sich als Versuch werten, die Paradoxien, die das aufklärerisch-biblische Denken hervorrief, zu verschärfen und umzudeuten. Die bleibende Faszination, die Gnosis und Gnostizismus durch zwei Jahrtausende bis heute ausüben, dürfte nicht zuletzt darin begründet sein, daß sie innerhalb des abendländischen Weltbildes eine Alternative verkörpern, die nur scheinbar mit Aufklärung und Monotheismus die Überwindung des Mythos teilt.

Thomas Nagel
Letzte Fragen
2. Aufl. der erweiterten Neuausgabe
mit einem Schriftenverzeichnis
hrsg. von Michael Gebauer.
410 Seiten, kt.,
ISBN 3-8257-0219-7

»Vierzehn brillante Essays über existentielle Themen wie Tod, das Absurde, moralische Kontingenz, Gleichheit oder das Subjektive und Objektive, dazu brisante Fragen der öffentlichen Moral bilden ein Panorama ethischer, metaphysischer und erkenntnistheoretischer Positionen. Diese thematische und strukturelle Variationsbreite ist bezeichnend für Nagels Œuvre.«

Süddeutsche Zeitung

Thomas Nagel
Die Möglichkeit des Altruismus
The Possibility of Altruism
232 S. Kt.
ISBN 3-8257-0066-6

Dieses Buch verteidigt eine Auffassung der Ethik und eine zugehörige Auffassung der Natur des Menschen, wonach Handlungen Auflagen der Vernünftigkeit unterliegen, ausgesprochen in gewissen zentralen Grundsätzen der Moral, die ihrerseits einer elementaren Aufforderung zum Altruismus entspringen. Der Altruismus selbst geht zurück auf eine Anerkennung der Realität anderer Personen und, gleichbedeutend damit, auf die Fähigkeit, sich selbst als lediglich ein Individuum unter einer Anzahl anderer anzusehen.

»Nagels Buch ist eigenständig, kühn und durchweg originell.«

TLS

John Dewey
Die Öffentlichkeit und ihre Probleme
Aus dem Amerikanischen von Wolf-Dietrich Junghanns
Herausgegeben und mit einem Nachwort versehen von Hans-Peter Krüger
216 S. Kt.
ISBN 3-8257-0206-5

»*Die Öffentlichkeit verdunkelt alles*. Dieser Satz Heideggers stammt aus der zu zweifelhafter Berühmtheit gelangten Man-Analyse aus *Sein und Zeit*. Im selben Jahr erscheint ein Buch des bedeutenden amerikanischen Philosophen John Dewey (1859-1952), welches das genaue Gegenteil zu dieser geistesaristokratischen Haltung Heideggers bildet: *Die Öffentlichkeit und ihre Probleme* entfaltet den normativen Bedeutungsgehalt von Öffentlichkeit – im Sinne eines politisch aktiven Bürgerpublikums – argumentativ derart originell und überzeugend, daß diese Studie auch heute noch eine ungeheure Aktualität besitzt.«

Deutsche Zeitschrift für Philosophie